Einen herzlichen Dank an folgende Unternehmen, die mich unterstützten:

Heidelberger Druckmaschinen AG, Linotype Library, CH-Wallisellen
Apple Schweiz, CH-Wallisellen
Nikon Digital Imaging, CH-Küsnacht

Mit der Bitte um Nachsicht bei allen Fotografen, Zeichnern, Autoren und Gestaltern, deren tägliche Arbeit ich hier dokumentiere, die ich jedoch nicht namentlich erwähne. Der Aufwand dafür wäre einfach zu gross gewesen. Die gezeigten Abbildungen sind Fragmente aus der Medienlandschaft und stehen stellvertretend für Tausende andere, die ich ebenfalls hätte verwenden können.   Ralf Turtschi

Für Lea

Konzept und Gestaltung	Ralf Turtschi
Satz	R. Turtschi AG, Zürich, mit XPress, Illustrator, Photoshop
Schriften	Linotype Library, PMN Caecilia, Frutiger (übrige Schriften im Verzeichnis auf Seite 348)
Reproduktion	R. Turtschi AG, Zürich / Heer Druck AG, Sulgen
Druck	Heer Druck AG, Sulgen
Bindearbeiten	Buchbinderei Burkhardt AG, Mönchaltorf
Papier	Magnomatt hochweiss SK3, 135 g/m^2
© 1998	Verlag Niggli AG, Schweiz	Liechtenstein und beim Autor
ISBN	3-7212-0327-5
Nachdruck	nur mit ausdrücklicher Genehmigung des Verlages

Ralf Turtschi

Mediendesign

Inhalt

Medienwelt
- 10 Wurzeln der medialen Realität
- 12 Kleine Informationsgeschichte
- 14 Sind Informationen wichtig?
- 16 Medien im Wandel
- 18 Medienrecht
- 20 Mediengerechte Aufbereitung von Informationen
- 22 Oberflächlichkeit und Gehalt
- 24 Unterscheidung von Medien
- 26 Entwicklung und Auflagen der Zeitungs- und Zeitschriftentitel in der Schweiz
- 28 Entwicklung und Auflagen der Zeitungs- und Zeitschriftentitel in Deutschland
- 29 Printmedien und Internet
- 30 Papier als beliebter Träger gedruckter Informationen
- 32 Im Spannnungsfeld der Konkurrenz
- 34 Journalistische Formen: Wie sag ichs meinem Kinde?
- 38 Werbung macht gesund

Wahrnehmung
- 44 Kommunikationsmodelle: Ohne Analyse geht gar nichts
- 48 Hirnfunktionen: «Kleinhirn an Grosshirn...»
- 50 Selektive Wahrnehmung: Erst sehen, dann lesen
- 54 Erscheinungsbild: Kontinuität schafft Leserbindung
- 58 Schrift hat Stil
- 60 Lesefunktion: Leserlichkeit heisst dienen

Designtrends
- 66 Diener zweier Herren
- 67 Die Megatrends
- 68 Designtrends Format und Papier
- 70 Designtrend Farbe
- 72 Designtrend Layout
- 78 Designtrend Fonts
- 84 Trend «printing on demand»

Planung
- 90 Von der Idee bis zur Produktion – ein langer Weg
- 92 Fallbeispiel: Kundenmagazin «Natour GmbH»
- 94 Redaktionelles Inhaltskonzept
- 95 Das Anzeigenkonzept
- 96 Der Personaleinsatz
- 98 Arbeitsablauf
- 99 Terminplanung
- 100 Budgetplanung
- 102 Angaben für eine Druckofferte
- 104 Ausschiessen
- 106 Seitenplanung
- 110 Designkonzept
- 110 Präsentation
- 114 Versand
- 116 Der kluge Einsatz der Mittel hilft die Kosten im Griff halten

Zeitungen

- 124 Design und Leserschaft
- 128 Der Aufbau einer Zeitung
- 130 Satzspiegel
- 132 Vom Layout zum Umbruch
- 136 Das optische Gewicht
- 140 Weiss ist nicht nichts
- 142 Kontrast und Spannung
- 143 Anzeigen gehen vor
- 144 Das Layout vor dem Umbruch
- 146 Umbruchregeln ermöglichen flüssiges Lesen
- 148 Die Sache mit den Kindern
- 150 Die Sache mit dem Textfluss
- 153 Textausstieg?
- 154 Der Zeitungskopf
- 160 Die Schriftwahl für den Grundtext
- 164 Möglichst viele Buchstaben pro Zeile
- 166 Grenzenlos Schriften verändern
- 168 Die Laufweite der Schrift
- 170 Die Schriftgrösse
- 170 Der optimale Wortzwischenraum
- 173 Die Grauwirkung der Grundschrift
- 174 Der Zeilenabstand
- 178 Tempo mit dem Grundlinienraster
- 180 Die Titelschrift und Schriftkombinationen
- 186 Titelstellung und Zeilenabstand
- 188 Lead
- 190 Kästchen
- 194 Interview
- 196 Pagina
- 197 Initiale
- 198 Bilder aus der Medienwelt
- 200 Bildquellen und -arten
- 202 Kreative und kommunikative Bildqualität
- 206 Die technische Qualität von Bildern
- 212 Bilder bewusst inszenieren
- 214 Bilder anordnen
- 222 Bildwirkung durch Bearbeitung
- 224 Bildschnitt
- 230 Bilder freistellen
- 232 Bildmanipulation
- 234 Aussagekräftige Bildlegenden
- 238 Die speziellen Anforderungen des Zeitungsdruckes

Magazine

- 246 Keine uniforme Gestaltung
- 247 Beurteilungskriterien von Magazindesign
- 250 Die Architektur einer Zeitschrift
- 252 Hauptartikel
- 253 Weitere Artikel
- 254 Kurzfutterartikel
- 255 Editorial
- 256 Inhaltsverzeichnis
- 258 Mehrsprachigkeit
- 259 Typografische Gliederungselemente
- 260 Das Rahmenkonzept: Satzspiegel einrichten
- 262 Herstellen eines Satzspiegels
- 264 Luft
- 266 Verschiedene Beispiele von Magazinen
- 280 Zu viel Text – was nun?
- 282 Zu wenig Text – was nun?
- 284 Kein Bild – was nun?
- 286 Farbiger Text? – eher nicht!
- 288 Darf der Text ins Bild?
- 290 Müssen Bilder viereckig sein?
- 292 Der Titel – die Verpackung
- 294 Digitalisierung von Bildern
- 296 Die Auflösung von digitalen Bildern
- 300 Was bringen Photo-CDs?

Screendesign

- 304 Neue Welt – neue Ansprüche
- 308 Im Geschwindigkeitsrausch
- 312 Texte auf dem Bildschirm
- 318 16,7 Millionen Farben heisst nicht automatisch bunt
- 322 Weniger Farben, mehr Tempo
- 324 Satzspiegel für Bildschirmmedien
- 326 Navigation: Wegweiser im Datensalat
- 328 Eintrittstore
- 330 Eine eigene CD selber herstellen
- 337 Screendesign-Empfehlungen

Anhang

- 339 Biografie des Autors
- 340 Sachregister
- 343 Fachwörterverzeichnis
- 348 Verzeichnis der verwendeten Schriften
- 349 Literaturverzeichnis

Die Informationsflut

leichter bewältigen

Man sagt: Wer die Information hat, hat die Macht. In Anbetracht der Informationsdichte würde «Ohnmacht» die Situation besser treffen. Noch nie waren Informationen über jedes erdenkliche Ereignis so vielfältig, ausführlich, weltumspannend und sofort verfügbar. Die Wahl wird zur Qual. Wir leben in einem Zuviel an medialer Reizüberflutung, während das wahre Leben immer mehr verarmt. Aus einem riesigen Sortiment von Zeitungen, Zeitschriften und elektronischen Medien gilt es, die auf die eigenen Bedürfnisse zugeschnittenen Informationen herauszupicken. Die Nutzung von Medien ist ein kaum trainiertes Konsumationsverhalten. Die meisten von uns können lesen und schreiben – wie sieht es jedoch mit der Nutzung von Informationen ab PC aus? Erste Schritte wurden gemacht; doch bis jeder Haushalt am Datennetz hängt, wird noch einiges passieren. Steuern wir auf eine Zweiklassengesellschaft zu? Wir stehen am Ende unseres Jahrhunderts an der Schwelle des Informationszeitalters. Das Angebot explodiert förmlich! Wie lange dauert der Ablösungsprozess von gedruckten zu den elektronischen Medien? Oder werden beide friedlich koexistieren? Neue revolutionäre Techniken werden es uns eines Tages ermöglichen, genau jene Informationen zu beziehen, die wir wollen, auf dem Bildschirm oder auf dem Papier. Wer das Ganze dann finanziert, ist eine andere Frage. So oder so, die Information will gut les- und konsumierbar aufbereitet sein. Damit sind eine ganze Menge Berufstätiger beschäftigt. Nicht selten fehlt das nötige Rüstzeug, um der täglichen Flut die bestmögliche Verpackung auf den Weg zu geben. Mit einer zweckdienlichen Gestaltung von Text und Bild kann selektives Wahrnehmen in den Medien wesentlich erleichtert werden. Gestaltung heisst immer noch Dienst am Konsumenten. Darüber handelt dieses Buch.

Zürich, im April 1998

Ich werde aus Gründen der besseren Lesbarkeit jeweils nur ein Geschlecht nennen, selbstverständlich sind immer Frauen und Männer gemeint, wenn ich «Journalist», «Leser» oder «Konsumenten» schreibe.

Medienwelt

1 2 3 4 5 6 7

Medienwelt

Schein und Sein

Die Totenklage. Eine der frühesten Bilderzählungen der Eiszeit. Aus Limeuil, Dordogne, Frankreich.

Wurzeln der medialen Realität

Die Schrift ist vielleicht die grösste Errungenschaft der Menschheit, vergleichbar mit der Sprache oder dem Feuer. Sie überliefert uns die Kulturen alter Völker und schafft Verständnis für die Vorgänge auf dieser Welt.

Das Bedürfnis, sich einander mitzuteilen, war schon bei Urvölkern vorhanden. Wir müssen jedoch annehmen, dass sich die Höhlenmenschen damals mit Hilfe von Lauten und Gesten verständigten, bevor sich daraus Worte und eine Sprache entwickelten. Aus der älteren Steinzeit vor rund 50 000 Jahren stammen die ersten Höhlen- und Felsmalereien in Südfrankreich und Nordspanien. Mit einer primitiven Technik schmückten die Bewohner ihre Behausungen, ohne sich bewusst zu sein, dass sie den Grundstein zur geschriebenen Sprache legten. Zuerst war also das Bild, nicht das Wort, wie oft behauptet wird. Die Kommunikation nahm so ihren Lauf: Steinhaufen, Knotenschnüre und Kerbhölzer waren weitere Verständigungsmittel. Mit zunehmender Sesshaftigkeit, verbunden mit Ackerbau und Viehzucht, entwickelte sich um etwa 4000 v. Chr. eine piktogrammähnliche Ideenschrift. Als älteste Schrift kann die sumerische Keilschrift gelten, welche um 3500 v. Chr. entstand. Die Sumerer lebten in Mesopotamien zwischen Euphrat und Tigris, im heutigen Irak.

Die Keilschrift trug Wesentliches zur Blüte des Handels bei. Sie bestand aus etwa 800 Zeichen und wurde von oben nach unten geschrieben.

Etwa gleichzeitig, um 3000 v. Chr., entwickelte sich die altägyptische Hieroglyphenschrift, die aus rund 1000 Zeichen bestand, die als Laut-, Wort- und Deutzeichen verwendet wurden. 2650 v. Chr. entstand in einer ganz andern Welt die chinesische Wortschrift, die aus etwa 50 000 Zeichen besteht (wovon ein Zeitungsleser heute etwa 2000 bis 3000 verstehen muss).

Im Verlauf der Jahrhunderte entwickelten die Phönizier, ein Handelsvolk an der syrischen Mittelmeerküste, eine linksläufige Buchstabenschrift, die aus 22 Konsonanten

Die ägyptische Kultur blieb uns durch Bauwerke, die Kunst und die Hieroglyphenschrift (unten) erhalten.

Bildlicher Ursprung von 10 Keilschriftzeichen, ihre ursprüngliche oder abgeleitete Bedeutung. Vor der Keilformung wurden die sumerischen Schriftzeichen um 90 Grad gedreht.

Die Schriftentwicklung von den Phöniziern bis zu den Römern.

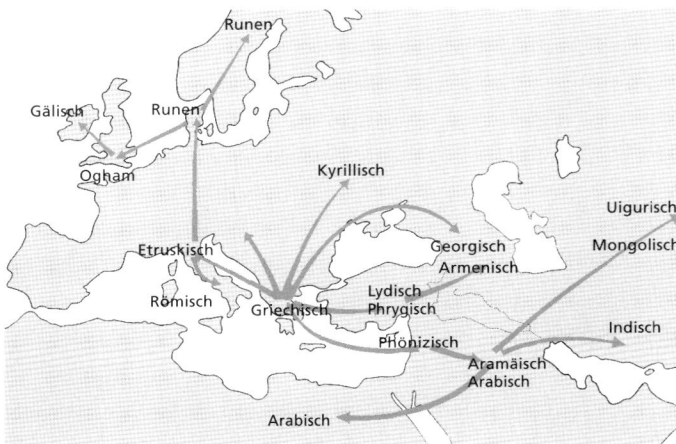

Der Weg des Alphabetes durch Europa.

bestand. Es war einfacher, 22 als 800 Zeichen zu lernen. Der unmittelbare Vorläufer unseres modernen Alphabets war geboren!

Die alten Griechen übernahmen um 1200 bis 700 v. Chr. das Alphabet und brachten es in einer Schriftreform bis auf 24 Zeichen. Die griechische Schrift bildet in Ost- wie in Westeuropa die Grundlage für zahlreiche Schriften, so auch für die lateinischen Buchstaben, die wir schreiben. Von den Etruskern übernahmen die Römer das Alphabet und verhalfen der Schrift formal zu neuer Hochblüte. Die gemeisselte Kapitalis Monumentalis in ihrer vollendeten Schönheit zeugt heute noch von einer bedeutenden und stolzen Epoche. Die Schrift wurde in den alten Hochkulturen immer von Hand mit russiger Tinte geschrieben, gemeisselt oder in Tontafeln geritzt. Es waren erst Vorläufer des Papiers im Gebrauch, die bereits 3000 v. Chr. aus den Stängeln der Papyrus-Sumpfpflanze gewonnen wurden. In Amerika entwickelte sich zu der Zeit ein Schriftträger aus Rindenbaststreifen, die mit dem Hammer flachgeklopft wurden. Und die Inder machten das Gleiche mit Palmwedeln. Als Ersatz für die Papyrusstauden kam man auf Pergament, welches aus enthaarten und geglätteten Häuten junger Ziegen und Schafe hergestellt wurde.

Die Ehre, das Papier erfunden zu haben (erste Datierung 60 v. Chr.), gebührt den Chinesen. 190 n. Chr. berichtete Tsai Lun, ein chinesischer Minister, über schreibfestes Papier. Die Chinesen zerkleinerten die Bastfasern des Maulbeerbaumes und Chinagras, mischten Baumwolle und alte Gewebe darunter und zermalmten alles unter Zugabe von Wasser zu einem dünnflüssigen Faserbrei. Mit einem Handsieb schöpften sie den Brei heraus, das Wasser tropfte ab und die Fasern verfilzten sich zu einen schreibfesten Blatt. Lange konnten die Chinesen ihr Geheimnis des Papierschöpfens für sich behalten, bis 751 ein Kriegsgefangener es an die Araber weitergab, von wo es über die Eroberungszüge der Mauren nach Spanien gelangte. Dort wurde seit etwa 1150 Papier hergestellt.

Bis anhin wurde jedes einzelne Buch von Hand in Klöstern oder Schreibstuben geschrieben und von Illustratoren liebevoll mit Zeichnungen verziert. Einzig der Klerus und die Feudalisten konnten sich Bücher überhaupt leisten, die so wertvoll waren wie ganze Rebberge.

Kaum eine Entdeckung veränderte die Welt derart wie jene Gutenbergs um 1450. Johannes Gensfleisch (zu Gutenberg) erfand den Guss beweglicher Bleilettern, die er Buchstabe für Buchstabe zusammensetzen, abdrucken und wieder auseinander nehmen konnte. Dank dieser Erfindung wurde die schriftliche Sprache auch für das Volk erschwinglich. Wissen verbreitete sich schlagartig – Reformation, Aufklärung, Revolutionen waren nur dank Gutenberg überhaupt möglich. Die mediale Welt war geboren.

Heute stehen wir ebenfalls in einer bahnbrechenden Zeitepoche. Die modernen Technologien bescheren uns eine unendliche Flut von Informationen, die uns überall und sofort zur Verfügung stehen. Wie einst Gutenberg und seine Gesellen stehen wir staunend da und sind kaum in der Lage zu erahnen, was wir damit alles auslösen.

Kleine Informationsgeschichte

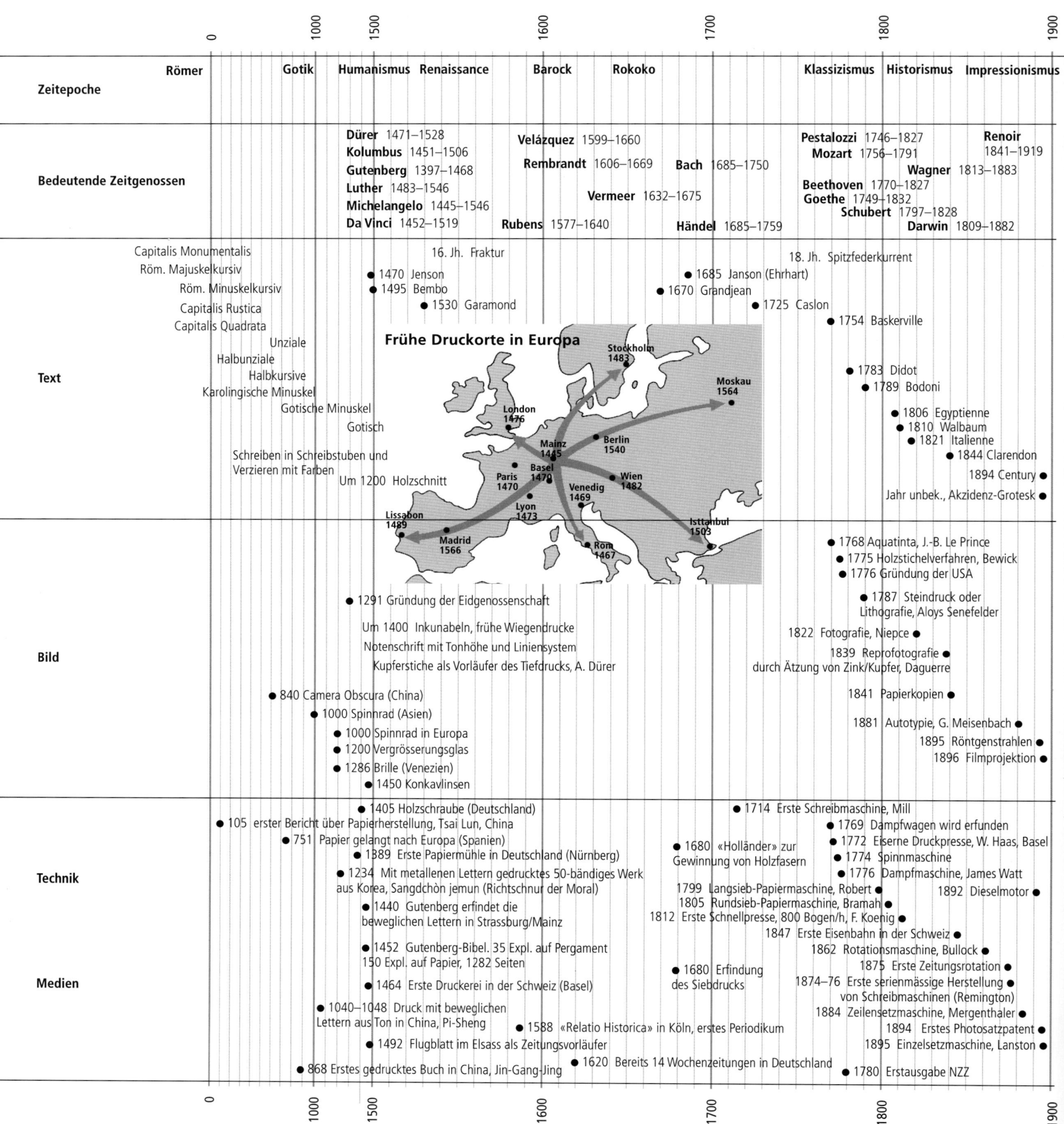

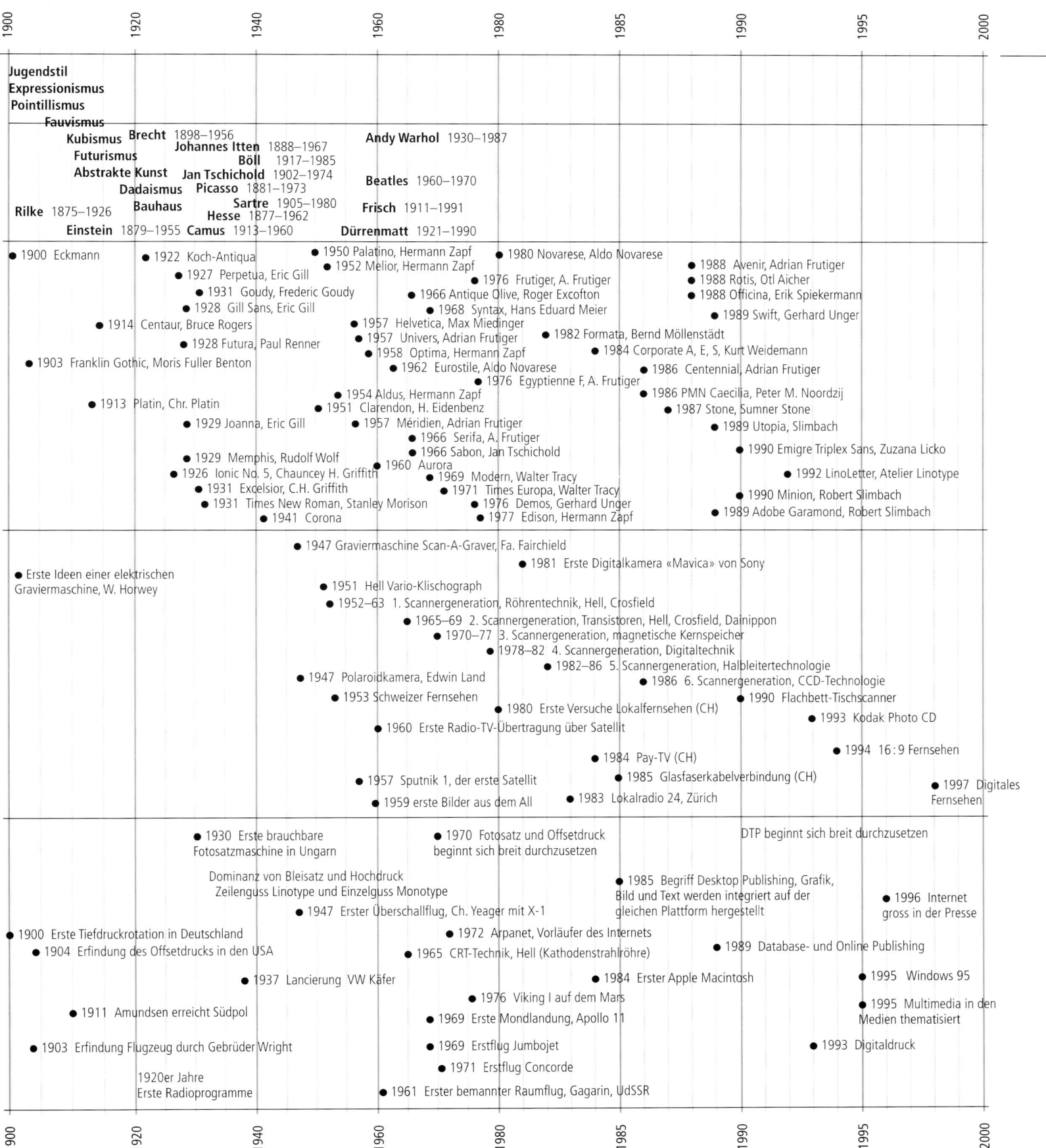

Informationsbedürfnisse

Sind Informationen wichtig?

Es gibt wichtigere Bedürfnisse als Informationen. Der Mensch kann ohne Sauerstoff gerade drei Minuten überleben, ohne zu trinken etwa drei Tage, ohne zu essen drei Wochen. Informationen sind an sich nicht lebenswichtig. Man kann gut drei Tage ohne Zeitung, drei Wochen ohne Internet auskommen. In unserer hochtechnisierten Welt jedoch nehmen die Medien einen wichtigen Platz ein. Mit ihrer Information thematisieren sie, was um uns herum passiert, und setzen auf den Speisezettel, was wir wahrzunehmen haben. Sie filtrieren die Welt aus der Optik der Journalistinnen und Journalisten, bestimmen unsere Gedanken, beeinflussen und üben einen ungeheuren Druck auf Politik, Wirtschaft, Sport und andere Bereiche des Lebens aus. Man spricht auch von der vierten Macht.

Die vierte Macht in Ergänzung zur Gewaltentrennung von Parlament, Regierung und Gerichtsbarkeit.

Medien transportieren, ohne dass wir uns dessen bewusst werden, ein gutes Stück «Welt» in die Stube. Der Begriffshorizont hört ohne Medien ausserhalb der eigenen Sinnesorgane ganz abrupt auf. Schnell sehen wir uns auf der Stufe primitiver Naturvölker wieder, die ihr Wissen von Generation zu Generation weiterparlieren. Information war schon immer eng an Wissenserweiterung gekoppelt – wer mehr weiss, hat bessere Überlebenschancen. Die Entwicklung wollte es offenbar so, dass unsere Spezies als die stärkste überhaupt gilt, vorausgesetzt, wir nehmen das Materielle als Wertmassstab. Im spirituellen Sinn, beim sozialen Zusammenleben, im Umgang miteinander und mit der Umwelt können wir nicht gerade brillieren, so manch primitives Naturvolk gäbe uns ein grossartiges Vorbild.

Informationen waren und sind mit Machtansprüchen verbunden. Früher übten Geisterkundige und Magier nebst den Oberen höchste Macht auf ihre Stammesangehörigen aus. In der Zeit der frühen Schriften brachte Schreiben und Lesen den materiellen Segen des Handels. Mit der Mathematik und Philosophie entstanden im alten Griechenland neue Welten und Gesetze des Zusammenlebens. Im hohen Mittelalter eigneten sich der Klerus und die Feudalisten überlegenes Wissen an. Die Reformation (1517 durch den Thesenanschlag Luthers an der Schlosskirche zu Wittenberg ausgelöst) verbreitete sich nur dank der zur Verfügung stehenden Informationstechnologie, die Gutenberg 67 Jahre zuvor erfand.

Die Alphabetisierung ganz Europas geschah schliesslich aufgrund von gedruckten Informationen, welche die ganze Welt immer engmaschiger umspannten. Die Medien nahmen teil an Wissenschaft, Technik, Politik und Volksbildung, sie trugen zum allgemeinen Wohlstand bei.

Die frühen Zeitungen

Als ältestes Periodikum gilt das «Relatio Historica» aus Köln 1588, ein Halbjahresrückblick. 1597 entstand die älteste Zeitung der Welt, mit dem Namen «Annus Christi». Sie wurde vom Augsburger Samuel Dilbaum monatlich verfasst und in St. Gallen von Leonhart Straub gedruckt. Die älteste Schweizer Zeitung ist die «Neue Zürcher Zeitung». Die erste Ausgabe der «Zürcher Zeitung», wie sie damals hiess, datiert von 1780. Das war zur Zeit, als sich der Schweizer Heinrich Pestalozzi für die allgemeine Schulpflicht einsetzte. Sie erschien zweimal die Woche als vierseitiges Blättchen im Format 18×21 cm. Der Kaufpreis betrug für einen Jahrgang «ein Gulden und dreyssig Kreuzer». Die Leute begannen, über den eigenen Gartenzaun hinauszuschauen. Inserate kannte man damals noch nicht.

Eine anderes Blatt, der Zürcher «Tages-Anzeiger», wurde 1893 ins Leben gerufen. Er verstand sich als Brücke von Stadt zu Land, als Lokalblatt, Familienblatt und Hauptanzeigeblatt.

Medien mit ihren Informationen entsprechen dem Bedürfnis moderner Menschen. Für wie wichtig diese ihren Sender, ihre Zeitung oder Zeitschrift halten, sei dahingestellt. Auch wie weit sich die Menschen von Medien beeinflussen lassen, ist umstritten. Medien bewirken zwar, dass man über ein Thema spricht – ob man deswegen auch gleich seine Meinung über Bord wirft?

Oft werden auch Medien konsumiert, die mit der schon vorgefassten Lebenseinstellung korrespondieren. Man fühlt sich dann in der eigenen Meinung bestätigt, findet ergo die Zeitung gut und kauft sie wieder. Ein ewiges Wechselspiel.

In der Erstausgabe der «Zürcher Zeitung» 1780 lesen wir einen einzigen Artikel über einen Seezug des englischen Grafen von Estaing in den Antillen.

Aus der Erstausgabe 1893: «Wir wollen in erster Linie ein vollständig unparteiisches Blatt sein, dass Thatsachen rein sachlich und objektiv berichtet, niemandem zu lieb und niemandem zu leid…Wir haben, um dieses unser Prinzip in geeigneter Weise zum Ausdruck kommen zu lassen, durch die Schaffung der Rubrik ‹Mitteilungen aus den Publikum› den Anhängern der verschiedensten Ansichten Gelegenheit gegeben, neben der nacheinander ihre Anschauungen dem Publikum kund zu tun…»

Im Internet ist unter der Adresse www.mediatrend.ch/ die Geschichte der Schweizer Zeitungen nachzulesen.

Die eingangs gestellte Frage, ob Medien wichtig seien, kann eindeutig mit Ja beantwortet werden. Unser Leben gestaltet sich so komplex und mehrdimensional, dass wir kaum mehr wie im letzten Jahrhundert kommunizieren können. Informationen und Medien regeln unser Zusammenleben. Denken wir an den Schulbereich, an den politischen oder wirtschaftlichen Teil unseres Lebens: Gesetze werden nur dank den Medien dem Volk vorgelegt – ohne Gesetze herrschte Anarchie und Lynchjustiz. Ohne die Informationsmacher würde unsere Zivilisation innert kurzer Zeit in archaische Zustände zurückfallen. Das hätte ein paar gute, vor allem aber negative Folgen.

Spiegel der Gesellschaft

Medien im Wandel

Wohl aus technischen Gründen waren Zeitungen von jeher textlastig. (Die frühe Fotografie betrachtete man als eine Abart der Malerei!) Das Bild wird bis in die heutige Zeit nur als Ergänzung, sozusagen als Auflockerung, in die Zeitung gesetzt. Zu Bleisatzzeiten war die Herstellung von Klischees aufwendig. Bis die Filme entwickelt, in die Redaktion gesandt, bis davon dann ein Klischee hergestellt worden war, dauerte alles seine Zeit. Zeit stand aus Aktualitätsgründen aber nicht zur Verfügung. Nun sind die Zeiten anders – das Bild führt trotzdem immer noch ein Mauerblümchendasein.

Man kann es drehen und wenden wie man will, die Digitalisierung der Information schreitet auf allen Ebenen voran. Informationen werden zunehmend auf dem Bildschirm konsumiert – es ist einzig eine Frage der Zeit, wie schnell der Wechsel vom Papier zum Bildschirm geht. Nach meiner Beurteilung müssen wir hier in Generationen denken.

Um die Jahrhundertwende war Information vor allem eine Sache der Zeitungen. In den 20er Jahren gesellte sich der Rundfunk hinzu, Fernsehen war in der Schweiz erst 1953 möglich. Bis dahin begnügten sich die Konsumenten mit Zeitungen, Plakaten, Kino und ein paar Magazinen. Das Fernsehen zeigt, das Radio informiert, die Zeitung bringt Hintergrundberichte – so der heutige Medien-Dreiklang.

Die Einführung des Offsetdruckes in den 70er Jahren machte die farbige Zeitschriftenproduktion populär und wirtschaftlich vertretbar. Heute sind 98% aller Haushalte mit einem Radio ausgerüstet und der Fernseher ist ein nicht mehr wegzudenkendes Möbel. Die Medienvielfalt ist unvergleichlich bunter geworden: Satelliten-TV bringt den Empfang der Sparten-Sender, Lokalradios streiten um die Gunst der Hörer und bei den Printmedien konkurrenziert eine Vielzahl an Special-Interest-Magazinen die Zeitungen. Es gibt kein Fachgebiet, kein Zielpublikum, welches nicht durch irgendeine Zeitschrift abgedeckt wäre. Allein im Computerbereich sind es Dutzende von Publikationen, die regelmässig auf dem Markt erscheinen.

Monopol und Pluralismus

Mit der Vielfalt änderte das verlegerische Angebot. Der landesweite politische Versorgungsauftrag führte zu den öffentlich-rechtlichen Rundfunkanstalten, den staatlichen Monopolbetrieben. Die grossen Tageszeitungen stellten den Ausgleich dar. Die Printmedienlandschaft sorgte für einen Meinungspluralismus, der sich heute in der Bevölkerung einer grossen Akzeptanz erfreut.

Die politische Diskussion um die Liberalisierung der heutigen Medienordnung befindet sich in der Sackgasse. Es geht ums Geld. Sollen sich die Öffentlich-Rechtlichen mit Gebühren *und* Werbung speisen lassen, während die Privaten allein mit Werbung auskommen müssen? Wer will denn all die Sender noch? Die Zulassung der Privatsender hat den Monopolisten gewaltig Dampf gemacht. Obwohl sich heute mehr bewegt als auch schon, verharren die staatlichen Sender beim Erprobten, während das Angebot der Privaten sich flexibler auf die Bedürfnisse der Konsumenten ausrichten lässt.

Die Vielfalt der Sender bringt jedoch nicht automatisch eine Informationstiefe. Im Gegenteil. Seifenopern und allen voran die rührigen Talkshows feiern Erfolge. Intimes wird ans Licht gezerrt, die Tiefen der Seele werden bis in die hintersten Winkel ausgeleuchtet. Die Sache steht nicht mehr im Vordergrund, vielmehr das persönliche Schicksal. Outing vor einem Massenpublikum – Spanner, Glotzer, Ungläubige, Anteilnehmende; ach wie ergreifend!

Die mediale Welt

Vor diesem Hintergrund ist die Mediennutzung heute zu begreifen. Zunehmend sind wir geblendet von einer medialen Welt, einem Zuviel an Reizen, die uns nicht bewegen. Wir zappen uns quer durch das weltweite Informationsangebot. Die wirklich erlebbare Welt tritt ab. Leere bleibt zurück. Wahrscheinlich braucht es diese Tiefen, um den Sprung in eine bessere Informations- und damit auch Lebensqualität zu schaffen.

Neue Informationstechnologie

Wir brauchen nicht *mehr* Informationen, sondern qualitativ jene, die uns auch nutzt. Im Zusammenhang mit dem Super Information Highway steht eine neue Kundschaft ins Haus. Der Informationsmarkt ändert sich vom Anbieter- zum Nachfragemarkt. Die Konsumenten nehmen nicht einfach hin, was ihnen die Informationswirtschaft unreflektiert vorsetzt. Sie werden sich gezielt diejenigen Informationen abrufen, die von Interesse sind. Ein neues Informationszeitalter ist angebrochen.

Die weltweite Vernetzung von Unternehmen und Haushalten mit Breitband-ISDN: Telefonieren, Fernsehen, Bildschirmtext, Videotex, PCs – für alle Anwendungen braucht es nur noch einen Anschluss.

Moderne Informationsbedürfnisse

Die verlangte Aktivität wird eines Tages selbstverständlich sein. Heute ist sie einer kleinen Schicht vorbehalten, es sind damit Leute gemeint, welche ein Modem und einen Computer besitzen, Hard- und Software bedienen können. Und das sind die wenigsten auf unserer Erdkugel.

Jede Informationsart hat ihre guten und schlechten Seiten. Sprache, Geräusche, Musik, stehende und bewegte Bilder, die Schrift, Gerüche oder haptische Erlebnisse – niemand möchte auf ein Sinnesorgan verzichten. Unser Gehirn ist darauf trainiert, alle Sinneseindrücke gleichzeitig zu verarbeiten – nur die Medien können es nicht. Noch nicht.

Es entspräche einem wirklichen Bedürfnis, wenn uns die Medien multimedial ansprechen könnten: Sprache, Text, Ton, bewegtes Bild, zeitlich unbeschränkt verfügbar, auf Abruf bereit.

Noch stehen technische Hindernisse im Weg, der Text ist am Bildschirm schlecht lesbar, die Übertragungskapazität für einen Film zu langsam und Töne sind nicht von gewohnter Qualität. Es wird nicht lange dauern – das multimediale und interaktive Fernsehen lässt grüssen.

Im Multimedia-Zeitalter dürfen sich die Medien nicht weiter als Filter und Selektionsmechanismen von Informationen verstehen. Sie werden sich vermehrt mit der Rolle als Informationsvermittler auseinandersetzen müssen. Das kann geschehen, indem z. B. ein Diskussionsforum eröffnet wird, wo die Teilnehmer interaktiv verkehren können – ohne aktives Dazutun der Zeitung. Die Rolle der Printmedien wird also eine Ausweitung vom passiven Informations*anbieter* zum interaktiven Kommunikations*anstifter* erfahren.

Medienrecht

Die Medien berufen sich gerne auf die Pressefreiheit, nichts ist ihnen so sehr verhasst wie die Zensur. Die Freiheit, Meinungen zu äussern, gehört zu den Grundrechten einer demokratischen Gesellschaft und ist in der Verfassung bzw. im Grundgesetz verankert. Freiheit bedeutet jedoch nicht einen Freipass für Beliebigkeit. Auch Medienschaffende müssen sich innerhalb von Rechtsnormen bewegen.

Grundlagen

Im Medienrecht sind einerseits der Staat und anderseits die Bürger betroffen. Diese Beziehungen werden mit dem öffentlichen Recht und dem privaten Recht unterschieden. Für die Medien (in der Schweiz) sind eine Vielzahl von Gesetzen, deren Verordnungen und Verfügungen von Bedeutung:

- Zivilgesetz
- Strafgesetz
- Fernmeldegesetz
- Bundesgesetz über Radio und Fernsehen
- Datenschutzgesetz
- Gesetz gegen den unlauteren Wettbewerb
- Urheberrechtsgesetz

Daneben existieren Vorschriften, welche sich die Medienschaffenden selbst auferlegen, z.B. Gesamtarbeitsverträge, Kollektivverträge, Redaktionelle Statuten, Ehrenkodexe usw.

Die wichtigen Säulen des Medienrechtes sind die verfassungsrechtliche Garantie der Pressefreiheit sowie die Unabhängigkeit und Autonomie in der Ausgestaltung elektronischer Medien. Weiter die zivil- und strafrechtlichen Normen bezüglich Persönlichkeitsschutz und Gegendarstellung, zur Zeugnisverweigerung und zur Impressumspflicht. Über die Telekommunikation und die Datenübertragung (Sendefrequenzen) bestehen ebenfalls Vorschriften.

Für Designer sind nicht alle Normen und Gesetze von gleicher Bedeutung. Die folgenden sollte man jedoch kennen.

Der Persönlichkeitsschutz

Im Zivilgesetzbuch, Art. 28, heisst es: «Wer in seiner Persönlichkeit verletzt wird, kann zu seinem Schutze gegen jeden, der an der Verletzung mitwirkt, den Richter anrufen.» Davon betroffen sind verschiedene Rechtsgüter:

- die Ehre, ein rechtschaffener Mensch zu sein (berufliches und gesellschaftliches Ansehen)
- das Recht am eigenen Bild (es darf niemand ohne Zustimmung abgebildet werden)
- das Recht am eigenen Namen (Rufmord, keine Namensnennung bei Gerichtsberichterstattungen)
- die Geheim- oder Intimsphäre
- die Privatsphäre

Niemand darf ohne seine ausdrückliche Einwilligung in den Medien der Öffentlichkeit ausgesetzt werden. So lautet eine Grundregel, die auch Designer zur Kenntnis nehmen müssen. Wenn Journalisten Fotos schiessen und Reportagen mit Zitaten und Namensnennung schreiben, so wird häufig das stillschweigende Einverständnis vorausgesetzt. Wo kein Kläger, ist auch kein Richter. Strenggenommen müsste der Reporter die Unterschrift mit der Einwilligung zur Veröffentlichung einholen, was jedoch meistens unterlassen wird (die Interviewten sehen sich ja gerne tausendfach abgedruckt).

Im juristischen Sinn ist die Grauzone einer Rechtsverletzung gross. Schon allein die Frage, was ein schützenswertes Werk ist, vermögen die Rechtsgelehrten nicht klar zu beantworten. Wer ist Urheber, wenn gar mehrere Personen von mehreren Firmen (Multimedia) beteiligt sind? Bei fest angestellten Fotografen sind die Nutzungsrechte klar geregelt, bei eingesandten Bildern nicht. Und wer ist eigentlich der Urheber eines Bildes: der Fotograf, der auf den Auslöser drückt, der Stylist, welcher die Szene einrichtet, oder der Auftraggeber, der den Auftrag erteilt, an Ort und Stelle sein Okay zur Aufnahme gibt? Eine delikate, im Nachhinein nicht einfach zu beantwortende Frage.

Ausgesprochen sorglos ist es, erkennbare Personen abzubilden, ohne das Einverständnis einzuholen. Das kann in verschiedener Hinsicht ins Auge gehen. Stellen Sie sich mal eine Reportage übers Rotlichtmilieu vor: Müller ist zufällig als Passant abgebildet und wird von seiner Frau zur Rede gestellt, die ihn beim Businesslunch wähnte… Personen, die im Rampenlicht stehen, oder solche, die an öffentlich zugänglichen Orten auftreten, dürfen rechtmässig veröffentlicht werden. Gerade in der Regenbogenpresse werden sie oft lang und breit abgebildet, ohne dass es zur Strafklage käme. Trotzdem haben auch Prominente ein Recht auf ihre Privatsphäre. Der Tod Prinzessin Dianas 1997 leuchtete ein trauriges Kapitel in der Bildberichterstattung aus. Dass Journalisten die Massstäbe natürlich anders anlegen als die ins Rampenlicht Gezerrten, ist klar. Die Welt hat schliesslich ein Recht auf Informationen! Wenn sich Jonny Sorglos im Fussballstadion befindet oder zur Abwechslung an der Street Parade teilnimmt, so muss er damit rechnen, fotografiert und veröffentlicht zu werden. Da gibts keinen Einspruch.

Berichtigung und Gegendarstellung

Wer durch eine *Tatsachendarstellung* in seinen Persönlichkeitsrechten unmittelbar verletzt ist, hat einen Anspruch auf Gegendarstellung: sobald als möglich, in knapper Form, kostenlos, an ebenso prominenter Stelle. Meinungen und Kommentare sind *nicht* gegendarstellungsfähig. Die Verletzung muss ausserdem in einem *periodisch* erscheinenden Medium erfolgen. Die einfachste Methode für Genugtuung ist die Berichtigung, die als Kurznotiz jeweils die Falschmeldung korrigiert. Die Gegendarstellung muss schriftlich verlangt werden und braucht keinen Richterspruch. Meistens bringt sie nicht viel, der Schaden ist bereits tausendfach angerichtet. Gegendarstellungen benützen oft folgenden Wortlaut: «Es stimmt nicht, dass sich das *so* zugetragen hat; die Wahrheit ist, es war *anders*.» Zudem kann die Redaktion die Gegendarstellung auch wieder entkräften, indem sie auf ihrer Meinung beharrt. Überhaupt ist die Meinungsäusserungsfreiheit eine Säule jeder offenen und unabhängigen Forumszeitung. Pro und Kontra machen die Meinungsbildung ja erst möglich. Im weitesten Sinn kann man auch Leserbriefe in die Schublade der andersartigen Meinung versorgen.

Urheberrecht und Copyright

Ein heisses Eisen sind Bilder, die alle dem Urheberrecht unterstehen. Der Fotograf kommt als Urheber automatisch in den Besitz der Urheberschaft, sie erlischt in der Schweiz nach 50, in Deutschland nach 70 Jahren. Das Urheberrecht wird nicht automatisch mit dem Verkauf des Werkes übertragen. Die Verleger wiederum können das Nutzungsrecht erlangen, welches folgende Teilrechte beinhalten kann:
- das Abdrucksrecht (Copyright)
- das Senderecht
- das Verfilmungsrecht
- das Übersetzungsrecht

ERROR
Tabellenfehler
Vor einer Woche wurden im «Computer»-Bund digitale Kameras vorgestellt. Leider schlich sich in der Tabelle der Produktübersicht ein Fehler ein: In der Spalte «Monitor» wurden die Spalten «optisch» und «LCD» vertauscht. Die Redaktion bittet, das Versehen zu entschuldigen.
Weiter legt die Firma Fujifilm Switzerland als Generalimporteur von sämtlichen Fujifilm-Produkten Wert darauf, dass die Fujifilm DS-7 auch über den Fotofachhandel erhältlich ist. *(TA)*

Mit «Korrigenda» oder «Error» werden Berichtigungen oft übertitelt. Mit Persönlichkeitsverletzung hat dies nichts zu tun — meist handelt es sich um unabsichtliche Tippfehler oder um Falschinformationen, die von der Redaktion selber richtiggestellt werden.

Vorzüge nutzen

Mediengerechte Aufbereitung von Informationen

Um Gestaltungsaufgaben überhaupt lösen zu können, bedarf es verschiedener Überlegungen. Das ist bei elektronischen Medien und bei Printmedien gleich: Erstens denken und zweitens Grafik. Ohne Konzeption verkommt die schönste Gestaltung zur musealen Anschauung. Dazu gibt es Rahmenbedingungen, welche die Medien im Gebrauch einschränken, z.B. die Drucktechnik, das Medienrecht oder die Datenübermittlung. Die Kenntnis dieser Einflussgrössen verhindert einen Blindflug.

Von World Wide Web, einem Dienstleistungsangebot im Internet. Auch Homepage genannt, siehe auch auf den Seiten 29, 304, 306 und 320.

Elektronisch oder gedruckt?

Wenn wir die beiden Medienarten einmal genauer unter die Lupe nehmen, stellen wir grosse Unterschiede fest. Dabei gibt es für beide Konkurrenten Vor- und Nachteile. Zu den elektronischen Medien zählen wir Radio, TV, Internet oder Multimedia-CDs. Einen direkten Vergleich im Sinn von: Wer ist der beste? kann es nicht geben, da die Medien ganz anders wirken. So wenig wie gute Musik durchs Internet verbreitet werden kann, so wenig kann überschwängliche Freude mittels Zeitung auf die Leser übertragen werden. Die richtigen Medien hierfür sind zweifelsohne CD oder Radio, beim zweiten Beispiel Movie/TV, vielleicht noch eine Fotostory.

Multimedia lebt von Interaktivität, Fernsehen von bewegten Bildern, die Zeitung vom Lesetext und der guten Gliederung, Internet von der unheimlichen Informationsfülle. Falsch ist nun, alle Medien über einen Leisten zu schlagen. So gut wie man nicht alle Kommunikationsziele mit einem Medium erreichen kann, so sollte man auch nicht einen Zeitungsartikel mit tollen Bildern unverändert auf eine Web-Seite legen.

Es stellt sich also nicht die Frage, welches Medium das generell bessere sei, oder gar, welches überleben wird. Relevant ist vielmehr, wie wir die Vorteile aller Medien gezielt einsetzen können, um grösstmöglichen Nutzen zu erzielen. Es gibt nun gestaltungsrelevante Argumente und solche von untergeordneter Bedeutung. Die Lesbarkeit oder das benutzte Farbmodell beispielsweise sind für die Gestaltung wichtig, Energiebilanz, Aktualität oder Verteilproblematik nicht.

Zielpublikum

Ein wichtiger Aspekt bei der Medienwahl stellt das Zielpublikum dar. Im Internet kann eine Einzelperson der ganzen Welt ein Informationsangebot machen, das kostet vergleichsweise fast nichts. Via Zeitung kommt eine derartige Informationsverbreitung einer Millioneninvestition gleich – ein Ding der Unmöglichkeit. Es ist auch nicht denkbar, einen Werbespot über ein kleines Dienstleistungsunternehmen per Satelliten-TV zu verbreiten – eine Multimedia-CD kann sehr wohl auch für wenige hundert Personen produziert werden.

Vor- und Nachteile von elektronischen Medien und Printmedien

Kriterium	Fernsehen (Radio)	CD-ROM	Internet	Printmedien
Emotionen, Wirkung	Übermittlung von farbigen, bewegten Bildern und Originalton nach dem «Leben, wie es draussen geschieht». Sehr hohe Emotionen, gut vermittelbar. Seh- und Hörsinn sind gleichzeitig involviert.	Animation möglich, jedoch in der Qualität limitiert auf 8 bit (256 Farben, kein Stereoklang). Bilder in schlechter Qualität, langsamer Bildaufbau.	Wegen der Engpässe auf dem Netz zur Zeit noch keine echten Filme darstellbar. Auch mit den Tönen hapert es gewaltig. Die Entwicklung steckt noch in den Kinderschuhen.	Emotionen werden vor allem über Bilder transportiert. Es braucht Zeit, bis beim Leser Emotionen «hochkommen». Es werden nur die Sehreize angesprochen. Printmedien haben eine Langzeitwirkung, weil sie vielfach aufgehoben werden.
Unmittelbarkeit und Spontaneität	Wirkung vor allem bei Live-Sendungen im TV sehr spontan. Umweltgeräusche, verschiedene Stimmen gleichzeitig oder Musik im Hintergrund können fesseln.	Als Datenarchivator sind CD-ROMs nicht sehr spontan. Auf CD schreibt man eher weitläufige Informationen von Bestand.	Der Onlineverkehr ermöglicht eine sehr spontane Interaktion zwischen Sender und Empfänger. Es sind täglich Erneuerungen möglich, wobei das Alte erhalten bleibt.	Das Abbild der Welt folgt immer mit Verspätung. Ein Druck wirkt immer etwas verstaubt, ist etwas zum Konservieren. Es sind keine Bewegungen darstellbar.
Art der Informationsdarbietung	Die Informationen kommen hintereinander. Radio/TV: Wegschauen oder -hören bedeutet Informationsverlust. Die Information ist flüchtig, man kann sie nicht beliebig oft konsumieren. Der direkte Informationsaustausch ist nicht gegeben.	Die Informationen kommen hintereinander. Im Gegensatz zum Fernsehen kann man jedoch beliebig blättern und Informationen häppchenweise konsumieren.	Wie bei CD-ROM. Die Information ist interaktiv, man kann echt Daten austauschen z. B. Programme herunterladen oder einander E-Mails senden.	Die Informationen kommen parallel. Man kann nach Lust und Laune jederzeit und irgendwo mit Lesen beginnen und wieder aufhören. Man kann die Zeitung überfliegen, aber auch hinterfragen. Das Leibblatt ist in der eigenen Landessprache verfasst.
Tiefe und Vielfalt	Durch die knapp verfügbare Zeit bleiben die Informationen oft an der Oberfläche. Vertiefung nur mit Hintergrundmagazinen zu einem späteren Zeitpunkt möglich.	Die Information kann tief ins Detail gehen. Ein idealer Datenträger für alle Nachschlagewerke.	Medium für weltweit verfügbares Wissen. Tiefe zulasten der Schnelligkeit und Übersichtlichkeit.	Die Information geht (bei seriösen Zeitungen) mehr in die Tiefe. Man kann besser mehrere Meinungen darstellen. Die Teilnehmer unterbrechen sich nicht gegenseitig.
Verfügbarkeit	Die elektronischen Medien sind ortsgebunden. Man kann dafür gleichzeitig andere Arbeiten verrichten (TV/Radio). Bringprinzip.	Portable Geräte bieten eine gewisse Unabhängigkeit. Energiequelle notwendig, von Hard- und Software abhängig. CD-ROM-Laufwerk nötig. Bringprinzip.	Mit Powerbook und Natel ortsunabhängig. Modem und sonstige Hard- und Software notwendig. Technisches Verständnis ist Voraussetzung. Holprinzip.	Eine Zeitung kann man in der Tasche mittragen und jederzeit lesen. Printmedien kann man bearbeiten, ausschneiden, sortieren usw. Papier und die gedruckte Information sind unbeschränkt haltbar. Es ist keine Hard- und Software nötig, die bereits nach wenigen Jahren überholt ist. Bringprinzip.
Aktualität	Die elektronischen Medien bieten eine spontane Aktualität. Der Benützer kann rund um die Uhr auf der ganzen Welt dabei sein. Die elektronischen Medien sind 24 Stunden präsent.	Einmal gepresst, ist die CD unwiederbringlich veraltet.	Das 24-h-Medium. Kein anderes Medium ist derart aktualisierbar. Neue Daten können die alten Daten einfach ergänzen, nicht ersetzen.	Durch die Drucktechnik bedarf es immer längerer Zeit, bis eine Nachricht verbreitet werden kann. Zwischen zwei Ausgaben einer Zeitung ist kein Nachrichtenfluss vorhanden.
Gestaltung und Leserlichkeit	Fernsehstandard Pal oder Pal Plus lässt keine Formatfreiheit. Farben dem Standard angepasst. Leserlichkeit von Text schlecht. Auflösung beschränkt. Bildübermittlung gut.	Auflösung auf 72 dpi beschränkt. Nur 256 Farben möglich. Format auf 640 x 480 Pixel beschränkt. Texte nur ab ca. 10 pt lesbar. Keine Feinheiten in den Schriften.	Auflösung auf 72 dpi beschränkt. Nur 256 Farben möglich. Texte nur ab ca. 10 pt lesbar. Keine Feinheiten in den Schriften möglich.	Unbeschränkte Gestaltungsfreiheit. Es sind auch sehr kleine Schriften möglich. Farben sind vielseitiger einsetzbar (Gold, Silber, Lack, Leuchtfarben). Man bewegt sich in verschiedenen Farbmodellen wie CMYK, Pantone, HKS.
Energien, Rohstoffe und Kosten	Relativ geringer Verbrauch von Energie und Rohstoffen, keine Transporte beim Verteilen. Teures Medium für ein Massenpublikum.	Energie- und Materialverbrauch relativ klein pro Informationsdichte. Auch für Mittel- und Kleinbetriebe kostengünstig machbar.	Energie- und Materialverbrauch pro Informationsdichte relativ klein. Auch für Mittel- und Kleinbetriebe kostengünstig machbar.	Industrieller Energieverbrauch, Papier als Rohstoff sowie erheblicher Transport- und Verteilaufwand nötig.
Zielpublikum	Man kann aus Kostengründen kein Radio oder gar TV für 200 Konsumenten machen.	Auch relativ kleine Zielgruppen ansprechbar.	Zielpublikum ist im Prinzip der einzelne Konsument, der sich die Information holt.	Man kann kleinste Zielgruppen ansprechen. Die Menükarte wird genausowenig über TV übermittelt werden wie die Einladung zu einer Vernissage.

Oberflächlichkeit und Gehalt

Medien stellen ein ausgewähltes Abbild der Wirklichkeit dar. Dieses kann logischerweise nicht in allen Medien gleich aussehen. In der Zeitung wird es oft schwarzweiss daherkommen, im Magazin kunterbunt, im Film bewegt und vertont. Aktualitätsgründe und auch der zur Verfügung stehende Platz machen es nötig, dass Informationen selektiert werden.

In der Zeitung steht relativ viel Platz zur Verfügung, im flüchtigen Radio für die 10-Minuten-Nachrichten sehr wenig. Da muss jeder Satz sorgfältig überlegt werden, er «kostet» Sendezeit.

Das Fernsehen zeigt, das Radio meldet, die Zeitung bringt Hintergrundinformationen...

Die knappe Sendezeit zwingt Sender zu tendenziell kurzer Berichterstattung. Nachrichten werden in ein paar wenigen Schlagzeilen angerissen, wenig ausgeleuchtet. Mit Hintergrundmagazinen, welche oft zu einem andern Zeitpunkt gesendet werden, kann das Thema vertieft werden. Dies entspräche in der Zeitung einer Meldung mit einem Hintergrundartikel in einer späteren Ausgabe.

Bei den gedruckten Medien ist die Informationstiefe höher, das intellektuelle Niveau kann eher der Leserschaft angepasst werden. (Dafür ist die Meldung schon veraltet, bis sie Eingang in die Presse findet.)

Lassen Sie uns ein unwissenschaftliches Experiment machen: Vergleichen Sie den Gehalt einer Nachrichtensendung im Fernsehen und Radio mit der Zeitung oder einem Magazin. Klar ist, dass wir Medien nur beschränkt vergleichen können, weil das Fernsehen von bewegten Bildern lebt, Emotionen vermittelt. Der Versuch ist dennoch interessant, weil wir den sachlichen Nachrichtengehalt für den Benutzer herausschälen können.

Das Ergebnis entnehmen Sie der gegenüberliegenden Seite.

...und die neuen Medien bieten alles zusammen

Interessant ist nun, wie die Technik der CD-ROMs in die bestehende Medienwelt eingreift. Die CD-ROM ist nämlich vorzüglich als mittelfristiger Datenarchivator geeignet. Auf CDs können Bild, Ton, Text und Movies gespeichert werden, und dies dank intelligenter Kompressionsmechanismen in einer fast grenzenlosen Fülle: Das Bertelsmann Universallexikon auf einer 12-cm-CD enthält den Text des über 1000-seitigen Werkes mit etwa 70 000 Stichwörtern, 1000 Fotos, Grafiken und Tabellen, 24 Videosequenzen und 90 Minuten Ton (Musik, Sprache, Vogelstimmen, Nationalhymnen usw.) – eine Fülle, die mit keinem andern Medium erreichbar wäre, was Preis und Platzbedarf anbetrifft.

Auch auf einem weltweiten Datennetz, dem World Wide Web, läuft Ähnliches ab. Mittels Suchkriterien lässt sich praktisch das gesamte universale Wissen abfragen.

Recherchieren, suchen und finden kann man besser und schneller mit den neuen Medien als mit Printprodukten. Insofern stehen CD-ROM und Internet auch in Konkurrenz zum Buch. Lexika, Duden, Fahrpläne, Werke der Rechtsprechung, Geschichte usw. sind typische Nachschlagewerke, die durch elektronische Anwendungen bedrängt werden.

Verschiedenartige Medien

Das Fernsehen lebt von bewegten Bildern, von der Aktion. Als am 4. Juli 1994 die Marssonde «Pathfinder» auf dem Mars landete und keine sonderlich telegenen Wüstenbilder zur Erde sandte, brachten viele Sender in aller Kürze einen Trickfilm. Die Informationstiefe konnte nie mit den Printmedien mithalten, welche nicht auf diese Bilder angewiesen waren und stattdessen die Berichte mit Hintergrundinformationen anreicherten. Hintergrundinformationen sind im Fernsehen zwar möglich, aber immer in speziellen Sendegefässen. In den Printmedien werden solche Ereignisse in der Regel immer breit ausgelegt.

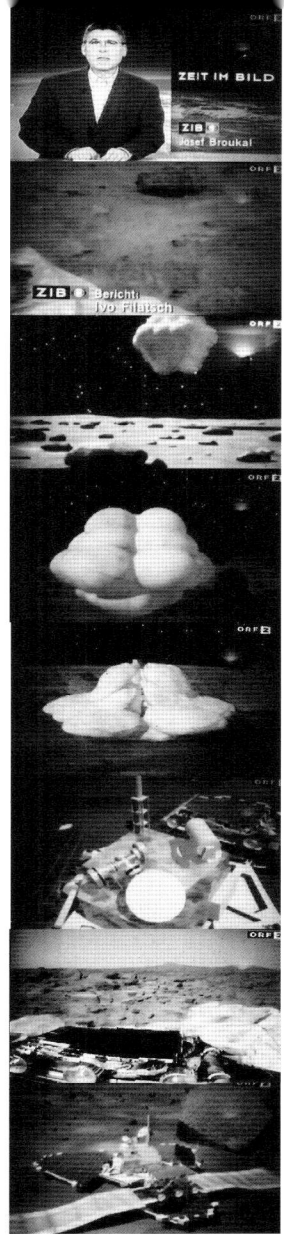

Gesprochener Text zum Beitrag der Sendung «Zeit im Bild», ORF 2, Samstag, 5. Juli 1997:

«Die amerikanische Sonde Pathfinder hat bereits erste Bilder vom Mars gesendet. Die Fotos zeigen, wie nicht anders zu erwarten, eine steinige Wüstenlandschaft.

Die Landung der Sonde gestern abend ist perfekt verlaufen. Probleme gabs zunächst lediglich mit dem kleinen Roboterfahrzeug, das die Marsoberfläche erkunden soll.

Das Panorama der rauhen Marslandschaft: Eine rötlichbraune Steinwüste erstreckt sich bis zum Horizont. Die Bilder und die Daten, die die Sonde eine Woche lang zur Erde funken soll, werden neue Aufschlüsse über die Geschichte unseres Sonnensystems liefern.

Nach der Landung hatten sich die Airbags, die den Aufprall der Sonde dämpften, nicht richtig eingefaltet – sie blockierten die Rampe des Marsautos. Per Fernsteuerung gelang es den Technikern jedoch, die Rampe auszufahren, und das Fahrzeug startklar zu machen.

Die erste Ausfahrt soll in der kommenden Nacht stattfinden, dann wird das Marsauto die Umgebung der Landestelle erkunden und das Marsgestein untersuchen.»

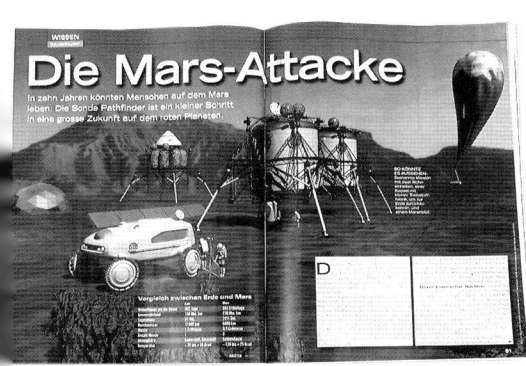
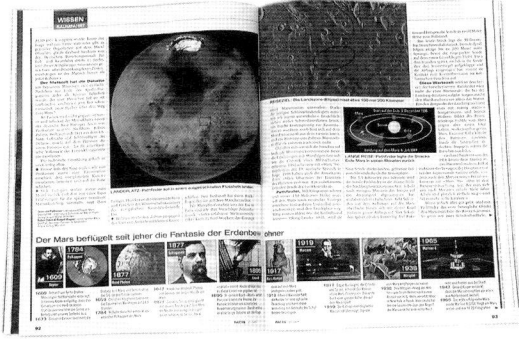

Printmedien können auch im Vorfeld berichten. Diese Geschichte erschien auf sechs Doppelseiten, bevor das grosse Ereignis stattfand. Ein typischer Hintergrundbericht, der im Fernsehen in ebensolcher Dichte eine abendfüllende Produktion bedeutete. Das Fernsehen lebt dagegen von Liveberichten, die im Fall der Marslandung denn auch dürftig ausfielen. Hingegen ist ein Trickfilm der Landung wohl nicht mit gedruckten Bildern nachzustellen. Ein anderes Thema ist der kriegerische Ton. Ich hätte nicht «Attacke» und «Eroberung» getitelt, sondern von Erforschung und Erkundung geschrieben.

Unterscheidung von Medien

Medien werden nach Art, Leserschaft, Inhalt, Erscheinungsweise, Verbreitung und Grösse unterschieden. Eine Einteilung ist immer willkürlich, weil es überall Überschneidungen gibt, ein Medium sowohl der einen wie der anderen Gruppe angehören kann. Ist eine Computerfachzeitschrift auch ein Herrenmagazin? Oder eine Rezeptsammlung auch eine Frauenzeitschrift?

Unterscheidung nach Art

Gedruckte Medien bezeichnet man auch als Printmedien. Dazu gehören Zeitungen, Zeitschriften, Magazine, Newsletter, Kundeninformationen, Mitarbeiterzeitschriften usw., die mit einer gewissen Aktualität periodisch erscheinen. Im erweiterten Sinn zählen zu den Printmedien auch Bücher, Plakate und Direktwerbemittel. Die zweite Art wird elektronisch ausgestrahlt: Dazu zählen wir Fernsehen, Radio, Multimedia-CD, Intranet, Internet usw. Auch hier gehören im engeren Sinn nur periodisch erscheinende Veröffentlichungen zu den Medien, Kinofilme also nicht.

Unterscheidung nach Leserschaft

Medien werden oft auch nach ihrer Leserschaft, geordnet nach Geschlecht und Alter, unterschieden. So gibt es Jugendzeitschriften, Seniorenmagazine, Herrenmagazine, Frauenzeitschriften.

Unterscheidung nach Inhalt

Eine weitere Einteilung lässt der Inhalt zu. Man spricht hier von allgemeininteressierenden Zeitschriften, Fachzeitschriften oder Special-Interest-Zeitschriften, die sich speziellen Themen widmen, welche die Fangemeinde ansprechen: Mountainbiker, Surfer, Segler, Golfer, Hobbyeisenbahner, Briefmarkensammler, Computerfreaks, Weinliebhaber, Wirtschaftskapitäne, Personalsucher, Esoteriker, Astrologen und viele andere mehr.

Im Gegensatz zur Fachzeitschrift wird bei der Publikumszeitschrift die breite Öffentlichkeit angesprochen. Viele Illustrierte mit grossen Auflagen gehören da hinein: «Glückspost», «Schweizer Illustrierte», «Bunte» usw.

Klar beschränkt man sich hier nicht auf Zeitschriften, es gibt auch andere Medien mit dem gleichen Inhalt wie Zeitungen oder CDs. Bei den Zeitungen unterscheiden wir z. B. Wirtschaftspresse oder Boulevardzeitungen.

Unterscheidung nach Grösse und Verbreitung

Der Ausdruck «Massenblätter» besagt, dass es sich hier um grosse Auflagen handeln muss. Die grössten Auflagen werden in Japan mit über 10 Mio. erzielt. In Deutschland führt die «Bild»-Zeitung die Auflagenrangliste mit 7 Mio. an, das schweizerische Pendant, der «Blick», erreicht 350 000 Exemplare.

Bei den Zeitungen kennt man Postillen, die kommunale Gewichtung aufweisen, und Zeitungen mit regionaler Bedeutung, welche das Dach über eine ganze Agglomeration bilden. Überregionale Zeitungen nennt man Blätter von nationaler Bedeutung. Die ganz grossen im Markt erreichen internationalen Rang, sie werden im In- und Ausland geschätzt.

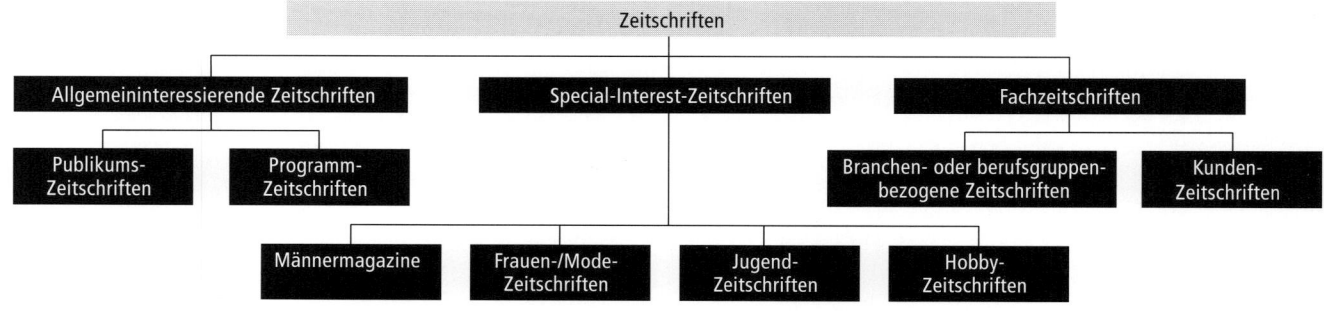

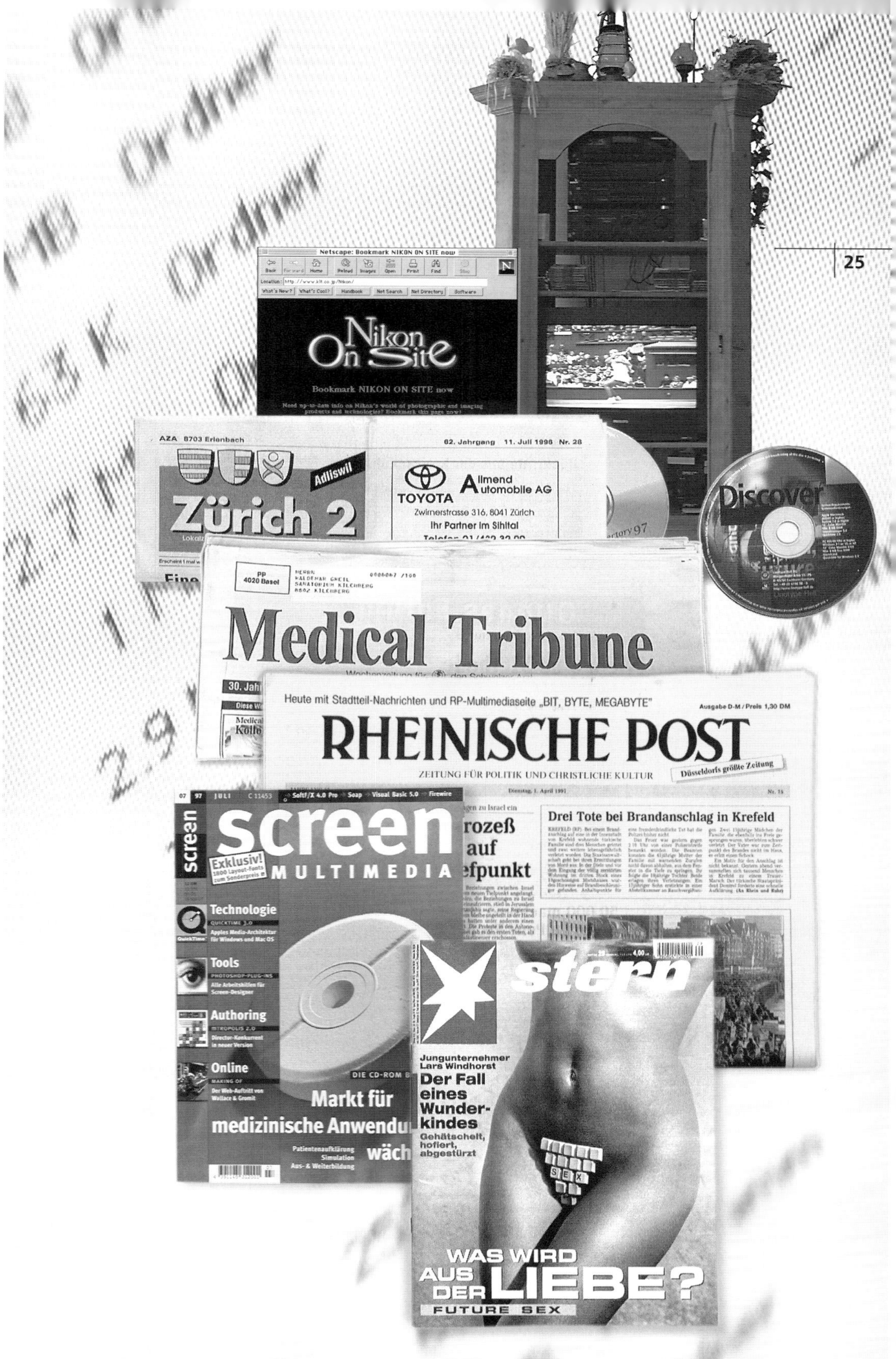

Unterscheidung nach Vertrieb

Kaufzeitungen oder -zeitschriften werden mehrheitlich am Kiosk vertrieben. Das sind diejenigen mit den grossen Lettern. Abonnierte oder seriöse Zeitungen oder Zeitschriften werden per Post oder Verteilservice spediert und sind eventuell zusätzlich am Kiosk erhältlich.

Unterscheidung nach weiteren Kriterien

Die WEMF, AG für Werbemedienforschung, untersucht in der Schweiz die Publikationen auch nach ihrer Streuung. Als Tageszeitungen gelten alle, die mindestens dreimal wöchentlich erscheinen. Wochenzeitungen erscheinen einmal wöchentlich. Hierzu gehören etwa der «Sport», die «Weltwoche», aber auch die «SonntagsZeitung» und der «SonntagsBlick». Gratiszeitungen und -zeitschriften sind jene Blätter, die meist unerbeten im Briefkasten landen oder im Laden aufliegen. Dann gibt es die Amtlichen Anzeiger, Kundenzeitungen, Fachblätter mit Pflichtabonnement und die Beilagen.

Als Pendant zur WEMF gibt es in Deutschland die IVW, Informationsgemeinschaft zur Feststellung der Verbreitung von Werbeträgern e. V., Bonn, die ebenfalls alljährlich Daten zu verschiedenen Medien veröffentlicht.

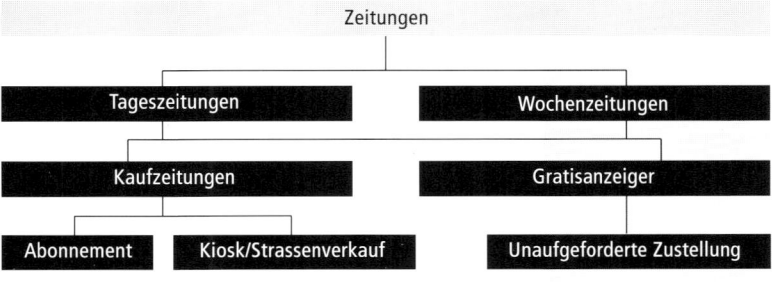

Auflagen der zehn grössten Schweizer Zeitungen 1984 bis 1995

Auflagen der zehn grössten Schweizer Zeitschriften 1984 bis 1995

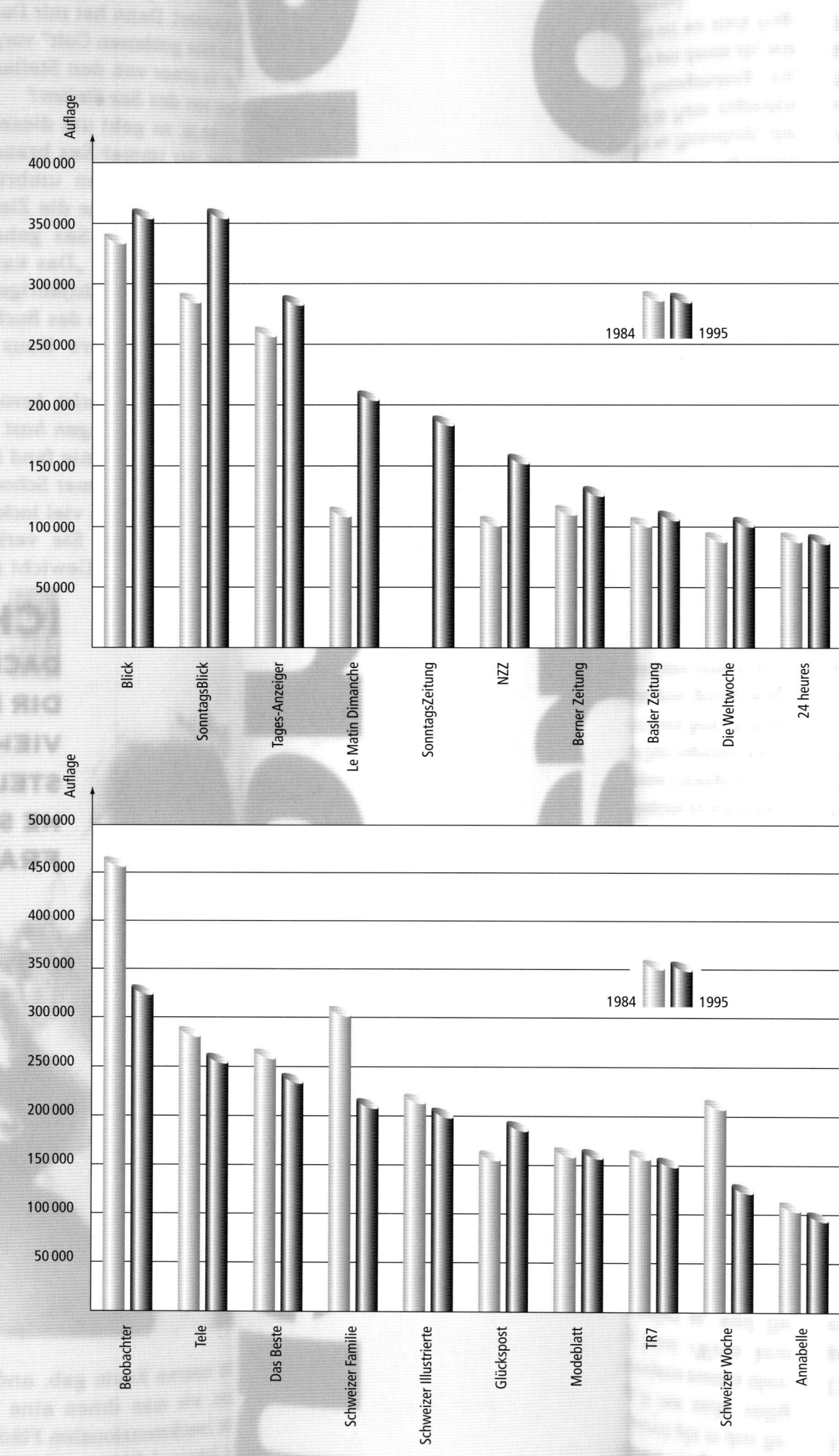

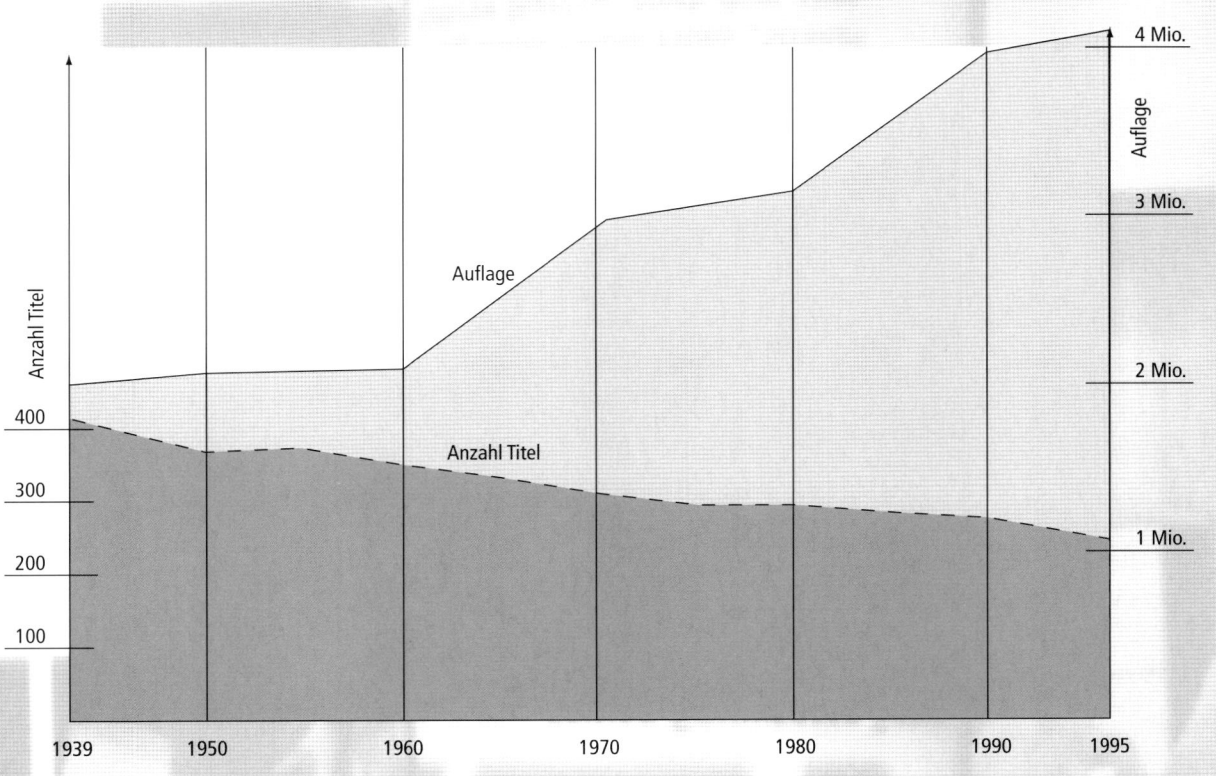

Entwicklung der Zeitungstitel und -auflagen seit 1939 in der Schweiz

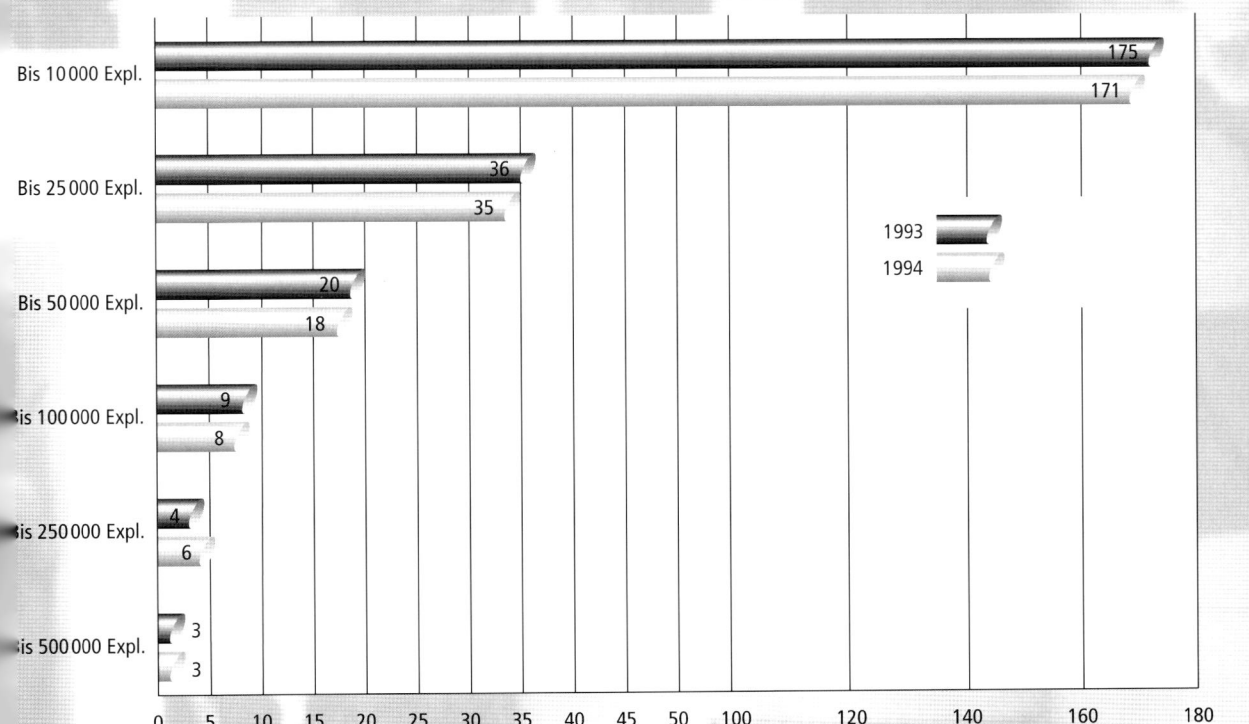

Anzahl Zeitungstitel nach Auflagegruppen 1993/94 in der Schweiz

Quelle:
Verband Schweizer Presse
1997

Entwicklung der Zeitungstitel und Zeitungsauflagen von 1987 bis 1996 in Deutschland

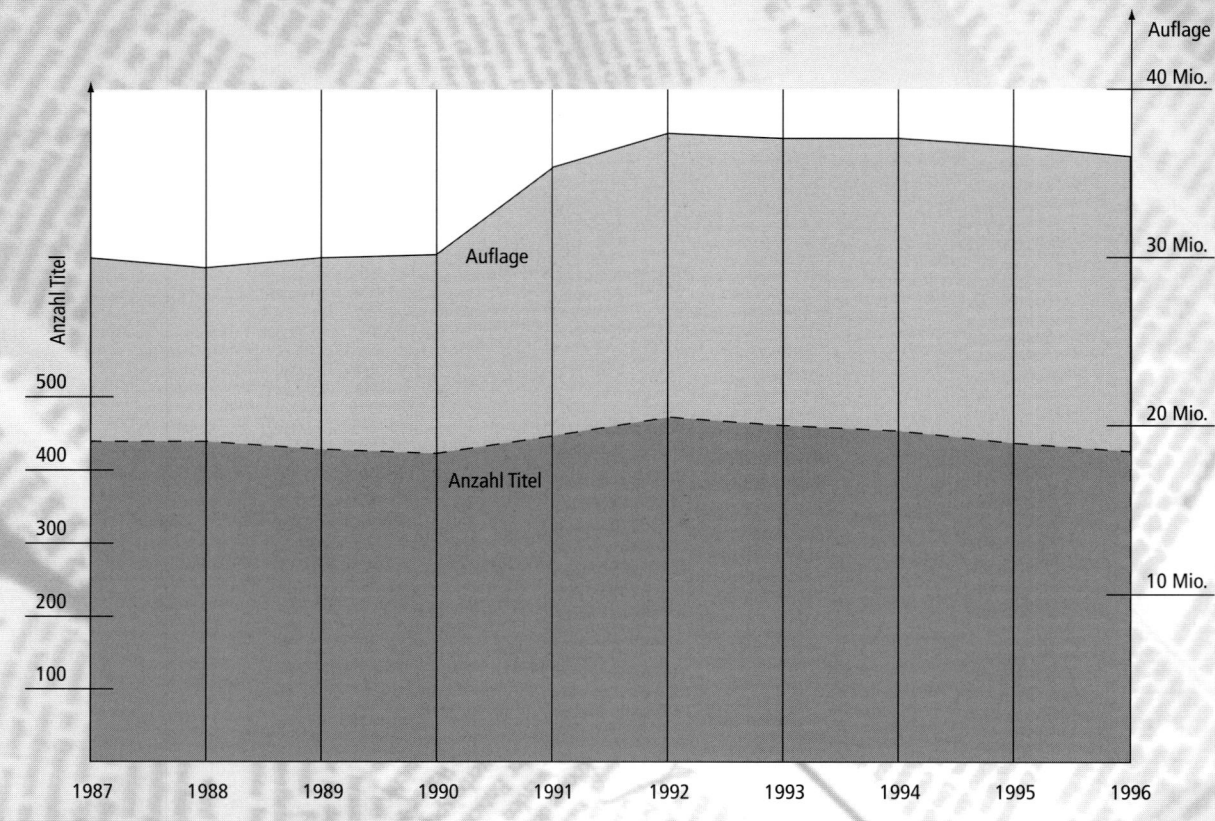

Entwicklung der Zeitschriften von 1987 bis 1996 in Deutschland

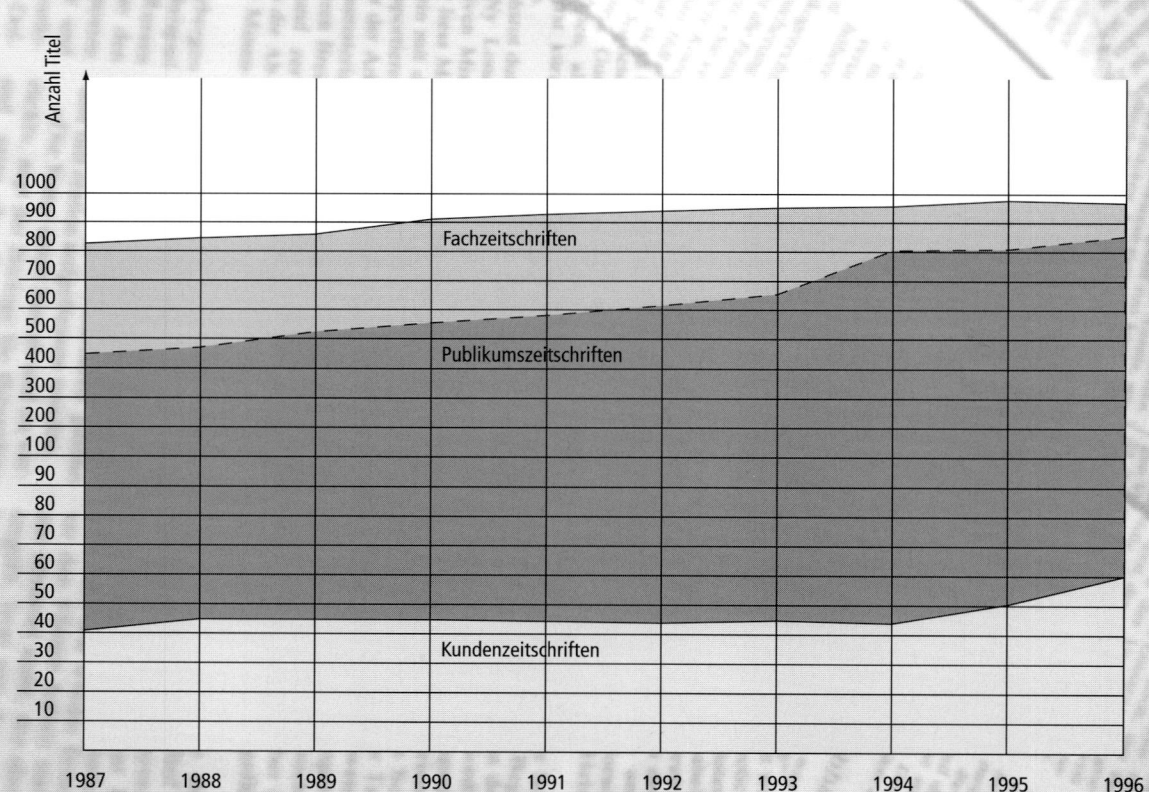

Quelle: Bundesverband Deutscher Zeitungsverleger e.V.

Ein boomendes Geschäft – für wen?

Printmedien und Internet

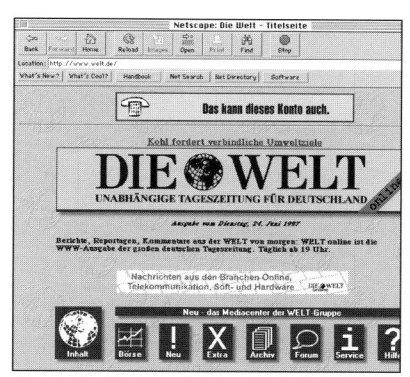

Es liegt auf der Hand, dass Printmedien einmal aufbereitete Informationen (die Schwerarbeit) einer erweiterten Klientel zugänglich machen möchten. Das Netz bietet Zusatznutzen, zum Beispiel bleiben alle Ausgaben im Archiv digital im Zugriff. Die Suche nach einem Begriff, Artikel, Kolumnisten, Vorkommnis usw. ist plötzlich möglich. Auch in solchen Printmedien, die man nicht abonniert hat. Die Auflistung aller Medientitel im Internet erübrigt sich – in jeder Suchmaschine wie Alta Vista findet man die Printmedien mit den Suchbegriffen «Zeitungen» und «Zeitschriften»; länderspezifisch mit der Zusatzbezeichnung «.de» (Deutschland), «.ch» (Schweiz) oder «.at» (Österreich). Bis jetzt sind solche Angebote meist gratis, manche Zeitungen öffnen ihre Archive nur gegen Passwort und Gebühr.

Demographische Daten sind am besten ebenfalls übers Netz direkt abrufbar – da sie sich laufend ändern, sei hier nur gerade eine interessante Homepage aufgeführt: http//www.w3b.de. Da erfährt man zum Beispiel, dass nur 7% aller Deutschen Zugang zum Internet haben, wovon nur gerade 11% weiblich sind. Ergo sind das mal 0,77% der deutschen Frauen, die Internet nutzen. Dies relativiert Berichte über das boomende Internet doch erheblich.

Zeitungen und Zeitschriften aufgelistet findet man unter anderem unter der Adresse: http://www.schaufenster.ch/medien.

Gründe für die Nutzung des WWW

Abrufen aktueller Informationen	78%
Herunterladen von Software	75%
Unterhaltung	61%
Abruf von Produktinformationen	60%
Neugier	58%
Aus- und Weiterbildung	56%
Kommunikation	54%
Herunterladen von Grafiken, Bildern usw.	35%
Shopping	12%
Herunterladen von Musik	10%

Quelle: Online-Umfrage von W3B vom April/Mai 1997, 16 299 Fragebögen.

Papier als beliebter Träger gedruckter Informationen

Wenn die ganze Erdbevölkerung das gleiche Recht nach der Tageszeitung in Anspruch nehmen würde wie wir, hätten wir innert weniger Monate ein Rohstoffproblem mehr auf dieser Welt. Papier entwickelt sich zunehmend zum Luxusgut. Die knappen Ressourcen werden die Papierpreise eher anziehen lassen, was den Verlegern echte Bauchschmerzen bereitet. Auch das ganze Verteilproblem ist von der Kostenseite nicht zu unterschätzen. Können sich künftig nur noch Reiche eine Zeitung leisten?

In der Schweiz werden rund 9% des jährlichen Holzschlages für die Papierindustrie verwendet. Davon sind 60% Schwachholz (nicht für Bretter geeignet), 30% Sägereiabfälle und 10% Schadholz (Elementarschäden).

Die Papierherstellung ist politisch heikel und aufklärungsbedürftig. Die bekannten Briefkastenkleber mit der Aufschrift «Keine Reklame» zeugen von der Ablehnung gegenüber nicht bestellten Druckerzeugnissen. Zeitungen und Zeitschriften seien an der weltweiten Abholzung der Wälder schuldig, ist jedoch ebenso eine unzulässige Konstruktion wie die Stammtischmeinung, die Medien trügen die Verantwortung am Waldsterben. Im Gegenteil: Unsere Wälder sind unternutzt. Bei 62% des gesamten Papierverbrauchs 1997 wird der Rohstoff in der Schweiz aus rezykliertem Altpapier gewonnen.

Papier ist Informationsträger Nr. 1

Papier ist in unserem täglichen Gebrauch so selbstverständlich geworden, das wir es schon gar nicht mehr bewusst wahrnehmen. Papier wird für die vielseitigsten Zwecke eingesetzt: als Schreibmaterial, für die Hygiene als Taschentuch, Windel, Toilettenpapier, Papierserviette, als Tischset, Geschenkpapier, Verpackung und vor allem als Informationsträger. Gegen 5000 Papiersorten von den unterschiedlichsten Herstellern stehen heute zur Verfügung. Papier hat den grossen Vorteil, dass wir für den Gebrauch keine Hard- und Software benötigen. Wie eine Zeitschrift anzusehen ist, lernt jedes Kleinkind: durch Umblättern. Das ist schon alles. Einfacher kanns auch mit der besten Software bei den elektronischen Medien nicht gehen. Ein weiterer Vorteil in diesem Zusammenhang ist die unbeschränkte «Mobilität» des Papiers: Es kann überallhin mitgenommen werden. Auch beim Archivieren hat Papier Vorteile. Jahrzehntelang dauert der Verfall, wir können heute noch Drucke von der Jahrhundertwende bewundern. Bei den elektronischen Medien wird dies nicht so sein. Alte Filme sind viel anfälliger gegen den Zerfall und sind heute kaum mehr abspielbar. Bei den Multimedia-CDs nimmt schon heute niemand an, dass die Scheiben auch in 10 Jahren noch mit heutiger Software gelesen werden können.

Papier bleibt Informationsträger Nr. 1

So schnell ändern sich die Gewohnheiten nicht. Papier wird deshalb auch in naher Zukunft nicht abgelöst vom Informationskonsum am Bildschirm. Hochauflösende Bildschirme, Interaktives Fernsehen, weltweiter Zugang und andere Vorteile vermögen das haptische Erlebnis des Papiers nie zu verdrängen. Wie es einmal in 25 Jahren aussehen wird, wage ich nicht vorauszusehen.

	1995	1996	1997	1998	1999
Kanada	1198	1090	1150	1160	1150
USA	11 568	10 745	11 175	11 550	11 600
EU 11	5575	5450	5620	5695	5815
England	2158	2195	2245	2265	2290
Norden	862	895	915	930	950
Restl. Westeuropa	846	770	780	800	815
Russland	478	420	430	440	460
Osteuropa	690	720	750	770	775
Lateinamerika	1829	1850	1950	1985	2020
Japan	3641	3685	3780	3880	3950
China	796	940	980	1080	1175
Südkorea	1088	1145	1225	1315	1410
Restl. Asien	2818	2785	3155	3390	3645
Afrika	411	425	435	445	450
Ozeanien	793	750	775	785	790
Total	34 751	33 865	35 365	36 490	37 295

in Tausend Tonnen — Prognosen (1997–1999)

Weltweite Zeitungspapiernachfrage 1995 bis 1999

Quelle: Perlen Holding

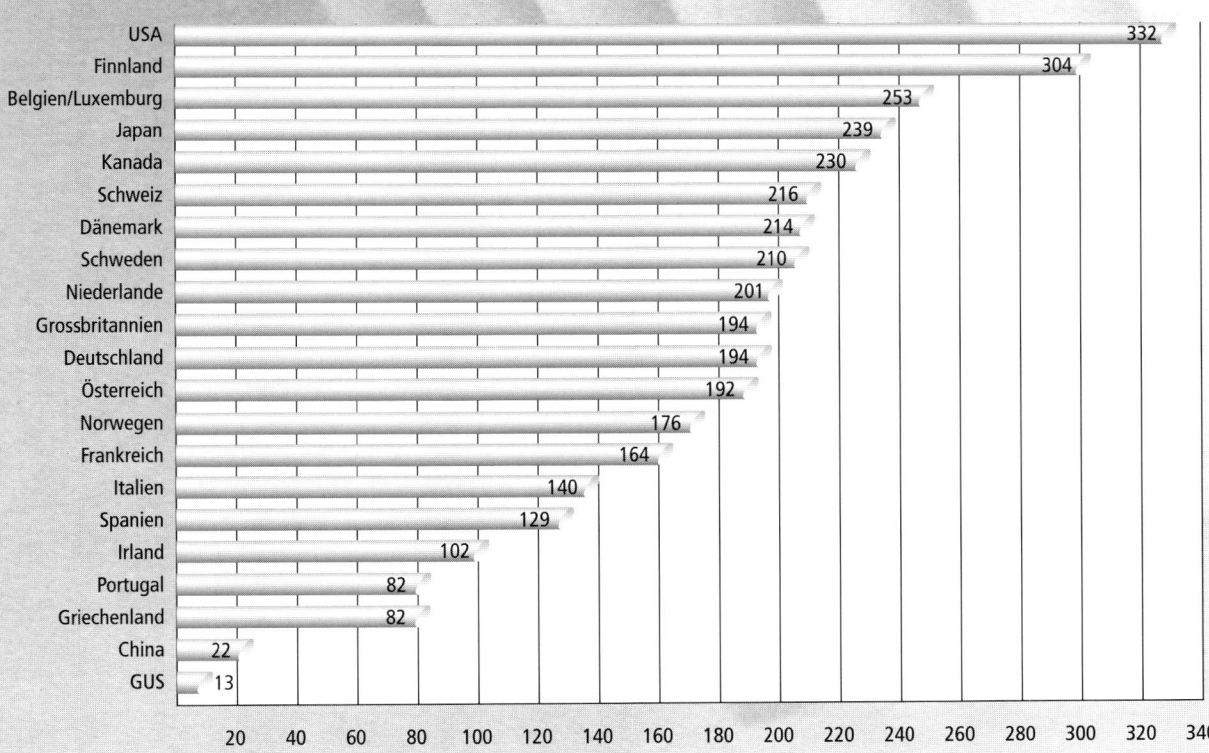

Papierverbrauch 1995 pro Kopf in kg

Quelle: Verband der Schweizer Zellstoff-, Papier- und Kartonindustrie

Land	kg
USA	332
Finnland	304
Belgien/Luxemburg	253
Japan	239
Kanada	230
Schweiz	216
Dänemark	214
Schweden	210
Niederlande	201
Grossbritannien	194
Deutschland	194
Österreich	192
Norwegen	176
Frankreich	164
Italien	140
Spanien	129
Irland	102
Portugal	82
Griechenland	82
China	22
GUS	13

Stellen Sie sich mal vor, dass in China der Informationskonsum so verläuft wie bei uns. Bei einem Pro-Kopf-Verbrauch von 200 kg in China könnte man die Rohstoffnachfrage kaum bewältigen. Der Konsum wird sich zwangsläufig in Richtung Elektronik verändern.

Jagd nach Sensationen

Im Spannungsfeld der Konkurrenz

Medien herauszugeben ist ein hartes Brot. Es gibt einfach zu viele Produkte, und alle streben wie Pflanzen an die Sonne. Der Druck, im Markt zu bleiben, ist enorm, Unnützes wird durch Nichtbeachten oder Nichtkauf bestraft. Eine kleinere Leserschaft bedeutet Rückgang des Inserategeschäftes. Kaum sind Neuschöpfungen auf dem Markt, werden sie schon wieder beerdigt. Medien bewegen sich im Spannungsfeld zwischen Verlag, Redaktion, Leser und Inserent. Und die sind nicht ohne weiteres im Gleichgewicht zu halten.

Verleger haben Interesse an der langfristigen finanziellen Sicherung ihrer Verlagsprodukte. Journalisten sind um objektive Meinungsbildung bemüht. Inserenten wollen ihre Werbung in einem möglichst angenehmen redaktionellen Umfeld sehen. Und die Leser möchten am liebsten nur die gerade sie interessierende Lektüre. Wie soll das nur gutgehen?

Als Unternehmer sitzt der Verleger am längsten Hebel. Ihm ist der finanzielle Aspekt am wichtigsten. Am günstigsten sieht es aus, wenn Publikationen nur so vor Werbung strotzen. Eine Faustregel sagt, dass 30–40% einer Zeitschrift aus Inseraten bestehen soll, damit sie rentiert. Es kommt natürlich ganz auf die Inseratenpreise, auf den Umfang, die verkauften Exemplare an, so einfach ist der Preis nicht zu kalkulieren.

Die Werber beissen an, wenn sich das Organ im Markt etabliert, eine gewisse Leserschaft ausgewiesen ist. Und dafür braucht es

Die Angst, Marktanteile zu verlieren, sitzt Verlegern hart im Nacken – begreiflicherweise. Zuweilen lähmt die Angst jedwelche Erneuerungswünsche, oder solche von grafischer Seite werden im Keim erstickt. Man hat Angst, dass Leser bei der kleinsten visuellen Änderung davonlaufen – einige Zeitungen sollen damit schon böse Erfahrungen gemacht haben. Innovation ist aber nötig, um den geänderten visuellen Konsumgewohnheiten Rechnung zu tragen. Gibt es etwa eine plausible Erklärung, weshalb so manche Zeitungsköpfe mit gebrochenen Schriften gestaltet sind, wo doch die meisten Menschen diese nicht mehr lesen können? In der Autoindustrie gilt offenbar Design mehr. Manifestiert sich so Konservativismus, liebe «Frankfurter Allgemeine», liebe «Neue Zürcher Zeitung»?

Das Thema «Zeitungskopf» wird ab Seite 154 vertieft.

Artikel, die den Leserbedürfnissen nachkommen. Schmieriges im Herrenmagazin, gestylte Frisuren im Frauenheft und Schwieriges in der Rätselecke – genau so wills der Kunde haben. Nicht kompliziert, aber auch nicht einfältig, seriös und doch amüsant, nicht zu lang, trotzdem umfassend: Journalisten sind wahre Zauberkünstler.

Was immer zieht, sind Geschichten, die das Leben schrieb (oder auch nur der Reporter): Herzensbrecher, Sex & Crime, Tiere, Kinder und Randexistenzen. Mit diesem Rezept werden bei den Massenblättern Verkaufszahlen aufrecht erhalten. Erinnern Sie sich an die «Ente» der Hitler-Tagebücher oder an «Schmierenkomödien», bei denen es einzig darum geht, Personen blosszustellen? Die Jagd nach immer heisseren Storys ist voll entbrannt. Dann ist es ganz offensichtlich, dass negative Nachrichten eher veröffentlicht werden als positive. Man ist versucht zu fragen, was Menschen bewegt, solche Informationsbedürfnisse zu enwickeln? Der Enthüllungsjournalismus ist zum Glück nur ein kleiner Teil der Medien. Das Tagesgeschäft läuft bedeutend ruhiger ab.

Wenn man sich mal bewusst ist, in welcher künstlichen Übermittlungswelt die Medienschaffenden stecken, verwundert es kaum, dass die Themen in den Medien immer dieselben sind. Kaum ein Medium weicht mal vom Standard ab und bringt etwas wirklich Neues, Eigenständiges. Aussagen wie: «Das ist ein Medienthema» oder «wird von den Medien aufgebauscht» und ähnliche kommen nicht von ungefähr. Kaum greift ein Medium ein Thema auf, springen andere ebenfalls auf den Zug, um ja nichts zu verpassen. Die Informationen stammen schliesslich aus dem gleichen globalen Nachrichtennetz. Es ist teilweise grotesk, wie sich die Medien gegenseitig zitieren: Erwähnst du mich, erwähn ich dich… Einerseits wohl, um sich nicht mit fremden journalistischen Federn zu schmücken. Anderseits aber deckt dieses Verhalten das eigene Unvermögen auf, zu recherchieren und die Nachricht im eigenen Hause aufzubereiten.

Das äussert sich dann so, dass morgens das Lokalradio aus der Tageszeitung vorliest, und umgekehrt die Zeitung sich auf eine Radiomeldung bezieht, welche gestern über den Sender lief. Die Welt, aus der die Storys sind…

Die Boulevardpresse versteht es, Storys so aufzubereiten, dass sie gelesen werden. Katastrophen, Skandale, Geld, Macht und Sex erzielen die höchsten Auflagen.

Teilgeständnis im Grünwald-Mord

Die Erschiessung eines 26jährigen Mannes am 21. Januar 1996 im Grünwald bei Höngg ist teilweise geklärt. Gemäss Radio 24 legte die Frau eines verhafteten Ehepaares ein Teilgeständnis ab. Sie sei vom 26jährigen massiv bedroht worden, die Schüsse habe jedoch ein Bekannter von ihr abgefeuert. Dieser bes Tat. Vier Personen sitzen in chungshaft. Als Lieferant d wurde ein Schweizer verhaftet.

Nachrichten werden aus eigener redaktioneller Kraft aufbereitet, stammen von Nachrichtenagenturen oder aus PR-Kreisen. Wenn die eigene Recherche nicht möglich ist, werden selbst Meldungen aus dem Kreis der Konkurrenz nicht verschmäht.

15 000 Arbeitsplätze wegen BSE in Gefahr

Paris (Reuter) – Wegen des Absatzrückgangs von Rindfleisch infolge der BSE-Krise werden in Frankreich nach Einschätzung der Fleischindustrie 15 000 Arbeitsplätze verloren gehen. Der Rindfleischmarkt sei wegen der Rinderseuche katastrophal, sagte der Präsident der nationalen Rindfleisch-Vereinigung, Joseph Daul, der Zeitung Le Figaro. Schlachthäuser und fleischverarbeitende Industrie seien nicht ausgelastet. Deshalb müßten Ende des Sommers Kapazitäten abgebaut werden, wenn der Verbrauch nicht wieder steige. In den letzten Wochen sei der Rindfleischabsatz wieder auf 40 Prozent unter normal gewachsen, nachdem er bis auf 15 Prozent zurückgegangen war, sagte Daul.

Wie sag ichs meinem Kinde?

Der Einfluss des Fernsehens ist am Blätterwald nicht spurlos vorübergegangen. Reine Textseiten, die sogenannte Bleiwüste, sind nur noch bei konservativen Zeitungen anzutreffen. Die meisten Blätter sind zu einer offenen, lockeren Darstellung übergegangen. Sie illustrieren ihre Meldungen, Fotografien gehören auf jede Seite, man arbeitet mit Infografiken. Die Zeitung ist (auch im übertragenen Sinn) bunter geworden. Die Form des Inhaltes beeinflusst die Wirkung beim Leser: Eine gross aufgemachte Geschichte mit zwei Fotos auf der Titelseite hat natürlich einen anderen Stellenwert als die Kurzmeldung weiter hinten.

Die Gewichtung von Inhalten ist auf Seite 136 beschrieben.

Meldung

Die kurze Beschreibung eines Sachverhaltes gibt Antwort auf die Fragen: Was ist passiert? Wo, wann und wie geschah es? Wer waren die Beteiligten? Weshalb kam es dazu? Wer informiert? Häufig stammen diese Art Meldungen von Nachrichtenagenturen oder vom hauseigenen Korrespondentennetz.

Reportage

Eine Reportage ist eine Geschichte in ausführlicher, belletristischer Form. Sie enthält oft Interview- oder Statement-Elemente, um der Sache Authentizität zu verleihen. Es sind verschiedene Varianten zwischen der reinen Sachlage und persönlicher Färbung des Schreibenden möglich. Die Reportage pflegt oft die Umgangssprache, arbeitet mit der Sprache der Betroffenen, um Lesernähe und Verständnis zu erreichen. Die Storys werden so lesefreundlicher und nachvollziehbarer. Die Reportage ist populär-süffig geschrieben; die Boulevard- und Regenbogenpresse bedient sich fast ausschliesslich dieser Form.

Bericht

Der Bericht bemüht sich um eine umfassendere Darstellung eines Themas mit Detail- und Hintergrundinformationen. Er basiert auf ausführlichen Recherchen und kann Meinungen von Beteiligten oder Experten umfassen. Der Stil ist sachlich angepasst (nicht so ausschweifend wie bei der Reportage), der Bericht ist um Objektivität bemüht.

Kommentar

Als Ergänzung zu einer Meldung oder zu einem Bericht widerspiegelt der Kommentar die Meinung eines Berichterstatters. Meistens wird der Kommentar von einem Redaktionsmitglied aus dem entsprechenden Ressort geschrieben. Mit dem Kommentar trennt der Schreiber eines Berichtes Tatsachen und Meinungen. Dazu gibt es verschiedene Ansätze: Der Argumentations-Kommentar möchte kraft des analytischen Denkens überzeugen. Der Geradeaus-Kommentar schimpft, lobt oder tadelt frei heraus. Der Alternativ-Kommentar wiegelt zwischen den Argumenten hin und her, kann sich nicht richtig festlegen.

Leitartikel

Als Domäne des Chefredaktors oder des leitenden Redaktors bringt der Leitartikel subjektiv gefärbte Grundsatzfragen, die weniger aktuell sind. Der Leitartikel ist gewöhnlich länger als der Kommentar und kommt häufig bei Wochenzeitungen vor. Er steht nicht automatisch auf der Frontseite.

Kolumne

Die Kolumne ist eine persönliche Äusserung eines beliebigen Publizisten zu einem frei gewählten Thema. Es gibt regelmässig auftretende, oft bekannte Gastpublizisten oder solche, die sporadisch in verschiedenen Blättern auftreten. Fussballtrainer, ehemalige Spitzensportler oder Politiker ausser Dienst sind als Gastkolumnisten gerne gesehen. Eine Kolumne ist so etwas wie ein grösserer Leserbrief.

POSITIVE NACHRICHTEN

Negative Schlagzeilen sind an der Tagesordnung. Ich wünsche mir, dass wieder vermehrt Radiosendungen mit positiven Nachrichten gesendet werden. Starten könnte man doch bei einem Lokalsender, zum Beispiel mit zwei bis drei positiven, lustigen und fröhlichen Meldungen, gesendet vor den gewohnten Nachrichten. Unsere Augen und Ohren sind heutzutage viel zu sehr auf Kritik und destruktive Geschehnisse ausgerichtet. Unseren Mitmenschen spontan etwas Liebes, etwas Gutes zu sagen oder zu tun, fällt uns immer schwerer. Vermutlich haben wir uns bereits zu sehr an das Negative gewöhnt.

SIMONE LÜTHI, MÜNCHENSTEIN

Leserbrief

Leserbriefe sind beim Publikum äusserst beliebt. Die Redaktion behält sich jeweils vor, zu kürzen und auszuwählen. Eine Pflicht zur ganzen Publikation besteht nicht. Oft distanziert sich die Redaktion in einem Kästchen, um anzudeuten, dass die Leserbriefe nicht die Meinung der Redaktion enthalten.

Eine Replik ist ein längerer Leserbrief als Antwort auf einen Artikel, oft von anderen «Experten» oder Fachkundigen verfasst.

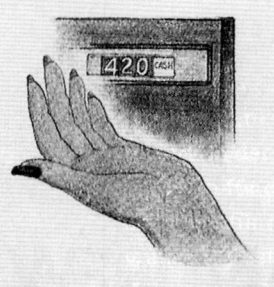

WIE MAN RICHTIG MIT

Lassen Sie sich durch das Gerede von Dividenden, Festgeld, Bonds-Optionen und ungedeckten Noten nicht irremachen, Schätzchen. Die Fachsimpel wollen Sie nur verwirren. Wir zeigen Ihnen hier die neun wichtigsten monetären Tricks und Kniffe des erfolgreichen *Money Management!*

Wie man Wechselgeld entgegennimmt:
1. Drehen Sie die Handfläche nach oben und strecken Sie der Kassiererin die Hand mit leicht gekrümmten Fingern entgegen.
2. Warten Sie, bis die Kassiererin Ihnen Münzen und/oder Scheine in die Hand gelegt hat.
3. Schließen Sie die Hand um das Geld und stecken Sie es in eine Tasche oder Handtasche.

Steifes Gelaber

Macht die Frage wirklich Sinn, was wohl aus dem Dichterfürsten und Geheimrat Goethe geworden wäre, wenn er sich zu Lebzeiten einem zeitgenössischen Medienrummel hätte aussetzen müssen, wenn er Objekt der inflationär eingesetzten, televisionären Unterhaltungs-Notrutschen gewesen wäre? Die Frage, die sich der Essayist, Dramatiker und Lyriker Hans Magnus Enzensberger mit seiner theatralischen Talk-Show «Nieder mit Goethe! Eine Liebeserklärung» stellte, mag zwar informativ sein (weil auch der Maestro in deutscher Provinz von Neidhammeln und Lästerern umzingelt war), aber ein rechter Sinn will sich trotzdem nicht einstellen. Ganz einfach deshalb, weil die Talk-Show (vergangenen Samstag in Weimar aufgeführt) nun mal leider

Glosse

Die Glosse ist ein mit spitzer Feder geschriebener, meist übertreibender Artikel über ein alltägliches oder aussergewöhnliches Ereignis. Sie macht sich über etwas lustig, ohne verletzend zu wirken. Mit der Glosse verwandt ist die Parodie, eine scherzhafte Nachahmung. Die Satire oder Persiflage formuliert noch schärfer.

Kritik

Die Kombination von Inhaltsangabe und Beurteilung findet man vor allem bei Filmbesprechungen und allen Kulturbereichen wie Theateraufführungen, Musicals, Literatur, Radio und Fernsehen. Ein Synonym für Kritik ist die Rezension.

Interview

Das Interview ist eine bei Fernsehen und Radio populäre Form der Informationsvermittlung; es wird zunehmend auch im Printbereich angewendet, vielfach sogar schriftlich eingeholt. Das Gezeigte oder Geschriebene stammt oft nicht vollumfänglich vom Interviewten, vor Drucklegung werden Änderungen vorgenommen oder der Beitrag wird geschnitten. Die Interview-Form vermittelt hohe Glaubwürdigkeit.

Editorial

Ein Editorial in Magazinen ist der Platz für «his master's voice», die Stimme des Chefs. Meistens zuvorderst im Heft, deutet das Editorial auf Lesenswertes im Inhalt. Anderseits können ähnlich wie beim Leitartikel Grundsatzfragen behandelt werden.

Kästchen

Das Kästchen oder die Box ist ein typografisches Gliederungselement, um bestimmte Aussagen hervorzuheben, z. B. Auskunftsstellen, Zahlen in Tabellenform, Personalien usw.

Infografik

Die Infografik ist eine Visualisierung von Sachverhalten, die mit reinem Text weniger gut übermittelt werden können. Typische Vertreter dieser Gattung sind die Wetterseite, Abstimmungsresultate und geografische Darstellungen. Bei visuellen Umsetzungen von Zahlen spricht man auch von Businessgrafik, Charts oder von Diagrammen.

Karikatur

(von ital. *caricare* = überladen)
Die Karikatur ist ein Zerrbild, mit dem der Zeichner gesellschaftliche Zustände oder Ereignisse kommentiert. Meistens sind in der Karikatur Menschen zu sehen. Die Karikatur ist die Seelenverwandte der Glosse und der Kritik. Ohne den nötigen Biss nennt man die Zeichnung auch eine Illustration. Eine zeichnerisch aufgearbeitete Geschichte heisst Cartoon.

Fotografie

Ein Bild sagt mehr als tausend Worte. Mit Bildern werden Emotionen ausgedrückt, die man mit dem Text nie vermitteln könnte. Oftmals nimmt die Fotografie in der Zeitung eine untergeordnete Rolle ein, das Bild ist Beigabe zum Text. In Magazinen ist dies ganz anders, dem Bild kommt eine bedeutendere Funktion, auch als Aufmacher, zu.

Weitere Informationen zum Bild finden Sie ab Seite 198.

Werbung macht gesund

Oft genug wird die Werbung verschrien. Eine Zeitung oder Zeitschrift besteht erst einmal aus gescheiten Artikeln – Inserate werden als lästiges Übel empfunden. Das gleiche Bild bei den elektronischen Medien: Die ewig dümmliche Waschmittel- und Katzenfutterwerbung, das «Fragen-Sie-Ihren-Arzt-oder-Apotheker»-Sprüchlein und andere Ohrwürmer sind nervtötend. Werbung generell ist nicht unser Thema, hat mit Design jedoch Berührungspunkte.

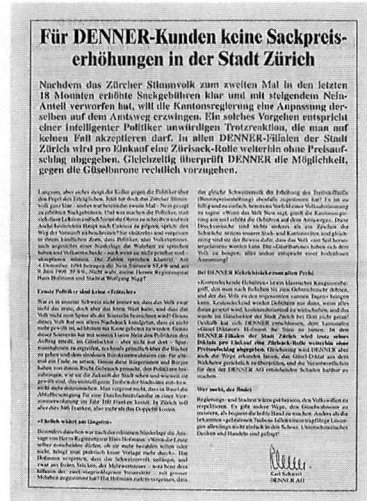

Inserate können schon mal in redaktionelle Form gekleidet sein. Mit Public Relations verkauft man Produkte im redaktionellen Text. «Marktnotizen», «Eingesandt», «Kurz beleuchtet» und anders heissen diese Rubriken.

Visuelle Konkurrenz

Inserate bilden bei den Printmedien eine visuelle Konkurrenz zum redaktionellen Text. Bei der Zeitung ist die Einzelseite als Betrachtungseinheit anzusehen, bei der Zeitschrift die Doppelseite.

Bei klar erkenntlichen Anzeigeseiten gibt es eigentlich nie Probleme: Die Inserate sind deutlich unterscheidbar. Beim Einbinden von Inseraten in den redaktionellen Teil (Reklame, halbseitige Inserate), entsteht eine optische Konkurrenz.

Als Gestalter kann man sich Anzeigen kaum entziehen, oft kennt man beim Layouten nur die Grösse, nicht das Aussehen.

Inserate haben in der Regel die grössere visuelle Kraft als redaktionelle Seiten. Wenn diese nun mit farbigen Elementen aufgepuscht werden, stellen sie eine echte Konkurrenz dar. Dies ist jedoch bei Inserenten nicht unbedingt erwünscht. Ausserdem kommt Text im Umfeld einer Anzeige besser zur Geltung, falls er nicht die schreierischen Merkmale eines Inserates aufweist.

Inserate und Text konkurrenzieren sich optisch auf der Doppelseite. Die Leser haben ein Recht darauf, zwischen redaktionellem Text und Anzeigen klar unterscheiden zu können.

Ob Sie auf dem Stuhl eines Chefredakteurs oder eines Journalisten sitzen: Werbung finanziert die Zeitung zu einem grossen Teil. Ihr Lohn wird von der Werbung ebenso finanziert wie die Druckkosten. Werbekunden haben höchste Priorität, was Wünsche anbetrifft. Seien Sie nicht düpiert, wenn ein Platzierungswunsch für ein Inserat vorliegt, der Ihren Artikel optisch zerreisst. Lassen Sie sich sagen: Gar kein Inserat statt ein halbes bereitet grösseren Kummer.

Platzierung von Werbung

Grundsätzlich spielt es keine Rolle, wo die Werbung platziert wird, auf einer rechten oder linken Seite. Wer die Zeitung von vorn nach hinten liest, blättert nach links um: die rechte Seite ist zuerst sichtbar. Wer von hinten liest, blättert nach rechts, und die linke Seite kommt zuerst zum Vorschein. Zudem verläuft unsere gewohnte Sehrichtung von links oben nach rechts unten. Alles ein bisschen Ansichtssache. Es gibt wichtigere Kriterien, ob ein Inserat beachtet wird oder nicht, werberische und gestalterische.

Coupon-Inserate gehören nicht oben oder mitten auf die Seite, auch der Bund ist dafür eine ungünstige Platzierung. Leser sind dankbar, wenn sie nicht erst einen prämierungswürdigen Schnittmuster-Parcours durchlaufen müssen, um einen Talon auszuschneiden.

Ränder und Bund

Ein besonderes Augenmerk verdienen die Ränder. In Zeitungen, die im Rollendruck gedruckt werden, ist es aus technischen Gründen nicht möglich, randabfallend zu drucken. Die bedruckbare Fläche entspricht meistens dem Satzspiegel. Einzig in der Bundmitte ist eine Panoramaseite über zwei volle Seiten möglich.

In der Zeitschrift sieht das anders aus. Hier ist eine randabfallende Gestaltung sehr wohl möglich. Sie beschränkt sich jedoch oft auf ganzseitige, eventuell noch halbseitige Anzeigen. Der Beschnitt soll mindestens 3 mm betragen, im Bund wird ohne Beschnitt gearbeitet. Man bedenke, dass der Bund als Seitenteiler wirkt. Je nachdem, ob das Produkt mit Draht geheftet oder klebegebunden wird, nimmt der Bund einen mehr oder weniger grossen Platz ein. Text darf nie über den Bund gezogen werden, die maschinellen Toleranzen betragen 1 bis 1,5 mm, seitlich und in der Höhe. Das reicht, um einen Text im Bund zu versenken. Titel mit Versalhöhe ab 10 mm dürfen ausnahmsweise über den Bund geführt werden; der Bund kommt zwischen zwei Wörtern zu liegen, die mit einem doppelten Wortzwischenraum getrennt sind. Der übergrossen Lücke vermag keine maschinelle Bindetoleranz etwas anhaben.

Bilanz einer Abonnementzeitung

Quelle: Treucura-Objektvergleich, Jahrbuch «Zeitungen 96», Bundesverband Deutscher Zeitungsverleger e.V.

Aufwand
- Redaktion 21,2%
- Anzeigen 13%
- Herstellung 38,9%
- Vertrieb 19,5%
- Verwaltung 7,5%

Erfolg Gewinn/Verlust

Ertrag
- Anzeigen 54,4%
- Verkaufte Exemplare 34,8%
- Fremdbeilagen 10,7%

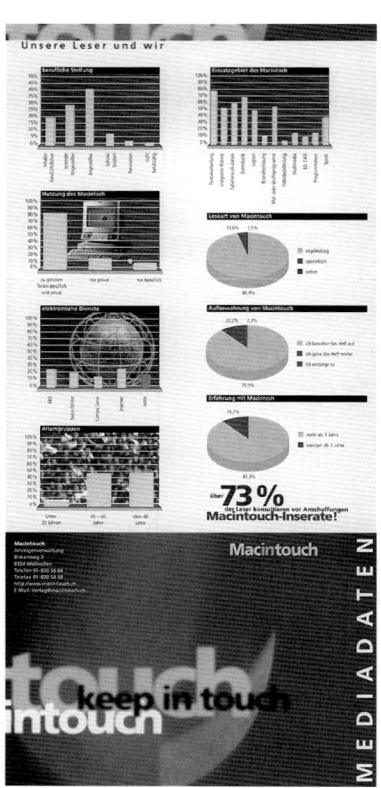

Mediadaten, Inseratetarif oder Tarifdokumentation heisst die Verlagsdokumentation für Inserenten. Nebst Grössen und Preisen sind meist zusätzliche Informationen über Leserschaft oder Drucktechnik enthalten.

Anzeigen (Annoncen)

Alle Medien deklarieren ihre Anzeigen in sogenannten Mediadaten, auch Insertionstarifen. Genormte Anzeigenformate gibt es nicht, Zeitungen verkaufen Anzeigen per Millimeter und Spaltenbreite. Diese variieren natürlich von Blatt zu Blatt.
Man unterscheidet zwischen
- Stellenanzeigen und
- kommerziellen Anzeigen (Annoncen)

Weiter gibt es
- Panorama-Anzeigen (doppelseitig)
- Satellitenanzeigen (mehrere kleine Anzeigen auf der gleichen Seite)
- Chiffre-Anzeigen
- Multieck-Anzeigen (übers Eck gezogen)
- Anzeigenstrassen (mehrere Seiten, aufeinanderfolgend)
- Coupon-Anzeigen
- Reklame (Anzeige im Textumfeld)

Zum Satzspiegel siehe auf Seite 72, 130 und 262.

Zeitschriften geben ihre Anzeigenformate in Bruchteilen an, ein paar übliche davon sind:
- ⅔ Seite (Panorama)
- ¹⁄₁ Seite
- ½ Seite hoch oder quer
- ¼ Seite hoch oder quer
- ⅛ Seite
- ⅓ Seite (statt einer Textspalte)
- ⅙ Seite

Weiter unterscheiden wir Beilagen, die in Lose-Blatt-Form beigelegt oder fix in das Heft eingebunden werden. Je nach Art hat die Verarbeitung oder das Porto andere Kosten zur Folge.

Satzspiegel

Normalerweise ist der Inseratesatzspiegel mit demjenigen einer Textseite identisch. Bei Zeitungen geht das einfach, weil dort die Spaltenbreiten des Textes und der Inserate identisch sind.

Bei Magazinen kann das anders sein. Wer in einem dreispaltigen Umbruch eine viertelteilige Anzeigengrösse anbieten will, muss erst einmal rechnen.

Randabfallende Anzeigen sind meist nur bei ganzseitigen Grössen zugelassen, ausnahmsweise auch bei halbseitigen. Bei einem 3- oder 3½-spaltigen Satzspiegel stimmen die Anzeigenbreiten nicht mit den Spaltenbreiten überein.

Bei gleichem Umbruch könnten auch spaltenbreite Anzeigen konzipiert werden, die später im Textteil als Reklame verkauft werden können.

Rubriktitel und Seitenzahl sind bei der Anzeigengrösse ausgeschlossen.

Bei einem vierspaltigen Satzspiegel stimmen Anzeigenbreiten perfekt mit den redaktionellen Spaltenbreiten überein.

Wahrnehmung

1 **2** 3 4 5 6 7

Kommunikationsmodelle

Ohne Analyse geht gar nichts

Mediendesign ist nicht einfach eine Frage des Geschmacks und der willkürlichen Auswahl von Spalten, Schriften, Farben. Mediendesign ist vielmehr eine konsequente Umsetzung vorangegangener Überlegungen. Ohne konzeptionellen Überbau verflacht jedes Design zu reinem Zufallsspiel. Über jeden Bereich der Kommunikationswissenschaft gibt es ausreichend Literatur, so dass ich mich darauf beschränken kann, diese Themen nur anzureissen.

Gedankenarbeit ist nicht allein dem Mediendesign vorbehalten – sie bildet für jede Gestaltungsarbeit die analytische Grundlage. Darüber hinaus gibt es technische und andere Rahmenbedingungen, welche die gestalterische Freiheit in Grenzen weist. Die Kenntnis dieser Einflussgrössen verhindert einen Blindflug. Wir setzen uns im Folgenden mit der Kommunikation im Allgemeinen, mit Wahrnehmung und deren Funktionsweise auseinander und beleuchten Design aus der Sicht der Konsumenten. Das Konsum- oder Leseverhalten muss uns beschäftigen, um die notwendigen Schlüsse für gutes Mediendesign zu ziehen. Als Konsequenz daraus gelangen wir zur richtigen Schrift, Spaltenzahl, Schriftgrösse, Satzart; wir gestalten ganz einfach bewusster, wenn wir uns der Mechanismen klar werden.

Voraussetzungen für eine erfolgreiche Kommunikation

Als Gestalter setzt man sich in der Regel viel zu wenig mit Kommunikationswissen auseinander. Die Verständigung ist oft schwierig genug, wenn sich Sprecher und Zuhörer direkt gegenüberstehen. Denn nur 40% der Botschaft werden durch die Sprache übermittelt, 60% der gesamten Wirkung gehen auf das Konto nonverbaler Äusserungen wie Mimik und Körpersprache.

Betrachten wir das kybernetische Kommunikationsmodell rechts: Unabdingbare Voraussetzung für eine Verständigung zwischen «Sender» und «Empfänger» ist dieselbe Sprache, das gemeinsame Vokabular. Erschwerend wirkt, dass beide Teilnehmer diese anders interpretieren. Heisst z. B. «die Luft ist rein», dass sie sauber und klar ist oder dass keine Polizei zu sehen ist? Wenn gar ein Medium dazwischenliegt, ist die Botschaft noch schwieriger zu übermitteln, weil gewisse Einflussfaktoren die Kommunikation erschweren.

Einflüsse auf der Senderseite
- Einstellung zum Empfänger (Sympathie, Vorurteil)
- Rollenbeziehungen (Lehrer–Schüler oder Verkäufer–Käufer)
- Absicht (Beeinflussung, Manipulation, Machtentfaltung)

Einflüsse auf der Empfängerseite
- die vorangegangene Information (Erfahrung, Vorstellung, Vorwissen)
- die Persönlichkeit des Senders (Bekanntheit, Autorität, Glaubwürdigkeit)
- die Motivation (Interesse am Sender oder am Inhalt)
- das Verstehen der Nachricht (Grad der Dekodierung, die Verständlichkeit, die verwendete Sprache)
- die Rückkoppelung mit dem Sender (Grad des Feed-backs)

Beim Medium sind auszumachen
- Eigeneffekte (Telegrammstil, unleserliche Schrift, Kürzungen, visuelles «Rauschen» im Hintergrund)
- Verlust von Elementen der Nachricht (nicht alles sichtbar, Fehler)

Einflussfaktoren bei der Nachricht
- der Kode (Gassensprache, Dialekt, Anglizismen, Fachsprache, Syntax)
- die Form der Darbietung (Verständlichkeit, Einfachheit, Gliederung, Ordnung, Kürze und Prägnanz, zusätzliche Stimulanz wie Wettbewerb oder Spiel)

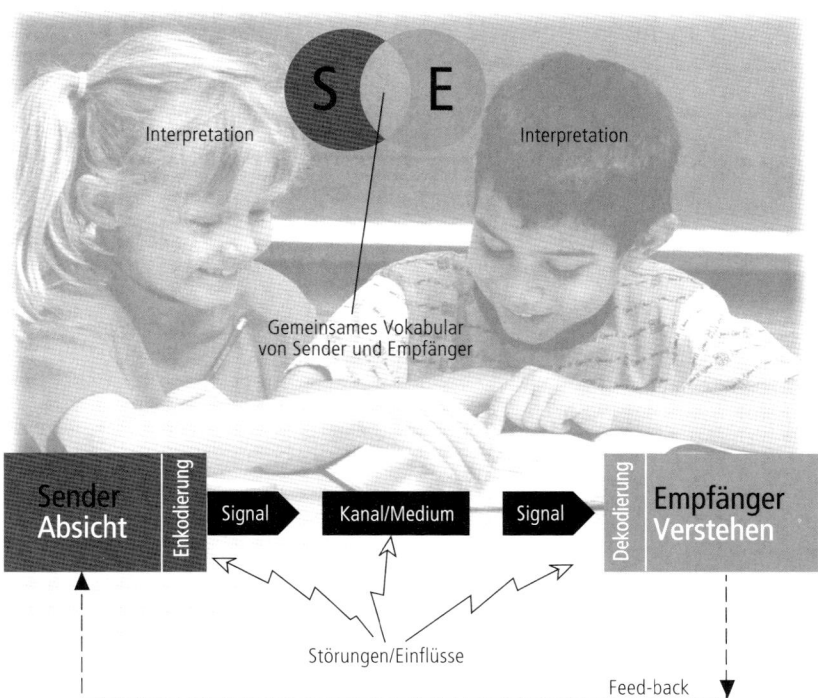

auffallen

bewusst sehen

lesen

verstehen

bewegen

Kommunikationsziele

Was will ich erreichen? So lautet die zentrale Frage, die sich jeder Schreiber, jeder Fotograf und jeder Gestalter stellen sollte.

Zuerst geht es darum, dass sich eine Botschaft gegenüber der Konkurrenz durchsetzt. Gestalterisch bedeutet dies, dass auffällige Elemente zum Einsatz gelangen, die sich vom Umfeld abheben. Auffällig ist alles von aussergewöhnlichem Reiz: emotionell, plakativ, provokativ, schrill, farbig, schräg, bildhaft, witzig. Nach dem Auffallen kommt die Phase des bewussten Wahrnehmens. «Aha, da ist etwas, das mich reizt.» Ein starker Reiz löst das Lesen aus. Nun heisst Lesen aber noch lange nicht, dass die Botschaft auch verstanden wird. Durch die assoziative Verknüpfung gelangt die Information vom Kurzzeit- ins Langzeitgedächtnis. Nach dieser Hürde ist man kurz vor dem Ziel jeder Kommunikation: Es soll etwas bewegt werden.

Das können verschiedene Dinge sein: eine Meinungsänderung, die Auslösung einer Verhaltensänderung, ein Kaufreiz, die Befriedigung einer Lust und anderes. Das Ziel darf unter keinen Umständen aus den Augen gelassen werden. Wenn z. B. etwas verkauft werden soll, dann muss unbedingt eine Rückantwortmöglichkeit vorhanden sein. Wieviele Internet-Homepages oder CDs gibt es, die diese wichtige Option nicht nutzen? Dabei ist es relativ einfach, wenigstens ein Faxformular zu kreieren und irgendwo an die Web-Site anzuhängen.

Das Kommunikationsziel ist oberste Richtschnur für die gesamte Gestaltung. Design, welches sich über die Kommunikation erhebt, ist untauglich oder wird zur Kunstform emporstilisiert. Fragen wir uns jedoch: Wird diese Kunst dem Autor, Auftraggeber oder Leser gerecht?

Zielpublikum

Zur Analyse gehört zweifelsohne das Zielpublikum. Bei den Printmedien sprechen wir von Leserschaft, bei den elektronischen Medien von Nutzern oder englisch «Usern». Was haben die Nutzer mit Design zu tun? Ganz einfach: Bestimmte Zielgruppen geben gestalterischen Vorlieben den Vorzug. Herr Bankdirektor wills gerne seriös mit viel Weissraum, seine Teenie-Tochter mags bunt und schrill, Frau Bankdirektor geht mit der Zeit, und der Jüngste, ein Abc-Schütze, liest am liebsten grosse Buchstaben.

Die Wirkung von Bild, Text und Typografie ist unbestritten und eine Gestaltung für jedermann ausgeschlossen. Entweder «trifft» man mit der Gestaltung eher die einen oder die anderen.

Die Wahrnehmung

Alle Reize werden im Hirn unbewusst registriert. Ein Informationsfilter, der gleich einem Sieb wirkt, lässt alles Irrelevante durchfallen. Jede relevant empfundene Information bleibt hängen und wird zu bewussten Eindrücken verarbeitet.

Ausserbewusstes Registrieren
↓
Ausserbewusstes Bewerten
Relevant? | Nicht relevant?
Bewusste Wahrnehmung

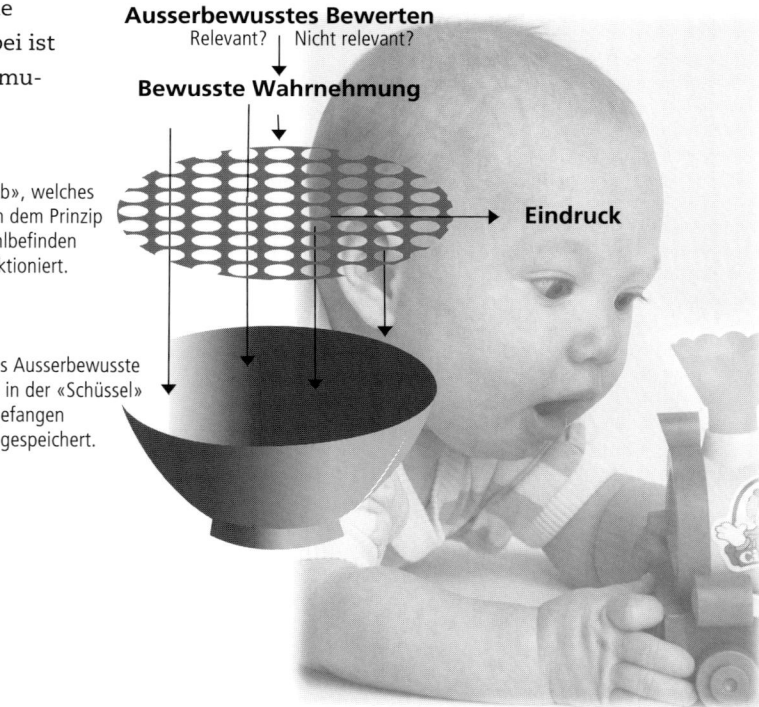

«Sieb», welches nach dem Prinzip Wohlbefinden selektioniert.

Alles Ausserbewusste wird in der «Schüssel» aufgefangen und gespeichert.

Eindruck

75% Augen
12% Gehör
3% Nase
3% Geschmack
7% Tastsinn

Beim Screendesign heisst das Medium Bildschirm und die Nutzung ist sehr viel komplexer als beim Papier. Die Hardware-Abhängigkeit zwingt uns den Ort des Geschehens auf, im Büro, zu Hause. Abhängig davon ist auch die Zeit des Informationsgenusses: Auf dem Weg zur Arbeit geht es schlecht, abends ist das Internet «belegt». Diese Sachzwänge verlangen nach besonders sorgfältiger Datenaufbereitung. Man will den Konsumenten schliesslich nicht noch mehr plagen.

Wir Gestalter haben also vermehrt auf die Botschaft Einfluss zu nehmen. Ein langweiliges Zuviel an Information auf dem Bildschirm ist tödlich. Neugierde wecken, Motivation, Unterhaltung, auch Wissensvermittlung spielen eine wichtigere Rolle als in der Zeitung, wo die ganze Unterhaltung abgeschlagen hinten in der Rätselecke liegt.

Seien wir uns bewusst, dass die gesamte Information, die wir in unserem Hirn gespeichert haben, zu 75% vom Gesichtssinn stammt, 12% entfallen auf das Gehör, 7% auf den Tastsinn, Geschmack und Geruch sind mit je 3% beteiligt. Wobei immer wieder unterschlagen wird, dass neben den klassischen fünf Sinnen der Gleichgewichtssinn im Innenohr (u. a. für die Wahrnehmung von oben und unten) für die Gestaltung ein wichtiges Organ darstellt. Das gibt Hinweise für den Einsatz von Musik, Sprache und Tönen.

Das Prinzip Wohlbefinden

Wenns uns dürstet, trinken wir Wasser, wenn wir müde sind, gehen wir schlafen, wenn wir kränkeln, sehnen wir uns nach Gesundheit. Wir sind alle bestrebt, dass es uns möglichst gut geht. Unseren Hirnfunktionen liegt das Prinzip Wohlbefinden zu Grunde. Es basiert auf zwei Polen: Der eine Pol repräsentiert die Ruhe und Stabilität, der andere die Bewegung und Dynamik. Das will heissen, dass z. B. Freude auf der einen Seite erst aufkommen kann, wenn die Angst auf der andern Seite weg ist. Unwissen, Unsicherheit, Unverständnis dürfen beim Lesen nicht aufkommen; Gestalter müssen sich das Prinzip Wohlbefinden zu eigen machen. Klar, kurz und einfach soll die visuelle Botschaft aufbereitet werden.

Das dosierte Diskrepanzerlebnis

Wenn die Botschaft durchkommen soll, muss sie so beschaffen sein, dass sie auf bestehendem Wissen aufbaut, gerade so viel Neuheit dazugibt, dass der Rezipient noch mitkommt. Bei zu viel Neuheit ist er überfordert und «steigt aus». Ebenso bei zu wenig Neuheit: Dann nämlich ist alles Schnee von gestern, langweilig und uninteressant.

Genau den richtigen Neuheitsgrad zu erwischen, ist die Kunst des Kommunizierens. Fachleute nennen diesen Vorgang «dosiertes Diskrepanzerlebnis». Nun ist die Leserschaft natürlich äusserst heterogen und es ist nicht einfach, allen Lesern das dosierte Diskrepanzerlebnis zu bieten. Mit einer häppchenweisen Darstellung kann der Text jedoch so in Portionen aufgeteilt werden, dass ein grosses Zielpublikum abgeholt werden kann: Ein wissenschaftlicher Artikel wird mit Infografik und einer Stichwortbox angereichert – und schon ist man dem Kommunikationsziel näher.

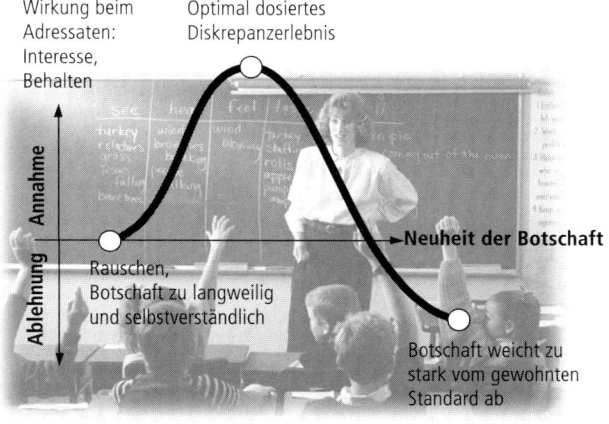

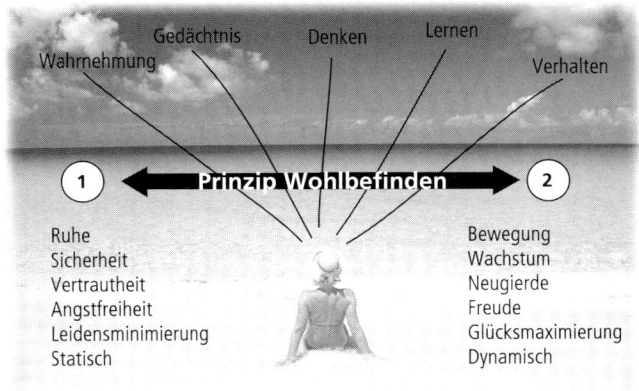

Hirnfunktionen

«Kleinhirn an Grosshirn…»

Unser Hirn ist so organisiert, dass es unzählige Informationen und Reize parallel verarbeiten kann. Wir können gleichzeitig Radio hören, mitsummen und lesen. Bei der visuellen Informationsaufnahme kommen die Reize alle via Augen. Diese scannen das Produkt oberflächlich und selektieren nach dem Prinzip Wohlbefinden. Was interessant scheint und verspricht, das eigene Wohlbefinden zu stärken, zieht den Blick auf sich. Wir nehmen selektiv wahr.

Das hier Gesagte bezieht sich auf die meisten Menschen, die Rechtshänder sind. Bei Linkshändern ist alles seitenverkehrt.

In der linken Hirnhälfte sitzt bei den meisten Menschen das Sprachzentrum, wo das analytische Denken (Lesen, Schreiben, Rechnen) regiert. In der rechten Hälfte sitzen die Hirnregionen für das gesamtheitliche Betrachten, Schauen, für die Farben, für Klänge usw. Typografische Gestaltung wird also ebenfalls mit der rechten Gehirnhälfte empfunden. Bei Kindern sind die beiden Hälften etwa gleichwertig entwickelt, bei Erwachsenen – durch den Prozess der Sozialisation in einer analytisch denkende Welt bedingt – dominiert die linke Hirnhälfte. Gestalterisch gesehen sollten wir auf beide Gehirnhälften zielen, um nachhaltig Wirkung zu erreichen. Mit dem Text erreichen wir die linke Hirnhälfte, mit dem Bild und der Typografie die rechte. So belegen wir mehrere Eingangskanäle – unsere Gestaltung wirkt stärker.

Selektives Wahrnehmen findet in allen Medien statt, gleich ob Multimedia-CD, Zeitschrift oder Internet. Fotografien, Legenden und Titel stehen an erster Stelle des Selektionsmechanismus. Sie werden unabhängig vom Alter oder vom Bildungsgrad der Rezipienten zuallererst wahrgenommen – eine Chance, die alle konservativen «Leseblätter» verpassen, die ohne Bilder auskommen.

Schnitt durch das somato-sensorische Rindenfeld. Etwa drei Viertel dieses Feldes verarbeitet Signale von Gesicht und Händen.

Schnitt durch das motorische Rindenfeld

Das motorische Rindenfeld steuert die Körperfunktionen.

Das somato-sensorische Rindenfeld verarbeitet Signale der Sinnesorgane.

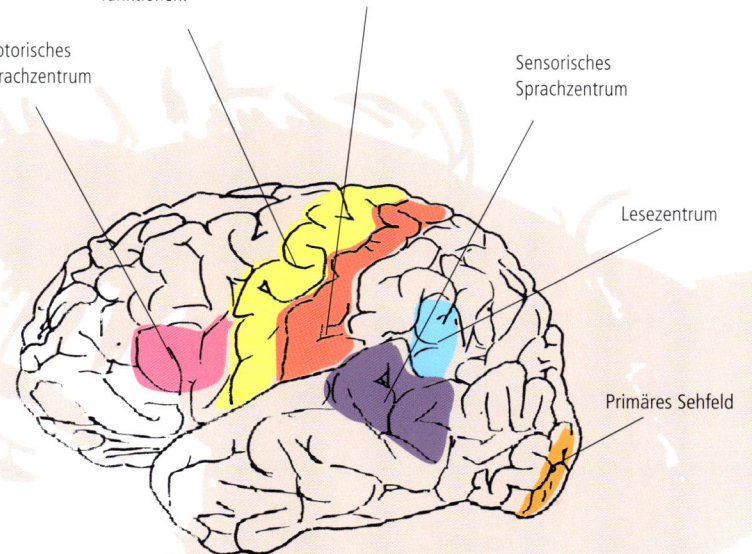

- Motorisches Sprachzentrum
- Sensorisches Sprachzentrum
- Lesezentrum
- Primäres Sehfeld

Linke Hirnhemisphäre

Linke Hirnhemisphäre
(für Rechtshänder)

«Digitale» Kommunikation. Übersetzung der wahrgenommenen Sinneseindrücke, logisch-analytische Hirnhälfte, mit Sprache denken, Grammatik, Syntax, Semantik, lesen, schreiben, zählen, rechnen.

Rechte Hirnhemisphäre
(für Rechtshänder)

«Analoge» Kommunikation. Ganzheitliche Erfassung komplexer Zusammenhänge, Raumgefühl, Erkennen von Gesamtheit anhand einzelner Details, Geruchsempfindung, Körpersprache, Empfindung von Musik.

Erst sehen, dann lesen

Mit einem Periodikum verhält es sich so wie mit den eigenen vier Wänden: Man weiss, wo das Geschirr versorgt ist, die Wäsche liegt und die Ersatzzahnbürste steckt. Der gewohnte Abonnementsleser weiss ganz genau, was wo zu finden ist. Für Gelegenheitsleser oder im World Wide Web gelten andere Gesetze. Ein gekonntes Layoutkonzept führt die Leser durch jedes Produkt.

Bei Printprodukten sprechen wir von Leseführung, auch von Leserführung. In elektronischen Medien heisst die Analogie Navigation, Benutzerführung oder Benutzeroberfläche.

Printprodukte werden mit den Augen überflogen. Die visuellen Reize verleiten zum näheren Betrachten oder zum Lesen. Bilder und Titel werden schneller aufgenommen als Text, weil sie den Kontrast zum grauen Einerlei des Textes bilden. Mit der Grössenabstufung der Titel wird der Text gegliedert. Je kontrastreicher die Gliederung, desto schneller kann eine Seite überschaut werden. Rechts eine Seite der «Neuen Zürcher Zeitung», bei der diese Gliederung sehr «dezent» ist.

Es gibt empirische Forschung über das Leseverhalten, die jedoch immer mit Vorsicht zu geniesssen ist, weil bei den Probanden eine Laborsituation herrscht. Man stülpt zu diesem Zweck den Testpersonen eine spezielle Lesebrille über und kann damit die Augenbewegung auf der Zeitungsseite beobachten. Leser sind Individuen mit individuellen Lesevorlieben, jeder hat so seine eigenen Konsumgewohnheiten.

Gesichert ist, dass wir es mit sogenannten Scanreadern zu tun haben. Leser überschauen eine Zeitungsseite, bevor sie die interessanten Stücke herauspicken. Nach den visuellen Gestaltgesetzen fällt natürlich das gross Aufgemachte, Plakative zuerst auf. Das sind die Bilder und die Headlines. Titel, Bild, Legende und Text bilden oft das Grundmuster eines Informationspaketes. Die Blickbewegung erfolgt aus Gewohnheit von oben links nach unten rechts. In der Zeitung gilt wegen der Grösse die Einzelseite als Betrachtungseinheit, in Magazinen die Doppelseite.

Bei grosszügig aufgemachten Seiten springt das Auge weniger über die Seiten, man findet mehr Musse zur Betrachtung. Grosse Bilder sind deshalb viel wirkungsvoller – vor allem wenn sie gut sind. Magazin: «Fit for fun».

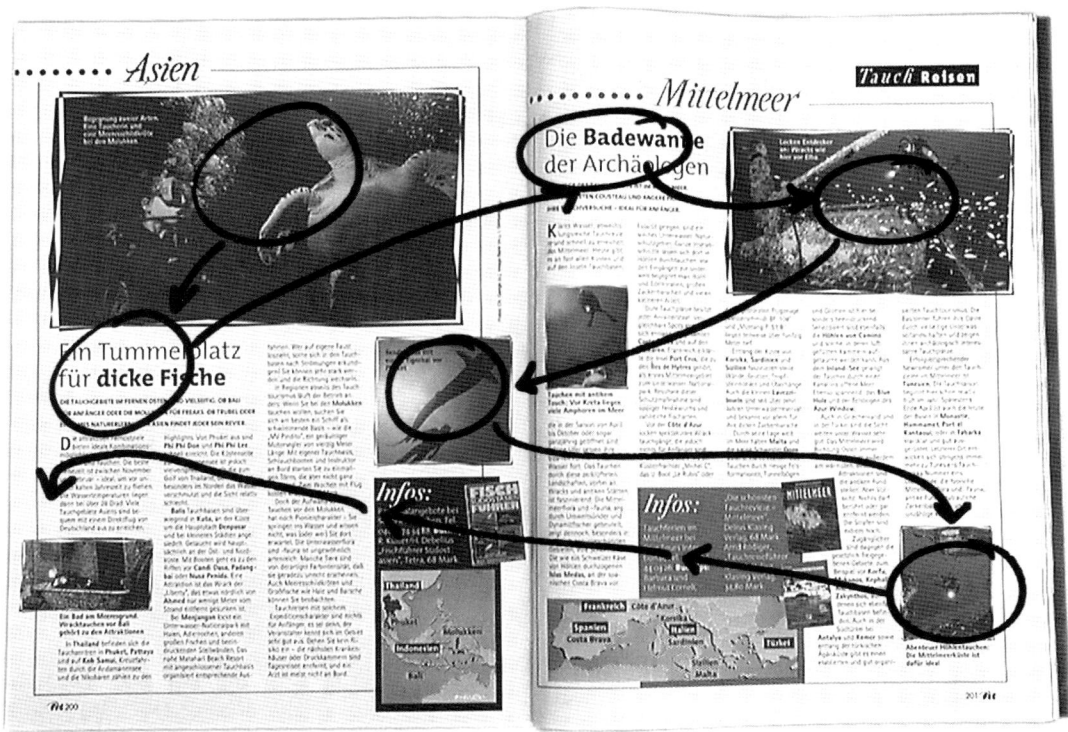

Bei der gestalterischen Portionierung einer Doppelseite muss der Schnellleser viele Reize visuell abtasten. So wird er auch bei der Stange gehalten: «Und hier noch etwas, da ist was, dort steht noch was…» Seien wir uns jedoch bewusst, dass scannen nicht automatisch lesen heisst. Magazin: «Fit for fun».

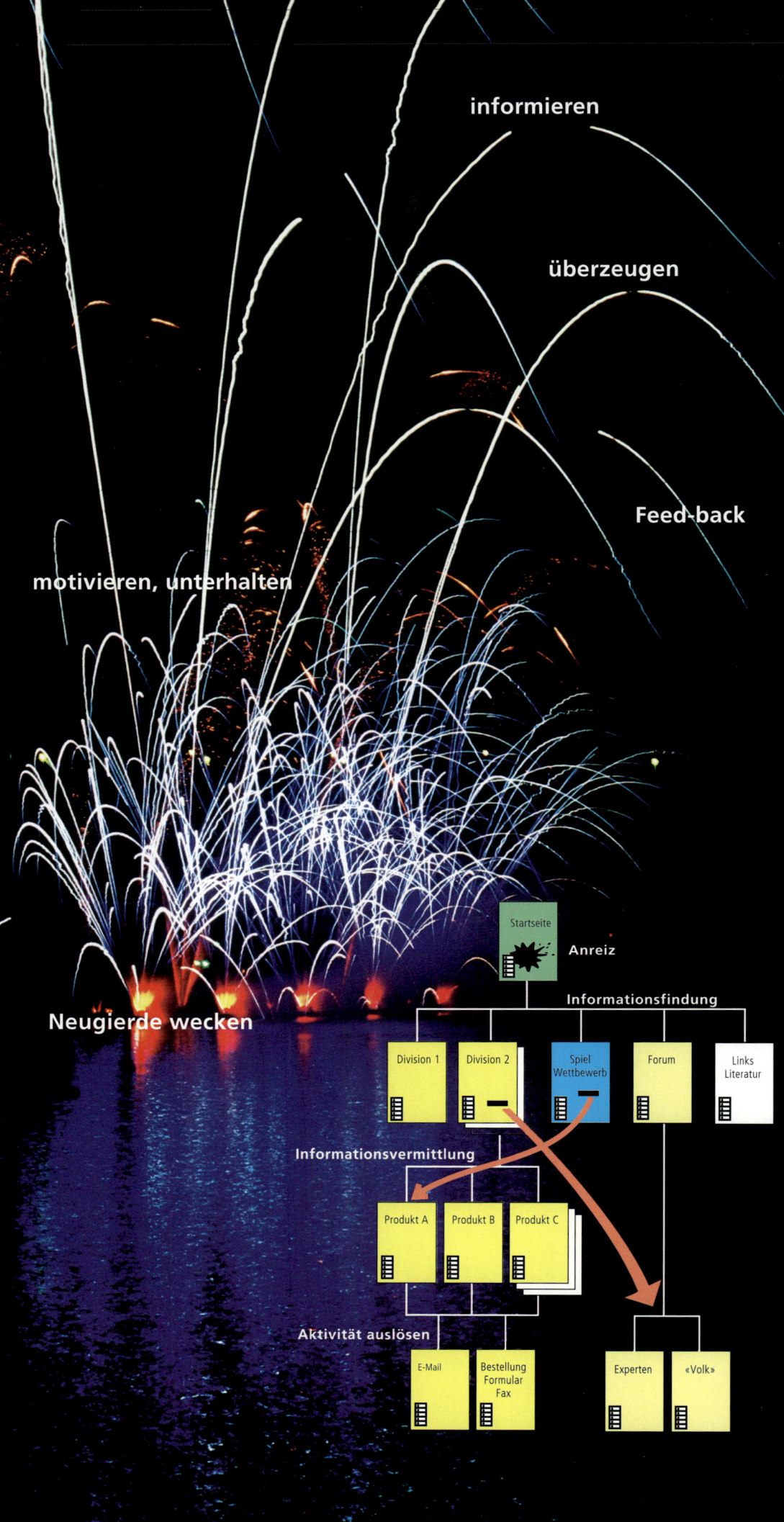

Mögliche Ablaufphasen bei einer Homepage. Die Reize und die Versprechen am Anfang müssen stärker gewichtet werden als beim Printmedium, weil man es der Homepage nicht ansieht, was sich dahinter verbirgt.

Möglicher Aufbau einer Internet-Homepage: klare Gliederung in einzelne Bereiche, klare Navigation. Jederzeit soll zwischen den Bereichen, aber auch zwischen den Hierarchien gewählt werden können. Unterhaltung und Interaktivität haben einen andern Stellenwert als in den Printmedien.

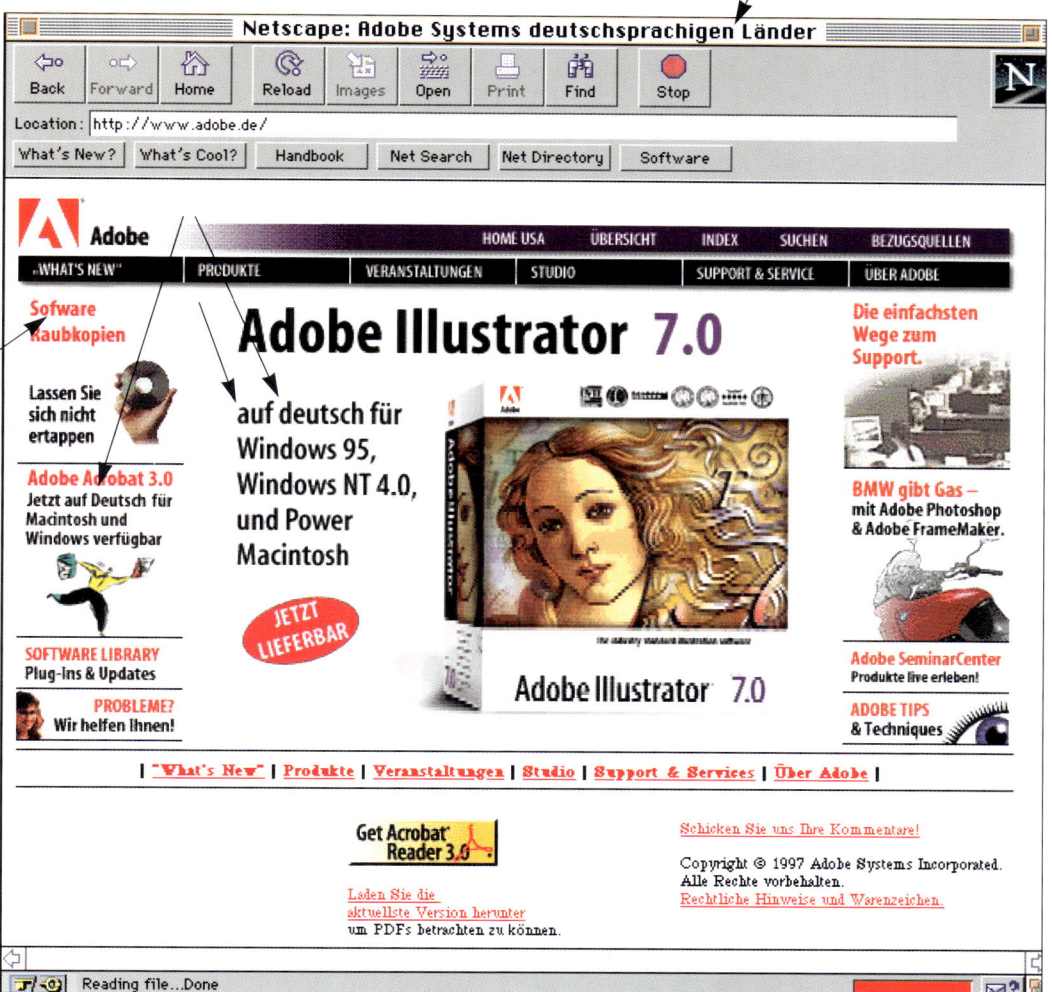

Adobes Web-Site gleicht einem Feuerwerk. Viele visuelle Reize buhlen gleich auf der Titelseite um Aufmerksamkeit. Einiges ist animiert und zwingt die Augen auf die Schnäppchen. Übrigens ein Vorteil des Internets gegenüber den Printmedien: Hier kann man sich Software per Netz besorgen. Ein anderes Thema sind die «Druckfehler», welche die Frage aufwerfen: Gibt es keine Korrektoren für Web-Sites?

Erscheinungsbild

Kontinuität schafft Leserbindung

Die wiedererkennbare Ordnung ist für die Leseführung und Navigation enorm wichtig. Stellen Sie sich einmal vor, Ihre Tageszeitung hätte die Meldungen auf jeder Seite anders geordnet – eine visuelle Katastrophe. Mit ungewohnten Zeitschriften bekundet man sogleich Mühe. Ordnung bedeutet eine klare Blattstruktur und innerhalb der einzelnen Seiten einen wiederkehrenden Ablauf. Die Kontinuität hilft jedem Leser, sein ganz persönliches Leseritual zu zelebrieren.

Corporate Identity

Unter Corporate Identity versteht man die Bemühungen eines Unternehmens nach innen und aussen, die gesamte Wahrnehmung nach einem Wertekonzept, einer unternehmerischen Haltung zu vereinheitlichen. Darunter fallen Architektur, Innenarchitektur, Duftwahrnehmungen und das zweidimensionale visuelle Erscheinungsbild.

Zu einer einheitlichen Erscheinung bei Printmedien gehören u. a. folgende Bereiche:
- Kopf (Titel)
- Typografie (Schriften/Umbruch/Layout)
- Papier (Sorte, Format)
- Farbgestaltung
- Redaktioneller Aufbau (Architektur)
- Anzeigen (Inhalt/Platzierung/Menge)
- Geschwindigkeit (Aktualität, Erscheinungsweise/Bildschirmaufbau)

Kopf (Titel)

Der Kopf ist der wichtigste Werbeträger überhaupt. Er ist im Zeitungsständer sichtbar und transportiert Konstanz und Zuverlässigkeit auf lange Sicht. Der Zeitungskopf hat Markencharakter und untersteht dem internationalen Markenrecht. Eine Änderung desselben hat schon manche Leser dazu bewogen, auf eine andere Zeitung zu schliessen, die er dann letztlich nicht mehr abonnieren mochte. Die Identifikation der Leser findet sehr stark über den Zeitungskopf statt. Eine Änderung des Zeitungskopfes ist eine schwerwiegende Entscheidung, die nicht leicht getroffen werden sollte. Es soll damit nicht gesagt sein, jede Erneuerung sei im Keim zu ersticken. Im Gegenteil. So wie die Lesegewohnheiten ändern sich auch die Medien. Wenn heute ein anderes Angebot

Zeitungsköpfe sind auf Seite 154 beschrieben, Möglichkeiten der Kopfgestaltung bei Magazinen finden Sie auf Seite 292.

genutzt wird, heisst das nichts anderes, als dass die Medien sich den Konsumenten anpassen müssen.

Aus dieser Sicht gehören Frakturtitel nicht mehr auf die Zeitungsköpfe! Aus welchem Grund wohl zieren sie keinen einzigen Magazintitel? Weshalb konnten die Magazine von Frakturschrift (sofern vorhanden) auf modernere Schriften umstellen? Ist deshalb ein Magazin eingegangen? Frakturschriften wirken nicht seriöser als gewohnte Schriften – oder sind etwa Zeitungen mit normalen Köpfen nicht seriös? Verleger, haben Sie einfach mehr Mut zu modernem Design!

Typografie

Mit der einheitlichen Typografie schaffen wir die klare Gliederung auf der Seite. Ein wildes Durcheinander von Spaltenbreiten, Schriften und Schriftgrössen macht die Textsuche mühsam. Ein nachvollziehbares Konzept mit begründetem Wechsel von Spaltenbreiten, Farben und Schriften ist absolut in Ordnung. Die Betonung liegt bei begründet. Ich stelle Regeln auf und übertrete sie stellenweise – so erreiche ich Spannung, Kontrast und Abwechslung. Dort, wo die Regeln vor lauter Ausnahmen nicht mehr erkennbar sind, beginnt das Chaos, und ein solches dient den Lesern nicht.

Auf der CD-ROM bzw. auf der Homepage ist die gestalterische Vielfalt bezüglich Typografie begrenzter. Mit einer oder zwei Spalten ist der Spielraum bereits abgedeckt.

Farben

Die elektronischen Medien arbeiten im RGB-Farbraum mit den drei Grundfarben Rot, Blau, Grün. Alle drei Farben zusammen gemischt ergeben theoretisch Weiss. Je nach Bildschirm erhält man bekannterweise eher ein Hell-Grau-Blau. Bei der CD-ROM hat man fast unbeschränkt Farbe zur Verfügung, Bildschirme sind heute nun einmal farbig.

Bei den Printmedien ist eine andere Farbmischung angesagt: CMYK bedeutet Cyan, Magenta, Yellow und Schwarz (Key), die vier Grundfarben des Vierfarbendruckes. Hier heisst es mit Farbe sorgfältig umzugehen. Es gibt eine ganze Reihe gesicherter Erkenntnisse über die psychologische Wirkung von Farbe in der Zeitung. Wir unterscheiden zwischen Farbe im redaktionellen Teil und im Inserateteil. Bezüglich Auftritt sei gesagt, dass die regenbogenbunte Zeitung deswegen nicht die beste Zeitung ist. Text ist am besten Schwarz auf Weiss lesbar.

Ein paar Forschungsresultate zur Farbe in der Zeitung stehen auf Seite 70.

Schriften

Für die Zeitungen sind aus drucktechnischen Gründen spezielle Zeitungsschriften entstanden. Im Bleisatz standen die Schriften im wahrsten Sinn unter hohem Druck. Nach einer bestimmten Auflage war die aus Blei gegossene Druckplatte flachgedruckt und musste durch eine neue ersetzt werden. Feine Schriften mit Haarstrichen kamen sowieso nicht in Frage. Mit dem heutigen Rotationsdruck kann zwar feiner gedruckt werden, die Technik bringt jedoch andere Probleme mit sich. Die Schriftwahl für die Zeitung ist jedenfalls um einiges grösser geworden. Überall wo Zeitungen und Magazine im Rollendruck (Offset, Hoch- und Tiefdruck) gedruckt werden, kann der Gestalter durch die richtige Schriftwahl mithelfen, saubere Druckergebnisse zu erzielen. Die Gestaltung hat sich dem Druckverfahren anzupassen, nicht umgekehrt.

Als typische Zeitungsschriften gelten die Auriol, Century, Corona, Demos, Ionic, LinoLetter, Swift, Times, Life, Gazette oder Utopia. Schriftmuster sehen sie auf Seite 79 abgebildet.

Bezüglich Auftritt gilt: Je einheitlicher und ruhiger die Schriftwahl, desto mehr kann sich der Leser auf redaktionelle Seiten einstellen und desto grösser wird die Abgrenzung zu den Inseraten.

Es gibt jetzt auch Zeitschriften, die es sich zum Spass machen, Storys mit immer neuen Schriften zu belegen. Je nach Zielpublikum mag diese grafische Form besser zutreffen. Es bleibt dem Leser überlassen, die Wahl seiner visuellen Vorlieben zu treffen. Der Zeitgeist drückt sich visuell durch Chaos aus – das hatten wir doch schon vor der Bauhaus-Ära: Der Dadaismus lässt grüssen!

Der einheitliche Auftritt einer Tageszeitung verstärkt den Eindruck, seriös zu sein. Wobei einheitlich nicht mit monoton verwechselt werden darf – eine Zeitung darf ohne weiteres die Spaltenzahl verändern. Typografisches Durcheinander verspricht auch inhaltlich dasselbe Muster.

Beim Bike- und Skate-Magazin «7th Sky» herrschen, auf der rechten Seite angelegt, grossformatige Bilder vor. Die Typografie passt sich jedem Artikel neu an. Der Text ist zurückhaltend kurz gehalten und bildet zusammen mit den Fotos eine animierte Bildersprache. Der Weissraum wird bewusst und gekonnt in Szene gesetzt.

Beim deutschen Nachrichtenmagazin «Focus» wählen die Gestalter eine grosse Informationsdichte. Rechteckige, freigestellte Bilder, Titel in verschiedenen Abstufungen, Infografiken und Texte bilden kleine Informationseinheiten. Es findet sich kaum ein Quadratzentimeter Weissraum.

Schrift hat Stil

Die Anmutung von Schriften empfinden wir alle etwa gleich; wir sind im gleichen Umfeld gross geworden, haben dieselben Grundschulen besucht, lesen dieselbe Art Zeitungen und Zeitschriften und sehen dieselben TV-Sender. Wir sind visuell westeuropäisch konditioniert. In den Grundzügen empfinden wir deshalb die Wirkung von Schriften auch gleichartig. Fette Schriften sind plump und träge, Schreibschriften muten antik-persönlich an, Schreibmaschinentypen beamtenhaft.

Schurwolle
Schurwolle
Schurwolle
Schurwolle

Im Funktionsbereich «Aufmerksamkeit erregen» kommt die Anmutung besonders gut durch, weil diese Schriften häufig als Headlines gross gesetzt werden. Bei Leseschriften wirkt das Aussehen durch die Grauwirkung und die Dynamik. Die schmallaufende Times zeichnet sich durch eine gedrungene Statik und einen Kontrast in den Strichstärken aus. Eine andere Leseschrift, die Meridien, wirkt ungleich feiner und eleganter.

Times Roman
Meridien Roman

Schriftgrössen siehe auf den Seiten 164 und 170, Grauwirkung auf Seite 173.

Der Normalleser wird die Meridien in einer Lesegrösse von 11 Punkt höchstens heller, luftiger empfinden, in 24 Punkt hingegen kommen die anmutigen Details an den Tag. Wir haben uns auch zu vergegenwärtigen, dass etwa die Hälfte aller Anzeigen mit den sechs «Langweilern» Futura (⅕), Univers, Bodoni, Franklin Gothic, Helvetica (Arial) und Times gesetzt werden. Man könnte meinen, das kreative Potential der heutigen Vielfalt von einigen zehntausend Schriften werde besser genutzt. Sinds die Kreativen oder die Kunden, welche auf einer langweiligen und ausgereizten Typografie sitzen bleiben? Das Argument, die Helvetica sei halt die weltweit verbreitetste (Blei-)Schrift, ist doch wohl in unserer PC-Zeit etwas antiquiert.

Glücklicherweise beginnen die Kreativen neues Schriftbewusstsein zu entwickeln. Dazu brauchte es allerdings crazy Design-Gurus, welche die Schriften bis zur Unlesbarkeit ad absurdum führten. Die Typografie als Bildsprache wurde dank Photoshop plötzlich neu entdeckt. Auf alt getrimmt, abgerundet, schmuddelig, so kommen die Dirty-Fonts der neuen «Typo-Kultur» daher.

Doch sollte der Inhalt wenigstens zur Typo passen. Bei der Versicherung oder Bank, beim Reiseanbieter oder bei der Fastfood-Kette werden wohl nicht dieselben Werte transportiert, nicht wahr?

Schriften einsetzen, siehe auch auf den Seiten 160 und 180.

9 pt Centennial
Zeilenabstand 11,5 pt
Satzbreite 66 mm

Dieser Mustertext soll veranschaulichen, dass Text keineswegs «tote» Materie darstellt. Sogar der Lesetext entfaltet seinen besonderen Charme. Achten Sie auf die Grauwirkung, ob der Text luftig oder gedrungen erscheint. Schriften ohne Serifen sind nicht schlechter lesbar, sie benötigen jedoch einen etwas grösseren Zeilenabstand. Besonderen Reiz stellen Schriftfamilien dar, die es in den verschiedensten Strichstärken, -breiten und Lagen gibt.

Dieser Mustertext soll veranschaulichen, dass Text keineswegs «tote» Materie darstellt. Sogar der Lesetext entfaltet seinen besonderen Charme. Schriften ohne Serifen sind nicht schlechter lesbar, sie benötigen jedoch einen etwas grösseren Zeilenabstand. Besonderen Reiz stellen Schriftfamilien dar, die es in den verschiedensten Strichstärken, -breiten und Lagen gibt.

9 pt Frutiger
Zeilenabstand 13 pt
Satzbreite 66 mm

11 pt Adobe Garamond
Zeilenabstand 11,5 pt
Satzbreite 66 mm

Dieser Mustertext soll veranschaulichen, dass Text keineswegs «tote» Materie darstellt. Sogar der Lesetext entfaltet seinen besonderen Charme. Achten Sie auf die Grauwirkung, ob der Text luftig oder gedrungen erscheint. Schriften ohne Serifen sind nicht schlechter lesbar, sie benötigen jedoch einen etwas grösseren Zeilenabstand. Besonderen Reiz stellen Schriftfamilien dar, die es in den verschiedensten Strichstärken, -breiten und Lagen gibt.

Dieser Mustertext soll veranschaulichen, dass Text keineswegs «tote» Materie darstellt. Achten Sie auf die Grauwirkung, ob der Text luftig oder gedrungen erscheint. Schriften ohne Serifen sind nicht schlechter lesbar, sie benötigen jedoch einen etwas grösseren Zeilenabstand. Besonderen Reiz stellen Schriftfamilien dar, die es in den verschiedensten Strichstärken, -breiten und Lagen gibt.

9 pt Lucida Sans
Zeilenabstand 13 pt
Satzbreite 66 mm

9 pt LinoLetter
Zeilenabstand 11,5 pt
Satzbreite 66 mm

Dieser Mustertext soll veranschaulichen, dass Text keineswegs «tote» Materie darstellt. Sogar der Lesetext entfaltet seinen besonderen Charme. Achten Sie auf die Grauwirkung, ob der Text luftig oder gedrungen erscheint. Schriften ohne Serifen sind nicht schlechter lesbar, sie benötigen jedoch einen etwas grösseren Zeilenabstand. Besonderen Reiz stellen Schriftfamilien dar, die es in den verschiedensten Strichstärken, -breiten und Lagen gibt.

Dieser Mustertext soll veranschaulichen, dass Text keineswegs «tote» Materie darstellt. Sogar der Lesetext entfaltet seinen besonderen Charme. Achten Sie auf die Grauwirkung, ob der Text luftig oder gedrungen erscheint. Schriften ohne Serifen sind nicht schlechter lesbar, sie benötigen jedoch einen etwas grösseren Zeilenabstand. Besonderen Reiz stellen Schriftfamilien dar, die es in den verschiedensten Strichstärken, -breiten und Lagen gibt.

9 pt Syntax
Zeilenabstand 13 pt
Satzbreite 66 mm

9 pt Stone Serif
Zeilenabstand 11,5 pt
Satzbreite 66 mm

Dieser Mustertext soll veranschaulichen, dass Text keineswegs «tote» Materie darstellt. Sogar der Lesetext entfaltet seinen besonderen Charme. Achten Sie auf die Grauwirkung, ob der Text luftig oder gedrungen erscheint. Schriften ohne Serifen sind nicht schlechter lesbar, sie benötigen jedoch einen etwas grösseren Zeilenabstand. Besonderen Reiz stellen Schriftfamilien dar, die es in den verschiedensten Strichstärken, -breiten und Lagen gibt.

Dieser Mustertext soll veranschaulichen, dass Text keineswegs «tote» Materie darstellt. Sogar der Lesetext entfaltet seinen besonderen Charme. Achten Sie auf die Grauwirkung, ob der Text luftig oder gedrungen erscheint. Schriften ohne Serifen sind nicht schlechter lesbar, sie benötigen jedoch einen etwas grösseren Zeilenabstand. Besonderen Reiz stellen Schriftfamilien dar, die es in den verschiedensten Strichstärken, -breiten und Lagen gibt.

9 pt Franklin Gothic
Zeilenabstand 13 pt
Satzbreite 66 mm

Lesefunktion

Leserlichkeit heisst dienen

Die Leserlichkeit ist gerade bei Grundschriften das A und O. Die optimale Abstimmung von Schrift, Laufweite, Grösse, Zeilenabstand, Spaltenbreite und Satzart ist rechten Gestaltern ein Heiligtum und löst bei Autoren wie Lesern erst das genüssliche Lesevergnügen aus.

Die im Titel gemachte und viel gehörte Aussage trifft natürlich nicht zu. Beim Grundtext ist die Leserlichkeit das Höchste der Gefühle – Leser dürfen unter keinen Umständen mit schlechten Schriften oder anderen Unpässlichkeiten gepiesackt werden. Lesbarkeit ist aber auch Erfahrungssache, die vielfach aus dem Bauch heraus entschieden wird. Es gibt keine festen Regeln, nur Richtlinien – und nicht mal die sind verbindlich.

Beim Lesevorgang sehen wir eine Bogenminute scharf abgebildet. Dies reicht aus, um beim normalen Leseabstand Schrift auf dem Bildschirm als deutlich gezackt wahrzunehmen. Unser Auge löst in normalem Leseabstand etwa 800 dpi auf, ein Mehrfaches der Bildschirmauflösung von 72 dpi.

1 Bogenminute = 1/60 Grad
0,006 mm
25 cm
2 Linien mit einem Abstand von 0,072 mm noch erkennbar

Lesbarkeit

Mit Lesbarkeit wird die Geschwindigkeit bezeichnet, mit der ein einzelnes Zeichen erkannt werden kann. Angesprochen wird die Unterscheidbarkeit der einzelnen Zeichen, z. B. sind sich das kleine l und das grosse I sehr ähnlich, a und o, g und q sind weitere Typen, die in verschiedenen Schriften mehr oder weniger deutliche Unterschiede aufweisen. Auch die Kombination kann leicht irritieren, beispielsweise ähnelt rn dem Buchstaben m. Lesbarkeit bedeutet also Erkennbarkeit. Serifenschriften sind oft vielgestaltiger, die Buchstaben unterscheiden sich deutlicher als dies bei Serifenlosen der Fall ist.

rn rn m Serifa
rn rn m Palatino
rn rn m Syntax

oalIgq Serifa
oalIgq Caecilia
oalIgq Candida
oalIgq Officina
oalIgq Excelsior
oallgq Futura

Leserlichkeit

Bei der Leserlichkeit geht es um die Geschwindigkeit, darum, wie viele Zeichen pro Zeiteinheit gelesen werden können. Die beiden Begriffe werden oft als Synonyme gebraucht, da sie natürlich eng zusammenhängen. Die gute Unterscheidbarkeit der einzelnen Buchstaben ist wesentlich daran beteiligt, dass der Text leserlich ist. Die Leserlichkeit wird jedoch auch von anderem beeinflusst: Schriftgrösse, Buchstaben-, Wort- und Zeilenabstände, Zeilenlänge, Gliederung, Farbe und Untergrund.

Um die Leserlichkeit von Schrift zu verstehen, beschäftigen wir uns mit dem visuellen Aufnehmen von gedrucktem Text. Wir lesen nämlich keine einzelnen Buchstaben und Wörter, sondern ganze Wortbilder. Unsere Augen überfliegen den Text und bleiben an einzelnen Stellen hängen. Diese Augensprünge heissen Sakkaden und sind je nach Übung oder körperlicher Verfassung unterschiedlich gross. Das Wortbild wird von den Augen nur gerade in der Mitte scharf (die Fokussierzone beträgt 1/60 Bogenminute) eingestellt, der Rest bleibt leicht unscharf. Diese unscharfen Wortbilder haben sich in unserem Hirn eingeprägt. Beim Lesen werden

Lesen ist eine Gewohnheitssache. Die eingeprägten Wortbilder gestatten, dass wir in ganzen Augensprüngen lesen können und nicht die Wörter Buchstabe für Buchstabe zusammensetzen müssen.

Leserinnen und Leser lesen

Text nicht Wort für Wort,

sondern in ganzen Augen-

sprüngen, den sogenannten

Sakkaden. Bei unklarem Text

kommts zu Rückwärtssprüngen.

die ankommenden Bilder mit den gespeicherten verglichen. Man kann sich dies wie den passenden Schlüssel zum Schlüsselloch vorstellen. Bei Übereinstimmung findet die entsprechende Assoziation statt, das Hirn setzt abstrakte Zeichen in konkrete Gedanken um. Je mehr wir mit der Schrift experimentieren, je grösser der Unterschied vom Bart zum Schlüsselloch, desto mühsamer wird das Gesehene vom Hirn decodierbar. Das ist schon die ganze Weisheit.

Sind Serifenschriften leserlicher?

Bei vielen Fachleuten herrscht noch immer die traditionelle Meinung, Schriften mit Serifen seien besser lesbar als Serifenlose.

Vergleiche Seite 177.

Mitnichten – es gibt gut lesbare Serifenlose und schlecht lesbare Antiquas. Die Serifen allein bilden kein Kriterium der Leserlichkeit – anderes ist viel bedeutender.

Zudem ist die Lesbarkeit von Fonts Gewöhnungssache. Von Bismarck soll sich beklagt haben, für die damals in Mode gekommenen Antiquaschriften in der Zeitung mehr Zeit benötigt zu haben als für die gewohnten Frakturschriften. So ändern sich die Zeiten.

Heute sind wir Serifenlose ebenso gewohnt wie Antiquaschriften. Die Serifen führten das Auge auf der Schriftlinie über die

61

Die Wörter der gewohnten Schriften sind im Hirn als «Bilder» gleich einem virtuellen Schlüsselloch gespeichert. Wir buchstabieren also nicht «W-o-r-t-b-i-l-d», sondern erfassen ganze Wortbilder. Im Hirn wird die entsprechende Bedeutung zugeordnet. Gut lesbar sind solche Schriften, die am ehesten als Schlüssel in das Schlüsselloch passen.

So wie die meisten Texte geschrieben sind, können wir sie am besten lesen. Je weiter sich der Schriftcharakter vom Normalen entfernt, desto schwieriger lesbar ist der Text. Schriften von oben: Legacy Sans, Magda, Bodoni, Mambo, Shelley.

Der optische Durchschuss ist das Mass aller Dinge. Bei Serifenschriften soll der Weissraum zwischen der Schriftlinie und der Mittellänge der folgenden Zeile 1,5 Mal der x-Höhe entsprechen. Bei Serifenlosen eher etwas mehr.

Der optische Durchschuss ist das Mass aller Dinge. Bei Serifenschriften soll der Weissraum zwischen der Schriftlinie und der Mittellänge der folgenden Zeile 1,5 Mal der x-Höhe entsprechen. Bei Serifenlosen eher etwas mehr.

Leserlichkeit darf nicht auf den Schriftcharakter reduziert werden. Ebenso wichtig ist der richtige Zeilenabstand. Ein Grund, weshalb in vielen Zeitungen und Magazinen eine Serifenschrift verwendet wird, ist der kleinere Zeilenabstand, der benötigt wird. Oben 14 pt Officina Serif, Zeilenabstand 18 pt. Unten die 14 pt Officina Sans, Zeilenabstand 20 pt.

Leserlichkeit ist das eine. Etwas ganz anderes ist der Einsatz eines Fonts. Je grösser die Schriftfamilie, desto mehr gestalterische Kombinationsmöglichkeiten bestehen. Leserlichkeit ist vor allem bei Grundschriften wichtig. Die richtige Schriftwahl ist ein Kompromiss zwischen Lesbarkeit und der Möglichkeit, die Schrift vielseitig anzuwenden: für Titel, als Leseschrift und als optimale Schrift für kleine Texte.

Zeile, wird bemerkt. – Ja richtig, aus diesem Grund bedarf der Satz mit einer Serifenschrift weniger Zeilenabstand als ein gleicher mit einer Serifenlosen. Das Zeilenband ist das Mass aller Dinge – es kommt als Grauwirkung dann zur Geltung, wenn Sie mit etwas zugekniffenen Augen auf den Lesetext schauen oder leicht darauf schielen.

Beispiel auf Seite 174.

Unterschiede zwischen gut und schlecht lesbar

Studien über Leserlich- und Erkennbarkeit von Schriften haben die Lesegeschwindigkeit untersucht. Die Unterschiede von «üblichen» Schriftcharakteren waren nicht signifikant, bewegen sich um wenige Prozente. Zum Beispiel ist die Futura Regular nur gerade 1,3% besser lesbar als die Bodoni Regular. Nicht überraschend ist die Tatsache, dass fette Schnitte schlechter abschneiden als halbfette und diese schlechter als normale lesbar sind. Aber haben Sie gewusst, dass magere Schnitte etwa gleich gut zu lesen sind wie normale? Bei der Bodoni beträgt der Unterschied in drei Minuten Lesezeit zwischen mager und fett nur gerade 77 Wörter oder in Prozent ausgedrückt 6,6%. Bei der Futura ist der Unterschied zwischen normal und halbfett bei 5,3%, wobei nach meiner Beurteilung beide Schriften nicht optimal zu lesen sind. Fatal wäre nun der Trugschluss, es käme nicht darauf an, welche Schrift ausgewählt wird. Zu den formal-ästhetischen Kriterien kommen die anderen Einflussfaktoren hinzu, setzen weitere Sünden die Lesbarkeit herab; z.B.: Schriftwahl 5%, kursiv geschrieben 7%, versal 10%, negativ 5%, unruhiger Hintergrund 20% – und schon sind wir bei einer stark ermüdenden Leserlichkeit. Dabei gilt, dass die Ermüdung der Augen nur für grössere Textmengen ab etwa fünf Minuten Lesedauer in Betracht gezogen werden kann. Hingegen zeigt sich, dass erschwertes Lesen jederzeit als Grund gilt, aus dem Text auszusteigen und woanders weiterzulesen. Und dies kann nicht im Sinn des Autors sein.

Aus Peter Karow, URW, «Schrifttechnologie», Springer-Verlag.

schlecht leserlich

Die Avant Garde ist unleserlich. Sie gefällt auch formal nicht.

Die Avant Garde ist unleserlich. Sie gefällt auch formal nicht.

mässig leserlich

Die Futura hat sich als klassische Designerschrift bewährtt.

Die Futura hat sich als klassische Designerschrift bewährt.

Die Futura hat sich als klassische Designerschrift bewährt.

Die Futura hat sich als klassische Designerschrift bewährt.

Die Futura hat sich als klassische Designerschrift bewährt.

Die Futura hat sich als klassische Designerschrift bewährt.

eine Alternative

Adrian Frutigers Avenir ist in sehr fein abgestuften Schnitten erhältlich.

Adrian Frutigers Avenir ist in sehr fein abgestuften Schnitten erhältlich.

Adrian Frutigers Avenir ist in sehr fein abgestuften Schnitten erhältlich.

Adrian Frutigers Avenir ist in sehr fein abgestuften Schnitten erhältlich.

Adrian Frutigers Avenir ist in sehr fein abgestuften Schnitten erhältlich.

Adrian Frutigers Avenir ist in sehr fein abgestuften Schnitten erhältlich.

trends

Designtrends

3

Die Aufgabe des Designs

Diener zweier Herren

Unter Mediendesign verstehe ich das visuelle Rahmenkonzept, welches erst mit dem Layout seinen endgültigen Charme erhält. Dieses beinhaltet Format, Satzspiegel, Farbeinsatz, die Schriften in Headlines und Fliesstexten, die Art und Weise, wie Bilder, Grafiken usw. eingesetzt werden. Ein Konzept, welches im vornherein darauf aus ist, Texte unlesbar zu gestalten, ist unsinnig. Der visuelle Auftritt darf nicht im Vordergrund stehen, er besitzt eine *ordnende und dienende Rolle.* Die Typografie macht Inhalte erst sichtbar. Nun haben Designer und Autor jeweils andere Auffassungen vom Aussehen des Produktes – über diesem Dilemma werden dann oft die Leser vergessen. Design zielt weder auf den Gestalter noch auf den Autor oder Kunden, Design hat den Leserinnen und Lesern gerecht zu werden.

Ein Beispiel dazu auf Seite 74.

WAS IST GUTES DESIGN? WENN DAS PRODUKT GUT AUSSIEHT? WER BESTIMMT, WAS GUT IST? IST EINE ZEITSCHRIFT GUT AUFGEMACHT, WENN SIE SICH GUT VERKAUFEN LÄSST? WIRD DESIGN VOM MARKT BESTIMMT? BESTEHT DA EIN ZUSAMMENHANG? WIE WEIT LASSEN SICH LESERINNEN UND LESER VOM AUSSEHEN VERFÜHREN UND WIE WEIT FOLGEN SIE DEM ANGEBOTENEN INHALT? WESHALB SIND AUF PRAKTISCH ALLEN FRAUENZEITSCHRIFTEN VORNE FRAUENGESICHTER ABGEBILDET? SCHALTEN DIE INSERENTEN EBENFALLS NACH OPTISCHEN KRITERIEN? UND WAS SAGEN DIE VERLEGER ZUR GESTALTUNG? OFT IST ETWAS MEHR VERNUNFT UND KRITISCHE AUSEINANDERSETZUNG MIT DER TYPOGRAFIE NÖTIG. DESIGN IST MEHR ALS EIN FORMENSPIEL.

Design ist eine Gratwanderung zwischen Experiment und Konvention. Wer sich von der Konkurrenz abheben will, muss neue Wege gehen, die allerdings von Kunden und Lesern nicht ohne weiteres akzeptiert werden. Konventionen einhalten bedeutet vor allem, kein Risiko einzugehen. Über all dem herrschen die Regeln der Typografie, die nicht einfach verletzt werden dürfen.

Von der Technik bestimmt

Die Megatrends

Die ganze Medienlandschaft ist wie noch nie zuvor in Bewegung. Zwar ist dies kaum offensichtlich – eine Zeitung ist schliesslich eine Zeitung. Die Welle schwappt von anderer Seite über uns Konsumenten.

Der erste Megatrend ist eine Folge der sich rasch entwickelnden Telekommunikation. Sie bestimmt heute die Marschrichtung – auch für Designer. Die Entwicklung auf dem Gebiet des Druckes in Bezug auf Design beschränkt sich auf die zunehmende Digitalisierung von A bis Z. Digitale Fotografie, digitale Datenaufbereitung, digitaler Druck und digitaler Datenaustausch sind heute längst selbstverständlich. Im Bereich der Printmedien zeichnen sich keine grossen Schübe mehr ab. Les jeux sont faits. Die grosse Entwicklung geschieht bei der Informatik und Telekommunikation. Was sich heute im Orbit abzeichnet, lässt hellhörig werden. Die Telekommunikation kommt einher mit der Satellitenflut; ISDN und ein neues Internet mit 10-facher Geschwindigkeit machen Utopisches morgen zur Realität. Der «Tages-Anzeiger» berichtete am 10.4.96 von der geplanten, schwimmenden Raketenrampe «Sea Launch» eines internationalen Konsortiums, von der aus in den nächsten Jahren Hunderte von Satelliten ins All geschossen werden sollen. Goldene Zeiten für das orbitale Fuhrgeschäft. Man braucht kein Hellseher zu sein, um die Folgen für die Kommunikationsindustrie zu erahnen.

Den zweiten Megatrend sehe ich bei den Konsumenten selber. Wo Büros zunehmend vercomputerisiert werden, wo Heimmärkte grosse Wachstumsraten aufweisen,

Die fortschreitende Technologie in der Telekommunikation wird unsere Informations- und Medienwelt revolutionieren.

ist es eine Frage der Zeit, bis Informationen zu Hause auf dem Bildschirm konsumiert werden, und zwar ganz gezielt abrufbar. Wir bewegen uns vom Anbietermarkt Richtung Nachfragemarkt. Konsumentinnen und Konsumenten holen sich die sie interessierende Information – die Verbreitung nach dem Streuwurfprinzip gehört der Vergangenheit an. Damit verbunden ist eine neue Generation Leser und Betrachter: solche, die mit der neuen Technologie umgehen können und die Informationen zu holen verstehen.

Einen dritten Megatrend verspüre ich bei einer neuen Generation Flachbildschirme. Es ist eigentlich nur eine logische Konsequenz aus Megatrend eins und zwei, denn wenn Informationen vermehrt am Bildschirm abgerufen werden, müssen diese eine wesentlich bessere Darstellung erlauben, als dies heute der Fall ist. Ein hoch auflösender Bildschirm wird das Informationsverhalten prägen, weil die Lesbarkeit deutlich verbessert wird und somit ein wesentlicher Vorteil der Printmedien wegfällt.

Megatrend Nummer vier fällt in den Bereich der Supercomputer, die bald, will man den Entwicklern glauben, zu Consumerpreisen auf dem Markt sind. Schnellere Datenverarbeitung und Übermittlung machen es möglich, dass wir dann die Welt vermehrt so darstellen können, wie sie sich in Wirklichkeit zeigt, farbig, bewegt und mit Ton. Virtual Reality ist das Stichwort. Die Zeit der zuckelnden Quicktime Movies wird dann vorbei sein. Bewegtes Bild und Ton erster Güte werden selbstverständlich.

Wie sich das Lesen überhaupt entwickeln wird, steht in den Sternen – ist der passive Analphabetismus der TV-Generation weiter im Vormarsch?

Designtrend Format und Papier

Zeitungen

Im Zeitungsbereich sind die Druckformate meist durch die Maschinen gegeben. Die übergrossen Zeitungen werden eher weniger geschätzt, weil sie unhandlich sind. Es besteht ein Trend zu kleinformatigen Zeitungen, im halben Zeitungsformat, auch Tabloidformat genannt. Häufig werden sie als Wochenbeilage, z. B. mit Veranstaltungskalender, gedruckt. Zeitungen im «Magazinformat» sind eine Bereicherung der Zeitungslandschaft. Die Schweizer Wirtschaftszeitung «Cash» kommt im Format 30×40 cm daher und liest sich sehr handlich. Oder der «SonntagsBlick» im Format 23,5×32 cm erfreut sich besonderer Beliebtheit. Überhaupt sind die Übergänge heute sehr fliessend. Es gibt Magazine im Zeitungslook und Zeitungen mit dem Aussehen eines Magazins.

Zeitschriften

Die Experimentierlust mancher Designer wird arg gebremst durch die nahrhaften Posttarife für den Versand an die Abonnenten. Das Porto kann zwischen 10 und 15% des Verkaufspreises am Kiosk ausmachen. Ein Verhältnisblödsinn. Die Taxen richten sich nach dem Format, dem Gewicht und nach der Dringlichkeit. Für abonnierte Zeitungen und Zeitschriften gibt es in der Schweiz den AZ-Tarif. Die Gewichtsgrenze für eine höhere Tarifklasse liegt bei 250 g. Diese kritische Grenze für A4-Publikationen wird mit etwa 76 Seiten erreicht. Schon mit einer Beilage gelangt man in eine höhere Klasse. Alle Zeitschriften im Überformat zahlen für ihre Extravaganz mehr.

Aus diesem Grund ist bei Magazinen kein Formattrend auszumachen. DIN A4 ist der Standard, nach dem sich die Papierindustrie, die Druckmaschinen und die Post richten. Kleinere Formate bringen aus gestalterischer Sicht nichts. Dann muss man mit weniger Spalten fahren und kleinere Bilder einsetzen, die Schrift kleiner halten – haufenweise Einschränkungen. Grössere Formate müssen zwecks Versand zum Teil wieder kleingefalzt werden, was sich auf das Produkt negativ auswirkt. Der teurere Versand wird am Kiosk durch besseres Auffallen wettgemacht. Kopier- und Ablagemöglichkeit sind erschwert.

Siehe dazu auch auf Seite 114.

Bei Zeitschriften existieren keine Formatnormungen. Sie werden im Wesentlichen aus dem Versandtarif und der Druckmaschine bestimmt, die ein bestimmtes Rohbogenformat (Offsetdruck) oder eine Rollenbreite mit einem Zylinderumfang aufweist (Rollenoffset oder Tiefdruck). Daraus errechnen sich die Seitenformate pro Zylinder oder Rohbogen. Ein paar Beispiele von unterschiedlichen Magazinformaten:

Annabelle	240×210 mm
Brigitte	235×310 mm
Der Spiegel	215×280 mm
Deutscher Drucker	210×297 mm
du	230×297 mm
Facts	210×275 mm
Focus	216×267 mm
Für Sie	235×310 mm
GEO	213×270 mm
Hörzu	255×330 mm
Max	234×335 mm
Newsweek	208×276 mm
Output	210×280 mm
Penthouse	210×275 mm
Readers Digest CH	136×178 mm
Schweizer Familie	225×315 mm
Schweizer Illustrierte	240×325 mm
Stern	235×305 mm
Tages-Anzeiger, Magazin	225×303 mm
Vogue	240×315 mm
Zeit, Magazin	235×310 mm

In der Grösse liegt eines der Rezepte für Andersartigkeit. Grösse bedeutet Vielfalt in der Gestaltung (es steht mehr Raum zur Verfügung), bedeutet jedoch auch teurere Produktions- und Versandkosten.

Multimedia

Multimedia CDs sind im Format auf den kleinsten gemeinsamen Nenner fixiert. Dies ist heute der 14-Zoll-Bildschirm mit einem Format von 640×480 Pixeln in einer Auflösung von 72 ppi (VGA-Standard), was umgerechnet ein Endformat von 22,58×16,93 cm ergibt. Im Internet bleibt die Grösse des Bildschirmes der Einstellung des jeweiligen Anwenders überlassen, d. h. er kann die Fenstergrösse so wählen, wie es ihm beliebt. Aus Lesbarkeitsgründen (bildschirmbreite Zeilen lesen sich schlecht) wird der Anwender die Web-Seite auf etwa das halbe Bildschirmformat einstellen. Für Designer bedeutet diese Grösseneinschränkung eine erhebliche Einbusse an gestalterischer Freiheit.

Proportionen

Obwohl die DIN-Reihe das ökonomischste Resultat bringt, kann man an den Proportionen einiges verändern, beispielsweise eine Seite des DIN-Formates belassen und die andere Seite verkleinern oder vergrössern, um neue Proportionen zu erhalten. Die DIN-Reihe hat das Seitenverhältnis 1 : √2 (1 : 1,414), was zu den gewohnten Proportionen führt. Ein schmaleres Format bringt das Seitenverhältnis 3 : 5. Dieses Verhältnis wirkt eleganter und ungewöhnlicher. Dann belässt man die Höhe bei A4 (29,7 cm) und beschneidet das Format in der Breite auf 17,8 cm. Solche Formatspielereien sind nebenan abgebildet.

Rohbogenformat

Das Rohbogenformat in der Druckmaschine ergibt das Endformat. Mit den auf die DIN-A-Reihe standardisierten Maschinen kann man ohne Nachteile bis 22 cm in der Breite fahren. Diese Breite passt noch in ein Kuvert der C-Reihe, und die Spaltenbreite kann eine etwas grössere Schrift aufnehmen oder bringt weniger Löcher beim Blocksatz. Allerdings ist die Ablagemöglichkeit bei allen Übergrössen problematisch.

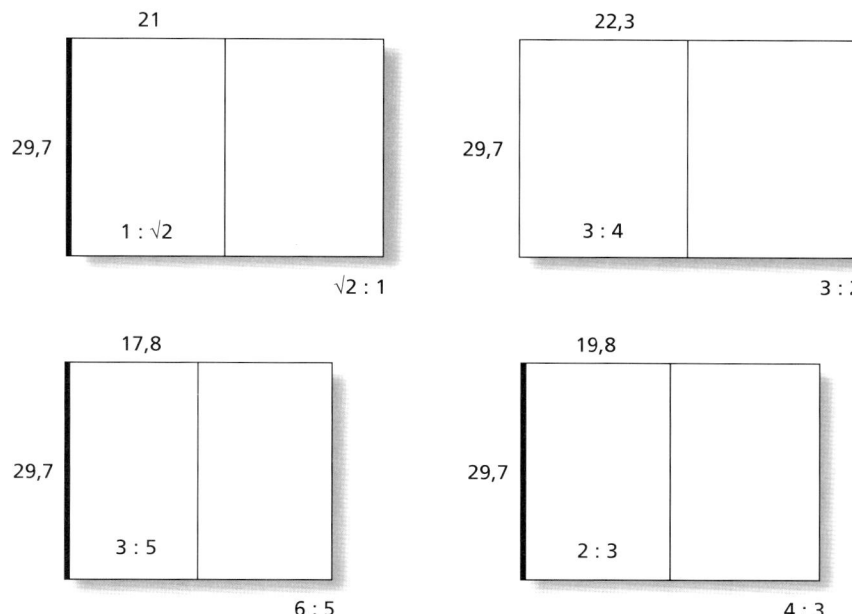

Bei der gegebenen Seitenlänge von 29,7 cm lassen sich ganzzahlige Seitenverhältnisse konstruieren.

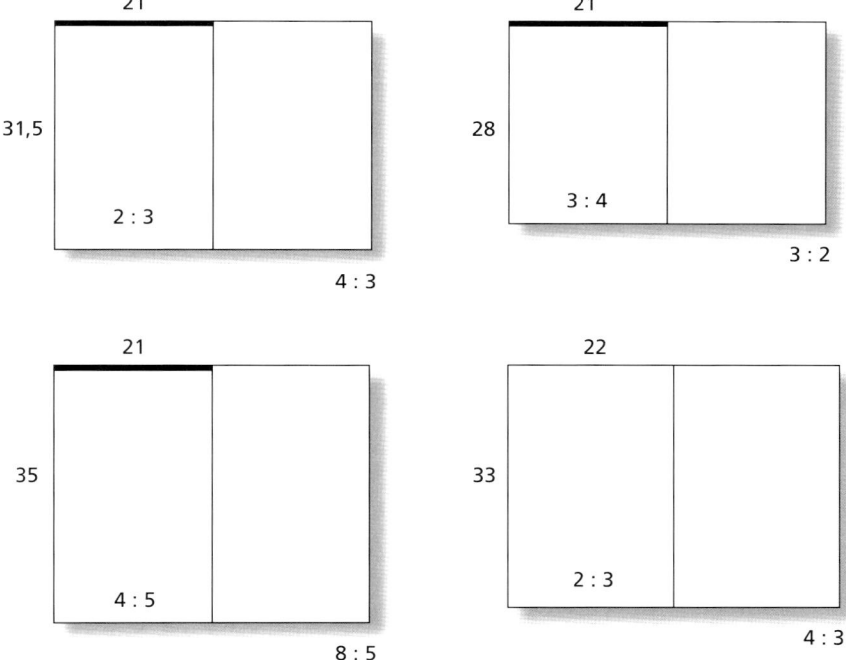

Bei der gegebenen Seitenbreite von 21 cm lassen sich mit variabler Höhe ebenfalls ganzzahlige Seitenverhältnisse konstruieren. Alle Formate unter 250×353 mm (B4), die in ein B4-Kuvert passen, sind als Format geeignet und kosten nicht mehr Porto.

Designtrend Farbe

Zeitung

Es ist ganz eindeutig ein Trend zu farbigen Publikationen festzustellen. Farbe gibt die Wirklichkeit natürlicher wieder und im Fernseh- und Bildschirmzeitalter sind die Konsumenten Farbe gewohnt. Über Farbe in der Zeitung bestehen eine Reihe Leseruntersuchungen, wonach Farbe bis zu einem gewissen Grad auch geschätzt wird. Die wichtigsten und zum Teil lapidaren Resultate davon sind:

Farbe im Anzeigenteil
- Farbe verkauft: Farbige Zeitungsanzeigen haben eine höhere Verkaufswirkung als Schwarzweissanzeigen, sie lösen deutlich mehr Warenbewegungen aus.
- Farbige Anzeigen lösen weit mehr Leserreaktionen wie zum Beispiel Kuponrückläufe aus als Schwarzweissanzeigen.
- Farbige Zeitungsanzeigen sind beliebter als reine Schwarzweissanzeigen.
- Farbige Anzeigen erzielen höhere Aufmerksamkeitswerte als Schwarzweissanzeigen.
- Der Text von farbigen Anzeigen wird von mehr Personen gelesen als der von Schwarzweissanzeigen.
- Leser erinnern sich zwar häufiger an farbige Anzeigen, aber die Erinnerung an Einzelheiten von Schwarzweissanzeigen ist genauer und hält länger an.

Farbe im redaktionellen Teil
- Leser mögen redaktionelle Seiten mit Farbdruck und einem modularen Layout lieber als reine Schwarzweissseiten.
- Farbfotos sind nach Ansicht einer Mehrheit von Lesern realistischer als reine Schwarzweissbilder.
- Zeitungen, die schwarzweiss drucken, gelten als aktueller als solche mit Farbfotos und farbigen Grafiken.
- Farbige Zeitungen gelten als modern und fortschrittlich.
- Farbe hat keinen Einfluss darauf, wie Leser den Inhalt einer Zeitung einschätzen.
- Leser finden Zeitungen mit Farbdruck grundsätzlich interessanter, angenehmer, reizvoller und kraftvoller.
- Jüngere und weniger gebildete Leser mögen Farbe im redaktionellen Teil mehr als ältere und besser gebildete Leser.
- Leser bewerten die redaktionelle Qualität einer Zeitung mit Farbe nicht grundsätzlich anders als die einer Zeitung ohne Farbe.
- Farbe in Fotos, Grafiken und Rasterunterlegung dient im wesentlichen als subtiles Instrument, den Blick- und Leseverlauf besser zu organisieren.
- Die Leser befürworten den Einsatz von Farbe am stärksten auf den Seiten, die sie am liebsten lesen.
- Farbe ist – ebenso wie Schwarzweiss – ein Instrument der Produktedifferenzierung in Wettbewerbsmärkten.
- Alle Leser ziehen einen qualitativ guten Schwarzweissdruck einem qualitativ schlechten Farbdruck vor.

So kann Farbe in der Zeitung nicht interpretiert werden: Rubriktitel und Linie sind als einzige Elemente in Grün gehalten. Wenn schon farbig gedruckt wird, dann sollte man dies auf der Seite bemerken. Alles andere ist eine Verschleuderung von Ressourcen.

Quelle: «Print» 41/91, Zeitschrift des VISCOM, Schweizerischer Verband für visuelle Kommunikation

Institute solcher Untersuchungen sind:
Newspaper Advertising Bureau (NAB)
Institut Omnitel, R. H. Bruskin Associates, New Brunswick, N.J.
Mirror Group Newspapers, GB
Institut für Demoskopie Allensbach, Allensbach, BRD
Poynter Institute for Media Studies, St. Petersburg, Florida

Magazine

Die Regenbogenpresse hat ihre Bezeichnung nicht umsonst. Bunt ist angesagt. Jede renommierte Zeitschrift bildet heute ihre Berichte farbig ab, der Schwarzweissdruck wirkt in Magazinen reichlich antiquiert. Er begegnet uns vor allem in Zeitschriften im Low-end-Bereich, wo schlicht das Geld fehlt, um farbig zu drucken. Farbe heisst nicht automatisch teuer. Ein geschickter Mix von Vierfarbigem, kombiniert mit Zweifarbigem oder Schwarzdruck, vermittelt Attraktivität, ohne deswegen bunt zu wirken. In Lifestile-Magazinen ist schrille Buntheit sowieso omnipräsent – man kanns auch mit der Farbe übertreiben. Redaktionelle Buntfarben sind solche, mit denen Titel oder Kästchen hinterlegt werden. Beim Farbdruck kommen alle im CMYK-Modell vorkommenden Farben in Frage. Als redaktionelle Buntfarbe hat sich Cyan bewährt, weil es sich am besten (neutralsten) mit andern Farben verträgt. Gelb ist fast zu frech und zu aggressiv, zudem kann Gelb nicht in vielen unterscheidbaren Nuancen von 100% und 0% reproduziert werden. Magenta eignet sich als redaktionelle Buntfarbe nicht, weil es sich abgeschwächt als zuckersüss herausschält. Andere redaktionelle Farben, die als zusätzliche Buntfarbe gedruckt werden, sind nicht ökonomisch. Pantone Rot z. B. müsste beim Farbdruck als fünfte Farbe gedruckt werden. Rot könnte auch aus Magenta und Gelb zusammengesetzt werden, in diesem Fall wäre die Leserlichkeit aller weissen Negativzeilen auf rotem Hintergrund wegen Passdifferenzen potenziell gefährdet.

Siehe dazu auf Seite 240 und 242.

Bildschirmmedien

Hier kann nicht von einem Trend gesprochen werden. Bildschirme sind von Haus aus farbig, Farbe steht also zur Verfügung und kostet nicht zusätzlich. Die Anzahl darstellbarer Farben hängt von der Hard- und Software ab. In heutigen Multimedia- und Internet-Anwendungen setzen wir bis maximal 256 indizierte Farben im RGB-Farbraum ein; dies deshalb, weil der kleinste gemeinsame Nenner aller Bildschirme gelten muss.

Was immer man von all diesen Untersuchungen halten mag: Farbe ist aus unseren Medien nicht mehr wegzudenken. Je länger wir uns an Farbe in den Medien gewöhnen, desto weniger zählen Argumente wie «schwarzweiss = aktuell, farbig = alt». Redaktionelle Farbe stellt jedoch in jedem Fall eine Konkurrenz für die farbigen Anzeigen dar. In einem schwarzweissen Umfeld kommt eine farbige Anzeige besser zur Geltung. Zudem muss man sich bewusst sein, dass es Leser *und* Leser gibt. Den Einheitsleser zu definieren ist meiner Meinung nach ein Fehler. Leseruntersuchungen aus den USA sind sowieso nicht unreflektiert auf Europa übertragbar.

Farbe in Magazinen ist selbstverständlich. Sie soll so eingesetzt werden, dass sie zum Tragen kommt: flächig. Farbe wird deshalb vor allem über die Bilder transportiert, aber auch über Flächen, Rahmen, Hintergründe oder plakative Headlines.

Designtrend Layout

Zeitungsdesign orientiert sich oft am starren Raster der Spalteneinteilung. Zeitschriften geben sich freizügiger – typografische Tabus und Regeln werden schon mal gebrochen. Der Satzspiegel ist das Gerüst, das die druckenden Elemente in sich aufnimmt. Diese althergebrachte Definition war an die rechteckige Form eines Bleisatzes gebunden. In der Buchtypografie bedeutete dies vier Ränder pro Seite. Randabfallender Druck bildete die Ausnahme. Heute stehen wir schon der Definition etwas grosszügiger gegenüber. Die Spalteneinteilung gehört sicher dazu, in der Höhe definiert aus einer ganzen Anzahl Zeilen des Grundtextes. Oben beginnend mit der Oberlänge der ersten Zeile, unten endend auf der Schriftlinie der letzten Zeile. Satzspiegel benötigt man als Leitplanken, um wiederkehrende redaktionelle Elemente gleich platzieren zu können.

    Es ist nun vor allem in Magazinen mit jungem Zielpublikum in den Bereichen Musik, Sport, Lifestyle, Mode usw. ein Trend weg von starren Satzspiegelmustern zu erkennen. Die herkömmliche Typografie bedient sich eines Spalten- oder Rastersystems, Trends zeigen eine deutliche Aufweichung desselben. Alles Einengende, Klotzhafte, Starre weicht einer freieren Interpretation: Flattersatz statt Blocksatz, gemischte Spaltenzahlen, Formenvielfalt statt sturer viereckiger Formen (Bilder, Kästchen). Ob man deswegen gleich von «New Typography» sprechen muss, wie oft betitelt, bleibe dahingestellt.

    Eine Story muss in sich geschlossen dastehen – der Zusammenhalt innerhalb des ganzen Magazins ist nur noch sekundär. Der Satzspiegel bildet die Regel, die Ausnahme davon macht das Layout spannender.

Die gewöhnlichen Satzspiegel sind im A4-Bereich mit zwei, drei oder vier Spalten definiert. Diese Grundanlage ist durchaus praktikabel, bietet aber wenig Spielmöglichkeiten.

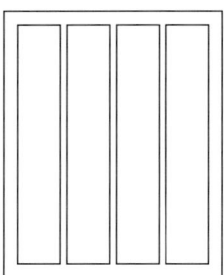

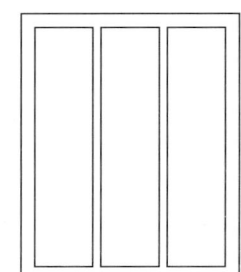

Eine erste Schwierigkeit besteht darin, eine Gesamtbreite so aufzuteilen, dass ein drei- und vierspaltiger Satz in dieser Gesamtbreite möglich ist.

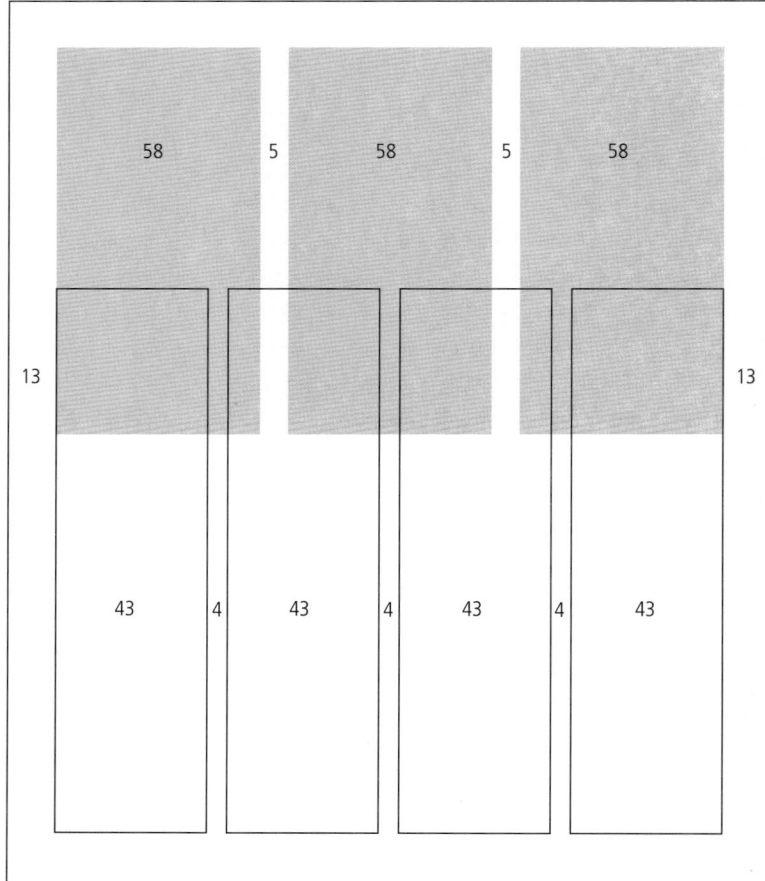

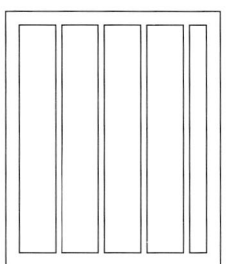 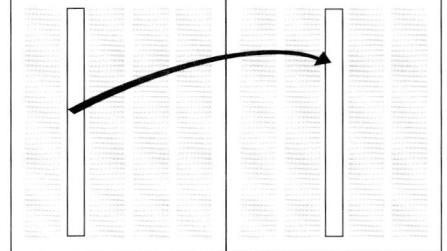 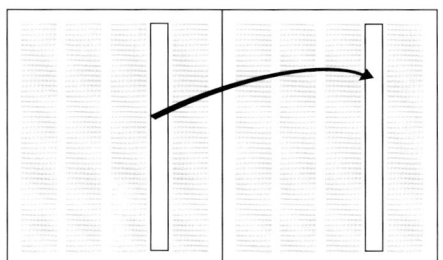

3½- oder wie hier 4½-spaltiger Satz bietet verschiedene Spaltenbreiten in derselben Anlage. Ein solcher Satzspiegel ist von Grund auf flexibler. Die Halbspalten werden auch Schiebespalten genannt, weil sie nicht immer am gleichen Ort stehen.

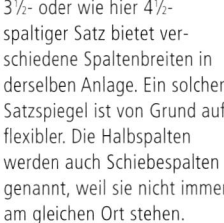  

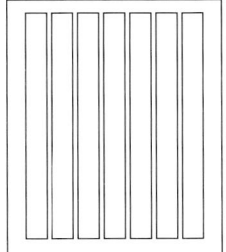 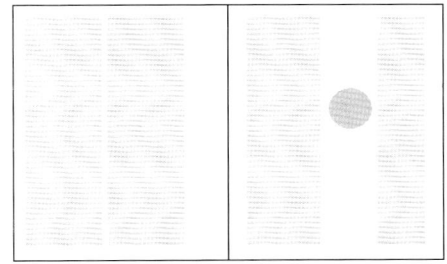 

Bei sieben Spalten kann man auch von einem 3½-spaltigen Satzspiegel sprechen. Ein solcher besitzt wenig Rand. Weissräume schafft man, indem Halbspalten freigelassen werden. Unten: ein neunspaltiger Satzspiegel.

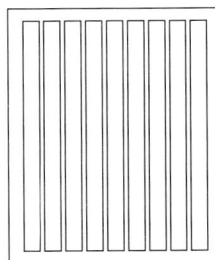 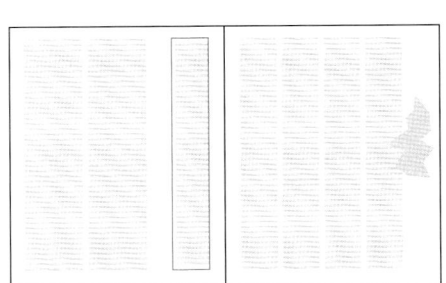 

DIE GLOSSE

The End off Carson

Lieber David

Ich gehe davon aus, dass dich diese Zeilen nie erreichen, sie sind ja auch nicht für dich bestimmt.

Eine freie Interpretation eines Satzspiegels. Nicht, dass einzig das Korsett der «heiligen Vierspaltigkeit» durchbrochen wird, auch Schriften und Zeilenabstände werden heute freier gehandhabt. Sogar schräger Satz ist keine Sensation mehr. Das Layout sollte jedoch die Leserschaft in ihrem Empfinden möglichst ansprechen. Eine solche Seite in einem Jahresbericht einer konservativen Bank wäre wahrscheinlich verkehrt. In einer Glosse über den Protagonisten dieser Art Grafik, David Carson, passt es.

Wenn ich es mir genau überlege sind sie eigentlich für niemanden bestimmt. Sie sind nicht zum Lesen, sind weder für die Unterhaltung noch für die Information. Sie stehen einfach da, sozusagen als visuelle Umweltverschmutzung.

Ja, ja, soweit habt ihr, meine Jünger, es kommen lassen. Die Computertechnik lässt zu, dass sogar Ungeschulte sich zumuten, ihre obstrusen Gedanken als visuellen Müll zu Papier zu bringen. Die Demokratisierung der Kommunikation! Viel Lärm um Null Information. Gesetze, Proportionen und Regeln sind da, gestürzt zu werden. Graphic Design ist wichtiger als der Inhalt. Wer die Regeln nicht kennt, zelebriert aus der Not die moderne Grafik. Was sehe ich da? Schriften werden bunt gemischt, Zeilen rücksichtslos vergewaltigt, der Text von unten nach oben angeordnet, die Leser sollen sich doch gefälligst anpassen! Der Inhalt ist sowieso ein Blödsinn, der nicht zu lesen ist.

«Meister», wir sind gespannt

Nun gut, lieber David, du wirst als kleines Würstchen in die grosse Geschichte eingehen, dein Werk hat keinen Bestand.

Was hast du erfunden? Weisst du, dass ich damals 290 Buchstaben für mein Buch der Bücher verwendete? Optischer Randausgleich? Nie gehört, was? Du hast doch höchstens die Anarchie gepröbelt. Erlaubt ist, was gefällt? Ja, wem denn? Der Computer boingt halt nicht bei jedem Grafikgräuel – am besten ihr versendet eure Traktate zukünftig ohne Zeilenabstand: zweihundertvierunddreissig Zeilen, aufeinander, ohne Abstand. Klingt doch gut, liest eh keiner, und Platz spart ihr auch. «The End of Print?» Du hast es eingeläutet, im Internet. Der Vorspann einer gedruckten Publikation war exklusiv auf deiner Web-Site abzurufen. Tatsächlich alles auf einer Zeile, drei Meter fünfzig lang. Ein überaus sinnvolles Scroll-Erlebnis, das ich nie mehr missen möchte.

Es lebe die Schwarze Kunst

Johannes Gensfleisch

wozszene

8. bis 14. November 1996

Sogar bei Zeitungen mit einem modernen Layout wird mehr mit Weissraum gearbeitet. Design erobert langsam aber sicher die Köpfe der Medienmacher. Bei den grossen Konservativen allerdings zeigt sich noch kein Lichtstreifen am Horizont. Solche Zeitungen sehen immer noch aus wie vor 30 oder mehr Jahren. Haben sich die Zeit und die Lesegewohnheiten nicht ein wenig geändert? Oder muss die Zeitung nach wie vor von oben bis unten mit Text gefüllt sein?

Digitalisierte Bilder in Winterthur
Nach der Fotografie

Existiert die Welt noch? Dem fotografischen Bild von der Welt ist jedenfalls immer weniger zu trauen. Durch digitale Bildbearbeitungen lassen sich auch die Schuhe von Trotzki auf dem Gruppenbild noch zum Verschwinden bringen. An der virtuellen Marilyn Monroe wird mit dem Ziel, sie echter als echt erscheinen zu lassen, seit Jahren gearbeitet. Cyberspace und Internet, generell dem Dokument ist nicht zu trauen. Der grosse Angriff auf unsere Wahrnehmungsgewohnheiten steht allerdings erst noch bevor.

Die Ausstellung «Fotografie nach der Fotografie» präsentiert dreissig unterschiedliche Positionen von KünstlerInnen, darunter Valie Export, Jochen Gerz, Inez van Lamsweerde (siehe Bild), Nancy Burson und Jeffrey Hall, die sich mit digitaler Bildbearbeitung und neuen Medien beschäftigen. Sie werden in unterschiedlichem Grad zu BilderfinderInnen, die die Fotografie, auch als dokumentarische, nur noch als Ausgangsmaterial nutzen und benutzen, falls sie sie für ihre Werke überhaupt noch benötigen.

Winterthur, Fotomuseum, Fr. 8. Nov, 18 Uhr: Vernissage «Fotografie nach der Fotografie». Einführung: Hubertus von Amelunxen. Ausstellung bis 5. Januar 1997. Di–Fr 12–18 Uhr, Sa und So 11–17 Uhr. Katalog, 326 Seiten, gebunden, mit vielen Essays und 250 Abbildungen, Fr. 68.– in der Ausstellung.

INEZ VAN LAMSWEERDE: «SASJA 90 - 60 - 90», 1992, 100 AUF 100 CM. © TORCH GALLERY, AMSTERDAM.

kultour de suisse

konzert
Neutönende Colours

Für den Gitarristen Vernon Reid stand der Schlagzeuger Shannon Jackson und seine Freefunk-Band The Decoding Society Anfang der achtziger Jahre ganz zentral. Mit eben dieser Band stand er 1981 erstmals auf der Bühne der Roten Fabrik. Einige weitere Auftritte kamen dazu, solche mit Living Colour folgten. «Vivid», der Erstling von

1988, machte Furore, eroberte mit «Cult Of Personality» gar MTV. Die Verbindung von Jazz und Rock wurde vorangetrieben – bis zur vor einem Jahr erfolgten Ablösung wegen interner Querelen über die weitere Entwicklung der Band. Eine mögliche Richtung, die Vernon Reid anstrebte, zeichnet sich seit «Mistaken Identity», einer unter seinem Namen mit der Gruppe Masque eingespielten CD, ab. Produziert wurde sie gemeinsam vom legendären Miles-Davis-Produzenten Teo Macero, von Prince Paul (von ihm stammt De La Souls Meisterwerk «3 Feet High And Rising») und Reid. Er ist ein spannender musikalischer Denker, bezieht sich immer noch auf Jimi Hendrix und hat für sich neu den Gitarristen Jeff Beck entdeckt. Entspanntere Sounds mit souligen, jazzigen, spacigen und HipHop-Einflüssen lässt er hören, DJ Jay Logic agiert, und mit dem Klarinettisten Don Byron ist eine der eigenständigsten neuen Stimmen im Jazz dabei. Und dann ist noch ein Stück Saint Coltrane zugeeignet.
Zürich, Rote Fabrik, Fr. 8. Nov., 21 Uhr: Vernon Reid & Masque

lesung
Hundwiler Lesefest

Die Hundwiler Höhe, die eigentlich Himmelsberg heisst, ist für OstschweizerInnen ein beinahe magischer Ort. Zweierlei macht die «Höchi» aus: der atemberaubende Blick auf das Säntismassiv und die ökologisch handelnden und geistig sowie kulturell weit offenen Wirtin. Genau der richtige Ort, um die Nr. 100 der Literaturzeitschrift «Orte» zu feiern. «Die Poesie lebt» unter diesem Titel läuft ein reiches Programm, das mit Musik beginnt. Bei Arthur Dani & Thomas spielt der Ex-Minstrel Dani Fehr am Zimbal mit. Während einer Stunde läuft das «Poesie-Dinner», aber Kernstück sind die Lesungen aus «Orte 100», die unter anderem Texte von Goethe und der legendären Mengia Rauch aus Mexiko enthält. Es wird aber auch getanzt, und um Mitternacht eröffnet der Poet und Herausgeber Werner Bucher, zusammen mit dem Pianisten David Keller, «das Zeitalter der Poesie». Danach ist die Zeit aufgehoben. Übrigens: die Hundwiler Höhe ist nur mit einem stündigen Fussmarsch, entweder von Gonten (Appenzeller Bahn) oder vom Parkplatz Buechberg bei Hundwil aus, erreichbar. Wer nicht auf der Höhe übernachten will, braucht gute Schuhe und eine Taschenlampe. *rb*
Hundwiler Höhe, Sa. 9. Nov., 18 Uhr: Orte-Lesefest. Anmeldung: René Sommer: 062 871 26 41 oder 844 03 20. Telefon Restaurant: 071 367 12 16.

film
Super-8-Schweizermacher

Roland Achini wohnt bei Basel, ist von Beruf Chemiker und seit über dreissig Jahren ein passionierter Filmemacher. Er nennt sich «Amateur im Sinne von Liebhaber» und bevorzugt den Super-8-Film (den das Video leider immer mehr verdrängt). Seine Filme werden an den Solothurner Filmtagen oder im Kino gezeigt und manchmal sogar ausgezeichnet. Achini dreht vor allem sozial engagierte Filme – mal dokumentarisch, mal auch anders: «What happened to Switzerland?» (1991) ist seine satirische Antwort auf die 700-Jahr-Feier der Eidgenossenschaft – der «Egoistenschaft». Ein junger Ami-Schweizer sucht das Heimatland seiner Vorfahren auf. Was er antrifft, sind wackere Eidgenossen und kritische Zeitgenossen. In «In Visible Feelings» (1995) berichten vier Flüchtlinge aus vier verschiedenen Ländern in vier verschiedenen Sprachen über Heimweh, Angst, Langeweile und Einsamkeit. Achini übersetzt die jeweilige Erzählsequenz mit assoziativen Bildern aus unserer Erlebniswelt – führt näher, was zunächst befremdet. *aw*
Wittersil BL, Kulturzentrum Leimental, Bahnhofstr. 17/19, Fr. 8. Nov., 20.00 Uhr: Zwei Filme von Roland Achini.

chanson
Goldkehlchen mit Gefühl

In Paris an den Geschmack gekommen und von der bekannten Diseuse Georgette Dee offiziell zum Mitstreiter erkoren: Der 28jährige Neu-Berliner Carsten Golbeck schreibt und interpretiert «einfach Lieder» – mal nach legendärer Vorlage (Jacques Brel u.a.), mal in Eigenkomposition. Chansons sind für ihn wie «kleine Feste»: in drei Minuten ist man verliebt, besoffen vor Sehnsucht oder Glück.» Was der Goldjunge mit dem lockigen Haar und dem «unverwechselbaren Bariton» hierfür braucht, sind lediglich: «ein Instrument, ein bisschen Licht und viel Gefühl». Als Mitglied des Vokal-Kabaretts Malles Diven tingelte Carsten Golbeck Anfang neunziger Jahre mit grossem Erfolg durch Deutschland. Seit einem Jahr ist er solo unterwegs, den Pianisten Marc Lüdicke hat er zu seinem ständigen musikalischen Begleiter verführen können. Immer geht es Golbeck darum, «Klischees zu bewahren und Illusionen zu schaffen». Und was eignet sich hierfür besser als die Liebe? Das Programm, das als Schweizer Premiere im Schwulen-Begegnungszentrum «anderLand» in Bern gezeigt wird, heisst denn auch «Nur für Liebe». Dass dieses Leitmotiv nicht zur reinen Langeweile verkommt, muss – so ist jedenfalls dem deutschen Pressespiegel zu entnehmen – etwas mit Golbecks Auftreten zu tun haben: «Golbeck greift an, indem er sein Innerstes nach aussen kehrt.» Da sag' ich bloss: Endlich etwas Intimität auf der Bühne! *aw*
Bern, anderLand, Fr. 8. Nov., 20.30 Uhr: Carsten Golbeck

FOTO: R. GEYER

Tanzexpeditionen

Die Performers Research Group, ein Tanzprojekt unter der Leitung von Esther Jacques-Fuchs, hat 1992 mit «Die Bande» begonnen, zwei Jahre später folgte «Die Horde», und jetzt beendet «Die Meute» die Trilogie. Die zehn Tänzerinnen zeigen in archaischen und sinnlichen Bildern das ewige Lied von Zerfall und Auferstehung.
Zürich, Rote Fabrik, Do, 14., bis So, 17. Nov., 20.30 Uhr: Performers Research Group, «Die Meute», eine Komposition für zehn Tänzerinnen.

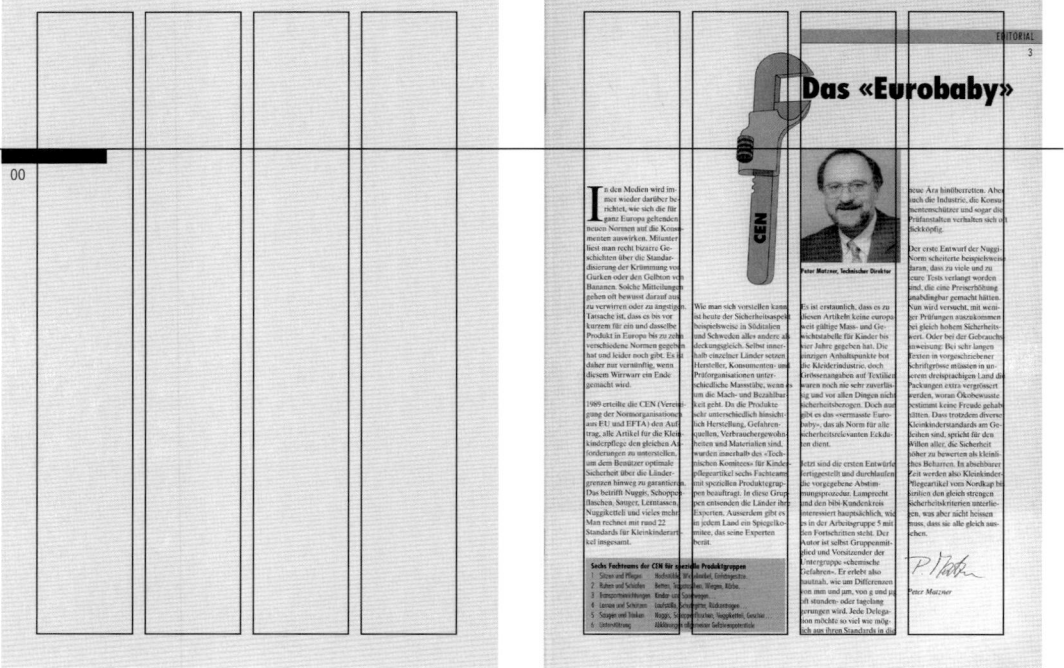

Auch mit einem einfachen, vierspaltigen Satzspiegel lässt sichs gut leben, sofern man nicht alles peinlich genau auf die Spaltenbreiten ausrichtet: Die Regeln behalten, aber auch mal davon abweichen. Eine gestalterische Herausforderung bildet der Rubriktitel mit der Pagina mitten im Textumfeld.

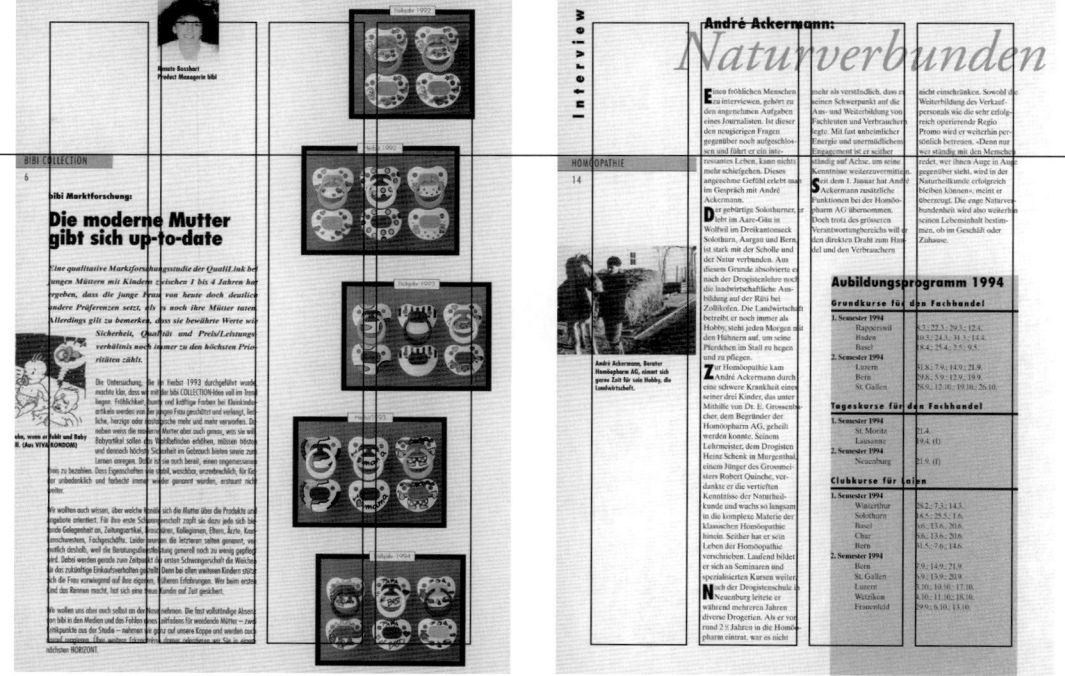

Die Spaltenbreiten werden unterschiedlich ausgelegt. Kombiniert mit anderen Fonts ergibt sich ein spielerisches und lebendiges Layout. Auch wird nicht stur auf eine einheitliche Spaltenhöhe geachtet, die Titel in der Futura Condensed und der Times Ten bilden genügend Einheitlichkeit.

Vierspaltig heisst nicht unbedingt sakrosankt vierspaltig. Vor allem wenn mit Hintergrundtönen oder Boxen gearbeitet wird, lassen sich diese auch schmaler gestalten. So gewinnt das Layout mehr Luft.

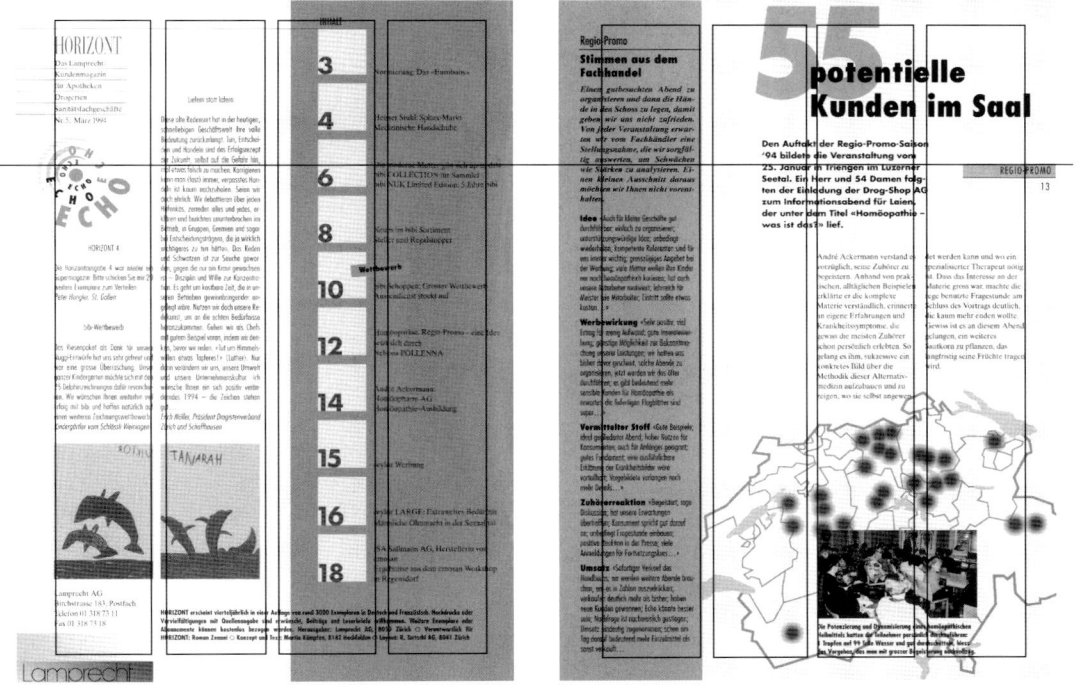

Achten Sie hier auf die Boxenbreiten. Sie alinieren nicht mit den Spalten. Zudem sind nicht alle Spalten randvoll gefüllt. Luft und Weissraum beleben und wirken grosszügiger. Mehr Design und weniger Text ist im Sinn von Lesern, die keine Zeit haben und «diagonal» lesen.

Designtrend Fonts

Die Schrift dient der Profilierung einzelner Printprodukte. Längst haben Magazine die Schrift als Charaktermerkmal entdeckt, während konservative Zeitungen unzulängliche Drucktechniken als Entschuldigung für fehlende Innovation ins Feld führen. So kommt es, dass Neuerungen fast ausschliesslich im Magazinbereich zu suchen sind.

Das Einsetzen von Schriften ist ab Seite 160 beschrieben.

Grundschriften

Zeitungen verwenden gerne Grundschriften mit kräftiger Zeichnung, weil Zeitungsrotationen scheinbar nicht in der Lage sind, Feinheiten zu drucken. Es sind notabene Druckmaschinen, die sehr wohl in der Lage sind, die Anzeigen von überall her mit allen möglichen Fonts zu drucken!

Typische Zeitungsschriften wurden zu Bleisatzzeiten speziell für die Zeitung geschnitten. Bis weit ins 20. Jahrhundert hinein waren die gebrochenen Schriften gang und gäbe. Erst in den 20er Jahren begannen sich Serifenschriften in den Zeitungen langsam durchzusetzen. Im Hochdruckverfahren hohen Geschwindigkeiten und mechanischen Kräften ausgesetzt, kamen die feinen Lettern gehörig unter Druck. Aus diesem Grund entwickelte man von jeher Zeitungsschriften: Die berühmteste Vertreterin dieser Gattung ist die erstmals 1932 in der Londoner «Times» erschienene Times, entworfen von Stanley Morison. Es gibt eine ganze Reihe von weiteren Schriften, die speziell für Zeitungen gezeichnet wurden oder sich gut dafür eignen. Es handelt sich hierbei eher um Lauftextschriften, die Titelschriften nehmen eine Sonderstellung ein.

    Ionic 5 (1922, Griffith)
    Candida (1936, Ehrbar)
    Corona (1941, Griffith)
    Egyptienne F (1956, Frutiger)
    Impressum (1963, Bauer)
    Life (1965, Simoncini)
    Concorde (1969, Lange)
    Demos (1976, Unger)
    Gazette (1977, Shaar)
    Swift (1989, Unger)
    Utopia (1989, Slimbach)
    LinoLettter (1992, Ateliers Linotype)

Bei diesen Schriften fällt die Grauwirkung einer Spalte ins Auge. Kräftig zeichnende Schriften wirken eher düster, solche mit hohen Mittellängen luftig und offen. Bei einer leichten Schrift fällt eine halbfette Auszeichnung eher auf als bei einer kräftigen.

Eine gute Grundschrift zeichnet sich durch eine relativ schmale Zeichnung aus, sodass möglichst viele Buchstaben auf der Spalte Platz finden. Es wäre nun jedoch verfehlt, einfach einen Condensed-Schnitt einzusetzen. Das Auge ist schmale Schnitte nicht gewohnt, sie sind deshalb häufig schlechter lesbar.

Bei Magazinen gilt dieses Kriterium ebenso, nur ist man nicht an eine unzulängliche Zeitungsdrucktechnik gebunden, die Auswahl ist deshalb um ein Vielfaches höher.

Titelschriften

Bei den Titeln ist eine gewisse Narrenfreiheit angesagt. Ob Serifenschrift oder Serifenlose spielt weniger eine Rolle. Sie sollte einfach zur Grundschrift passen. Hingegen prägen Titelschriften das Aussehen eines Produktes in hohem Mass und sollen besonders sorgfältig ausgesucht werden. Schriften mit Charisma, mit Eigenwilligkeiten sind den gewöhnlichen Ladenhütern vorzuziehen. Oft kann jedoch nicht frei gewählt werden, dann nämlich, wenn Corporate-Design-Vorschriften alles und jedes normieren.

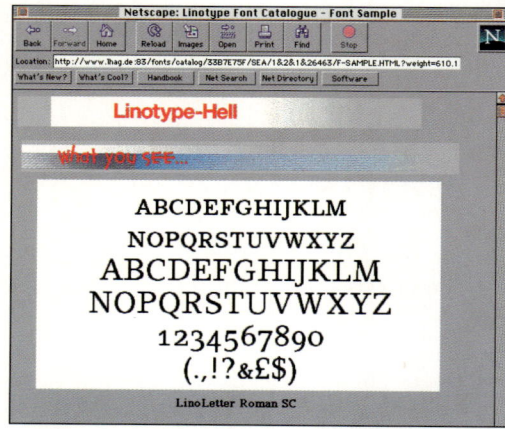

Im Internet nach Schriften suchen: www.lhag.de.

9 Punkt Excelsior

Entscheidend für die Schriftwahl des Grundtextes ist die Breite des Schnittes. Der Kampf um Buchstaben, die pro Zeilenbreite Platz finden sollen, beherrscht den Wahlausgang. Ein guter Schnitt für Zeitungen und Zeitschriften läuft relativ schmal, ohne dass man gleich von «condensed» reden könnte. Man vergleiche die einzelnen Fonts, indem man eine ganze Textspalte ausdruckt.

9 Punkt Candida

Entscheidend für die Schriftwahl des Grundtextes ist die Breite des Schnittes. Der Kampf um Buchstaben, die pro Zeilenbreite Platz finden sollen, beherrscht den Wahlausgang. Ein guter Schnitt für Zeitungen und Zeitschriften läuft relativ schmal, ohne dass man gleich von «condensed» reden könnte. Man vergleiche die einzelnen Fonts, indem man eine ganze Textspalte ausdruckt.

9 Punkt Egyptienne F

Entscheidend für die Schriftwahl des Grundtextes ist die Breite des Schnittes. Der Kampf um Buchstaben, die pro Zeilenbreite Platz finden sollen, beherrscht den Wahlausgang. Ein guter Schnitt für Zeitungen und Zeitschriften läuft relativ schmal, ohne dass man gleich von «condensed» reden könnte. Man vergleiche die einzelnen Fonts, indem man eine ganze Textspalte ausdruckt.

9 Punkt LinoLetter

Entscheidend für die Schriftwahl des Grundtextes ist die Breite des Schnittes. Der Kampf um Buchstaben, die pro Zeilenbreite Platz finden sollen, beherrscht den Wahlausgang. Ein guter Schnitt für Zeitungen und Zeitschriften läuft relativ schmal, ohne dass man gleich von «condensed» reden könnte. Man vergleiche die einzelnen Fonts, indem man eine ganze Textspalte ausdruckt.

9 Punkt Utopia

Entscheidend für die Schriftwahl des Grundtextes ist die Breite des Schnittes. Der Kampf um Buchstaben, die pro Zeilenbreite Platz finden sollen, beherrscht den Wahlausgang. Ein guter Schnitt für Zeitungen und Zeitschriften läuft relativ schmal, ohne dass man gleich von «condensed» reden könnte. Man vergleiche die einzelnen Fonts, indem man eine ganze Textspalte ausdruckt.

9 Punkt Demos

Entscheidend für die Schriftwahl des Grundtextes ist die Breite des Schnittes. Der Kampf um Buchstaben, die pro Zeilenbreite Platz finden sollen, beherrscht den Wahlausgang. Ein guter Schnitt für Zeitungen und Zeitschriften läuft relativ schmal, ohne dass man gleich von «condensed» reden könnte. Man vergleiche die einzelnen Fonts, indem man eine ganze Textspalte ausdruckt.

9 Punkt Swift

Entscheidend für die Schriftwahl des Grundtextes ist die Breite des Schnittes. Der Kampf um Buchstaben, die pro Zeilenbreite Platz finden sollen, beherrscht den Wahlausgang. Ein guter Schnitt für Zeitungen und Zeitschriften läuft relativ schmal, ohne dass man gleich von «condensed» reden könnte. Man vergleiche die einzelnen Fonts, indem man eine ganze Textspalte ausdruckt.

9 Punkt Life

Entscheidend für die Schriftwahl des Grundtextes ist die Breite des Schnittes. Der Kampf um Buchstaben, die pro Zeilenbreite Platz finden sollen, beherrscht den Wahlausgang. Ein guter Schnitt für Zeitungen und Zeitschriften läuft relativ schmal, ohne dass man gleich von «condensed» reden könnte. Man vergleiche die einzelnen Fonts, indem man eine ganze Textspalte ausdruckt.

9 Punkt Concorde

Entscheidend für die Schriftwahl des Grundtextes ist die Breite des Schnittes. Der Kampf um Buchstaben, die pro Zeilenbreite Platz finden sollen, beherrscht den Wahlausgang. Ein guter Schnitt für Zeitungen und Zeitschriften läuft relativ schmal, ohne dass man gleich von «condensed» reden könnte. Man vergleiche die einzelnen Fonts, indem man eine ganze Textspalte ausdruckt.

9 Punkt Gazette

Entscheidend für die Schriftwahl des Grundtextes ist die Breite des Schnittes. Der Kampf um Buchstaben, die pro Zeilenbreite Platz finden sollen, beherrscht den Wahlausgang. Ein guter Schnitt für Zeitungen und Zeitschriften läuft relativ schmal, ohne dass man gleich von «condensed» reden könnte. Man vergleiche die einzelnen Fonts, indem man eine ganze Textspalte ausdruckt.

Avant Garde

Times

Helvetica

Palatino

Franklin Gothic

Zapf Chancery

Futura

Univers

Bodoni

ITC Garamond

«Langweiler»

Schriften, die tausendfach im Gebrauch sind, können nicht mehr als Trendsetter gelten. Dazu gehören sicher jene elf PostScript-Schriften, die auf jedem Macintosh von Beginn weg installiert sind: Avant Garde, Bookman, Courier, Century Schoolbook, Helvetica, Helvetica Narrow, Palatino, Symbol, Times, Zapf Chancery und Zapf Dingbats. Dann sind weitere Schriften designmässig ausgebootet: Futura, Franklin Gothic, ITC Garamond, Univers und Bodoni. Die Hälfte aller Anzeigen werden mit diesen Schriften gestaltet. Kommentar überflüssig.

Es ist schon schwer genug, sich über Designtrend auszulassen. Berechtigterweise gibt es hierzu verschiedene Ansichten. Und das ist auch gut so. Über Schriften lässt sich noch mehr diskutieren. Wenn ich von Langweilern spreche, dann deshalb, weil diese Schriften «ausgereizt» sind. Ihre Zeit ist abgelaufen, sie wurden zigtausendfach gebraucht. Und immer neu aufgewärmt. Die Helvetica und die Univers als erfolgreichste Schriften überhaupt, die Bodoni als klassisches Paradepferd oder die Garamond als eine der besten Leseschriften haben von ihrer formalen und auch zeitlosen Qualität nichts eingebüsst. Langweilig sind sie für mich trotzdem, weil sie keine neuen Reize mehr ausstrahlen. Allerdings sei die Frage erlaubt, ob solches überhaupt gefragt sei.

«Trendsetter»

Es ist natürlich Ansichtssache, aus einem riesigen Angebot von zigtausend Schriften ein paar wenige als «trendig» herauszuschälen. Trendig heisst bestimmt vergänglich, und was heute gilt, ist morgen schon überholt. Es gibt nicht wenige Sachverständige, die sich bewusst von allem Trendigen abwenden und einzig die alten beständigen Werte hochhalten. Diese Tatsache war schon immer so: Die typografischen Zeiten verlaufen zyklisch. Chaotische Zeitepochen rufen Designer auf den Plan, die es anders haben möchten, eben ruhiger: In der Bauhaus-Zeit vor 1930 sprach man von der «Elementaren Typografie». Auf die gliederungs- und ordnungsliebende Bleisatzära um 1970 folgte die Fotosatzzeit, die mit horizontal/vertikal brach. Heute im PC-Zeitalter gilt kein Ordnungssystem und das bewusste Aufbrechen aller Regeln ist «in». Wir sind wieder bei 1920 angelangt. Nach dem Chaos folgt bestimmt wieder der Ruf nach Ordnung.

Heute zähle ich vor allem Schriften zu den Trendsettern, welche die formalen Kriterien der klassischen Schnitte verlassen und eigenwillig daherkommen. Die fünfte Helvetica-Auflage und die siebente Caslon-Variante zähle ich nicht dazu.

Mit trendigen Schriftschnitten meine ich z.B. eckige Formen oder bestimmte formale Eigenwilligkeiten wie die Anstriche oder die Serifen. Anschauungsunterricht bieten oft die elektronischen Medien, z.B. Musiksender oder Broschüren und Prospekte von Trendsportarten oder Mode.

Schriften können das gewisse Etwas vermitteln, leicht oder träge daherkommen. Wir haben zu unterscheiden zwischen Zeitungen und Magazinen, Grundschriften und Titelschriften. Grundschriften sollen weniger trendig, ganz einfach lesbar sein. Titelschriften vermögen mehr Akzente zu setzen.

Diese kleine Liste soll anregen, über den eigenen Bildschirm hinauszuschauen und sich der Schönheit der Schriften besonders anzunehmen. Es gibt traumhaft viele Alternativen zum Gewöhnlichen. Und noch nie waren Schriften so schnell und günstig zu haben. Diese Auswahl könnte beliebig auf Hunderte von Fonts ausgeweitet werden.

Rotis Serif
Meridien
PMN Caecilia
Weidemann
Bell Centennial
Veljovic
Walbaum
Italia
Minion
Myriad
Officina Sans
Meta
Avenir
Clearface Gothic
Eurostile
Formata
Berthold Imago
Serpentine
Syntax
Vectora

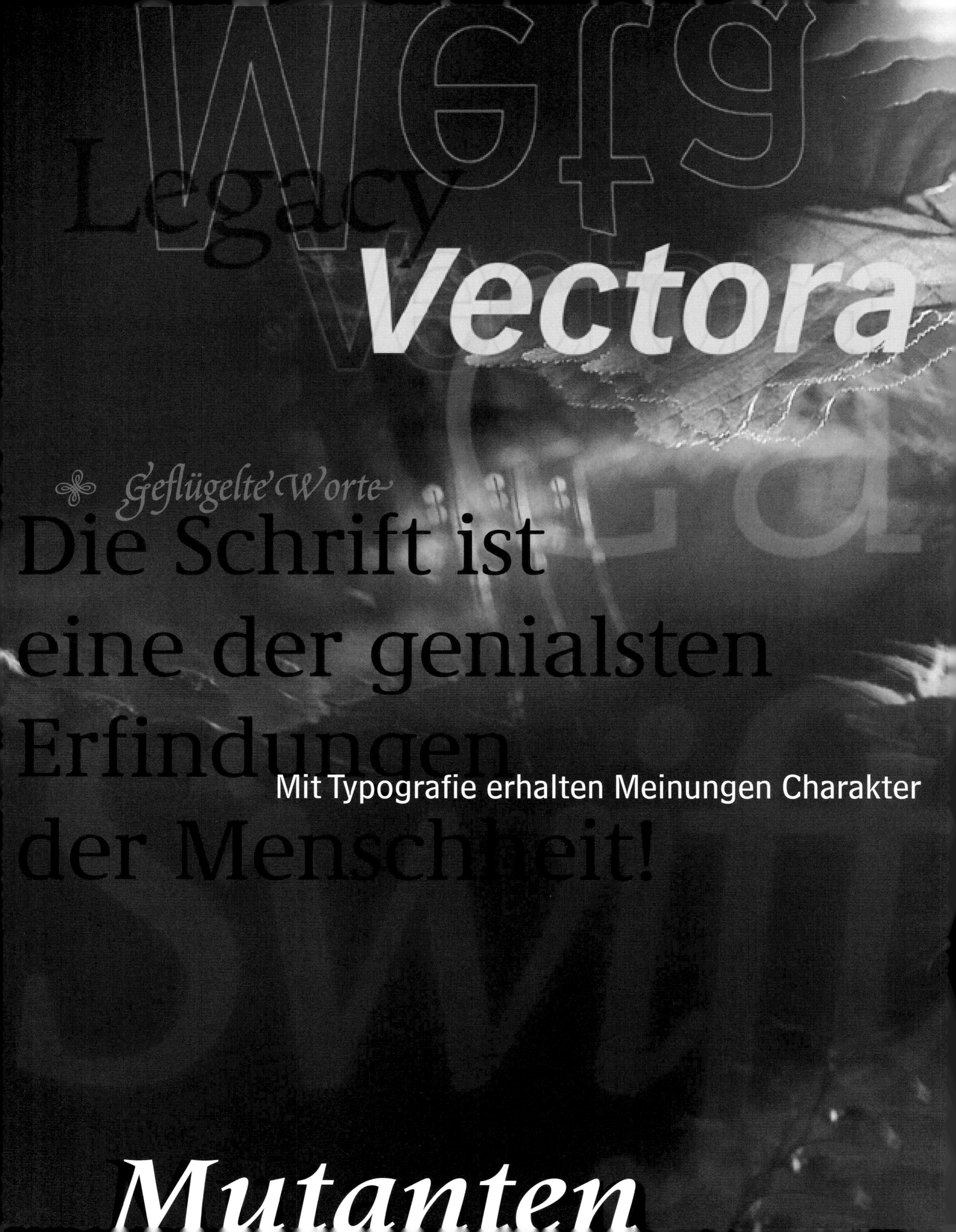

Legacy

Vectora

✢ *Geflügelte Worte*

Die Schrift ist eine der genialsten Erfindungen der Menschheit!

Mit Typografie erhalten Meinungen Charakter

Mutanten

Stil zu haben gehört zum guten Ton

Wenn **Gestaltung** Geschmacksfrage ist, dann ist Typografie reine **Glücksache**

Erstens denken und zweitens Grafik

Trend «printing on demand»

Immer kürzere Drucktermine, verbunden mit einer Tendenz zum Auflagensplitting, und fallende Preise bringen dem normalen Offsetdruck unüberwindbare Probleme. Der Digitaldruck lässt sich in diesem Kundensegment ideal einsetzen.

Mit Digitaldruck lassen sich Kundenmagazine in kleinen Auflagen realisieren. Im Bild die Agfa Chromapress.

Bis der Digitaldruck für Massenmedien einsetzbar ist, falls dies jemals der Fall sein sollte, wird noch einige Zeit ins Land ziehen. Unter Medien zähle ich jedoch auch periodisch erscheinende, personalisierte Mailings, die Marketingabteilungen versenden. Digitale Druckzentren schiessen wie Pilze aus dem Boden. In der Schweiz zählte man 1997 über 80 solcher Systeme, allein die Stadt Zürich beherbergt deren 20. Man hört, der Markt habe sie gut aufgenommen. Kein anderes Druckverfahren kann personalisieren, bei jedem Druck das Druckbild ändern. Digitaldruck ist heute in einer Qualität erhältlich, die sich mit gewissen Abstrichen vor dem Offsetdruck nicht zu verstecken braucht. Die Kostenschere zum Offset bewegt sich um die 500 bis 1000 Exemplare im A3-Bereich.
Was hat Digitaldruck mit Design zu tun?

Ganz einfach. Die Grenze zwischen kopieren und drucken verschwimmt zusehends, und Designer müssen sich zwangsläufig mit Bildauflösungen und Datenmengen auseinandersetzen, wenn sie diese Technologie nutzen wollen.

Was ist ein digitales Drucksystem?

Ein digitales Drucksystem kann Texte, Bilder und Grafiken, die auf einem PC oder Macintosh aufbereitet wurden, direkt übernehmen und auf den Bedruckstoff ausgeben. Dabei gelangen die Daten über einen RIP (Raster Image Prozessor) in die Druckmaschine. Charakteristisch daran ist, dass ohne Vorlagen und ohne Filme gearbeitet wird und sich so natürlich Produktionsschritte und Materialien einsparen lassen. Ein weiteres Merkmal ist die personalisierte Aufbereitung des Datenmaterials: Im Prinzip kann bei jedem Druckumgang ein neues Druckbild aufgebaut werden: 200 Prospekte und auf jedem steht ein anderer, auf den Leser angepasster Text mit einem anderen Bild. Personalisierte Mailings beschränken sich nicht mehr auf die Adressänderung!

Digitale Drucksysteme funktionieren ähnlich wie Farbfotokopierer, drucken jedoch viel schneller und in einer besseren Qualität. Weil viele der Produktionsschritte auf einen Arbeitsplatz konzentriert sind, ist es möglich, in kürzerer Zeit Drucke zu erhalten. Man spricht dementsprechend auch von «printing on demand» oder von «short-run color», farbige Sofortdrucke auf Bestellung.

Als Abgrenzung zu Proofsystemen, Bürodruckern oder Farbkopierern sei vom Digitaldruck erst dann gesprochen, wenn die Auflösung mindestens 600 dpi und die Druckleistung mindestens 1500 einseitig bedruckte A4-Seiten beträgt.

E-Print von Indigo

Die Indigo E-Print 1000 stammt aus Israel und basiert auf einer elektrostatisch aufladbaren Trommel, welche wie bei einem Laserdrucker das Druckbild latent aufbaut. Die aufgeladene Trommel wird mit einer elektrostatischen Flüssigfarbe in Berührung gebracht, worauf die Farbe – gleiche Ladungen stossen sich ab – 100%ig von der Trommel über ein Gummituch aufs Papier gelangt. Bei farbigen Drucken wird die Trommel viermal hintereinander – entsprechend den Farbauszügen – mit dem richtigen Farbanteil aufgebaut, und der Druckbogen wird viermal passgenau mit vier Farben bedruckt. Die E-Print 1000 druckt im Format 30×40 cm auf Papiere bis 250 g/m², beidseitig farbig, in einer Auflösung von 600 dpi. Bei 4000 Umdrehungen pro Stunde ergibt dies einen Durchsatz von 500 Bogen A3 pro Stunde, vor- und rückseitig vierfarbig bedruckt.

Agfa Chromapress und Xeikon DCP-1

In der Schweiz hat Agfa mit der Chromapress den Digitaldruck eingeläutet. Von dieser Maschine existieren zwei äusserlich gleiche Typen, die jedoch mit unterschiedlichen Innereien ausgestattet sind. Die DCP-1 (Direct Color Print) wurde von der belgischen Firma Xeikon entwickelt, an der Agfa einen Anteil hält. Agfa vertreibt das System unter dem Namen Chromapress. Es arbeitet im Wesentlichen wie ein Farbfotokopierer mit einem feinen Toner. Das Papier oder die Folie wird ab Rolle zwischen acht Zylindern durchgeführt, was einen gleichseitigen Druck von vier Farben auf der Vorder- und Rückseite ermöglicht. Das maximale Papierformat ist von der Rollenbreite abhängig, die bedruckbare Breite beträgt 30,7 cm, die Länge des Bildaufbaus – abhängig von der Hardware – bei einer Breite von 19 cm bis zu 272 cm. Die Auflösung liegt bei 600 dpi und der Durchsatz bei 1050 Bogen A3 pro Stunde.

Heidelberg Quickmaster DI

Mit der GTO-DI lancierte der renommierte Druckmaschinenbauer Heidelberg ein System, welches direkt ab Computer Druckplatten in der Maschine belichtet (Computer-to-plate). Insofern ist dies kein reinrassiges, digitales Drucksystem, sondern eher dem wasserlosen Offsetdruck zuzuordnen. Digital ist einzig die Verschickung der Druckdaten über den RIP direkt auf die Druckplattten der Maschine. Eine Auflösung von bis zu 2450 dpi garantiert eine dem Offsetdruck vergleichbare Qualität. Die GTO-DI wurde inzwischen abgelöst durch die Quickmaster DI. Diese druckt auf alle Papiere von 60 bis 300 g/m², die im Offsetdruck bedruckt werden können, im Format 34×46 cm mit 10 000 Umdrehungen pro Stunde.

Andere digitale Drucksysteme

Im Schwarzweissbereich interessieren die Systeme von Xerox, die DocuTech oder DocuColor 40 oder 70, die sich durch einen grossen Leistungsumfang auszeichnen. Sie können ebenfalls direkt von einem Mac oder PC angesteuert werden und geben farbige Drucke in einer Kapazität von 2400 Bogen pro Stunde aus. Im grossformatigen Bereich sind es einige Systeme, die jedoch beim Mediendesign keine Bedeutung haben, deshalb verzichte ich hier auf eine detaillierte Besprechung.

Ein Querschnitt durch die Xeikon DCP-1. Diese Maschine ist in der Lage, in einem Druckgang A3-Formate auf der Vorder- und Rückseite farbig zu bedrucken.

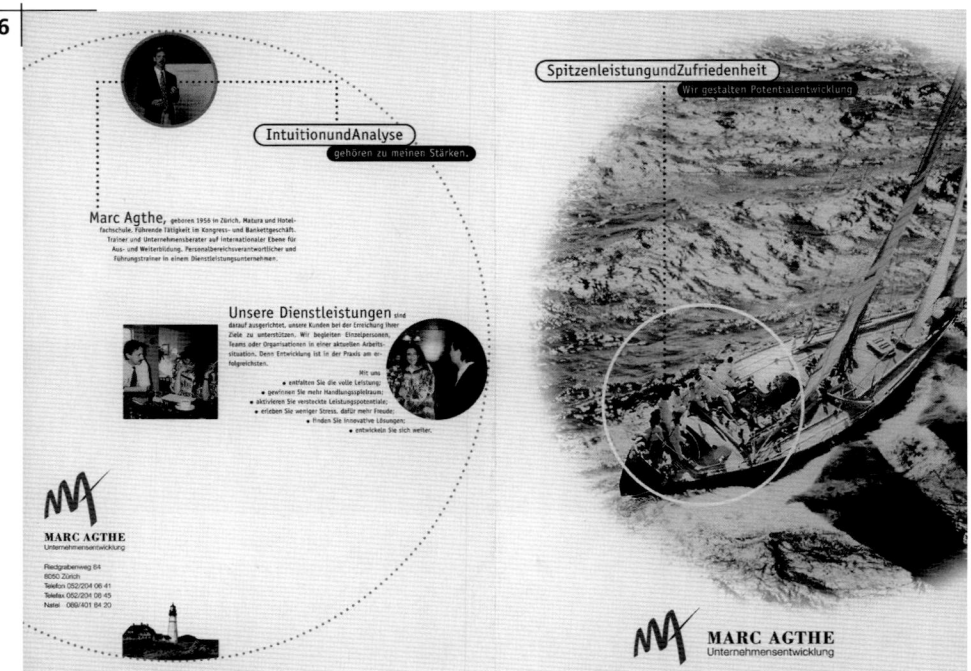

Welche Produkte eignen sich für die digitale Produktion?

Der digitale Farbdruck eignet sich vor allem für kleine Auflagen von wenigen Exemplaren bis etwa 1000 Stück und A3-Grösse. Neben Mailings kann man auch kleine Kundenmagazine so drucken lassen. Der Digitaldruck schliesst die Lücke zwischen Farbkopierer und den Offsetdruckmaschinen, die wegen ihrer hohen Fixkosten erst ab etwa 1000 Exemplaren günstige Stückkosten erreichen. Die Vorteile des Digitaldruckes sind

- schnelle Verfügbarkeit
- keine Lagerkosten von fertigen Druckerzeugnissen
- keine Überauflagen
- Andruck entspricht Auflagendruck
- keine Filmbelichtung nötig
- Personalisierung/Individualisierung
- Farbe auch in kleinen Auflagen

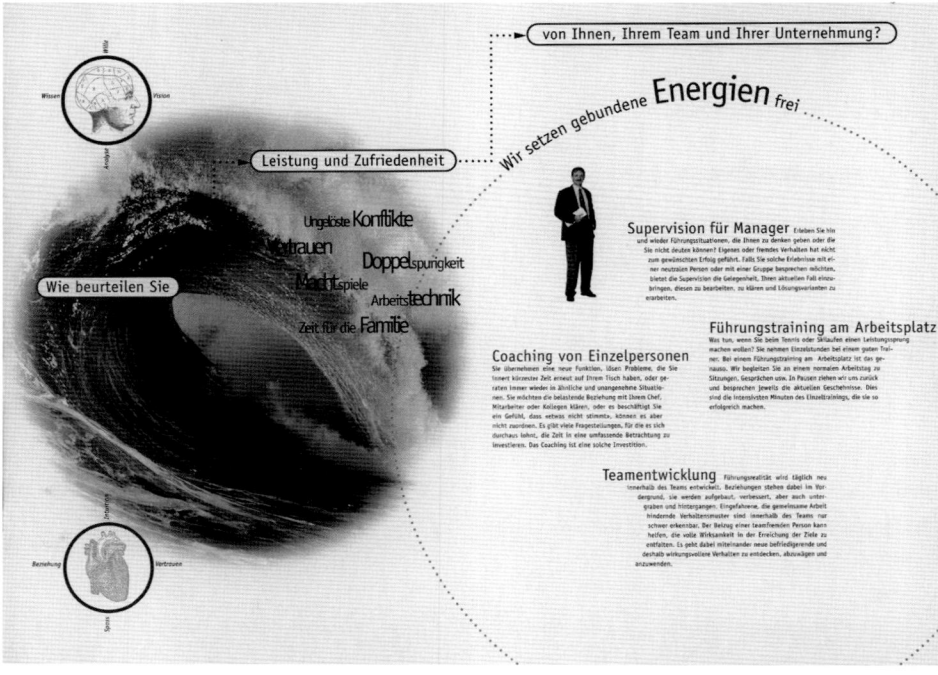

Typische Produkte, die farbig digital gedruckt werden, sind Mailings oder Firmenporträts in kleinen Auflagen. Mit den kostengünstigen Produktionsmethoden sind jedoch auch farbige Broschüren in kleinen Auflagen im Bereich des Machbaren.

Digitaldruck ist das einzige Druckverfahren, bei welchem man während des laufenden Druckes das Druckbild verändern kann. So ist es beispielsweise möglich, kleinste Zielgruppen mit unterschiedlichen farbigen Mailings anzusprechen.

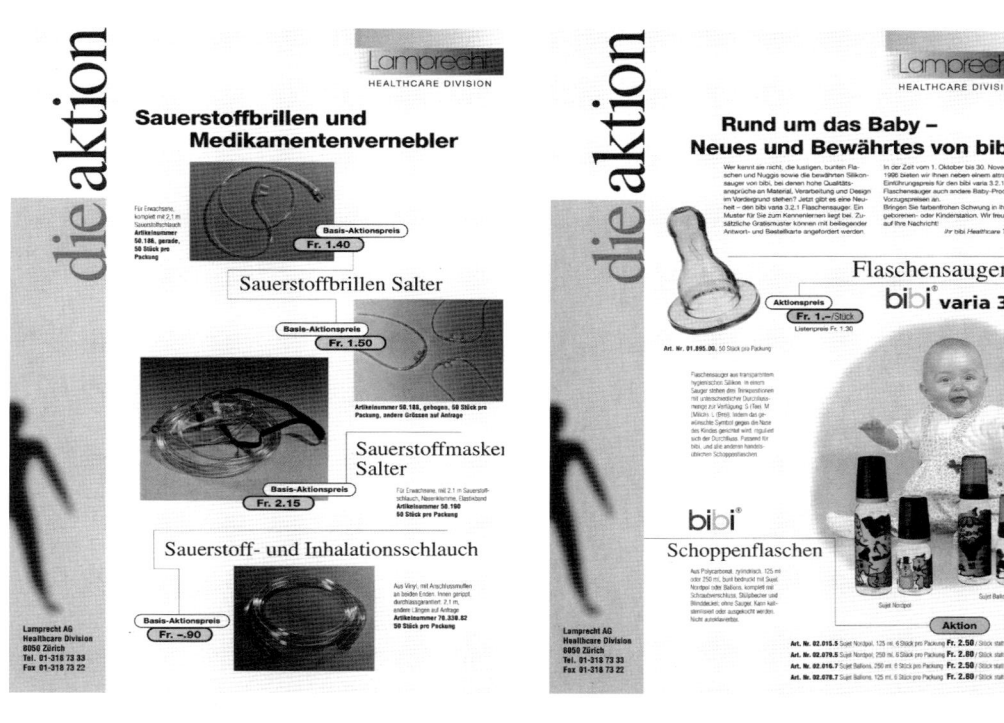

Planung

1 2 3 **4** 5 6 7

Planung, Budget und Realisation

Von der Idee bis zur Produktion – ein langer Weg

Für erfolgreiche Publikationen ist kennzeichnend, dass sie nicht nur gut aussehen, sondern auch wirtschaftlich interessant sind. Ich spreche nun eher eine verlegerische Seite an. Um ein Periodikum überhaupt zu lancieren, sind einige Schritte zu unternehmen, bevor es dann als Ausguss dieser konzeptionellen Denkarbeit mit einer sogenannten Nullnummer ans Design geht. Die Konzeption einer Zeitschrift ist ein Kompromiss zwischen visionären Ideen, technischen und finanziellen Einschränkungen, zwischen redaktionellem Credo und dem Anzeigengeschäft. Und das alles muss unter einen Hut zu bringen sein. Ich werde im Folgenden auf die Konzeption eines Kundenmagazins eingehen.

Am Anfang steht die Vision

Mit einer tüchtigen Portion Unternehmergeist lässt sich auch für semiprofessionelle Verleger ein Periodikum realisieren. Die Idee, einem bestimmten Zielpublikum etwas mitteilen zu können, ist die eigentliche Triebfeder jedes journalistischen Ehrgeizes. Eine weitere Motivation für einen Verleger ist die Chance, Geld zu verdienen. Man sieht es der Publikation oft an, welche Motivation stärker gewichtet wurde, ob die redaktionelle Eigenleistung ein gewisses Ausmass erreicht oder ob alle Artikel aus mehr oder weniger klarer Produkte-PR bestehen. Die Grenze zwischen PR und redaktioneller Eigenleistung ist natürlich fliessend. Public-Relations-Artikel singen in der Regel das Hohelied des Eigenlobes, während das Publikum eher eine kritische und unvoreingenommene Haltung verlangt.

Ohne Geld läuft gar nichts

Der erste Schritt führt zweifelsohne zu den finanziellen Überlegungen. Was sind die Ausgaben und welche Einnahmequellen können angezapft werden? Um die Grössenordnungen einigermassen zu erfassen, erstellt man ein Grobbudget. Für die Finanzen ist traditionellerweise der Verleger oder Herausgeber verantwortlich, welcher auch das finanzielle Risiko übernimmt. Auf der Ausgabenseite ist die Produktion sicher ein gewichtiger Posten. Man kann dem Drucker Alternativen aufzeigen, um Entscheidungsgrundlagen für die eine oder andere Variante zu erhalten. Wichtig ist auch der gedachte Arbeitsablauf mit den Schnittstellen zur Technik. Der Drucker muss wissen, welche Vorleistungen erbracht werden. Sind z. B. die Bilder in der Layoutsoftware integriert oder muss er sie scannen und einsetzen? Je nach Arbeitsablauf wird er einen anderen Preis errechnen.

Termine

Die Periodizität und die Produktionszeit hängen ab von der Kapazität der Macher, der Aufnahmefähigkeit des Produktes auf dem Markt und den wirtschaftlichen Hoffnungen, die man sich macht. Eine Normterminplanung ist angebracht, die später wiederholt, ja sogar zwingend notwendig wird, weil viele Interessen auf das Erscheinungsdatum hin koordiniert werden müssen. Die Anzeigen sollen rechtzeitig geplant und produziert werden. Auch redaktionelle Artikel von Freischaffenden müssen zeitig eintreffen, damit zu einem bestimmten Zeitpunkt der gesamte Heftumfang geplant werden kann. Es ist unvorteilhaft, einfach zu warten, bis man genügend Material zusammen hat, um dann irgendwann mal zu erscheinen. Abgesehen davon ist ein solches Terminverständnis Inserenten gegenüber völlig unglaubwürdig. Schliesslich muss man aus einem planbaren Produkt nicht unbedingt jedes Mal von neuem einen Schnellschuss machen. Geplante und geregelte Arbeitsabläufe minimieren die Fehlerquote und tragen zu einem visuell ansprechenderen Produkt bei.

Erste Designvorstellungen

Meistens parallel zum Budget und den anderen konzeptionellen Arbeiten wird in dieser Arbeitsphase bereits «Design» gemacht. Der Drucker muss für seine Offerte nämlich Angaben erhalten, ohne die er im luftleeren Raum steht. Er muss das Format kennen, das Papier, den Umfang – und schon ist man in der Gestaltungsdomäne.

Fallbeispiel

Kundenmagazin «Natour GmbH»

Das unabhängige, auf Fernost spezialisierte Reisebüro Natour GmbH ist in einer grösseren Stadt ansässig. Man möchte seiner anspruchsvollen Kundschaft mit einem viermal jährlich erscheinenden Führer die Produkte und Angebote näher bringen. Die Geschäftsführerin stellt sich nicht einen normalen Reisekatalog vor. Sie will Hintergrundinformationen zu den einzelnen Angeboten weitergeben, um den Katalog auch dann lesenswert zu machen, wenn nicht gerade eine Reise ansteht. Sie will den Mix zwischen einer Zeitschrift und einem Katalog. Pro Ausgabe soll ein Schwerpunktthema vertieft dargestellt werden. Dann seien selbstverständlich die konkreten Natour-Angebote zu platzieren mit Reisedaten und Preisen. Die fremden Kulturen sollen hochgehalten werden, schliesslich könne der Urlaub mit dem richtigen Verhalten besser genossen werden. Weiter gelte es, über Klima, richtige Reisezeit und Gesundheitsvorsorge zu berichten. Hierfür habe sie bereits einen Tropenarzt als Gastkolumnist gewinnen können. Dann seien es die täglichen Tips, mit denen der Gast besser über die Runden komme. Das Magazin solle viermal jährlich mit etwa 50 Seiten erscheinen, in den 8 Filialen aufgelegt und überdies an 5000 Kundenadressen versandt werden. Die Gesamtauflage schätzt die Kundin auf rund 10 000 Exemplare. Diverse Anreiz- und Responsemöglichkeiten sollen es dem Leser leicht

machen, eine Reise zu buchen. Die Natour GmbH möchte als erstes Entscheidungsgrundlagen für das weitere Vorgehen: Es geht um Budgets, Termine, Abläufe und selbstverständlich um die Gestaltung.

Herausgeber

Natour GmbH
Der Fernost-Spezialist
Strasse
Postleitzahl und Ort
Telefon
Fax

Auftragsbeschrieb nach Briefing

Projekt	Kundenmagazin
Umfang	etwa 50 Seiten
Druck	farbig
Auflage	10 000 Exemplare
Format	A4
Sorten	einsprachig, deutsch
Papier	weiss, gutes Papier
Versand	5000 Expl. mit Adressetiketten versehen, versenden
	5000 Expl. paketweise an 8 Filialen
Redaktion	im Fremdauftrag vergeben
Herausgeber	Natour GmbH
Periodizität	viermal jährlich
Response	Vorschlag erwartet
Zielpublikum	ungefähr 25 bis 40 Jahre alt, weiblich und männlich, Singles, Paare und Familien, durchschnittlich bis überdurchschnittlich verdienend
Grafik	Ansprechendes Niveau, mit Stil und Charakter, moderner Auftritt, markant und auffällig, anders als die anderen

Redaktionelle Ideen von Natour

Angebot Natour
Land und Leute
Gesundheit (Gastkolumne)
Die beste Reisezeit
Flugpläne
Tips rund um den Flug
Klima
Souvenirs
Anzeigen (Vorschläge werden erwartet)

Auftrag

Es spielt hier keine Rolle, wer die Konzeptaufträge ausführt. Dies kann intern von einer Person, von einer Arbeitsgruppe oder extern von einem grafischen Atelier, einer Agentur oder einem freischaffenden Jornalisten erledigt werden. Es geht um grundsätzliche Überlegungen, die angestellt werden müssen:

- Redaktionelles Inhaltskonzept
- Anzeigenkonzept
- Designkonzept mit Nullnummer
- Grobbudget
- Terminplan
- Personaleinsatz
- Arbeitsabläufe

Analyse des Auftrages

Gewisse Überlegungen kann man im stillen Kämmerlein oder mit Brainstorming selber anstellen, z. B. auf welche Art man Anzeigenkunden gewinnt. Anderes kommt nur mit Hilfe Aussenstehender zustande, z. B. stellt man eine Druckofferte in der Regel nicht selber zusammen. Es geht darum, alle relevanten Entscheidungsgrundlagen zu liefern und das bedarf einer regen Sammlertätigkeit. Zu Beginn ist manches im Unklaren, so die Fremdkosten auf redaktioneller Seite. Wenn ein Fotograf mit einem Redaktor eine Woche nach Bali fliegen muss, um eine Story zu schreiben, so schlägt dies natürlich anders zu Buch, als wenn ein erfahrerer Kenner mit einem Fundus an Fotografien zu Hause eine Geschichte schreiben kann.

Das Anzeigengeschäft lässt sich am Anfang ebenfalls nur schwer abschätzen. Potenzielle Inserenten wünschen Mediadaten, Zielpublikum, Streuung usw., bevor sie Budgets beschliessen. Auch hier ist man auf Annahmen angewiesen.

Aus der Sicht der Produktion kann man einigermassen vernünftig planen und Kosten berechnen lassen.

Redaktionelles Inhaltskonzept

Die Visionen des Auftraggebers werden konkretisiert und mit weiteren Ideen angereichert. Es geht darum, eine redaktionelle Identität zu entwickeln, Gefässe zu schaffen, die später zu Rubriken werden. Meistens denkt der Auftraggeber nicht an die Seitenfolge in einem Magazin und vergisst wichtige Artikel wie Editorial, Leserbriefe und Kleinigkeiten, die ein Magazin lesenswert und menschlich machen. Neben dem Hauptteil, dem Angebot des Reiseveranstalters, und den erwünschten Anzeigen drängen sich die folgenden redaktionellen Rubriken auf:

>   Inhaltsübersicht
>   Editorial
>   Schwerpunkt
>   Klima
>   Land und Leute
>   Souvenirs
>   Reisen vor Ort
>   Gesundheitsprophylaxe
>   Tips rund um… (Fliegen, Schifffahren)
>   Literatur
>   Leserbriefe
>   Zeitverschiebung
>   Fremde Kulturen
>   Religion
>   Mann und Frau

Mit einer bewussten Reihenfolge schafft man bei den Lesern Gewohnheit. Dies spielt eine grössere Rolle, wenn das Periodikum oft erscheint, täglich, wöchentlich, monatlich. Bei viermaliger Erscheinungsweise ist die redaktionelle Reihenfolge eher unbedeutend.

Die konkrete Umsetzung

Wir versuchen nun, aus den Ideen eine Ausgabe zu entwickeln, die aus 48 Seiten Inhalt und vier Seiten Umschlag besteht. Dabei ist zu beachten, dass die Doppelseite immer die Leseeinheit darstellt und alle Artikel, wenn immer möglich, doppelseitig beginnen.

Umschlag

1. Umschlagseite Titelbild
2. Umschlagseite *Anzeige*
3. Umschlagseite *Anzeige*
4. Umschlagseite *Anzeige*

Inhalt

1	Inhaltsübersicht
2	*Anzeige*
3	Editorial
4–9	Schwerpunkt
10	*Anzeige*
11	Klima
12–17	Land und Leute
18	Reisen vor Ort
19	*Anzeige*
20	Souvenir
21	*Anzeige*
22–35	Angebot Natour
36	Reisen vor Ort
37/38	Gesundheit
39	*Anzeige*
40/41	Tips rund um das Fliegen
42–47	Angebot Natour
48	Literatur

Die Platzierung der einzelnen Gefässe ist beliebig, ebenfalls diejenige der Inserate. Ebenso gut hätte man alle Inserate an einem Ort konzentrieren können. Inserenten bevorzugen jedoch ein redaktionelles Umfeld.

Das Anzeigenkonzept

In der Planungsphase geht es darum, herauszufinden, wie weit der Markt bereit ist, das Objekt mit Inseraten zu tragen. In einem Anzeigenkonzept sollte aufgezeigt werden, welche Anzeigenformate möglich sind. Hier sind die meist üblichen Formate:

2/1 Seite (Panorama)
1/1 Seite
1/2 Seite hoch
1/2 Seite quer
1/3 Seite
1/4 Seite hoch
1/4 Seite quer
1/8 Seite

Es steht jedem natürlich frei, Inserategrössen nicht zu vereinheitlichen und dafür die verkaufte Fläche (Anzeigenhöhe × Spaltenbreite) zu berechnen. In der Planung haben sich auf Verleger- und Anzeigenseite die fixen Inserategrössen durchgesetzt.

Doppel- und ganzseitige Anzeigen dürfen randabfallend gestaltet werden. Eine solche Gestaltung ist bei halbseitigen nur möglich, wenn das Inserat am Rand aussen platziert wird. Aus diesem Grund lieben es viele Magazine nicht, sich auf diese Art Platzierungswünsche aufdrängen zu lassen, die sonst mit gutem Geld bezahlt werden müssen.

Vergleiche auch Bindemöglichkeiten auf Seite 105.

Abbildung auf Seite 41.

Beilagen

Eine erweiterte Einnahme kann man aus Beilagen erwarten. Beilagen werden dem Periodikum lose beigelegt, ohne an einer bestimmten Inhaltsstelle zu liegen. Beilagen haben den Vorteil, dass der Auftraggeber eine grössere Auflage separat drucken und die «Zeitschriften in den Zeitschriften» in verschiedenen Titeln schalten kann. Der Vorteil liegt in den massiv günstigeren Preisen. Nachteile sind das kleinere Format (Beilagen müssen immer kleiner sein als ihr Träger) und dass sie als ungeliebte Kuckuckseier oft unbeachtet fortgeworfen werden. Dieser Nachteil besteht nicht, wenn man die Beilage ins Produkt einheftet. Dann allerdings sprechen wir von einem Beihefter. Beihefter können auf einen Bogen aufgeklebt oder zwischen zwei Druckbogen platziert werden. Eine x-beliebige Stelle im Produkt ist aus produktionstechnischen Gründen nicht möglich oder teuer.

Sponsoring

Eine andere Geldquelle ist das Sponsoring. In unserem Fallbeispiel käme dafür eine Fluggesellschaft in Frage, die auch redaktionell in Erscheinung treten würde, oder das Fremdenverkehrsbüro, eine Sonnencremefirma… Ideen wären genug da. Mit Überzeugungskraft und gemeinsamem Nutzen liesse sich ein Sponsor gewinnen – die Sache ist allerdings nicht so einfach. Sponsoring ist ein ausgewachsenes Gebiet der Public Relations und das Geld sitzt den Unternehmen nicht so locker in der Tasche wie auch schon.

Public-Relations-Beiträge

Weiteren Geldsegen erhoffen kann man sich mit bezahlten PR-Beiträgen über bestimmte Produkte, die mit Reisen zu tun haben. Dann müsste ein eigens dafür geschaffenes Gefäss aufgebaut werden: Solche PR-Gefässe heissen z. B. «News», «Markt», «Produkte» usw.

Reklame

Kleine, im redaktionellen Text eingebettete Inserate nennt man «Reklame». Solche Eye-catcher sind beliebt und werden häufig mit «Anzeige» gekennzeichnet, um den redaktionellen Teil strikt davon zu trennen. Im Gegensatz zu den normalen Anzeigen werden Reklamen nach der Spaltenbreite ausgerichtet.

Bezugsquellenregister

Grosser Beliebtheit erfreuen sich Register oder Einkaufsführer. Über längere Zeit abgeschlossen, präsentieren sich diese Firmeneinträge im Kleinstformat in jedem Heft. Entweder werden auch sie im Format vereinheitlicht, oder sie zeigen sich wie das Telefonbuch und werden nach Zeilen verrechnet.

Anzeigenplatzierung

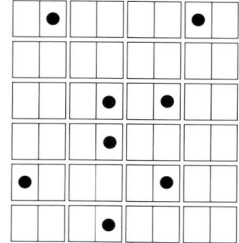

Platzierung der Anzeigen nach dem Streuprinzip.

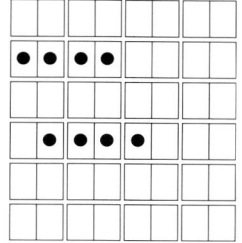

Die Anzeigen sind blockweise zusammengefasst.

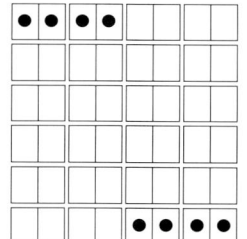

Die Anzeigen bilden um den redaktionellen Text einen Mantel.

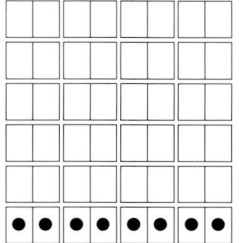

Die Anzeigen füllen am Schluss das Magazin auf.

Beteiligte Berufe:

Verleger

Marketingfachleute

Redakteure

Freischaffende Autoren

Texter

Korrektoren

Anzeigenverwalter

Kaufmännische Angestellte

Fotografen

Übersetzer

Grafiker

Gestalter

Layouter

Typografen

Systembetreuer

Reproduktioner

Terminplaner

Kalkulator

Drucker

Buchbinder

Der Personaleinsatz

Die Personen, die an einem derartigen Projekt beteiligt sind, setzen sich aus den unterschiedlichsten Berufen zusammen. Je nach Kompetenz, Zielen, Professionalität und finanzieller Potenz sind die Schnittstellen der Arbeitsabläufe woanders zu suchen. Es gibt heute alle denkbaren Modelle der Zusammenarbeit, und es ist schlicht unmöglich, alle aufzulisten.

Wir können jedoch drei verschiedene Stufen der Herstellung feststellen. In der Realisationsphase trifft sich der Geist: Ideen werden ausgeheckt, die Ausgabe geplant, Artikel geschrieben, Bilder fotografiert. In der nächsten Phase kommt die Druckvorstufe zum Zug. Alle Daten werden digitalisiert, das seitenfertige Layout entsteht. Als dritter Schritt folgt der Druck und die Druckweiterverarbeitung mit Vertrieb.

Vier Modelle einer Zusammenarbeit

Modell 1: Der Herausgeber behält möglichst vieles in seiner Hand. Anzeigen akquiriert er dank seiner ausgezeichneten Beziehungen gleich selber. Er stellt Mitarbeiter frei, die auch das Layout und die Produktion übernehmen.

Modell 2: Der Herausgeber will keine Kräfte unnötig verlieren und übergibt einer Agentur den journalistischen Auftrag, die Produktion und den Vertrieb. Die Agentur wiederum vergibt die einzelnen Aufträge in eigener Regie.

Modell 3: Der Herausgeber möchte die redaktionelle Arbeit selber erledigen und arbeitet auf dem Gebiet der Produktion mit einem Grafiker zusammen. Der Grafiker layoutet das Heft und liefert der Druckerei Textfiles, die dort mit den Scandaten vervollständigt werden. Das Anzeigengeschäft wird einer spezialisierten Anzeigenagentur übertragen.

Modell 4: Der Herausgeber beauftragt die Druckerei, als Generalunternehmer sowohl die redaktionelle Arbeit wie auch das Anzeigengeschäft und den Druck zu übernehmen.

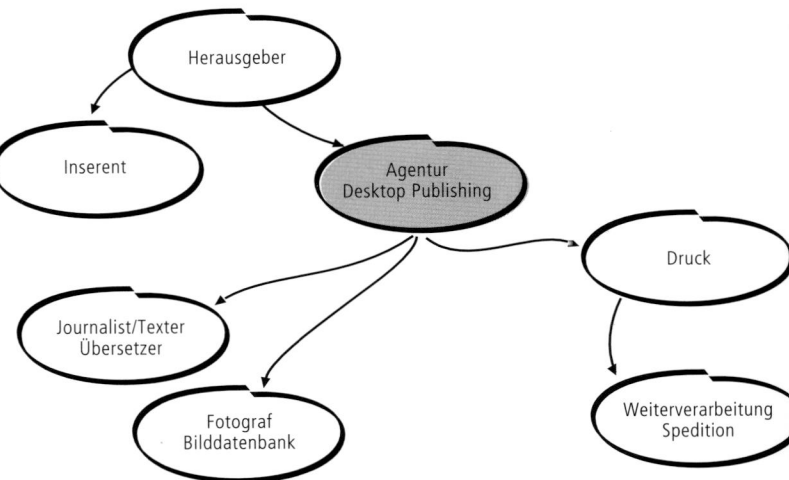

Modell 1

Modell 2

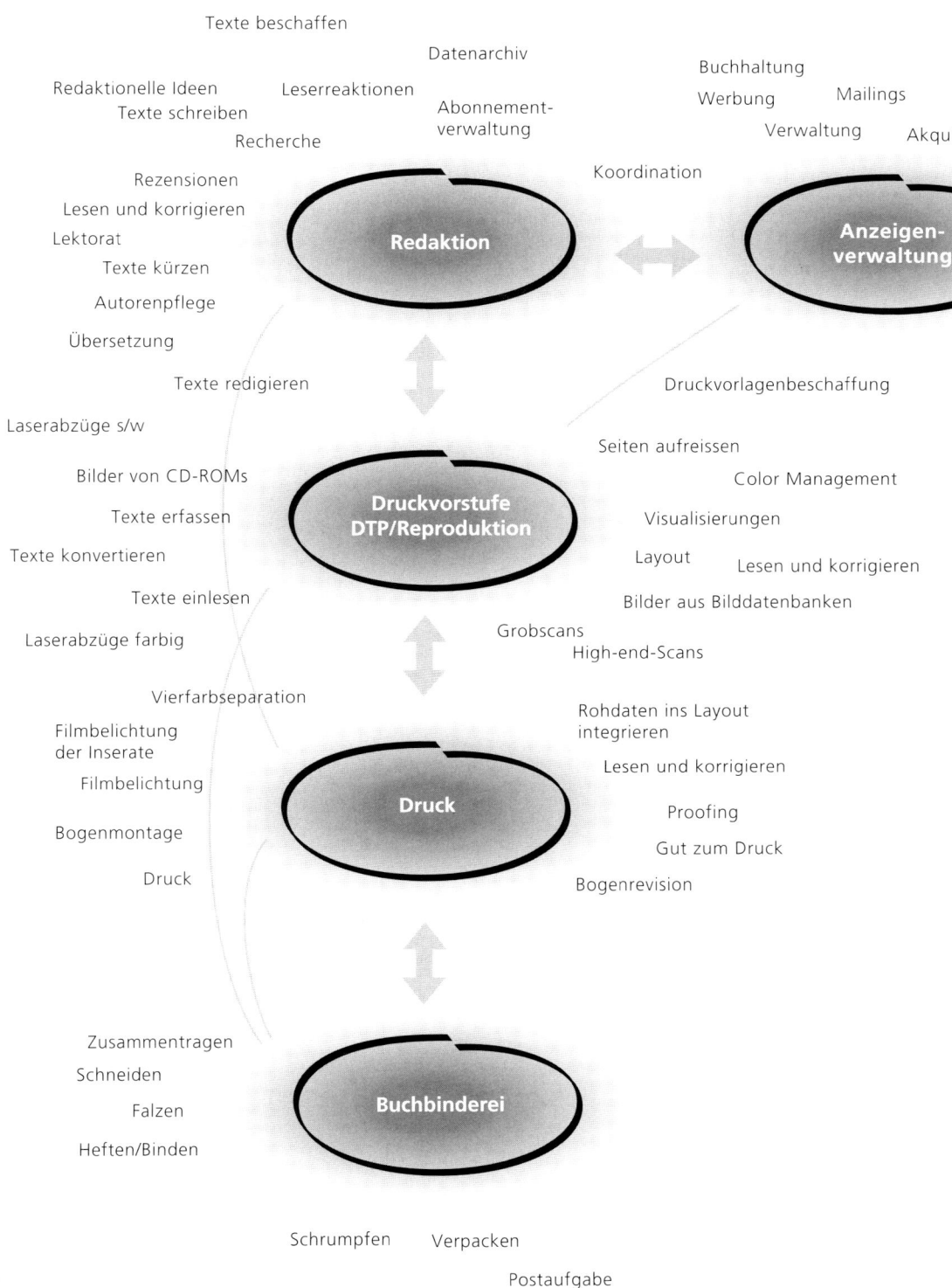

Die einzelnen Arbeitsschritte zeichnen sich durch eine hohe Komplexität aus. Die einzelnen Schritte sind voneinander abhängig und müssen genau aufeinander abgestimmt werden. Ein einziger Fehler im Bereich DTP kann die ganze Produktion eventuell unbrauchbar machen. Es empfiehlt sich, mit allen Beteiligten einen gemeinsamen Arbeitsschritteplan festzulegen. Die nächstfolgende Person muss von der vorherigen wissen, welche Arbeitsschritte getan wurden.

Arbeitsablauf

Ein Printprodukt bedarf genauso wie eine Multimediaproduktion einer konkreten Ablaufplanung. Dazu muss man sich klar werden, wer wann welche Arbeitsschritte vollzieht. Das nachfolgende Schema soll nur *eine* Möglichkeit der einzelnen Arbeitsschritte darstellen.

Möglicher Personaleinsatz

Intern	Extern
Redaktionelle Mitarbeiter	Freischaffende redaktionelle Mitarbeiter
Übersetzer	Übersetzer
PR-Abteilung	Fotograf
(Hobby-)Fotograf	Grafiker
Anzeigenverwaltung	Anzeigenverwaltung
Grafiker	Desktop Publishing
Desktop Publishing	Reprobetrieb/Scanservice
Proofing	Proofing
Belichtungsservice	Belichtungsservice
Qualitätskontrolle	Druck
	Ausrüsten
	Versand
	Qualitätskontrolle

Die Macher einer Printproduktion setzen sich fast immer aus internen und externen Mitarbeitern zusammen. Je nach Grösse des Objektes und eigenem Input wählen die Kunden eine ihnen zusagende Organisationsstruktur. Nicht alles muss immer intern getan werden, oft sind die Experten ausser Haus zu finden.

Checkliste der chronologischen Planungsarbeiten

Phase 1

Willensäusserung des Kunden/der Geschäftsleitung, ein Periodikum zu schaffen.

Projektgruppe bilden. Abzuklärende Punkte: Personaleinsatz, Kosten, Ideen für redaktionelle Artikel, Umfangplanung, Kommunikationsziele festlegen, Zielpublikum festlegen.

Phase 2

Präsentation der in Phase 1 erarbeiteten Aspekte an den Kunden oder die Geschäftsleitung.

Schreiben von ersten Rohtexten.

Beschaffung von Fotomaterial.

Briefing an Grafiker, der Musterseiten bzw. Nullnummer erstellen soll.

Phase 3

Präsentation der in Phase 2 erarbeiteten Aspekte an den Kunden oder die Geschäftsleitung.

Farbmuster festlegen. Andrucke oder Proofs herstellen lassen.

Papiermuster beschaffen. Blindmuster herstellen lassen.

Konkrete Druckofferten einholen inkl. Bindearbeiten und Versand. Auf Einsparmöglichkeiten achten.

Vertragsvorbereitung mit Unterlieferanten.

Terminierung in Absprache mit der Druckerei.

Planung des internen oder externen Personaleinsatzes, evtl. neue Stellen schaffen.

Terminplanung

Ein Periodikum wird in Arbeitsschritte aufgeteilt, diese in eine zeitliche Achse gelegt. Es ist sinnvoll, die Produktionsplanung in Absprache mit allen Produktionspartnern festzulegen. Eine unrealistische eigenmächtige Terminierung ist zwecklos, wenn die Zeiten später unmöglich eingehalten werden können.

Selbstverständlich ist der untenstehende Terminplan nur als Muster zu verstehen. Je nachdem, wieviele externe und interne Mitarbeiter an einem Projekt arbeiten, sind die Wege länger, kürzer, oder es können einzelne Phasen übersprungen/wiederholt werden. In einer Terminplanung erfolgen Arbeitsschritte oftmals parallel.

Oft wird für den Postweg keine oder nur ungenügend Zeit eingeplant. Auch der Kunde muss genügend Zeit finden, die Arbeit zu korrigieren.

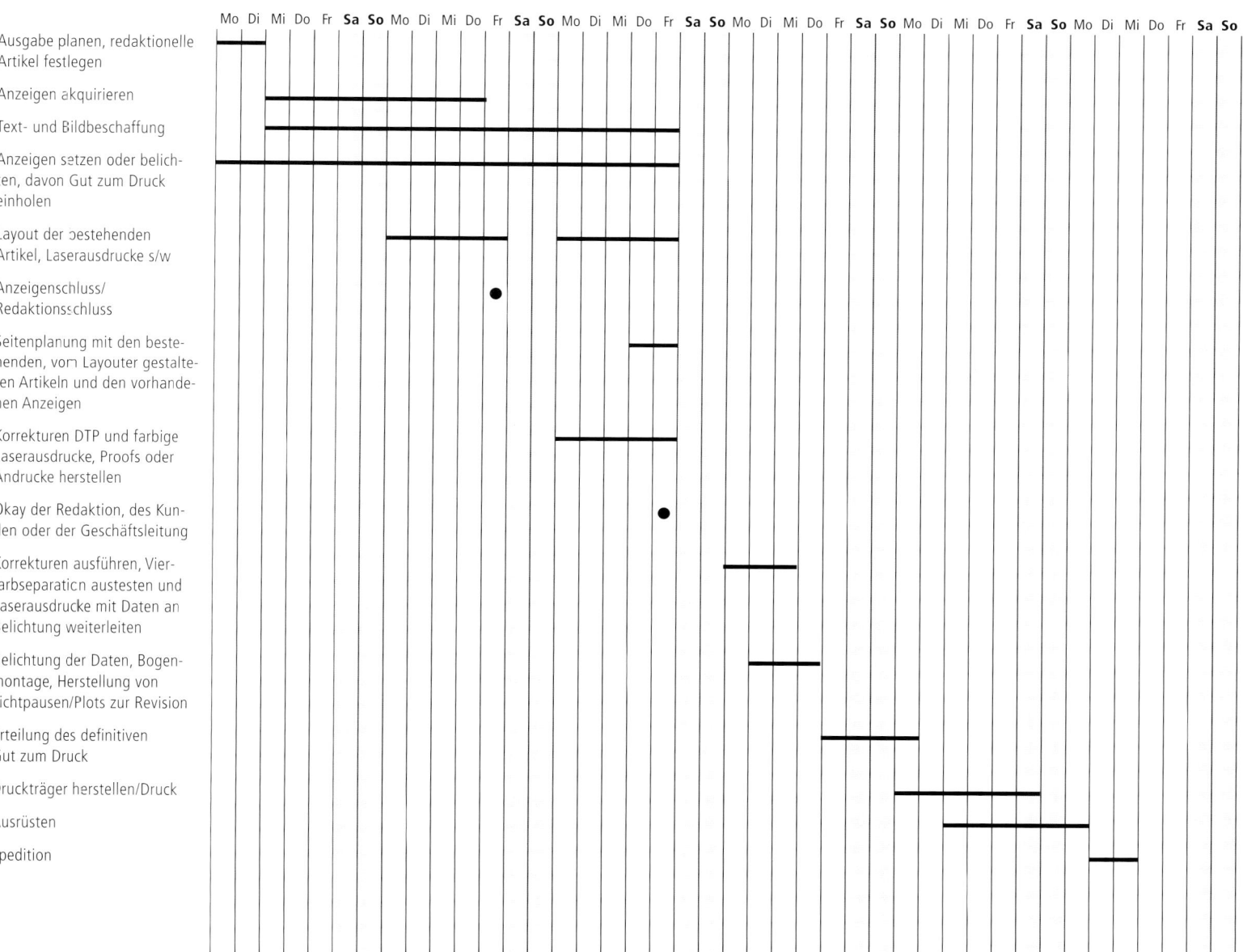

Ausgabe planen, redaktionelle Artikel festlegen

Anzeigen akquirieren

Text- und Bildbeschaffung

Anzeigen setzen oder belichten, davon Gut zum Druck einholen

Layout der bestehenden Artikel, Laserausdrucke s/w

Anzeigenschluss/Redaktionsschluss

Seitenplanung mit den bestehenden, vom Layouter gestalteten Artikeln und den vorhandenen Anzeigen

Korrekturen DTP und farbige Laserausdrucke, Proofs oder Andrucke herstellen

Okay der Redaktion, des Kunden oder der Geschäftsleitung

Korrekturen ausführen, Vierfarbseparation austesten und Laserausdrucke mit Daten an Belichtung weiterleiten

Belichtung der Daten, Bogenmontage, Herstellung von Lichtpausen/Plots zur Revision

Erteilung des definitiven Gut zum Druck

Druckträger herstellen/Druck

Ausrüsten

Spedition

Budgetplanung (pro Ausgabe)

	CHF	CHF
Einnahmen		
8 Inserate ½ Seite	40 000.–	
PR-Texte	1 000.–	
Bezugsquellenregister	–	
Beilagen	–	
Kosten Natour GmbH	50 000.–	
Ausgaben		
Externer Personalaufwand Redaktion		3 000.–
Interner Personalaufwand Redaktion		10 000.–
Personalaufwand Verwaltung		2 000.–
Bildhonorare		10 000.–
Design und Desktop Publishing		15 000.–
Druck/Papier/Versand		40 000.–
Archivierung Druck		1 000.–
Versandkosten		5 000.–
Werbung		5 000.–
Total	91 000.–	91 000.–

Alle Preise selbstverständlich ohne Gewähr.

Zahlen sind schwierig zu fassen. In Hamburg ist das Preisniveau sicherlich anders als im Schwarzwald und in Zürich anders als im Berner Oberland. Deshalb sind die hier publizierten Zahlen nur als Grössenordnung für alle Leser zu verstehen, die wenig darüber wissen. Die Zahlen dieses Budgets sind schon deshalb nicht relevant, weil wir den Personalaufwand im Detail nicht kennen. Das Budget soll lediglich als Beispiel aufzeigen, wie sich solche Zahlen zusammensetzen. Für eine viermal jährlich erscheinende Zeitschrift mit etwa 50 Seiten ist beim Herausgeber etwa eine Halbtagesstelle bis eine Vollzeitstelle zu budgetieren.

Druck und Versand beanspruchen zusammen etwa die Hälfte des gesamten Budgets. Wer also sparen will, wird hier den Hebel ansetzen. Nicht nur, dass Druckofferten zum Teil bis 50 % Abweichung aufweisen und es sich lohnt, mehrere Offerten einzuholen; es gibt ganz legitime Einsparmöglichkeiten, wenn man nur weiss, wo sie versteckt liegen. Sich Sparpotentiale zu erschliessen heisst jedoch, sich mit dem Druck und der Weiterverarbeitung etwas detaillierter auseinander zu setzen.

Für eine pauschale Überprüfung von Druckerzeugnissen nimmt sich der Geübte folgende Faustregel zu Hilfe: ⅓ für das DTP, ⅓ für den Druck, ⅓ für das Papier. Dies ist natürlich abhängig von der Auflage und vom Papier. Es gehört zu den am meisten gemachten Untugenden, Stückkosten auszurechnen. Diese sind auflagenabhängig: Wenn bei 3000 Exemplaren eine Broschüre z. B. sechs Franken kostet, halbieren sich die Stückkosten fast bei 6000 Exemplaren. Die Gesamtkosten sind nie absolut, sondern immer im Zusammenhang mit den erbrachten Leistungen im Vorstufenbereich und im Druck anzusehen.

Budgetzahlen	CHF
DTP	
Text erfassen/h	40.– bis 50.–
DTP dreispaltiger Text mit einem Bild/Seite	120.– bis 150.–
DTP/h	120.– bis 180.–
Korrekturlesen deutsch	30.–/Seite A4
Übersetzen, eine Seite A4	150.– bis 250.–
Farbige Laserausdrucke	20.–/Seite A4
Digitalproof A4	80.– bis 100.–
Bildscans	
Farbiges Bild 3×30 cm	50.– bis 70.–
Farbiges Bild 10×10 cm	70.– bis 100.–
Farbiges Bild A6	60.– bis 90.–
Farbiges Bild A5	90.– bis 120.–
Farbiges Bild A4	120.– bis 180.–
Schwarzweisses Bild bis 10×10 cm	20.– bis 30.–
Schwarzweisses Bild A6	40.– bis 50.–
Schwarzweisses Bild A5	60.– bis 80.–
Schwarzweisses Bild A4	100.– bis 110.–
Retuschearbeit	
Freistellen/h	160.– bis 200.–
Kreative Bildveränderungen/h	190.– bis 250.–

Belichtung
1 Seite A4 nur Text	20.– bis 25.–
1 Seite A4 mit einem Bild	30.– bis 32.–

Pauschalen für ein Grobbudget
Pro Seite Magazindesign Satz, Layout, Bildscans und Integration mit Korrekturlesen, Vierfarbseparation und Digitalproof, pro Seite 200.– bis 350.–

Fotografenhonorar
Pro Bild ab Archiv	150.– bis 300.–
Studioaufnahme mit Models	700.– bis 900.–
Tagespauschale im Studio	1 500.– bis 2 500.–

Einkauf Texte
Honorar für eine Druckseite	200.– bis 300.–
Honorar Fotograf für ein Bild	200.– bis 300.–

Druck einer A4-Broschüre
(Papier 100 g/m², drahtgeheftet)
8 Seiten, vierfarbig	1 000 Expl.	2 200.–
	5 000 Expl.	3 400.–
	10 000 Expl.	4 600.–
12 Seiten, vierfarbig	1 000 Expl.	3 000.–
	5 000 Expl.	4 900.–
	10 000 Expl.	6 600.–
16 Seiten, vierfarbig	1 000 Expl.	3 600.–
	5 000 Expl.	5 700.–
	10 000 Expl.	7 800.–
24 Seiten, vierfarbig	1 000 Expl.	5 100.–
	5 000 Expl.	8 000.–
	10 000 Expl.	11 100.–
32 Seiten, vierfarbig	1 000 Expl.	6 600.–
	5 000 Expl.	10 500.–
	10 000 Expl.	14 700.–
40 Seiten, vierfarbig	1 000 Expl.	8 000.–
	5 000 Expl.	12 800.–
	10 000 Expl.	17 700.–
48 Seiten, vierfarbig	1 000 Expl.	9 400.–
	5 000 Expl.	15 000.–
	10 000 Expl.	20 900.–

Papier macht einen wesentlichen Bestandteil aus. Je dicker das Papier, desto teurer wirds. Folgende Aufschläge können für das Budget etwa gelten.

Statt 100-g-Papier	115 g/m²	5 %
	125 g/m²	7 %
	135 g/m²	10 %
	150 g/m²	15 %

Bildhonorare Bilddatenbanken (CHF)

		Tages- und Wochenzeitungen						Zeitschriften, Illustrierte, Magazine, Mitarbeiter-, Verbands- und Vereinsorgane						Kunden- und Mitgliederzeitschriften (nicht am Kiosk, erhältlich), Veranstaltungsprogrammhefte			Prospekte, Firmenbroschüren, Kataloge, Versandkataloge, Mailings, Newsletters					
		s/w			farbig			s/w			farbig			s/w oder farbig			s/w oder farbig					
		Seitengrösse			Seitengrösse			Seitengrösse			Seitengrösse			Seitengrösse			Bildformatgrösse					
		⅛	¼	½	⅛	¼	½	⅛	¼	½	⅛	¼	½	⅛	¼	½	A8	A7	A6	A5	A4	A3
Auflage	5 000 Expl.	75	95	125	135	155	185	80	105	145	155	180	210	190	210	245	330	340	390	440	505	610
	10 000 Expl.	85	105	135	145	175	205	90	125	165	175	195	225	210	235	265	350	360	415	475	545	660
	25 000 Expl.	95	125	155	165	195	225	105	145	185	195	215	255	230	255	295	390	400	455	525	600	710
	50 000 Expl.	105	145	185	185	215	250	125	165	205	215	235	280	255	285	325	430	445	505	575	660	780

Quelle: Tarifbroschüre des Verbandes Schweizer Bildagenturen, ohne Zuschläge und Nachlässe

Angaben für eine Druckofferte

Im Umgang mit Belichtungsservices oder Druckereien hat sich eine Fachsprache entwickelt, um Aufträge möglichst genau zu präzisieren. Ein genauer Beschrieb hilft dem gegenseitigen Verständnis und bei späteren Forderungen. Seien sie vom Drucker, weil er mehr Leistungen als im Angebot definiert verrechnet, seien sie vom Kunden, der die zu hohe Rechnung beanstandet. Im Folgenden sind die in der Offerte aufgeführten Begriffe erläutert.

Kunde	Der Name des Kunden soll auf den Beschrieb, weil oft das Angebot auf den Kunden ausgestellt, jedoch an den Auftraggeber gesandt wird.
Auftraggeber	Der Dritte im Bund, der Auftraggeber, ist der Vermittler im Sinn einer Agentur. Es ist klarzustellen, an wen das Angebot zu richten ist und an wen es geschickt werden soll.
Objekt / Produkt	Titel des Auftrages oder der Dienstleistung.
Umfang	Genauer Beschrieb der Anzahl Seiten, Zusatzprodukte wie Verpackungen, Kuverts, Antwortkarten. Trennung von Inhalt, Umschlag und Beilagen.
Format	Möglichst genau beschreiben. A 4 z. B. ist ungünstig, weil unklar, ob Hoch- oder Querformat gemeint ist. Ein genauer Beschrieb lautet z. B.: offen 420×297 mm, gefalzt 210×297 mm. Merke: Mit der erstgenannten Zahl eines Formates ist immer die Basis, die Horizontale gemeint. 210×297 meint ein A4 hoch, 297×210 hingegen eine A4 quer.
Druck	Beschrieb des Druckverfahrens: Offsetdruck, Digitaldruck, Siebdruck usw. Meistens werden hier auch die Farbbezeichnungen angehängt: vierfarbig, zweifarbig usw.
Farben	Genaue Bezeichnung wie vierfarbig Europaskala, zweifarbig schwarz/Pantone Rot 032.
Papier	Papiersorten, wenn mehrere, separat aufführen. Bezeichnung besteht aus Grammatur, Farbe, Zusammensetzung, Oberflächenbeschaffenheit, z. B. 170 g/m^2 holzfrei, weiss, glänzend gestrichen. Die Bezeichnung SK für Stoffklassen ist heute veraltet, aber immer noch im Gebrauch.
Sprachen/Sorten	Für die Berechnung wichtig, weil Fremdsprachen Mehraufwand bedeuten. Speziell bei Sprachtrennungen muss man schreiben, ob der Sprachwechsel alle vier Farben betrifft oder nur den Schwarzfilm. Das ist zum Beispiel der Fall, wenn alle Texte schwarzweiss gehalten werden. Ein farbiger Text bewirkt, dass man alle vier Druckplatten auswechseln muss statt nur die schwarze.
Belichtung	Für die Belichtung ist wichtig, in welcher Plattform gearbeitet und in welchem Dateiformat abgespeichert wurde und wie hoch der Bildanteil pro Seite ist. Bilder schlagen sich in der Belichtungszeit nieder. Wichtig ist vielleicht noch, welche Rasterweite gewünscht wird.
DTP	Beim Satz ist es wichtig zu definieren, wo die Schnittstellen sind. Wenn der ganze Satz per Desktop Publishing auf Cartridge gespeichert angeliefert wird, ist die Rechnungsaufgabe einfach. Wenn jedoch die Bilder fremdgescannt und die Layouts mit Grobscans aufgebaut wurden, die Feindaten dann durch die Druckerei per OPI eingesetzt werden sollen, ist die Sache schon schwieriger. Als Beilage ist ein gedachter Arbeitsablauf nützlich.
Bilder	Siehe bei DTP. Einem geplanten Periodikum sieht man es nicht an, wie gross der Scanaufwand einmal werden wird. Man muss auf Grund der Nullnummer Annahmen treffen: Anzahl der Scans, Grösse in cm^2, Farbigkeit, Retuschen, Freisteller, Duplex und spezielle Effekte sollen soweit als möglich beschrieben werden. Das Proofing kommt als Weiteres dazu. Wieviele Digitalproofs oder Andrucke sollen geliefert werden?
Anzeigen	Das Herstellen der Anzeigen wird oft nach Aufwand verrechnet. Gefragt ist der Stundenansatz des Druckers für das DTP der Anzeigen.
Termine	Hier ist die Fertigungszeit für die Terminplanung wichtig, die der Drucker ab angelieferten Daten bis zur Auslieferung benötigt.
Bemusterung	Papiermuster, Ausführungsmuster in Varianten beilegen lassen, um Entscheidungsfreiheiten zu gewinnen.
Weiterverarbeitung	Manchmal wird die Weiterverarbeitung durch die Druckerei selber erledigt (schneiden, falzen). Komplizierte Arbeitsgänge werden auswärts an Buchbindereien vergeben. Ausdrücke, die in einer Anfrage vorkommen, sind: schneiden auf…, kleinfalzen auf…, bandieren, verpacken usw.
Versand	Erfolgt die Lieferung an einen Ort oder wird sie an mehrere Orte verteilt? Erfolgt ein Versand direkt durch die Druckerei an Abonnenten?

Agentur für extraordinäre Grafik, Im Moos 5, 8041 Zürich, Telefon 041/222 79 01, Fax 041/222 79 11

Druckerei Pressant
Herr R. Böhler
Räffelstrasse 11
8021 Zürich

Zürich, Datum

Offertanfrage

Sehr geehrter Herr Böhler

Im Auftrag unseres Kunden bitten wir Sie um folgendes Angebot:

Kunde	Natour GmbH, Strasse, Ort
Objekt	Broschüre
Umfang	4 Seiten Umschlag, 48 Seiten Inhalt
Format	offen 420 x 297 mm, gefalzt 210 x 297 mm
Druck	Offset, vierfarbig und zweifarbig
Auflage	10 000 Expl.
Papier	115 g/m^2, weiss glänzend gestrichen, holzfrei
Sorten	einsprachig deutsch
Ausrüsten	im Bund 2x drahtgeheftet, Schrumpffolie
Versand	3000 Adressen auf Etiketten geliefert, Postaufgabe durch Sie
Satz	durch uns
Bilder	alle Scans durch uns erstellt
Proofs	1 Digitalpoof von allen Seiten
Belichtung	60er Raster, durch Sie
Korrektorat	angelieferte Abzüge durch Sie lesen und korrigieren
Revision	1 Revisionslichtpause an uns
Anzeigen	Filme geliefert
Termine	Terminplan mit Produktionszeit gewünscht
Muster	1 Blindmuster

Bitte stellen Sie Ihr Angebot auf den Namen des Kunden aus, senden Sie es jedoch an uns. Bei Rückfragen wenden Sie sich bitte an den Unterzeichner.

Mit freundlichen Grüssen
Agentur Extra

Spock

Gerhard Spock
Productioner

Beilagen

Font: Lucida Typewriter

Ausschiessen

Wer Sparmöglichkeiten im Druck realisieren möchte, muss sich mit der Drucktechnologie auseinandersetzen. Hier wird speziell auf das Ausschiessen eingegangen, weil da enorme Sparpotenziale brachliegen, die für einen Nichtfachmann inexistent sind. Mit Ausschiessen bezeichnet der Fachmann das Aufteilen der Einzelseiten zu ganzen Druckformen, mit denen er ganze Papierbogen bedruckt. Es gibt unterschiedliche Formzusammenstellungen und es ist ratsam, sich diesbezüglich mit der Druckerei abzusprechen. Ich möchte hier nur das Prinzip einer einfachen Druckform darlegen.

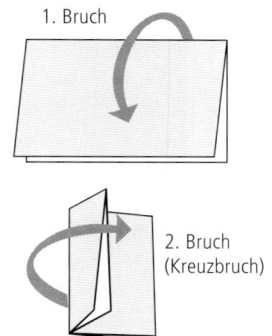

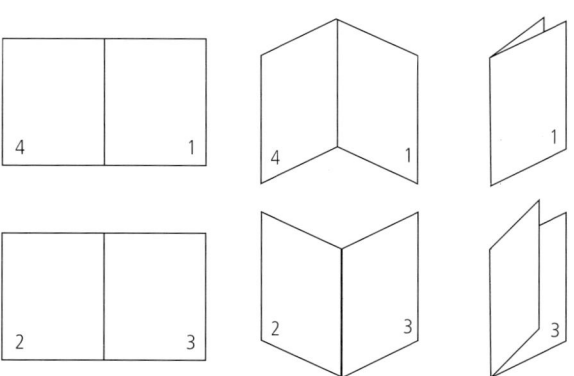

Nach dem Druck werden die Papierbogen gefalzt. Der Falz heisst in der Fachsprache Bruch. Es gibt verschiedene Falzarten, z. B. den Zickzackfalz, der wie eine Ziehharmonika ausschaut, in der Fachsprache Leporello genannt. Die für Mediendesign in Frage kommenden Falzarten sind der Kreuzbruch und eventuell der Wickelfalz.
Der Papierbogen wird auf der längeren Seite einmal gefalzt, anschliessend übers Kreuz ein zweites Mal. Der Bogen wird jetzt so gehalten, dass rechts unten die Seiten offen sind. Wenn man jetzt den Bogen durchnummeriert, ohne ihn aufzuschneiden, dann wieder öffnet, erhält man das Ausschiessschema.

Ausschiessen bedeutet, dass die einzelnen Seiten nach dem Falzen der Druckbogen in der richtigen Reihenfolge liegen. Bei vier Seiten ist dies einfach nachzuvollziehen: in der äusseren Form liegen die Seiten 4 und 1, in der inneren 2 und 3.

Papiere können nur bis zu einer bestimmten Dicke direkt gefalzt werden. Ab einer Dicke von etwa 150 g/m² bricht der Falz auf, wenn vorher nicht gerillt wurde. Gerillt werden vor allem Umschläge.

Zwei einzelne Druckformen heisst «in zwei Formen Schön- und Widerdruck». Schöndruck hat dabei nichts mit gut oder schlecht zu tun, damit meint man einfach die zuerst bedruckte Bogenseite. Solche Formen (A4-Zeitschrift) richtet man für Druckmaschinen im Format 50×70 cm ein.

Wenn die innere und die äussere Form gleichzeitig gedruckt werden, heisst dies *in einer Form zum Umschlagen*. Nach der Auflage wird der Bogen umschlagen und auf der Rückseite genau gleich bedruckt. Man erhält so zwei Nutzen, die man anschliessend in der Mitte trennt. Auf diese Art lässt sich in einem grösseren Bogenformat, aber in der halben Auflage drucken. Dies wiederum schlägt sich in einem günstigeren Preis nieder.

In zwei Formen Schön- und Widerdruck

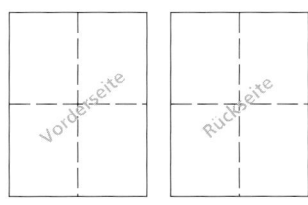

In einer Form zum Umschlagen

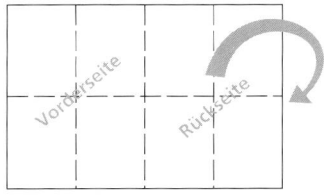

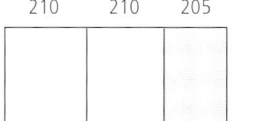
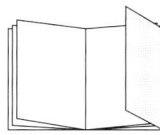

Wegen des Kreuzbruchfalzens plant man mit Vorteil Seiten in einem Vielfachen der Zahl 4, noch besser der Zahl 8. Ideal sind 8, 16, 24, 32 Seiten usw.; 20 Seiten oder 28 Seiten geht auch. Zwei Seiten zwischen diesen Sprüngen sind nur teuer zu realisieren. Als kürzere Ausklappseite kommen sie etwa vor (s. oben). Sonst muss man zwei Seiten irgendwo auf einen Bogen kleben.

Nach dem Falzen werden die Druckbogen in ihrer richtigen Reihenfolge zusammengetragen. Viele Zeitschriften und Newsletter werden v-förmig ineinander gesteckt und im Bund zweimal mit Draht geheftet.

Eine andere Art der Bindung ist die Klebebindung. Im Gegensatz zur Drahtheftung werden die Bogen aneinander gereiht, im Rücken aufgefräst, mit Leim versehen, in einen Umschlag eingehängt und dreiseitig beschnitten.

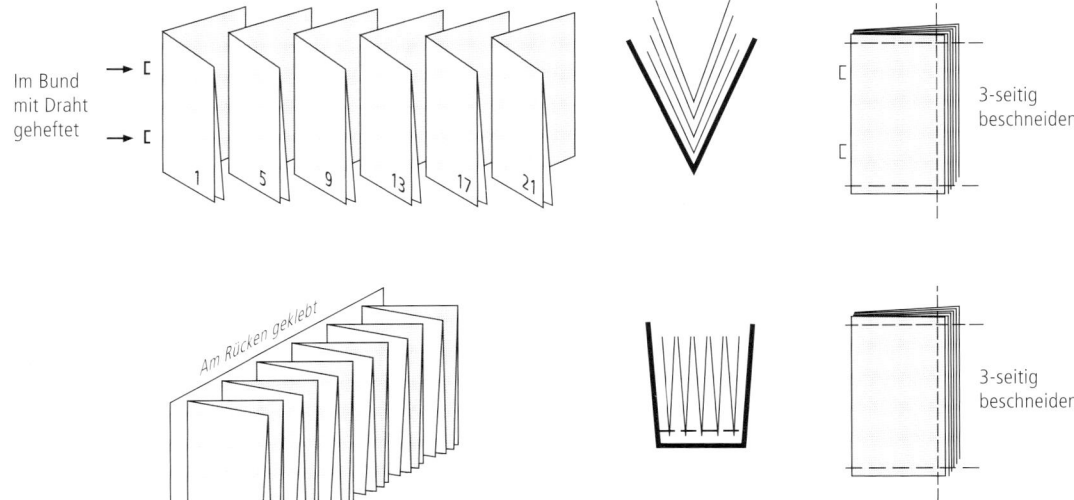

Bis etwa 72 Seiten ist die Drahtheftung die günstigste Methode (bei etwa 100-grämmigem Papier). Die Drahtheftung wird in einem Arbeitsgang im Sammelhefter erledigt. Erst werden die gefalzten Bogen auf einem Sattel zusammengetragen, dann geheftet und zum Schluss dreiseitig beschnitten. Ab etwa 72 Seiten ist die Klebebindung günstiger.

Aufbau einer Seitenplanung

Wir wissen nun, dass die Seiten «wirr» und scheinbar unlogisch auf den Druckbogen platziert werden, um wie durch ein Wunder nach dem Falzen in der richtigen Reihenfolge zu liegen. Doch wie plant man die Seiten auf dem Druckbogen, wenn man wenig Ahnung hat?

Es ist nicht so kompliziert, wie es den Anschein macht. Die Abbildung links zeigt 48 Seiten senkrecht aufgelistet. Die Bogenmitte liegt zwischen 24 und 25. Wenn wir Bogen zu acht Seiten drucken – vier Seiten auf der Vorderseite, vier auf der Rückseite, können wir festlegen, dass zum ersten Druckbogen die Seiten 1–4 und die Seiten 45–48 gehören. Zu einem weiteren Druckbogen zählen wir infolgedessen – immer weiter gegen die Mitte – die Seiten 9–12 und 37–40 (dick eingefasst). Die Seiten 21–28 liegen alle auf dem mittleren Bogen.

Dies soweit zur Veranschaulichung. Damit können wir noch nichts anfangen. Als nächstes ziehen wir einen Strich von oben nach unten (siehe Abbildung rechts). Er symbolisiert die Vorder- und die Rückseiten aller Bogen. Die linke Kolonne ist mit SD (Schöndruck) und die rechte mit WD (Widerdruck) bezeichnet. Wir beginnen rechts mit der Seite 1 zu nummerieren. Immer die beiden folgenden Seiten liegen über dem Strich, 2 und 3 links, 4 und 5 rechts usw.

Diese Art der Auflistung zeigt nun an, welche Seiten auf dem Bogen vorderseitig und welche rückseitig liegen. Immer noch wie beim linken Beispiel gehören die ersten vier und die letzen vier Seiten dem Bogen 1 an. Wir sehen aus unserer Auflistung Seite 2 und 3 auf derselben Bogenseite wie Seite 46 und 47. Oder mit andern Worten: Wenn Seite 37 vierfarbig gedruckt wird, heisst dies, dass die Seiten 40, 9 und 12, die auf der gleichen Bogenseite liegen (dick eingefasst), ebenfalls vierfarbig gedruckt werden können, ohne dass deswegen grosse Mehrkosten entstünden!

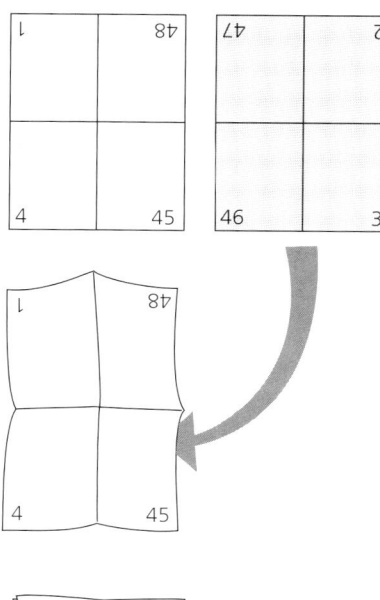

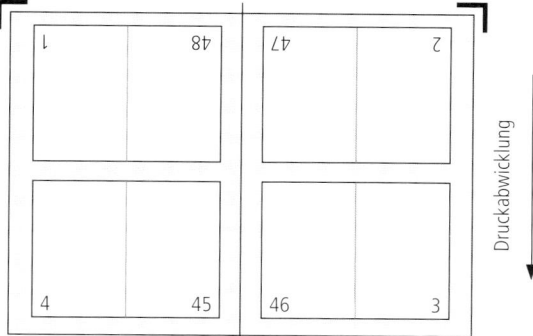

Der erste Druckbogen in einer Form zum Umschlagen. Die längere Bogenseite liegt quer zur Druckrichtung, weil so die Bogenführung in der Maschine besser ist.

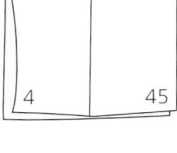

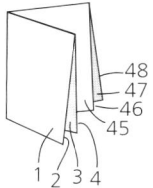

Nochmals verdeutlicht, wie das mit dem Falzen der Bogen gemeint ist: Oben die zwei Druckformen Seite 1, 4, 45 und 48. Seite 2, 3, 46 und 47 liegen in der anderen Form. Nach einem Kreuzbruch liegen die Seiten richtig hintereinander. Dazwischen kommen natürlich die weiteren Bogen, die nach dem gleichen Muster gedruckt und gefalzt werden.

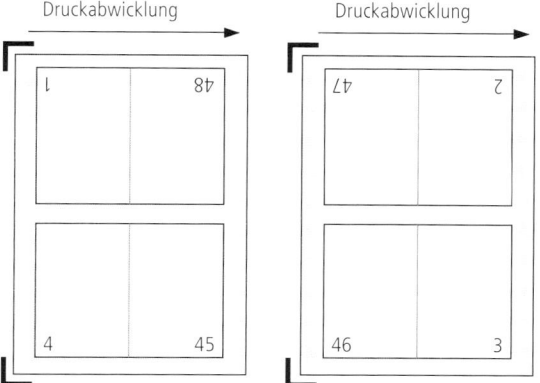

Die gleichen acht Seiten, diesmal jedoch in zwei Formen Schön- und Widerdruck. Die längeren Bogenseiten liegen quer zur Druckrichtung. Wir sehen auch, dass je nach Ausschiessen die Druckabwicklung anders ist. Somit wird auch die Farbsteuerung anders sein: im oberen Beispiel längs zu den einzelnen Seiten, im unteren quer.

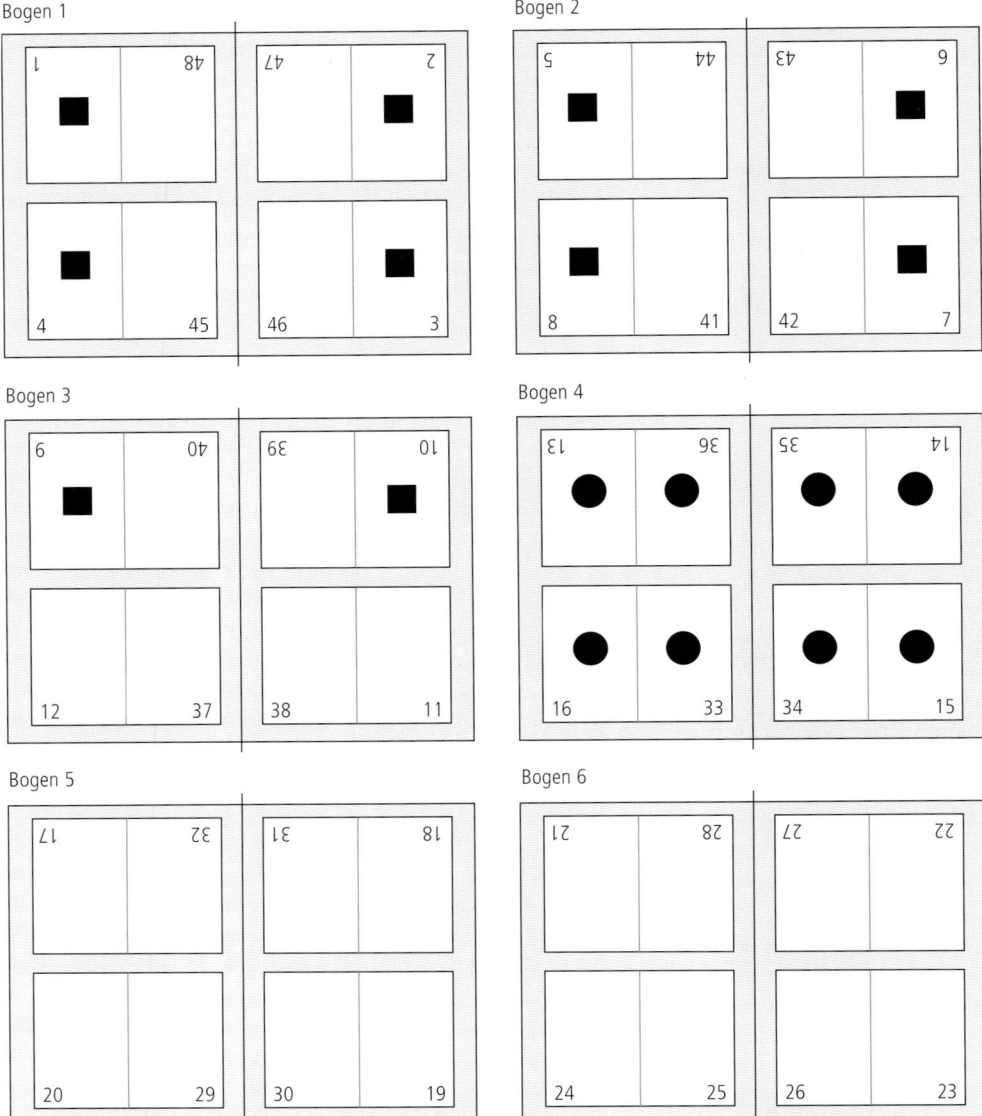

Hier alle Druckformen auf einen Blick. In der Planung und später Auftragsabwicklung ist nun interessant, dass bogenweise gedruckt wird. Der Drucker kann seine Arbeit nicht beginnen, wenn er die ersten zehn Seiten im Hause hat. Sie sind mit einem schwarzen Quadrat markiert. Kein einziger Druckbogen ist komplett! Aus Platzgründen wurde hier auf die Darstellung der Umschlagseiten verzichtet.

■ Redaktionelle, chronologische Reihenfolge.

● Seiten, die farbig gedruckt werden können, wenn nur eine davon farbig wird.

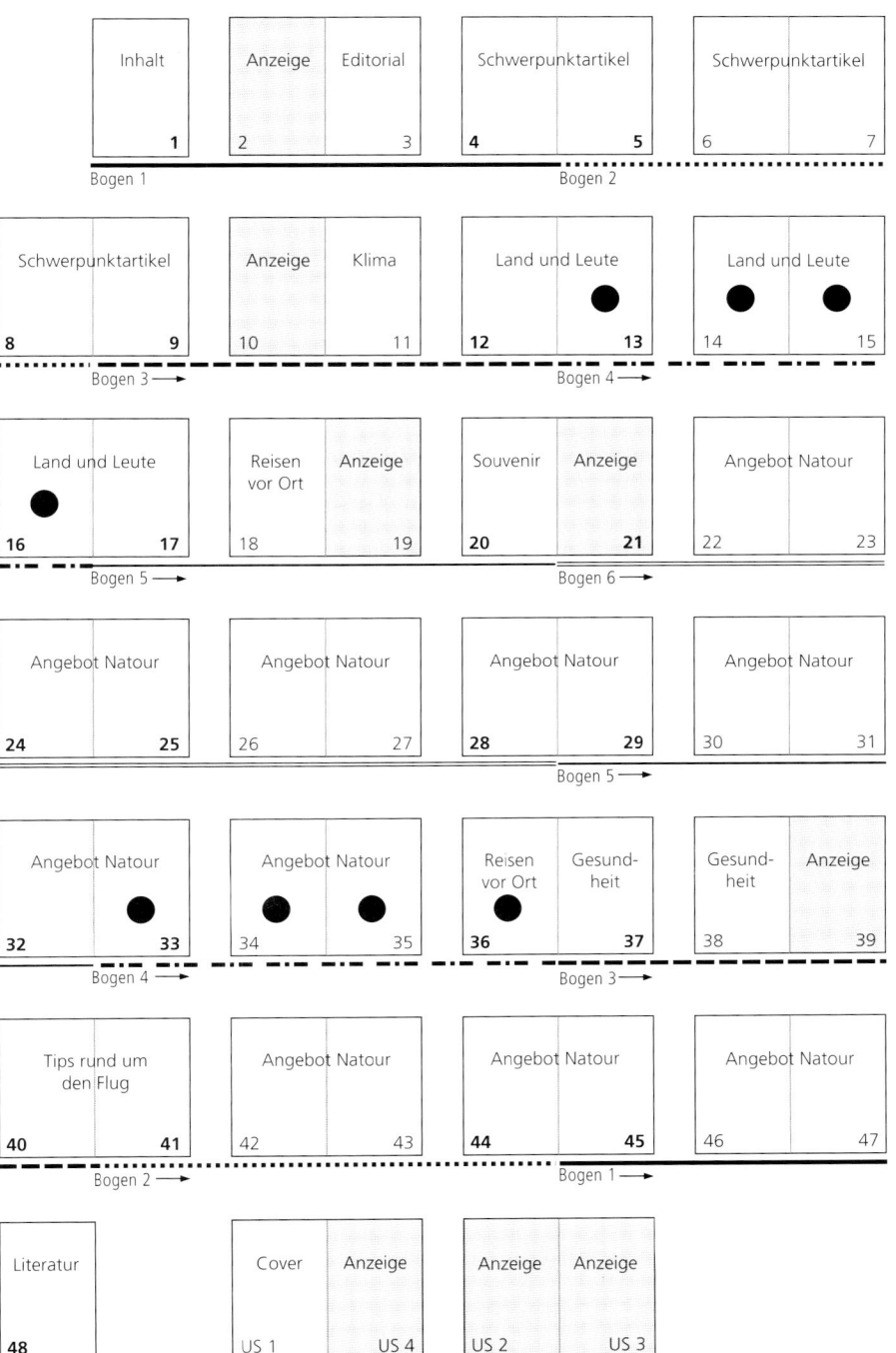

● Farbseiten, die auf einem Druckbogen liegen.

Nun beginnt das ganze Spiel praktischen Nutzen zu gewinnen. Redaktionell behält man ja mit einer ausgeschossenen Form kaum den Überblick. Ein Leser sieht die Seitenfolge aus seiner natürlichen Sehweise als Doppelseiten vor sich. Es geht nun darum, die bogenweise Betrachtung der Drucktechnik auf die redaktionelle Seitenabfolge abzustimmen, ohne dass wir den Überblick über die Technik verlieren. Wir markieren zu diesem Zweck unterhalb der Seiten den Druckbogen, auf dem sie sich befinden. Vier vorne, vier hinten usw., der Rhythmus ist leicht zu erkennen. Auch Schön- und Widerdruckseiten kann man besonders markieren: alle Seitenzahlen des Widerdrucks z. B. fett.
Es ist unschwer festzustellen, welche Seiten «Farbseiten» sind, welche man ohne grosse Mehrkosten farbig laufen lassen kann und welche schwarz zu halten sind. Der praktische Nutzen liegt darin, dass bei der Platzierung von farbigen Inseraten auf demselben Bogen das Inserat zwar farbig verrechnet werden kann, die Kosten jedoch nur einmal anfallen.

Designkonzept

Auf Seite 54 ist der einheitliche Auftritt beschrieben, auf Seite 259 finden Sie die dazu nötigen Gliederungselemente.

Im Designkonzept sollen alle wesentlichen Elemente definiert werden, die das «Gesicht» des Produktes ausmachen.

Das Ziel eines Designkonzeptes ist zum einen die Präsentation vor den Entscheidungsträgern. Zweitens soll es dem Drucker als Vorlage für eine möglichst genaue Kostenberechnung dienen. Das Designkonzept beinhaltet alle unterschiedlichen Seiten mit Blindtext, der keine Bedeutung hat. Die Titel sind nur angetextet, um dem Ganzen einen realen Bezug zu geben. Man arbeitet mit Bildern, die zwar mit dem Thema zu tun haben, jedoch keinen Inhaltsbezug aufweisen. Das Papier liegt in verschiedenen Mustern vor, die zu Ausführungsmustern gearbeitet wurden.

Zum Designkonzept – zu Beginn gibt es davon manchmal verschiedene Varianten – gehören folgende Definitionen:

- Satzspiegel mit Spaltenzahl
- Schriftwahl für Titel und Text
- Farbeinsatz
- Rubrikgestaltung
- Papierwahl
- Formales Bildkonzept

Das Designkonzept besteht aus ein paar Doppelseiten aller möglichen Rubriken, damit man eine genauere Vorstellung erhält. Es wird heute farbig ausgedruckt und entweder zu ganzen «Broschüren» zusammengeklebt oder dann doppelseitenweise auf Graukarton aufgezogen.

Die Präsentation

Nun zum Höhepunkt der Planungsarbeit. Die Präsentation wird oft unterschätzt und laienhaft vorgenommen. «Da, schauen Sies mal an», Punkt. Eine Präsentation ist für die Geburt eines Periodikums von entscheidender Bedeutung und soll klug vonstatten gehen. Gut präsentiert ist halb gewonnen! Bei einer schlechten Präsentation kann eine gute Arbeit mit einem Wisch aus den Traktanden fallen, und man steht vor einem Scherbenhaufen.

Erst gilt es jedoch, ein paar grundsätzliche Dinge zur Präsentation zu sagen. Setzen Sie sich mit den Personen und der Umgebung auseinander, wo präsentiert wird. Vor einigen Leuten ist es denkbar ungünstig, eine einzelne A4-Broschüre zu zeigen. Setzen Sie also Hilfsmittel ein – Hellraumprojektor, Dias, Video-Beamer u. a. Halten Sie sich vor Augen, was nur gezeigt und was abgegeben werden soll.

Stellen Sie ein Argumentarium zusammen, worin genau ersichtlich ist, weshalb Sie zu dem und dem Schritt raten. Machen Sie mit Ihren Argumenten ihre Entschlüsse nachvollziehbar und logisch erklärbar. Ob Sie die Gründe im Nachhinein suchten oder von vornherein sahen, spielt für Ihre Zuhörer keine Rolle.

Eine Präsentation sollte alle wesentlichen Designelemente umfassen, die später verwendet werden. Sie kann aus wenigen Doppelseiten oder aus ganzen Ausgaben, sogenannten Nullnummern bestehen. Zur Präsentation gehören ebenfalls ein schriftliches Argumentarium, worin die Designelemente, Schriften, Satzspiegel usw. erklärt werden.

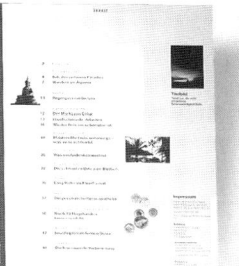

Aufbau einer Präsentation

Ohne hier in Rhetorik abzuschweifen: Bleiben Sie sich selber, halten Sie zu Ihren Zuhörern stets Blickkontakt. Schauen Sie nicht vor sich auf den Tisch, dies zeugt von Unsicherheit. Achten Sie auf eine aufrechte und offene Körperhaltung. Lernen Sie den ersten und den letzten Satz auswendig. Sprechen Sie einfach, ohne Fachterminologie. Ihre Zuhörer werdens Ihnen danken. Verzichten Sie auf lange Sätze, schwammige Aussagen und geschwollene Reden. Treffen Sie keine Annahmen, wenn diese vielleicht nicht stimmen. Hören Sie zu. Bereiten Sie sich schriftlich vor, gliedern Sie ihre Präsentation in einzelne Gedanken, z. B.:

Einleitung
- Kurze Formulierung des Auftrages
- Allgemeine Situation
- Lösungsansatz

Konzept/Inhalt
- Zielrichtung
- Wirkung rational/emotional
- Response

Gestaltung
- Typografie
- Schriftwahl
- Gliederung
- Farbe
- Papier

Administratives
- Arbeitsablauf
- Budget
- Termine

Killerphrasen

Auf Einwände zu reagieren ist nicht jedem gegeben, vor allem wenn man sich in der eigenen Berufsehre verletzt fühlt. Trotzdem sollten Sie Ruhe bewahren, wenns nicht so läuft, wie Sie sich dies wünschen. Folgende Killerphrasen sollten Sie aus Ihrer Überzeugungskiste verbannen:

«Da haben Sie mich falsch verstanden.»
Besser: «Ich habe mich etwas undeutlich ausgedrückt, ...»

«Da sind Sie falsch informiert.»
«Ihre Argumentation hinkt.»
«Da muss ich Sie eines Besseren belehren.»
Besser: «Die neusten Erkenntnisse sagen aus, ...»

«Das geht nicht.»
Besser: «Ich sehe jetzt noch keine Lösung, aber wir werden eine finden.»

«Lassen Sie mich bitte ausreden.»
Besser: «Da haben Sie völlig recht, ...»

«Suchen Sie doch die Schuld nicht immer bei uns.»
Besser: «Der Fehler ist eine Anhäufung unglücklicher Verquickungen.»

«Das verstehen Sie nicht, das ist einfach so.»
«Das können Sie doch nicht sagen.»
«Das kann nicht Ihr Ernst sein.»
Besser: «80% sind gestalterische Gesetzmässigkeiten, nur 20% sind Geschmacksfrage.»

«Das sieht man halt jetzt nicht so gut.»
Besser: «In einer späteren Phase werden wir Andrucke/Proofs herstellen, wo wir Farbverbindlichkeit erreichen.»

«Das sollten Sie nicht so eng sehen.»
Besser: «Aus der Sicht des Lesers sieht die Sache so aus, ...»

«Wir hatten dafür keine Zeit.»
Besser: «Zu diesem Zeitpunkt der Konzeptphase scheint uns dies angebracht, in einer nächsten Phase werden wir...»

«Wir haben halt diese Technik nicht.»
Besser: «Wir backen kleinere Brötchen, dies ist in der Regel mit enormen Kostenvorteilen verbunden.»

Ich weiss nicht, wer Sie sind

Ich weiss nicht, woher Sie kommen

Ich kenne die Kunden Ihres Unternehmens nicht

Ich weiss nicht, welchen Ruf Ihr Unternehmen hat

Ich kenne Ihr Unternehmen nicht

Ich kenne Ihre Produkte nicht

Ich weiss nichts über Ihre Leistungsfähigkeit

Nun, was war das, was Sie mir verkaufen wollten?

Verkaufen?

Versand (Schweiz)

Welcher Designer kümmert sich schon um den Versand? Da sollen die Marketingverantwortlichen sehen, dass sie zurechtkommen! Nichts da. Der Versand ist in der heutigen Zeit wichtiger denn je, denn die neuen, elektronischen Medien haben keine logistischen Probleme. Die Internetseiten müssen nicht jeden Monat neu verteilt werden. Der Konsument geht sich die Information holen. Dieser Printmediennachteil will gut durchdacht und minimiert sein.

Die Verteilung wird heute meistens durch die Post organisiert, die mit einer monopolisierten Tarifpolitik macht, was sie will. Wenn eine Zeitschrift am Kiosk für acht Franken zu haben ist und die Verteilgebühr bis zum Abonnenten über einen Franken beträgt, schlägt sie immerhin mit über 12,5% des Verkaufspreises zu Buche, die jedes Abonnement gegenüber dem Kioskverkauf verteuert. In einer Gesamtauflage von 10 000 Exemplaren macht dies immerhin den Betrag von 10 000 Franken aus! Keine Kleinigkeit.

Ermässigte AZ-Tarife

Abonnierten Zeitungen (AZ) gewährt die Post günstigere Zustelltarife. Dazu müssen verschiedene Bedingungen erfüllt werden: Als «abonnierte Zeitungen» gelten Publikationen, die

- offen versandt werden
- vierteljährlich mindestens einmal erscheinen
- mit den Beilagen nicht mehr als 1000 g wiegen
- in einer Mindestauflage von 1000 Exemplaren aufgegeben werden
- nicht überwiegend Geschäfts- und Reklamezwecken dienen
- in jeder Ausgabe redaktionelle Beiträge von wenigstens 15% aufweisen (für einen Textanteil von weniger als 30% wird eine Zuschlagstaxe erhoben).

Die Post behält sich vor, Publikationen danach zu prüfen, ob diese Bedingungen erfüllt werden. Der Begriff «Geschäfts- und Reklamezwecke» ist stossend, weil Reklame schon beim PR-Text beginnt und damit Tür und Tor offen stehen, einer Zeitschrift die ermässigte Taxe auszuschlagen. Eine normale Hauszeitschrift fällt deshalb nicht unter AZ. Auch der vierteljährlich erscheinende Newsletter nicht, mit dem Geschäfte angebahnt werden sollen.

Wer den ermässigten AZ-Tarif beanspruchen kann, muss dies auf dem Produkt mit einem Vermerk kenntlich machen.

Drucksachentarife

Für alle Publikationen, die obenstehende Bedingungen nicht erfüllen, gelten die normalen Drucksachentarife. Hier wird vor allem nach Grösse, Dicke, Gewicht und

	Bis Format B5 250×176 mm in Briefform bis 20 mm Dicke	Bis Format B4 353×250 mm in Briefform bis 20 mm Dicke	Über Format B4 353×250 mm oder über 20 mm Dicke
Drucksachen			
bis 50 g	35 Rp.	60 Rp.	80 Rp.
über 50 bis 250 g	45 Rp.	70 Rp.	90 Rp.
über 250 bis 500 g	75 Rp.	100 Rp.	120 Rp.
Nicht eilige Massendrucksachen			
bis 50 g	25 Rp.	45 Rp.	65 Rp.
50 bis 100 g	30 Rp.	50 Rp.	70 Rp.
100 bis 150 g	35 Rp.	55 Rp.	75 Rp.
150 bis 250 g	40 Rp.	60 Rp.	80 Rp.
250 bis 300 g	50 Rp.	70 Rp.	90 Rp.
300 bis 400 g	60 Rp.	80 Rp.	100 Rp.
400 bis 500 g	70 Rp.	90 Rp.	110 Rp.

Stand 1.1.98, ohne Gewähr

Zustellgeschwindigkeit unterschieden. Im Bereich A4 wiegt eine Zeitschrift mit 4 Seiten Umschlag und 48 Seiten Inhalt etwa 200 g. Je nach Versandhülle C4 kommen noch 52 bis 75 g dazu. Mit einer solchen Zeitschrift gelangt man über die Portogrenze von 250 g – von der Taxe 70 Rappen in die nächsthöhere von 90 Rappen. (Beilagen aller Art und die Versandhülle müssen in die Gewichtsüberlegungen mit einbezogen werden.)

Für die Zustellgeschwindigkeit unterscheidet die Post «Drucksachen» und «nicht eilige Massendrucksachen». Nicht eilige Massendrucksachen werden im Normalfall in drei bis fünf Arbeitstagen spediert, höchstens in acht Arbeitstagen. Bei Drucksachen gehts etwas schneller: Hier braucht die Post zwei Tage. Gefalzte Drucksachen sind nach der Post grundsätzlich zu verschliessen. Ohne Umschlag sind zulässig:

- Drucksachen in Heft-, Zeitungs- und Zeitschriftenform bis zum Format 250×180 mm mit dem notwendigen Frankaturvermerk «Drucksache, V (1) Art. 51». Der Falz muss entweder oben oder rechts sein.
- Mehrfach gefalzte Drucksachen bis zum Format B5 (250×176 mm), Falz oben oder rechts mit Frankiervermerk. Genügend starkes Papier hilft, eine maschinelle Verarbeitung zu gewährleisten.
- Einfach gefalzte Drucksachen bedürfen des Papiergewichts 90 g/m² bis zum Format A6, bis zum Format B5 wird 120 g/m² verlangt.

Postvorschriften

Die Post hält verschiedene Broschüren bereit, in denen man nachschauen kann, welche Bedingungen für welche Art Drucksache erfüllt sein müssen. Die Vorschriften gehen sehr weit: von der Kuvertverschlussart über die Stempelaufdrucke, das Format, die Falzart usw. Es ginge zu weit, hier alle Details auszubreiten.

Versandhüllen

Wie Sie bis jetzt festgestellt haben, verdient die Post sogar an den Kuverts mit. Kuverts gibt es in verschiedensten Stärken vom einfachen Briefkuvert C4 bis zur Kartonhülle aus Wellpappe. Sie bieten einen mehr oder weniger guten Schutz gegen mechanische Einwirkungen, sind aber teuer in der Herstellung und lassen nur beschränkt Werbung zu. Die Alternative dazu sind Schrumpffolien aus umweltfreundlichem Polyethylen (PE). Diese lassen den Inhalt durchscheinen und entfalten so die Botschaft. Der Schutz gegen mechanische Einwirkungen allerdings ist bescheiden, schnell kommen die Zeitschriften zerknittert daher. Einzig der Schutz gegen Nässe (z. B. im Briefkasten) ist besser als beim Kuvert. Adressiert wird auf einem speziellen Beilageblatt, welches die Postvorschriften mit Frankaturvermerken ebenfalls erfüllen muss. Schrumpffolien können maschinell verarbeitet werden, die manuelle Einsteckarbeit beim Kuvertieren entfällt.

Der Offenversand von Drucksachen ist nur gestattet, wenn die postalischen Vorschriften erfüllt werden.

```
AZ
8041 Zürich
```

```
AZA
3002 Bern 2
P.P./Journal
```

```
AZB
7200 Chur
```

Ein Frankaturvermerk «AZ» bedeutet, dass es sich um eine wöchentlich ein- bis sechsmal erscheinende Zeitung handelt. «AZA» heisst wöchentlich bis vierzehntäglich, «AZB» bedeutet monatlich bis vierteljährlich. Die Frankaturvermerke müssen/können zusätzliche Informationen beinhalten.

```
P.P.
7220 Davos
```

Der Frankaturvermerk P.P. bedeutet in der internationalen Post-Terminologie port payé (Porto bezahlt) und hat nichts mit Ermässigung zu tun. Der P.P.-Vermerk wird meist auf die Versandhüllen aufgedruckt.

Adressberichtigung bitte nach A1, Nr. 552 melden.

Zutreffendes durchkreuzen – Marquer ce qui convient Porre una crocetta secondo il caso				
Weggezogen: Nachsendefrist abgelaufen Adéménagé: délai de réexpédition expiré Traslocato: termine di rispedizione scaduto	Adresse ungenügend Adresse insuffisante Indirizzo insufficiente	Unbekannt Inconnu Sconosciuto	Annahme verweigert Refusé Respinto	Gestorben Décédé Decesso

Im Postreglement A1, Art. 552 heisst es: Auf Verlangen des Absenders werden unzutreffende Adressen von Briefpostsendungen berichtigt und weitergeleitet. Die richtige Adresse wird dem Absender auf besonderem Formular mitgeteilt. Für jede gemeldete Adresse ist eine Taxe von 30 Rappen zu entrichten. Der Absender muss auf allen Sendungen gut sichtbar in unmittelbarer Nähe der Adresse den Vermerk anbringen «Adressberichtigung nach A1, Nr. 552 melden».

Kosten sparen

Der kluge Einsatz der Mittel hilft die Kosten im Griff halten

Ideen und Visionen schön und gut – die Realisation und die Produktion eines Printproduktes erfordert ein hohes Mass an Wissen. Gerade bei einem periodisch erscheinenden Objekt sind Einsparungen heute unumgänglich – die Kosten möglichst niedrig zu halten das Gebot der Stunde. Nur wie macht man das? Wo fallen die meisten Kosten an und wo bringt Sparen etwas? Bedeutet weniger Geld ausgeben automatisch einen Leistungsabbau? Wo stecken die grossen Sparpotenziale?

Kostenfaktor Papier

Je grösser die Auflage, desto gewichtiger wird Papier. Und zwar im doppelten Wortsinn. Nicht nur kilomässig, sondern auch von den Kosten her. Einen Newsletter mit 2000 Auflage und 4 Seiten A4 statt auf 120- nur auf 100-g-Papier zu drucken bringt keine grosse Einsparung. Wenn die Auflage jedoch 100 000 beträgt, ist diese Überlegung ein Muss. Die Einsparung beim Papier beträgt bei einer Auflage von 10 000 Exemplaren zwischen 5 und 15 % der gesamten Druckkosten (inklusive Ausrüstung).

Kostenfaktor Porto

Je dicker, grösser und schwerer ein Produkt, desto teurer wird es. Am liebsten befördert die Post DIN-A-Formate, weil diese sich vollautomatisch spedieren lassen. Zeitungen und Magazinen gewährt die Post Ermässigungen. Die Tarifkomponenten setzen sich aus der Grundtaxe, Gewichtstaxe, Zuschlagstaxe und aus Vergütungen zusammen. So kostet beispielsweise in der Schweiz ein Monatsmagazin A4, welches 180 g schwer ist, je Exemplar:

Voraussetzungen für den ermässigten AZ-Tarif siehe Seite 114.

Grundtaxe	21,5 Rp.
Gewichtstaxe	17,6 Rp.
Zuschlagstaxe	4,0 Rp.
Vergütung, wenn Post zustellt	1,5 Rp.
Total, ohne MWST	41,6 Rp.

Für Kundenmagazine oder Hauszeitschriften gelten die Tarife der nicht eiligen Massendrucksachen. Beim gleichen Magazin A4, 180 g schwer, kostet das Porto 80 Rp. Auf ein übliches Papier gedruckt umfasst dieses Magazin etwa 52 Seiten.

Kostenfaktor Umfang

Das gleiche Bild erhalten wir beim Umfang. Die Frage stellt sich nun, wie man das Gewicht eines noch nicht gedruckten Magazins berechnet. Wir gehen von der Papierdicke aus, die sich auf die Grösse eines Quadratmeters bezieht. Wir sprechen von 100-grämmigem Papier und meinen 100 g/m². Wenn man ein A0 einmal falzt, erhält man bekanntlich ein A1, dieses ergibt gefalzt ein A2 usw. A4 ist der sechzehnte Teil eines A0. Nun muss man wissen, dass A0 = 1 m². Wenn wir ein Blatt A4 auf die Briefwaage legen und einen Wert von 8,4 g ablesen, können wir hochrechnen: 16 × 8,4 g = 135 g/m² Papiergewicht. Eine Broschüre aus 48 Seiten zählt 24 Blatt. Mit einem 115-grämmigen Papier wird die Broschüre 115 : 16 × 24 = 172,5 g wiegen.

Umgekehrt kann man aus einer gedruckten Broschüre aufs Papiergewicht schliessen. Eine solche mit 64 Seiten wiegt z. B. 235 g. 64 Seiten sind 32 Blatt. Ein Blatt wiegt infolgedessen 235 : 32 = 7,343 g. Mal 16 ergibt das Papiergewicht in m², also 16 × 7,343 g = 117,5 g. Wenn man jetzt noch einen gewissen Anteil an Heftklammern oder Druckfarbe abzieht, erhält man ein Papiergewicht von 115 g/m².

Kostenfaktor Format

Auch bei Überformaten langt die Post zu. Wer statt einer A4-Zeitschrift eine grössere Postille lanciert, wird durch eine höhere Taxe bestraft. Wahrlich gewichtige Gestaltungsfaktoren! Man muss sich also gut überlegen, ob die gestalterischen Freiheiten, die man durch ein Überformat gewinnt, die höheren Kosten rechtfertigen.

Sinnvoll sparen, heisst die Devise. Es gibt Sparmassnahmen, die man dem Produkt nicht ansieht, und solche, die optisch schmerzen.

Vorher: Ungeschickte Platzierung der Anzeigen

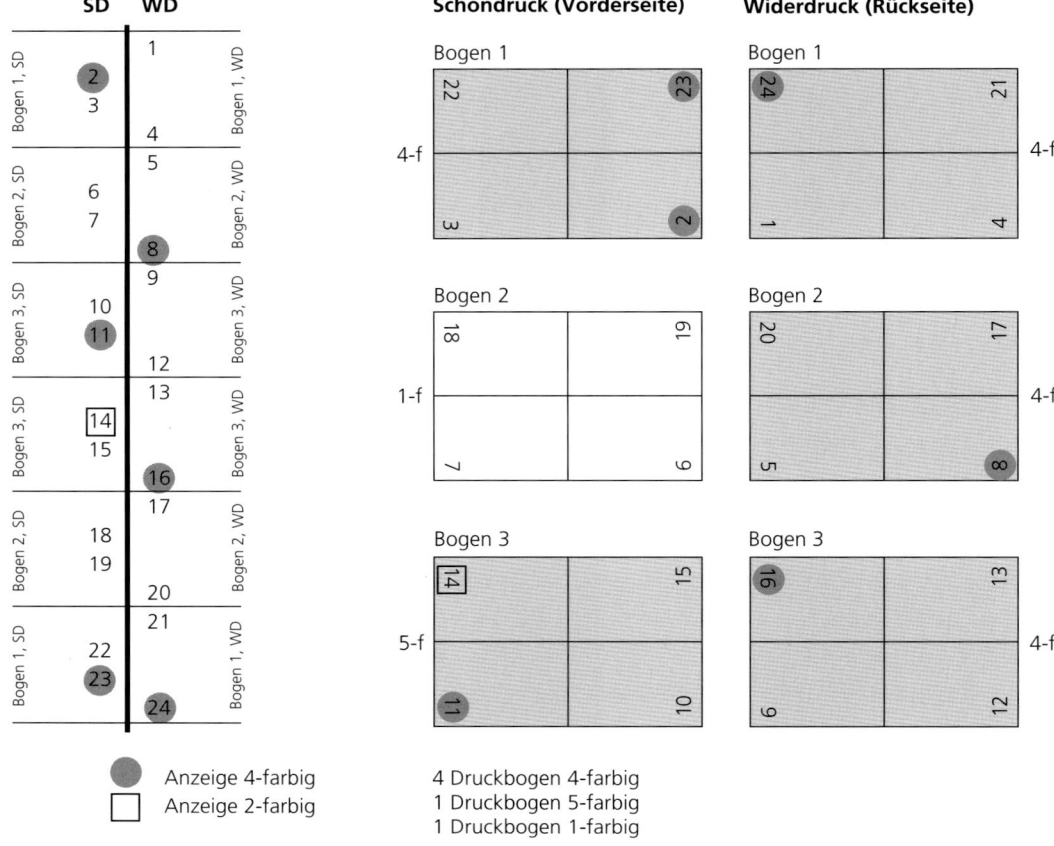

4 Druckbogen 4-farbig
1 Druckbogen 5-farbig
1 Druckbogen 1-farbig
Total 22 Druckgänge

Kostenfaktor Anzeigen

Die geschickte Platzierung der Anzeigen ist ein Knobelspiel. Hier liegen Tausende von Franken brach, die man als Nichtfachmann nicht nutzt. Das obige Beispiel zeigt eine Broschüre mit 24 Seiten. Sechs farbige Anzeigen und eine zweifarbige, Schwarz/Pantone Rot, sollen geschaltet werden. Die Abbildung links zeigt die ungeschickte Platzierung nach dem Zufallsprinzip. Die sechs Druckbogen müssen in 22 Druckgängen bedruckt werden.

Mit dem geschickten Tausch von gewissen Anzeigen auf günstige Bogenteile lässt sich das Ganze in nur 13 Druckgängen drucken. Weder der Anzeigenkunde noch der Leser wird davon etwas merken. Das geht natürlich nur, wenn keine Platzierungswünsche vorliegen. Platzierungswünsche werden jedoch verkauft und kosten zusätzlich. Insofern ist dies eine Einnahmequelle und verursacht keine Mehrkosten.

Beim Platzieren der Inserate positioniere ich immer zuerst die fixen Anzeigen mit einem Platzierungswunsch. Danach versuche ich die ungenutzen Bogenteile mit weiteren Inseraten zu füllen. Zuletzt lege ich die redaktionellen Artikel in die noch bestehenden Lücken.

Nachher: Kosten sparen dank geschickter Bogenausnutzung

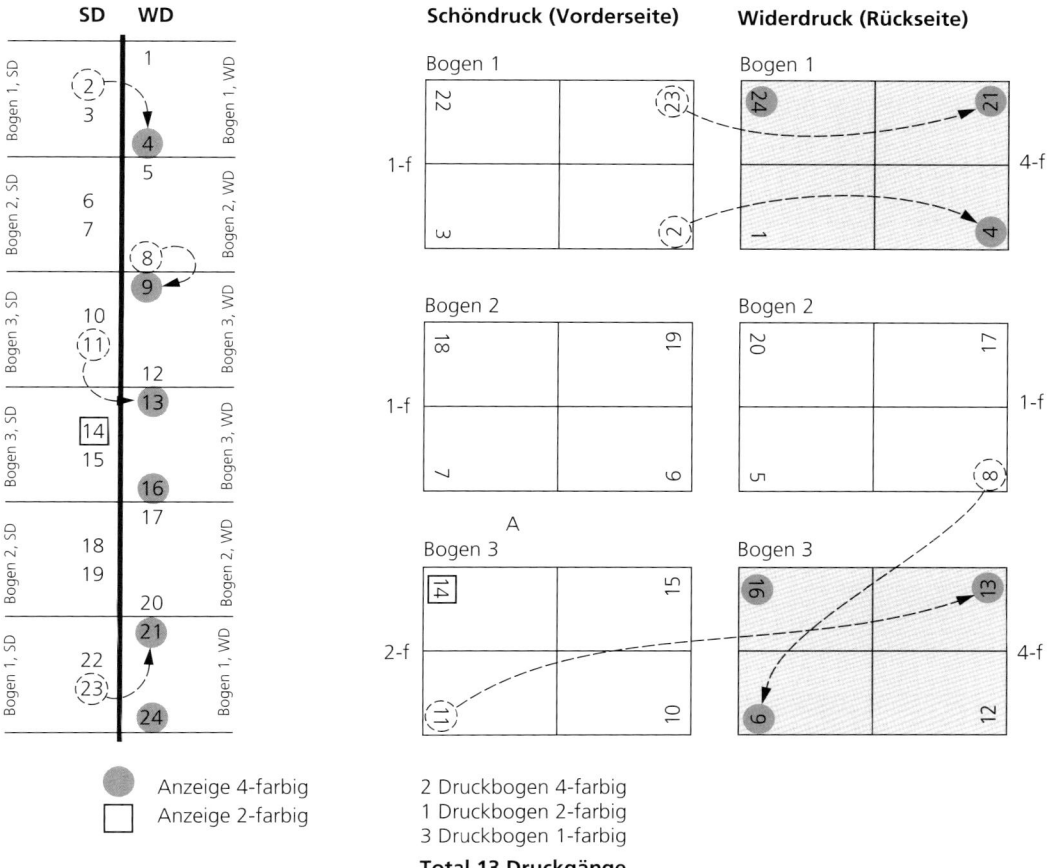

Anders geht vor, wer keine Inserate zu platzieren hat. Dann kann man sich gleichwohl fragen, wieweit die Bogeneinteilung für eine effiziente Farbführung durchs Heft ausgenutzt werden kann. Längst nicht alle Artikel müssen heute farbig gedruckt werden, auch längst nicht alle Bilder verlangen nach Farbe.

Kostenfaktor Redaktion

Auf redaktioneller Seite lassen sich ebenfalls Kosten sparen. Die wesentlichen redaktionellen Kosten fallen an, weil die Qualität und die Länge der Artikel nicht mit dem Soll übereinstimmt. Die Qualität kann man meistens nicht beeinflussen, die Länge hingegen mit einer präzisen Sollvorgabe schon. Dann genügen die Vorgaben «eine Druckseite» nicht, Angaben wie Anzahl Anschläge, Titel, Untertitel, Bilder, Legenden präzisieren einen Artikel genauer.

Kostenfaktor Desktop Publishing

Nach meiner Erfahrung wird bei hausgemachten Zeitschriften und Broschüren noch viel zu viel gebastelt. Mittels Layoutprogramm hat man zwar den Text einigermassen im Griff, das Bildelement macht aber

Probleme. Dies ist einfach so, weil Autoren den Text selber beschaffen können, Bilder hingegen meistens nicht. Der Layouter bleibt auf sich allein gestellt, was die kostenverteuernden, visuellen Umsetzungen angeht. Wenn Fremdautoren angehalten werden, Bildmaterial selber zu beschaffen, ist die Chance grösser, dass der Artikel einmal ein anständiges Gesicht erhält.

Kostenfaktor Bild

Wenn Bilder auswärts über Bilddatenbanken eingekauft werden, hat man dies in den Kosten einzuberechnen. Die Copyrightgebühren richten sich nach Platzierung, Sujet, Auflage und ob Models verwendet wurden. Für ein Kundenmagazin mit einer Auflage von 10 000 liegen die Copyrightgebühren für vier Bilder schnell mal zwischen 2500 bis 3500 Franken. Eine billigere Lösung versprechen CD-ROMs mit copyrightfreien Bildern. Diese sind ab 100 bis 700 Franken im Handel erhältlich und enthalten meistens etwa 100 Bilder zu einem bestimmten Themenkreis. Die Bildqualität ist ebenso unterschiedlich wie der Preis. Auf die Dauer lassen sich damit jedoch gehörig Kosten sparen, zumal auch die Scankosten entfallen.

Verschiedene Anbieter von copyrightfreien Bildern ab CD-ROM lassen Kostenersparnisse bei aufgewerteten Layoutmöglichkeiten erwarten. Zu sehen Corel-Bibliothek mit 200 CD-ROMs und 20 000 Bildern zu allen möglichen Themen.

Zeitungen

1 2 3 4 5 6 7

Wer sind die Leser?

Design und Leserschaft

Eine Zeitung zu produzieren, ist eine besondere Aufgabe. In der zunehmend medialen Gesellschaft bekommt die Informationsverbreitung für die Befindlichkeit in der Bevölkerung eine nicht zu unterschätzende Bedeutung. Ob die Zeitung über Tagesaktualitäten im In- und Ausland, über Sportereignisse, über die Wirtschaft oder als Hauszeitung über ein einzelnes Unternehmen berichtet, ist aus der Sicht des Gestalters egal. Die attraktive und zielpublikumsgerechte Aufbereitung solcher Informationen ist heute eine Pflicht, der sich alle Macher unterziehen müssen.

Ob Design für Zeitungen oder für Magazine, viele typografische Details können für beide Medienarten gelten. Ich habe mich darauf beschränkt, die jeweils arttypischen Aspekte hervorzuheben und «Selbstverständliches» nicht zu beschreiben. Zudem werden sich weit mehr Leser und Nichtfachleute mit dem kleinformatigeren Magazindesign beschäftigen. Die Zeitungsherstellung liegt eher in den Händen von Profis, die ihr Handwerk verstehen sollten.

Die Leserschaft
Bezüglich Titel sind eher rückläufige Tendenzen zu spüren, kleinere Zeitungen fusionieren oder gehen ganz ein. Schuld daran ist eine Übersättigung der Leser mit Informationen, Schuld aber auch der Werbekuchen, der sich nicht weiter teilen lässt. Eine Folge davon ist ein Kampf um die Leser, der auf vielen Etagen gefochten wird. Die Zeitungen sind heute auf der Suche nach ihrer Leserschaft, die sie genau ansprechen möchten, um das Fortbestehen zu sichern.

Trotz Leserschaftsforschung, die versucht, *die* Leserschaft zu bestimmen, bin ich der Auffassung, dass es *die Leser* nicht gibt. Die Bedürfnisse sind einfach zu unterschiedlich: Die einen interessieren sich für den Sport in der Zeitung, die andern für den Auslandteil, weitere lesen «diagonal» oder picken sich einzelne Schnäppchen heraus. Ist es nicht schwierig, das Design auf *einen* bestimmten Leser auszurichten? Soll die Gestaltung eher konservativ, luftig, frech oder gewöhnlich sein? Und eine weitere Frage: Wie schätzen die Leser die Gestaltung der Zeitung überhaupt? Wird da ein Problem nicht etwas überbewertet? Können derart heterogen zusammengesetzte Leser eine repräsentative Meinung zu Design haben? Oder ist es schlicht egal, ob man die Times als Grundschrift verwendet oder die Candida? Ich habe da so meine Zweifel, wieweit die Leser gutes Design honorieren, und wieweit sie anderen Gründen folgen, um eine Zeitung zu lesen: Das können politische oder religiöse Gründe sein, regionale Verbundenheit oder das eigene Alter, das Geschlecht. Man gewöhnt sich auch ans Design. Typografie ist keine exakte Wissenschaft, vieles geschieht aus einem Gefühl heraus.

Infolgedessen gilt es abzuwägen, welches Gewicht dem Design in der Zeitung zusteht. Und da gibt es kaum Studien, weil jede Zeitung ein Original ist und nicht von einer Studie tel quel auf eine andere geschlossen werden kann. Designer behaupten selbstverständlich, Gestaltung sei wichtig für das Fortbestehen der Zeitung, ist es ja auch, Journalisten betrachten den Inhalt als das allein selig Machende, Verleger wiederum gewichten nochmals anders.

Abstimmung vom Design auf die Leserschaft

Es ist kein Widerspruch, trotz oben genannter Gründe nach einem statistischen «Phantomleser» zu suchen, den es in Wirklichkeit nicht gibt. Statistiken sagen etwas über die Streuung aus, und es ist sicher richtig, die Gestaltungsarbeit auf die Schwerpunkte dieser Verteilung zu legen.

Das redaktionelle Credo ist ein wichtiger Anhaltspunkt. Darin wird die Haltung der Zeitung geschildert. Mit Redaktionsstatut ist so eine Art Leitbild oder Unternehmenskultur im Hause gemeint. Will man z. B. nur *eine* Meinung verbreiten oder Pro und Kontra berichten? Versteht man seinen Informationsauftrag frei oder politisch gefärbt, ist man von einem Geldgeber abhängig? Legt man Wert auf die Vorstellung, eine Forumszeitung, eine Lesezeitung oder eine Autorenzeitung zu sein? Frönt man der Unterhaltung oder der Information? Wie sieht es aus mit der Aktualität – lässt diese eine aufwendige Gestaltung überhaupt zu?

Weitere Anhaltspunkte bilden demographische Daten. Kommt dem Blatt lokale, regionale oder nationale Bedeutung zu? Sind im Verbreitungsgebiet eher städtische oder ländliche Verhältnisse? Setzen sich die Leser vornehmlich aus Männern oder aus Frauen zusammen? Wie ist die Altersstruktur?

All diese und noch mehr Punkte müssen in Erwägung gezogen werden, soll das Design möglichst optimal auf die Leserschaft ausgerichtet sein. Dabei sollen auch die sich im «Medienzeitalter» ändernden Informationsbedürfnisse der Leser berücksichtigt werden.

Leser sind keine homogene Masse. Alle Leserinnen und Leser sind Individuen mit ganz besondern Neigungen und Vorzügen. Die Frage: Wer liest was? ist abhängig von der Motivation, den Vorkenntnissen und Bedürfnissen der einzelnen Leserinnen und Leser.

Politik, Verbands- oder Wirtschaftsinteressen, Hobbys – der Blätterwald lässt kein Thema offen. Bezüglich Design gäbe es wahrlich genug zu tun.

Der Kern einer Zeitung besteht aus verschiedenen Bünden oder Ressorts. Dieser Informationscocktail wird angereichert durch verschiedene Beilagen oder Supplements wie Stellenanzeiger, kulturelle Informationen, gesellschaftspolitische Beilagen, Lifestyle-Magazine, TV-Magazine usw.

Komponenten im Zeitungsdesign

Der Aufbau einer Zeitung

Von jeher sind Zeitungen gleichartig aufgebaut, mit ganz wenigen Variablen. Die lange Tradition und die Drucktechnik machen es aus, dass praktisch alle Zeitungen gleich daherkommen. Ein naiver Leser mag dies so sehen: Eine Zeitung ist eine lose Ansammlung von grossen, ungeschnittenen, durchscheinenden, bedruckten Papierseiten, welche man weder im Flugzeug noch im Zug bequem entfalten kann und die sich nach kurzer Zeit gelblich verfärben. Eine ketzerische Frage: Könnte man eine Tageszeitung auch in einem kleinen praktischeren Format herausgeben?

Leser handeln aus Gewohnheit. Die Zeitung ist wie ein Menü, bei dem man ebenfalls eine Essreihenfolge kennt. Der wiederkehrende Seitenaufbau gestattet dem Leser, sich innerhalb der Ressorts und der Einzelseiten schneller zurechtzufinden. Die Gliederung der Zeitung erlaubt allen Lesern, gleich ob Schnellleser, Diagonalleser oder Von-vorn-bis-hinten-Leser, einen direkten Zugriff auf die gesuchten Informationen. Bei Zeitungen, die sporadisch oder auf einen Anlass hin erscheinen, ist diese Gliederung nicht so wichtig wie bei der Tagespresse.

Format

Siehe auch Seite 68, «Designtrend Format und Papier».

Die Zeitungsformate hängen von der Maschinenbreite der Druckmaschinen ab. Die grossen Rollendruckmaschinen eignen sich jedoch nur für Zeitungen in Auflagen über 10 000 Exemplaren – nicht für Hauszeitungen mittelständischer Unternehmen. In der Schweiz sind die Zeitungen eher kleinformatig, in Deutschland kennt man die drei Grössen

- Berliner Format (31,5×47 cm)
- das Hamburger oder Nordische Format (40×57 cm)
- und das Rheinische Format (37,5×53 cm).

Wer eine Zeitung in einer kleinen Auflage herausgeben möchte, kann dies tun, ohne gleich mit den Kosten baden zu gehen. Man kann nämlich Zeitungspapier im normalen Offsetdruck auch bogenweise bedrucken und anschliessend beschneiden. Der Beschnitt machts aus: normale Zeitungen ab Rotationsmaschine zeichnen sich dadurch aus, dass ihnen der glatte Schnitt fehlt. Die Papierbahn wird vielmehr gerissen, wovon die ausgefransten Ränder mit den kleinen Transportlöchern zeugen. In der Zeitung ist randabfallende Gestaltung nur in den innersten Seiten eines Bundes über den Falz möglich. Das wird oft für Panoramaseiten ausgenützt.

Eine normal im Offset gedruckte Zeitung kann auch ganz normal weiterverarbeitet werden. So sind echte Hauszeitungen in kleinen Auflagen durchaus machbar.

Papier

Zeitungspapier ist stark holzhaltig und vergilbt durch Lichteinfluss relativ schnell. Falls eine Hauszeitung aufbewahrt werden soll, ist Zeitungspapier eine schlechte Wahl. Zwar gibt es dickere und dünnere Papiere, die Holzhaltigkeit aber bleibt. Zeitungspapier ist zudem sehr saugfähig, es dehnt sich im Druck quer zur Faserrichtung, ist also nicht masshaltig (Passer) und der Bilderdruck ist nicht gerade brillant. Wundern Sie sich noch, weshalb es relativ wenige Kundenzeitungen gibt?

Technische Aufteilung in Bünde und Seiten

Heute werden die meisten Zeitungen im Halbformat verteilt, manchmal noch im Viertelformat. Die nächstkleinere Einheit einer Zeitung wird Bund genannt. Ein Bund besteht wiederum aus einzelnen Viererbogen, selten auch aus Zweierbogen. Die Doppelseite bildet sich, wenn man die Zeitung auseinander hält. Die Betrachtungseinheit ist jedoch die einzelne Seite, unterteilt nach redaktionellem Inhalt und Anzeigen. Grössere Tageszeitungen haben drei, vier oder gar fünf Bünde.

Inhaltliche Gliederung

Mit Ressorts wird die Zeitung thematisch gegliedert. Das Ressort «Sport» kann weiter z. B. in «Fussball», «Leichtathletik» und «Ski» unterteilt werden. Diese Rubriken werden auch Kolumnen genannt, der Rubriktitel wird auch als Kolumnentitel oder Seitenkopf bezeichnet. Auf der Frontseite werden die wichtigsten aktuellen Nachrichten aufbereitet. Oft dient die Frontseite auch als Anreisser, um die Leser in die Zeitung zu entführen. Die Frontseite ist nicht rubrikgebunden, es können also Sport- neben Politik- oder Wirtschaftsnachrichten stehen. Meistens ist auf der Frontseite auch das Inhaltsverzeichnis zu finden. Die Zeitung selber kann beispielsweise aus folgenden Rubriken bestehen, wobei die Reihenfolge von Zeitung zu Zeitung variiert:

Eine andere Bedeutung für Kolumne siehe Seite 35.

- Ausland
- Nationales
- Regionales
- Unglücksfälle und Verbrechen
- Lokales
- Wirtschaft
- Markt
- Wetter
- Kultur
- Sport
- Wissenschaft
- Gesellschaft
- Fernseh- und Radioprogramm
- Leserbriefe

Das Gerüst einer Zeitung

Satzspiegel

Unter einem Designkonzept verstehe ich die Gestaltung aller möglichen Elemente, die später auf einer Seite zu sehen sind. Es beginnt also beim Format, geht über Satzspiegel, Spalteneinteilung, Schriftwahl und hört beim eigentlichen Layout auf. Der Satzspiegel selber stellt die bedruckbare Fläche einer Zeitung dar, aufgeteilt in Spalten mit Spaltenzwischenräumen (Zwischenschläge).

Anzahl Spalten

Während früher eher vierspaltig überwog, sind moderne Zeitungen fast ausnahmslos dazu übergegangen, einen fünfspaltigen Umbruch einzuführen. Bei grösserformatigen Zeitungen wie der «Süddeutschen Zeitung» oder dem «Wall Street Journal» sind sogar sechs Spalten anzutreffen. Boulevardzeitungen bauen sogar auf noch mehr Spalten auf. Und besonders eigenwillig sind Zeitungen, die fünf- mit vierspaltig mischen. Man merke sich: Je mehr Spalten, desto lebendiger wirkt die Zeitung und desto aufwendiger wird das Layouten.

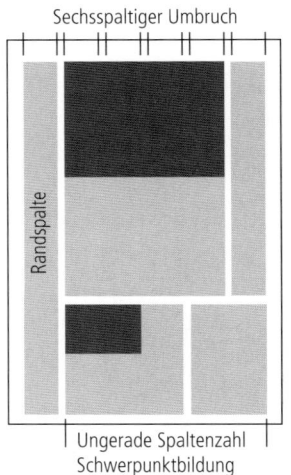
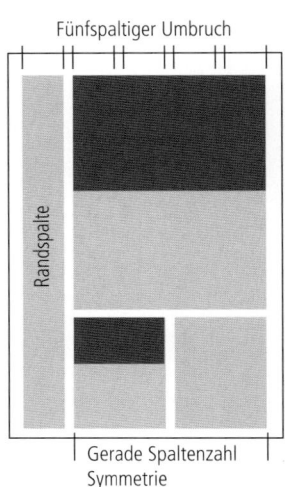

Sechsspaltiger Umbruch — Ungerade Spaltenzahl Schwerpunktbildung

Fünfspaltiger Umbruch — Gerade Spaltenzahl Symmetrie

Eine gerade oder ungerade Spaltenzahl zieht Konsequenzen nach sich. Wenn die Randspalte als Kommentar oder für Kurzmeldungen verwendet wird, bleibt jeweils eine Spaltenzahl übrig, die Aufmacher und weitere Artikel aufnimmt. Eine ungerade Spaltenzahl (für diesen Rest) bietet mehr Möglichkeiten für eine Schwerpunktbildung, eine gerade neigt eher zur Symmetrie.

Spaltenzwischenräume

Vom Bleisatz her hat sich ein Cicero (= 12 Punkt) etabliert. Umgerechnet sind das 4,5 Millimeter. Im Satzspiegel ist eine gerade Millimeterzahl als Zwischenschlag von Vorteil, also bleibt die Wahl zwischen vier und fünf Millimetern. Logischerweise wirkt der Satz mit vier Millimetern kompakter, fünf lassen grössere Weissräume hervortreten und die Spalten klaffen dadurch mehr auseinander.

Im Kapitel «Magazindesign», auf Seite 262, wird das Vorgehen und die Begründung geliefert.

Die Gesamthöhe des Satzspiegels besteht aus dem Seitenkopf und einer Anzahl Zeilen des Grundtextes ohne Zwischenräume. Unten endet der Satzspiegel auf der Schriftlinie der letzten Zeile.

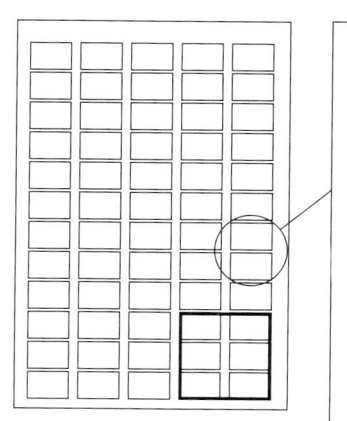

Die Zeitung kann in der Höhe in Rasterzellen eingeteilt werden. Hier bilden 2×3 Rasterzellen ein Modul, die kleinste Informationseinheit (dick eingefasst).

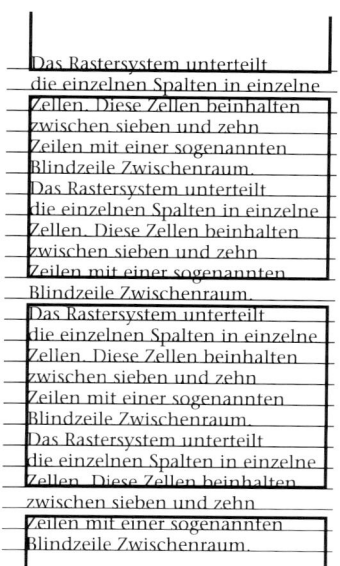

7 bis 10 Zeilen ergeben eine Rasterzelle. Zwischen den Zellen bleibt genau eine Zeile als Zwischenraum.

Die «Neue Luzerner Zeitung» baut auf einem Rasterzellensystem auf.

Besonders eigenwillig sind Zeitungen, die fünf- mit vierspaltig mischen. Man merke sich: Je mehr Spalten, desto lebendiger wirkt die Zeitung. Aber auch desto aufwendiger wird der Vorgang des Layoutens.

Wenn Bildrahmenlinien, Kästchenlinien und Spaltenlinien zusammentreffen, ist es ein bisschen zuviel des Guten.

Linien

Linien dienen der Ordnung auf der Seite, sollten jedoch nur mit Zurückhaltung verwendet werden. Spaltenlinien sind ein Relikt der Bleisatzzeit und nicht notwendig. Einmal mehr gilt zu überlegen, ob nicht weniger mehr sei. Linien wirken stärker wie Spaltenzwischenräume als Artikeltrenner. Sie können waagrecht, senkrecht oder um Bilder oder Boxen eingesetzt werden. Linien müssen einer bestimmten Funktionalität folgen, sie führen den Leser über die einzelnen Informationshäppchen. Gleiche Funktionen sollten gleich ausstaffiert werden: alle senkrechten Artikeltrenner z. B. punktiert, alle Kästchen 0,5 pt dick usw. Ein Liniengewirr entsteht, wenn man mit Spaltenlinien arbeitet, zusätzlich Bilder mit Linien einfasst und erst noch Kästchen mit Linien gestaltet.

Rastersystem

Wie die Zeitungsbreite in Spalten wird die Höhe der Zeitung in Felder unterteilt, so dass die Informationseinheiten in Blöcke aufgeteilt werden können. Ein solches System nennt man Raster, Rastersystem oder Seitenraster. Die ganze mit Text bedruckbare Seitenhöhe (Satzspiegel minus Rubriktitel) setzt sich aus einer Anzahl Zeilen zusammen, die in einzelne Rasterzellen eingeteilt werden. Üblicherweise verwendet man zwischen sieben und zehn Zeilen als Rasterfeld. Die Gesamthöhe setzt sich aus einer Anzahl Feldern zusammen. Die Grafik oben zeigt die «Neue Luzerner Zeitung». Sie besitzt eine Gesamthöhe von 12 Feldern zu 9 Zeilen, dazu kommen 11 Zeilen als Feldzwischenräume. Insgesamt 119 Zeilen mit 8,5 Punkt Zeilenabstand.

Ein Rasterzellensystem benötigt, wer einen modularen Blockumbruch realisieren möchte – es dient aber für den Layouter als visuelles Hilfsgerüst, um Schwerpunkte zu bilden.

Umbruch

Vom Layout zum Umbruch

Mit dem Layout erhält die Zeitung ein Gesicht. In der Seitenherstellung, früher Mettage genannt, heute eher Seitenmontage, werden die vorgesehenen redaktionellen Gefässe mit Inhalt versehen. Dieser Vorgang heisst umbrechen. Gelegentlich wird unter Umbruch und Layout dasselbe verstanden. Genau genommen ist damit eine gestalterische (Layout) und eine technische Komponente (Umbruch) gemeint. Das geschieht nach bestimmten Regeln und Vorgaben, die sich die Zeitungsmacher selber geben.

Schreiben nach Designvorgaben
Moderne Zeitungen mit einem vollintegrierten Redaktionssystem sind dazu übergegangen, zuerst das Layout vorzunehmen und den Artikeln einen bestimmten Platz zu reservieren. Das Layout wird vor dem Schreiben erstellt. Der Redakteur erhält auf seinem Editiertool Vorgaben für eine bestimmte Anzahl Zeilen Grundtext, für Titel, Bilder und Legenden. Nach diesen Vorgaben schreibt er zeilengenau. Die Arbeit des Layoutens ist in den Grundzügen bereits festgelegt. Bei dieser Arbeitsweise funktioniert das Zeitungmachen nur mit einem integrierten System, welches verschiedene Statuszustände und Zugriffsberechtigungen erlaubt. Der Redakteur kann z. B. nur Text editieren, nicht das Layout verändern; umgekehrt kann der Layouter nur in die Gestaltung eingreifen, nicht den Text verändern.

Mit bestehenden Texten layouten
Der herkömmliche Weg besteht darin, aus gelieferten Texten, die mehr oder weniger auf die Länge stimmen, ein Layout «zusammenzuzimmern». Layouter und Abschlussredakteur oder Redakteur vom Dienst bewerkstelligen dies gemeinsam – kürzen, ergänzen oder beschneiden Bilder, um die Seite zu füllen.

Block- oder Treppenumbruch
Der Name Blockumbruch rührt von der rechteckigen Aufmachung aller Artikel. Meist aufgebaut auf einem Rasterzellensystem, werden sie in ein rechteckiges Korsett gezwängt. Dabei besteht allerdings die Gefahr, dass die Seiten etwas langweilig aussehen. Man begegnet dem mit einem Wechselspiel zwischen ein- und mehrspaltigen Artikeln.

Die Alternative besteht aus dem Treppenumbruch, wobei die Artikel verschachtelt angeordnet werden. Man beginnt dabei oben links mit dem Hauptartikel und füllt die Seite winkelartig auf. Der Treppenumbruch ist die traditionelle Umbruchmethode.

Aus des Lesers Sicht bringt der Blockumbruch eine grössere Klarheit, eine gestalterische Linie. Der Treppenumbruch bringt mehr «Leben», auch mehr Unübersichtlichkeit. Man findet oft auch Zwitterformen; mir scheint eine dogmatische Verfechtung der einen oder anderen Methode etwas am Leser vorbeipolitisiert, der eine Zeitung ja nicht nur über ein visuelles System wahrnimmt.

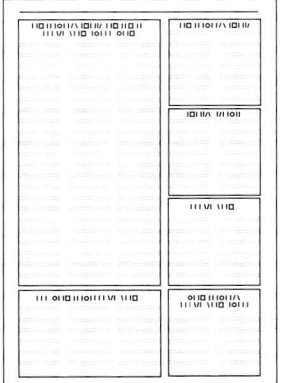 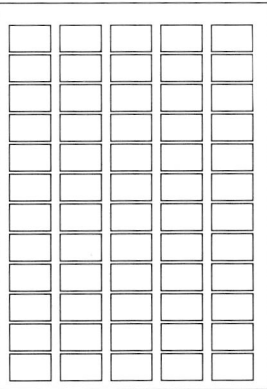

Der modulare Blockumbruch ist der modernste und diszinierteste unter den Möglichkeiten. Eine bestimmte Anzahl Zellen bilden ein Modul, welches die kleinste Informationseinheit darstellt. Alle Artikel sind in ein Modul oder ein Mehrfaches davon eingebettet.

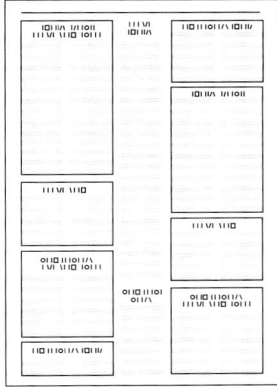 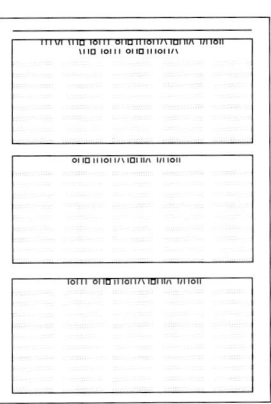 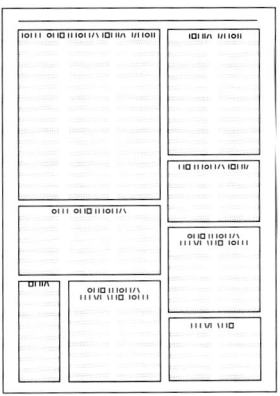

Beim Blockumbruch bilden alle Artikel einen rechteckigen Block. Der Blockumbruch kann vertikal (links) oder horizontal orientiert sein (Mitte). Rechts die Form, welche am häufigsten anzutreffen ist. Die Seiten werden asymmetrisch aufgeteilt, um Schwergewichte bilden zu können: 2:3 Spalten oder 4:1 Spalten bei einem fünfspaltigen; 4:2 oder 5:1 bei einem sechsspaltigen Umbruch.

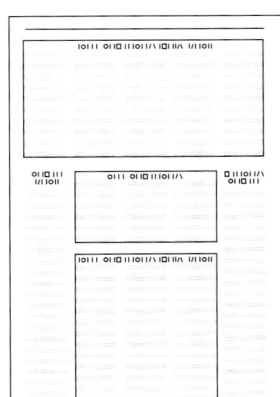 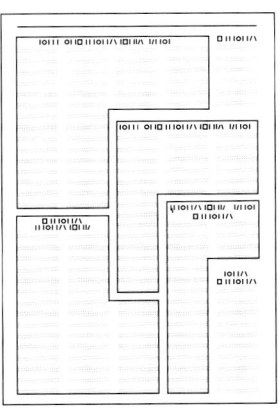 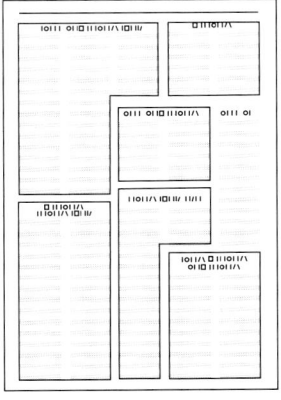

Der Umbruch kann einem symmetrischen Aufbau folgen (links) oder asymmetrisch aufgebaut sein. Neben dem Blockumbruch kennen wir den Treppen- oder Schachtelumbruch (Mitte). Die blockartige Struktur zerfällt, die Artikel werden verwinkelt angeordnet. Rechts eine Mischform aus Block- und Treppenumbruch.

«Aargauer Zeitung»: Vier Informationseinheiten mit zwei Schwerpunkten (Bilder). Horizontale Gliederung, Blockumbruch.

«Basler Zeitung»: Horizontal orientierter Blockumbruch in fünf Spalten. Sogar die Leads sind über die volle Titelbreite gezogen.

«Stuttgarter Nachrichten»: Zehn Informationseinheiten in einem klaren, horizontal geordneten Blockumbruch.

«Cash»: Die kleinformatige Wirtschaftszeitung lässt pro Seite nur wenige Informationseinheiten zu. Häufig steht auf der Seite nur ein Bericht. Bilder und Titel sind zentriert, die ganze Seite eingerahmt.

«Die Woche»: Farbige Wochenzeitung mit Treppenumbruch, markanten Balken und farbigen Kasten. Die Titel stehen zentriert.

«ERNST»: Jugendzeitung als wöchentliches Supplement des «Tages-Anzeigers». Blockumbruch mit magazinartiger lockerer Aufmachung.

«Frankfurter Allgemeine Zeitung»: Blockumbruch. Vertikale Orientierung durch Aufteilung in zwei und vier Spalten.

«Bild»-Zeitung: Typischer Boulevardstil mit über 15 Informationshäppchen. Blockumbruch mit gemischten Spaltenbreiten.

«Blick»: Ein klarer Blockumbruch. Nicht zu viele Informationshäppchen trotz Boulevardstil: Drei Haupttitel und ein Aufmacherbild. Sieben Spalten.

«Süddeutsche Zeitung»: Sechsspaltiger Blockumbruch mit Sockel. Die Anordnung der Artikel verläuft vertikal und horizontal.

«Die Zeit»: Treppenumbruch mit Sockel. Zu beachten: Platzierung der Illustration als Beilage. Zu welchem Artikel gehört sie wohl?

«Automobil Revue»: Treppenumbruch, gemischt mit Blockumbruch.

Das optische Gewicht

Das Gesicht der Zeitung entsteht nicht durch typografische Details, sondern durch die Komponenten Umfang, typografische Aufmachung und Platzierung der Beiträge. Der Umfang entspricht der Grösse oder Länge des Artikels: je grösser, desto gewichtiger und dominanter. Eine Menge kleiner Informationshäppchen wirken weniger attraktiv als drei grosszügig aufgemachte Geschichten, die zusätzlich mit Bildern angereichert wurden. Die typografische Aufmachung ist durch Satzspiegel, Schriftwahl, Zeilenabstand, Titelgestaltung usw. generell vorgegeben. Leben und Variation ist durch die Bild-, Linien- und Kästchengestaltung sowie durch die Stellung und die Grösse der Titel möglich. Die Platzierung der Artikel, ob weiter vorn oder hinten, ist durch die Rubrizierung meist auch vorgespurt. Innerhalb der einzelnen Rubriken oder auch innerhalb der Einzelseite kann die Bedeutung eines Artikels durch seine Stellung betont werden.

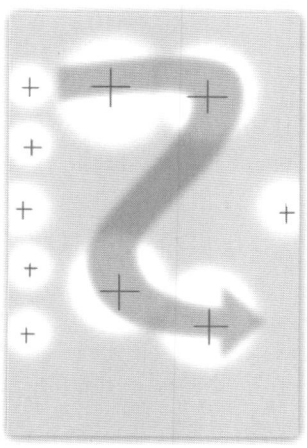

Die Gewöhnung führt den Leser z-fömig über die Zeitungsseite. Er erwartet die Schwergewichte nicht am Rand und nicht unten. Die Zone links scheint wichtiger als rechts, und oben ist wichtiger als unten.

Häufig anzutreffende Gewichtung in einem fünfspaltigen Umbruch. Die Spalte aussen bleibt reserviert für «Kurzfutter». Oben der Hauptartikel, begleitet von kleineren Einheiten, die unten anschliessen.

Bei nur zwei Informationseinheiten entfällt der «Scanvorgang» für den Leser, die Artikel sind auf einen Blick erkennbar. Die erkennbare Galgenbildung wird oft durch eine entsprechende Platzierung von Anzeigen erzeugt.

Die symmetrische Variante eines Fünfspalters mit drei etwa gleichen Gewichtungen. Diese Variante wird auch Sockelumbruch genannt. Oft wird der Sockel mit einer querliegenden Anzeige gebildet.

Die 10 Informationseinheiten sind nicht gewichtet. Kleine Informationen stehen oben, die grossen Brocken auch unten. Das Auge wird nicht über die Seite geführt, die Orientierung ist nur möglich, wenn man alle Informationen durchscannt.

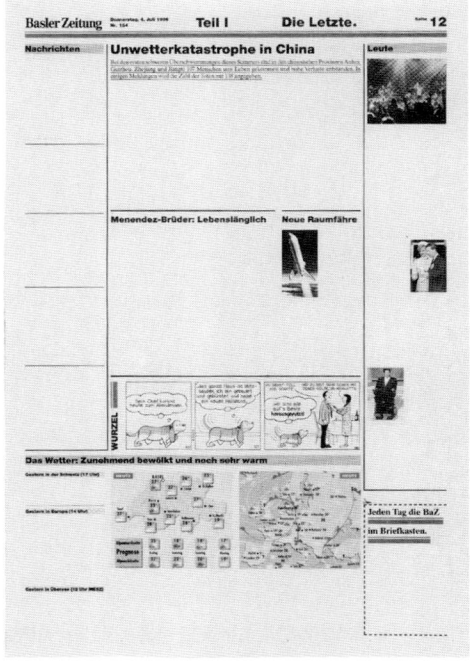

«Basler Zeitung»: Ein markantes Linienkonzept kann die horizontale Wirkung der breit angelegten Titel stark unterstreichen. Die senkrechten Spaltentrennlinien sind L-förmig mit einer Abschlusslinie versehen und bilden so einen «Kasten». Sie stehen ausserhalb der Spalten im Zwischenschlag, so dass die Satzbreite nicht verändert werden muss.

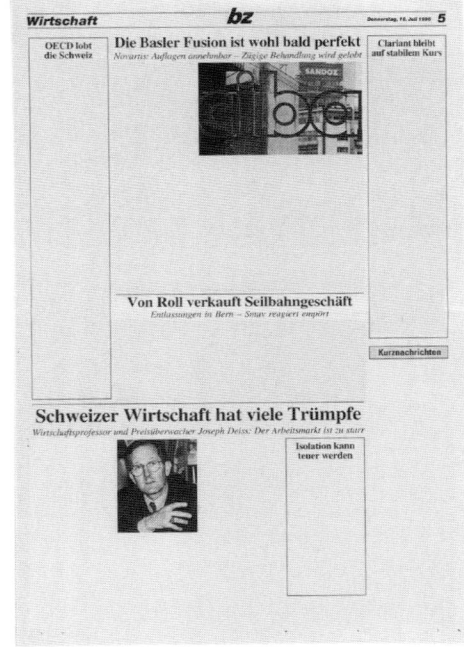

«Basellandschaftliche Zeitung»: Das Linienkonzept hilft, die einzelnen Informationseinheiten klarer zu trennen. In den meisten Zeitungen werden die einzelnen Artikel mit horizontalen oder vertikalen Linien getrennt. Kästchenlinien helfen kleinere Nachrichten hervorzuheben. Bei Zeitungen stehen keine Linien zwischen den einzelnen Spalten innerhalb eines Artikels.

«Südkurier»: Gestaltung nach dem Häppchenprinzip. Meistens befinden sich um zehn Informationseinheiten auf der Seite. Die Frage nach der Anzahl Informationseinheiten pro Seite steht in direktem Zusammenhang mit dem Design. Aufmacher sind nicht so dominant und werden oft durch die «Nachbarn» konkurrenziert.

DIE WELTWOCHE

UNABHÄNGIGE ZEITUNG FÜR POLITIK, WIRTSCHAFT, GESELLSCHAFT UND KULTUR

DEUTSCHE WIEDERVEREINIGUNG

CHINESISCHE WIEDERVEREINIGUNG

Jetzt geht's aufwärts

Von Felix E. Müller

Die Lust am Kaufen steige wieder, heisst es. Endlich, jubeln die Auguren, endlich ein Silberstreifen am Konjunkturhorizont. Wie lange hatten wir auf diese Nachricht gewartet! Auch wenn sich der Aufschwung vorderhand bloss im positiven Null-Komma-Bereich bewegt, so genügt dies bereits für eine – relative – Stimmungsverbesserung. «Schweizer Konsumenten fühlen sich weniger unsicher», meldete der Zürcher «Tages-Anzeiger», die Befindlichkeit der Nation exakt definierend. Wir sind in sieben Jahren Nullwachstum bescheiden geworden!
Derweil läuft in Bern und in den Kantonen das grosse Investitionsprogramm an, das die Politiker im vergangenen Herbst beschlossen, um der kränkelnden Wirtschaft endlich auf die Sprünge zu helfen. Die 500 Millionen werden ihre Wirksamkeit in den Jahren 1998 und 1999 entfalten, prognostizieren die Experten. Damit wäre einmal mehr der Beweis geliefert, dass das sicherste Anzeichen für einen bevorstehenden Aufschwung die Politiker selber sind: Jedesmal, wenn sie Steuergelder in die nationale Ökonomie stecken, ist die Morgenröte nicht mehr weit.

AUSLAND
Kampf der Metropolen:
Wie Schanghai
Hongkong aussticht
Seite 11

SCHWEIZ
Otto Stich:
«Wir leben auf Kosten
der Zukunft»
Seite 27

EXTRA
Erben ist unsozial:
Ein Plädoyer
gegen Steuergeschenke
Seiten 37–41

WISSEN
Arbeitssucht:
Wer zuviel arbeitet,
leistet weniger
Seite 59

Die rauschende Party – und die Tage danach

Von Fredy Gsteiger • Wird mit der Übergabe Hongkongs an China historisches Unrecht korrigiert ... oder neues geschaffen?

Alles ist vorbereitet. Die grösste und teuerste Party des Jahrhunderts kann steigen. 8640 Medienleute und Techniker warten, erlauchte Briten, von Prinz Charles bis Margaret Thatcher, reisen an, ebenso die mächtigsten aller Chinesen, Jiang Zemin und Li Peng, samt 3500 offiziellen Gästen. Ein kilometerlanger illuminierter Drache wird Feuer speien. Leuchtgirlanden sollen die Zinnen der Wolkenkratzer zieren. Alles wird aufgeboten, was sich für Geld kaufen lässt, denn davon, vom Geld, handelt, davon lebt, davon träumt diese Stadt. Kirmes und Karneval, Bankette und Bälle, Firlefanz und Feuerwerk: kommende Dienstagnacht in Hongkong.

Bleibt bloss zu hoffen, dass auf die rauschende Lustbarkeit nicht der Katzenjammer folgt. Wieso denn Katzenjammer? Wird am Südostzipfel Asiens nicht altes Unrecht endlich wiedergutgemacht? Geht es nicht darum, eine Stadt von britischem Joch zu befreien? Endet nicht ein Kapitel üblen Kolonialismus? Wenn sich diese Fragen klar mit Ja beantworten liessen, dann wäre wahrlich Grund zum Feiern vorhanden.

Doch ein halbes Jahrhundert nachdem mit der Unabhängigkeit Indiens die Imperien zu bröckeln begonnen haben, gibt der Machtwechsel in Hongkong kaum zu Jubel Anlass. Fürwahr, dem Völkerrecht wird im Falle Hongkongs nun Genüge getan. Aber wie steht es um das Recht des Volkes? Was ist mit den Bürgern der Metropole? Wie geteilt die Meinungen sind, lässt sich bereits an der Sprache ablesen: Für die einen geschieht am 1. Juli «die Übergabe Hongkongs» – das klingt freundlich und freiwillig. Für andere hingegen findet «die Übernahme» statt – ein Begriff, der in der Wirtschaft oft mit dem Adjektiv «feindlich» versehen ist, also ungute Ahnungen

heraufbeschwört. Höchst selten nur ist wertneutral vom «Wechsel» die Rede.

Ähnlich widersprüchlich sind die Gefühle der Hongkonger. Mitfeiern wollen zwar fast alle; derart üppige Festivitäten und Feuerwerke lässt man sich ungern entgehen. Indes bleibt ein ausländischer Pass die beliebteste Rückversicherung. Sechs von zehn Bewohnern der Noch-Kolonie äussern sich zwar mehr oder weniger optimistisch über die Zukunft; doch fast ein Drittel bezeichnet sich als nervös, einer von zehn ist pessimistisch, und mehr als jeder zweite befürchtet Korruption und Misswirtschaft. Läuft also – bange Frage – die geborgte Zeit für das geborgte Fleckchen Land aus?

Nun waren sicher die Briten während ihrer 156jährigen Herrschaft nicht gerade die treusorgenden, grossherzigen Kolonialherren, als die sie sich heute gerne darstellen. Menschenrechte und Grundfreiheiten mochten ihnen im Mutterland ein Herzensanliegen gewesen sein; in ihrem fernen Konfetti gewährten sie lediglich das Recht, reich zu werden. Erst der letzte und nun abtretende Gouverneur Chris Patten verlieh Hongkong ein demokratischeres Antlitz. Die Bürger haben es schnell schätzen gelernt. Ausgerechnet sie, die bislang als einzig am Mammon, aber nicht an Politik interessiert galten, fordern nun mit Kundgebungen zu Zehntausenden Fortführung und Stärkung der Demokratie. «Wir verlangen ja gar nicht viel», meint Martin Lee, der Chef der Demokratiebewegung, «etwas Lockerung, etwas Grosszügigkeit.» Und Gouverneur Patten mahnt: «China wäre gut beraten, auf die öffentliche Meinung in Hongkong zu hören.»

Ist das bereits zu viel verlangt? Fast scheint es so, wenn man verfolgt, mit welcher Rücksichts-

losigkeit Peking die Machtübernahme einleitet. Bereits warten Tausende im Einsatz gegen Volksaufstände erprobte Soldaten an den Grenzen, um nach der Scheidung zügig die Hochzeit zu vollziehen – oder zu vollstrecken. Sollen sie, fragen Zyniker, die Inseln vor japanischen Urlaubern schützen?

Man mag bedauern, dass der Victoria Park nur nüchtern Central Park heissen, dass die Königin von Münzen und Briefmarken und der Union Jack von den Flaggenmasten verschwinden wird. Aber ein koloniale Nostalgie soll es nicht geben, so rührend sie mitunter ist. China hat jedes Recht, seine Souveränität auf Hongkong auszudehnen. Doch darf es ebenfalls die Rechte der Bürger – spät genug gewährt – wieder einschränken? Denn genau das scheinen die neuen Patrons zu beabsichtigen: von Presse- und Kunstfreiheit von einem rechtsstaatlichen Justizsystem, von Lehrfreiheit und sozialen Sicherheiten war in ihren Verlautbarungen bislang verdächtig wenig zu vernehmen.

Kein Wunder, dass da der eine oder andere Hongkonger unwillkürlich an das Tiananmen-Massaker von 1989 erinnert wird. Und mancher den Eindruck gewinnt, seine Heimat werde nicht in die Unabhängigkeit, vielmehr in die Ab-

China soll sich ruhig von Hongkong infizieren lassen, von Freiheit und von Demokratie. Denn zu einer Supermacht kann es nur werden, wenn es seine inneren Spannungen abbaut. Der Spagat zwischen wirtschaftlicher Liberalität und politischer Unterdrückung kann nicht gelingen.

hängigkeit entlassen, statt eine Befreiung erwartet ihn eine Bevormundung. Soll sich Hongkongs Demokratie-Embryo nicht entwickeln dürfen? Muss er vielmehr gar um sein Überleben fürchten?

Deng Xiaoping, der unlängst verstorbene chinesische Führer, der vor zwei Jahrzehnten begann, das Reich der Mitte wirtschaftlich zu öffnen, hat den Terminus geprägt: «Ein Land, zwei Systeme.» Demzufolge soll Hongkong zu einer sogenannten Sonderverwaltungszone werden. Schon Deng war freilich weniger die Bewahrung der Freiheiten ein Anliegen als der Wunsch, das Huhn, das goldene Eier legt, keinesfalls zu schlachten. Zumindest letztere Absicht müssten

auch die heutigen Machthaber in Peking teilen. Sie tun das – zumindest in der Theorie. Jedenfalls haben sie bereits enge Kontakte geknüpft zu den potenten Hongkonger Wirtschaftsbossen. Der neue politische Chef der Stadt, Tung Chee-hwa, ist ein Grossreeder. Vor Kommerz und Kapitalismus haben also die Kommunisten keine Furcht. Rote und Reiche gesellen sich gern.

Hingegen erfüllt die Gewaltigen in China eine fast schon panische Angst, ein demokratisches Hongkong würde ihr autokratisches Reich infizieren. Das 1,2-Milliarden-Land fürchtet also die 6-Millionen-Stadt?

Gemach! So rasend schnell findet Politik denn doch nicht statt. Zumal noch keinesfalls feststeht, ob Hongkong als Teil Chinas – und damit seines Sonderfall-Status beraubt – überhaupt noch eine wichtige Rolle spielen wird. Durchaus denkbar, dass Schanghai es bald als Wirtschaftsmetropole ablöst; möglich gar, dass es dereinst lediglich noch als Tummelplatz für Touristen bedeutsam ist und zu einem chinesischen Honolulu, Acapulco oder Nizza wird.

Andrerseits täten die Chinesen gut daran, die freiheitlichen Einflüsse aus ihrer Neuerwerbung willkommen zu heissen. Denn wenn China wirklich den Ehrgeiz hat, zu einer Supermacht zu werden, dann gelingt dies nicht durch die Einverleibung Hongkongs, Macaos und möglicherweise Taiwans. Was das Land braucht, ist nicht mehr Raum, sondern mehr innere Stabilität. Diese jedoch wird sich erst einstellen, wenn die Autokraten einsehen, dass der Spagat zwischen wirtschaftlicher Liberalität und politischer Unterdrückung auf Dauer scheitern muss. Staaten, in denen das politische und das wirtschaftliche System derart auseinanderklaffen, sind notorisch wacklig; es herrscht ständig Explosionsgefahr, die nur mit wachsender Repression und lediglich auf Zeit gebannt werden kann.

Maos Diktum «Zittert und gehorcht», ergänzt um Deng Xiaopings «Und werdet reich», kann nicht länger die Richtschnur sein. An und in Hongkong wird China beweisen müssen, dass es das eingesehen hat. In dieser Stadt wird es Grösse beweisen können: durch Grosszügigkeit.

In den Sekunden der Stille, da der Dirigent der britischen Militärkapelle seinen Taktstock schon niedergelegt und der chinesische seinen noch nicht erhoben hat, sollte sich also möglichst wenig verändern. Hongkong soll Hongkong bleiben – im Interesse der Menschen, die da leben.

Weiss ist nicht nichts

Stiefkind jeglicher typografischen Gestaltung ist der Weissraum. Dieser entsteht gleichsam automatisch, ohne weiteres Zutun. Es stehen ja nicht Weissräume zur Verfügung, die man einzusetzen hat, sondern druckende Elemente wie Texte und Bilder. Die Weissräume, die dadurch entstehen, sind für die Leseführung von entscheidender Bedeutung. Zwischen den Spalten und Titeln entstehen weisse Kanäle, die dem lesenden und suchenden Auge helfen, die Informationen zu erfassen. Es sind diese Kanäle, die Ordnung und Gliederung schaffen. Ohne Weissräume entsteht automatisch eine Schweineordnung, ein typografisches Chaos.

Im Boulevard-Journalismus ist die bedruckte Fläche meist grösser als die unbedruckte. Die «laute» Sprache kann man nicht mit Weiss umsetzen.

Die Gestaltung der Zeitung folgt dem Inhalt. Solche mit langen Hintergrundberichten sehen ruhig und hell aus, jene mit Häppchenjournalismus bewegt, andere wiederum stechen durch dicke Lettern ins Auge.

«Weltwoche»: Sichtbarmachung der Weissräume durch Einfärben. Die Kanäle zwischen den Spalten und Titeln schaffen Ordnung.

Kontrast und Spannung

Als «Bleiwüsten» oder Textplantagen werden die langweiligen und öden Zeitungsseiten verunglimpft. Der Anspruch: «Jede Seite ein Fest der Sinne» kann sicher nicht überall verwirklicht werden. Wenn wir in diese Richtung gehen möchten, heisst dies nichts anderes als Spannung und Dynamik erzeugen. Doch mit welchen Mitteln?

Kontraste erzeugen heisst das Rezept gegen das Einerlei. In der Zeitung können verschiedene Kontraste angewendet werden. Gross–klein beim Einsatz der Titel und bei der Bildgestaltung (Henne-Küken-Prinzip), horizontal–vertikal findet beim Bildschnitt Anwendung (extreme Bildproportionen) oder beim Umbruch (horizontale oder vertikale Orientierung); bunt–schwarzweiss setzen wir ebenfalls bei der Bildgestaltung ein, ein Farbbild wird begleitet durch schwarzen Text; dunkel–hell (Bilder kontrastieren zum Text).

Dynamik wird ebenfalls durch die ungleiche Verteilung der einzelnen Artikel erreicht. Aus diesem Grund ist eine ungerade Spaltenzahl immer besser als eine gerade. Fünf Spalten lassen sich in zwei und drei aufteilen, was sich bereits wieder auf eine kontrastreiche Gewichtung auswirkt. Die einzelnen Artikel sollen nicht alle gleich lang sein. Die Redaktion muss den Lesern zeigen, was wichtig und was weniger wichtig ist.

Ebenso verhält es sich mit den Bildern: Ja nicht alle gleich gross – die Nummer eins auf der Seite wirkt grösser, wenn sich ein kleines Bild dazugesellt. Umgekehrt wirkt auch das kleine stärker. Gleich grosse Bilder «erschlagen» sich gegenseitig.

Durch eine entsprechende Abstufung der Titelgrössen und -breiten kann man ebenfalls gewichten.

Die Gewichtung ist hier zu wenig eindeutig, der Unterschied in den Titeln zu klein und die Anordnung der Bilder ist langweilig.

Verbesserungen bringt die Gewichtung: der erste Artikel ist die klare Nummer eins auf der Seite. Die Abstufung der Titel zueinander ist grösser, und die Bilder unten fallen nicht aus der Seite.

Anzeigen gehen vor

Keine Fläche, die in einer Zeitung nicht verkauft werden kann! Anzeigen sind das Lebenselixier jeder Zeitung und müssen aus der Sicht des Designers akzeptiert werden. Die Krux daran ist nicht einmal die Anzeige selber, sondern dass man meistens auf die Gestaltung keinen Einfluss ausüben kann. Es gibt nun einmal gut und weniger gut gelungene Inserate, die eine Seite ganz schön zerstören können. Ganzseitige Inserate oder Kleinanzeigen, die zu ganzen Seiten zusammengefasst werden, wollen wir hier nicht ansprechen. Wenn die Anzeigen jedoch im direkten redaktionellen Umfeld stehen, müssen wir den Text und die Gestaltung anpassen. Das heisst, keine optisch schweren Elemente in der Nachbarschaft ansiedeln. Die beiden würden im Streit untergehen.

Panorama-Inserate, die doppelseitig aufgebaut sind, beherrschen durch ihre Grösse das Feld. Es hat keinen Sinn, hier alle möglichen Tricks anzuwenden, um das redaktionelle Umfeld hervorzuheben.
Also bitte keine farbigen Kästchen, Bilder usw. beigeben.

Die Winzlinge, die in die Ecke «geklebt» werden, heissen auch Eckenbrüller oder Aufsetzer und sind meist spaltenbreit. Bitte auch hier keine Bilder in die unmittelbare Nachbarschaft. Anzeigen, die gleich Fussleisten schmal über die volle Seite führen, sind ebenfalls gut vertreten und eine willkommene Einnahmequelle.

Im redaktionellen Umfeld platzierte Anzeigen nehmen stark Einfluss auf das Layout. Man kann darauf jedoch nur mit einem zurückhaltenden Layout antworten. Wenn farbige Inserate und farbige Bilder im redaktionellen Teil um die Wette brüllen, wird der Leser irritiert. Anzeigen sind durch die Positionierung im redaktionellen Umfeld klar von diesem zu trennen – auch wenn die Anzeigenkunden eine nahtlose Einbettung lieber sehen.

Zum Thema «Werbung und Anzeigengrössen» finden Sie Näheres auf den Seiten 38 und 40.

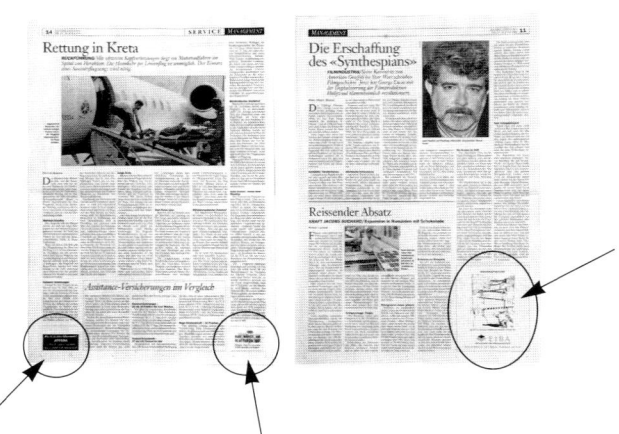

Das Layout vor dem Umbruch

Ob die Gestaltung direkt am Computer erfolgt oder eine Skizze oder Klebemakette erstellt wird, hängt von verschiedenen Faktoren ab. Einmal sind da die Erfahrungen des Redakteurs und des Layouters und deren Computerfertigkeiten; auf der anderen Seite spielt eine Rolle, ob mit integrierten Redaktionssystemen gearbeitet oder die Zeitung noch geklebt wird. Ein dritter Faktor ist die für die Produktion zur Verfügung stehende Zeit. Auch hier gibt es weder richtig noch falsch, aber viele Lösungen, von komplex bis einfach und von teuer bis günstig.

Die Arbeit am Computer sollte generell gut vorbereitet sein. Viele Zeitungen benützen vorgefertigte Seitenraster, die immer gleich aufgebaut werden. Je unfertiger die Ideen, je schlechter das Vorstellungsvermögen der Redaktion, desto grösser wird der Aufwand bei der Seitenherstellung. Korrekturen und Umstellungen sind sowieso eine Frage der Zeit, die nicht unbeschränkt zur Verfügung steht. Eine kleine Layoutskizze ist rasch erstellt und gibt eine gute Grundlage, um die fertige Seite beurteilen zu können, bevor die «dicken» Korrekturen anfallen.

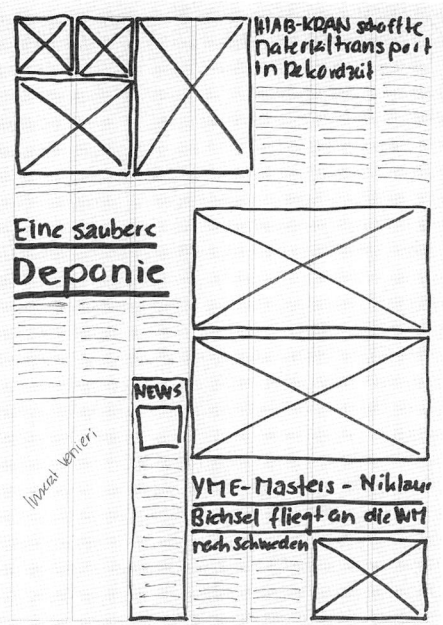

Die Layoutskizze kann, muss aber nicht, in verkleinertem Massstab angelegt werden. In der Skizze geht es um die Gewichtung, nicht um Details.

Umbruchregeln ermöglichen flüssiges Lesen

Die Gewöhnung ans Lesen und Schreiben konditioniert alle zu gleichen Regeln, die so selbstverständlich sind, dass sie nicht geändert werden. Unser Alphabet gibt uns vor, von links nach rechts zu lesen. Das war nicht immer so: Vorläufer unserer Schrift waren links- und rechtsläufig, die Zeilen mussten wechselseitig gelesen werden. Andere Schriftsysteme ausserhalb unseres Kulturraumes, z. B. in China, setzen ihre Zeichen senkrecht. Eine andere Gewohnheit ist die Anordnung der einzelnen Zeilen von oben nach unten. Man könnte dies ja auch umgekehrt einrichten – alles eine Gewöhnungsfrage. Weiter baut unser Alphabet auf der Schriftlinie stehend nach oben auf – in anderen Schriftsystemen, z. B. dem indischen Dewanagari, sind die Zeichen nach unten «hängend» geordnet. All diese Regeln vereinfachen das gemeinsame Kommunizieren und sollten eingehalten werden.

Die grundlegenden Regeln werden heute schon mal verletzt. Vor allem neuzeitliches Design macht sich einen Kult daraus, Leserätsel zu kreieren. Da wird Text z. B. in Zapf Dingbats (❖❀❉❒❏❆ ❁❇❊▼ ❈❅✚❀ ❆■ ❅❀❏❆) gesetzt, werden die Spalten untereinander gemischt, die Zeilen von unten nach oben angeordnet und andere Spässchen. Solches kann nicht im Sinn des Lesers sein, der normalerweise der gewohnten Leseführung folgt. Dort jedoch wo Avantgardismus angesagt ist, wo Typografie zum Kult erhoben wird, sollen solche Formen ruhig ausgelebt werden. Die Leser werden es auf die Dauer mit Treue oder Abwendung verdanken…

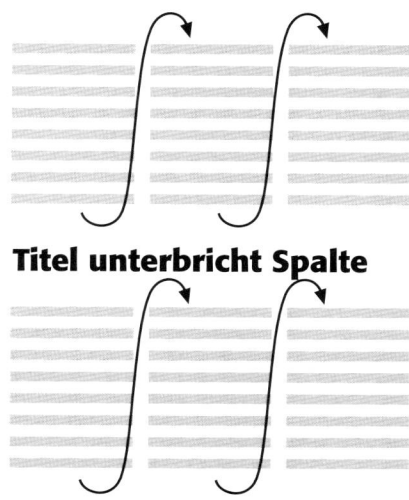

Titel unterbricht Spalte

Ein mehrspaltiger Titel unterbricht den Lesefluss in der Spalte – auch dann, wenn keine horizontale Linie vorhanden ist. Dieselbe Regel kann auch auf eine horizontale Linie ausgelegt werden. Jede horizontale Linie zeigt an, dass in einer anderen Spalte weitergelesen werden muss.

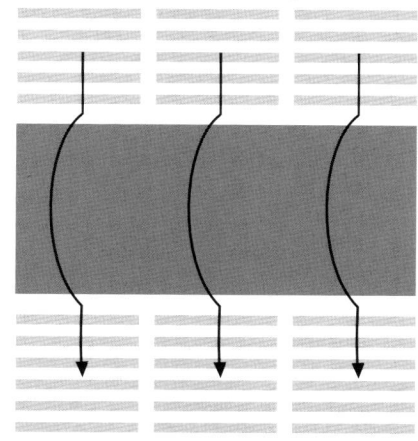

Bild unterbricht Spalte nicht

Ein mehrspaltiges Bild unterbricht den Lesefluss in der Spalte nicht. Über ein Bild wird hinweggelesen. Grössere Augensprünge hingegen sind nicht lesefreundlich.

Wer das Layout «zerfleddert» anlegt, tut damit dem Leser keinen Dienst. Ein Lesesprung von einer Spalte zur andern unterbricht den Lesefluss und führt oft zum Ausstieg aus dem Artikel. Text sollte demzufolge möglichst kompakt und übersichtlich angelegt werden, damit die Artikelgrenzen eindeutig nachempfunden werden. Eine Grundregel lautet: Text zu Text und Bild zu Bild.

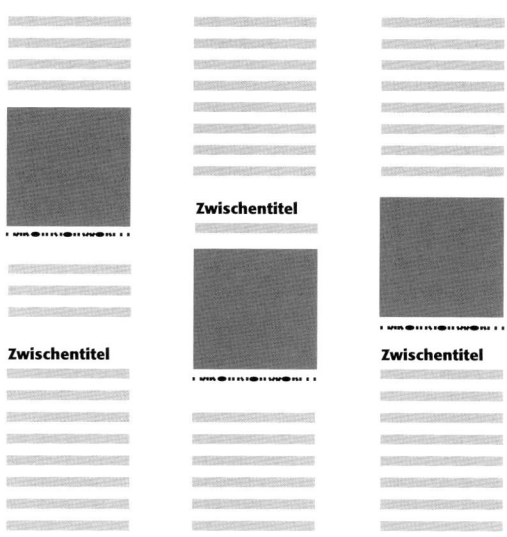

Ein einspaltiges Bild sollte inmitten des Textes stehen (links). Unmittelbar oben und unten am Bild darf kein Zwischentitel stehen, denn Zwischentitel und Bild mit Legende konkurrenzieren sich optisch.

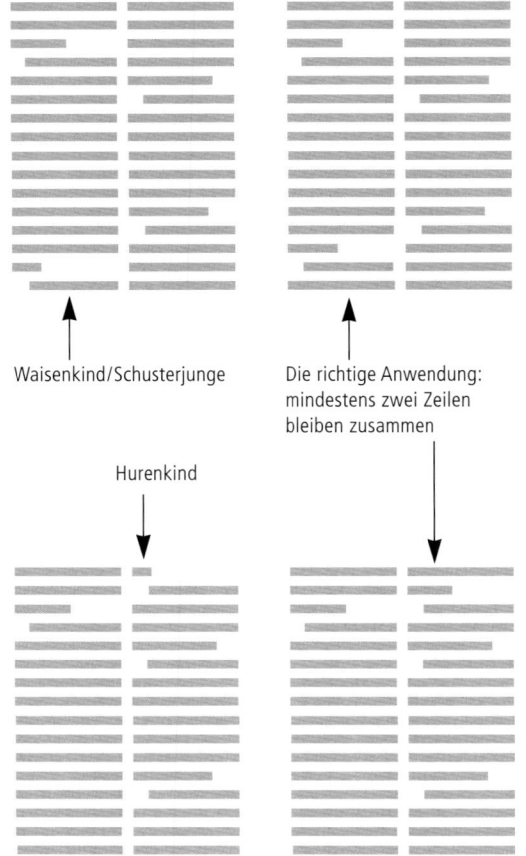

Waisenkind/Schusterjunge

Die richtige Anwendung: mindestens zwei Zeilen bleiben zusammen

Hurenkind

Die Sache mit den Kindern

In allen Layoutprogrammen kann festgelegt werden, auf welche Art und Weise die beiden ersten und letzen Zeilen eines Absatzes umbrochen werden. Eine 100% wirksame Verhütungsmethode!

Waisenkind oder Schusterjunge

Wenn die erste Zeile eines neuen Absatzes zuunterst auf einer Spalte steht, sieht dies nicht sonderlich erbaulich aus. Der Anfang eines Gedankens steht verloren auf seinem Platz – der ganze Rest tummelt sich oben auf der nächsten Spalte. Deshalb auch der Name Waisenkind, die Zeile ist allein. Waisenkinder findet man heute relativ häufig in schnell gemachten Blättern. Waisenkinder sind ein Regelverstoss wider die Ästhetik und die Lesbarkeit – oft jedoch toleriert. In gepflegten Produkten sollten Waisenkinder vermieden werden.

Hurenkind

Eine schlimme typografische Ausgeburt ist der umgekehrte Fall, wenn die letzte Zeile eines Absatzes oben am Beginn einer Spalte steht. Hurenkinder sind in der ganzen typografischen Welt verpönt, ein Misstritt. Daher stammt auch der Name.

Links ein Beispiel mit einer langen Ausgangszeile, rechts eine kurze Ausgangszeile. Oben ohne, unten mit Einzug.

Waisen- und Hurenkinder kommen besonders unschön zur Geltung, wenn a) mit Einzügen gearbeitet wird und b) die Ausgangszeile besonders kurz ist. Das kann soweit gehen, dass die beiden Absätze keine «Berührung» mehr aufweisen. Schrift: Folio.

Ein Waisenkind einbringen kann man z. B. mit einer kleinen Textkürzung. Die letzte Zeile des vorherigen Absatzes besteht aus «stünden.» Wenn da ein einziges Wort gestrichen wird, hat unter Umständen eine Zeile mehr Platz.

Ein Waisenkind in der letzten Spalte kann man einbringen, indem z. B. der Titel anders platziert wird.

Eine einfache Lösung, um ein Hurenkind oder Waisenkind einzubringen, ist die Streichung des Absatzes.

Wenn textlich nichts verändert werden darf, kann man am meisten erreichen, wenn man ein Bild verschiebt (links) oder ein neu entstandenes Waisenkind mit einer geringfügigen Skalierung des Bildes eliminiert (rechts). Schrift: Delta.

Leseführung und Lesefluss

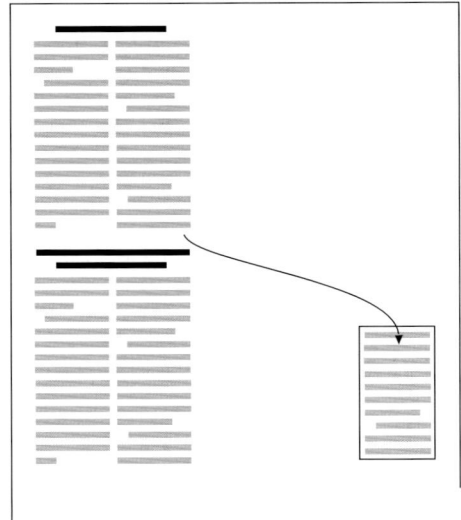

Der Textfluss wird durch den zweiten Titel unterbrochen. Falsch ist nun, den Text in einem Kästchen hinten weiterzuführen. Die Artikel sollten möglichst kompakt oder blockweise zusammenstehen. Kästchen haben eine hervorhebende Wirkung, die hier nicht gegeben ist.

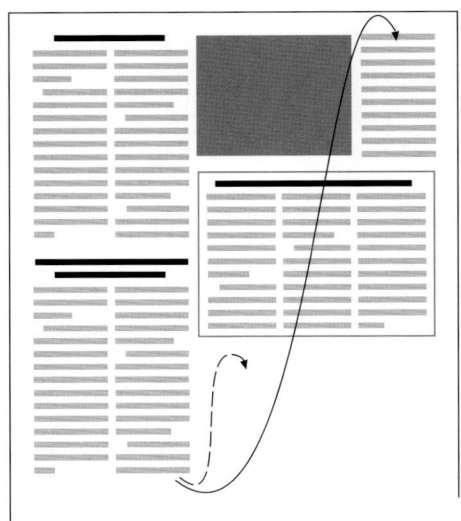

Der Text in der zweiten Spalte unten wird diagonal oben weitergeführt. Wenn gar ein Bild dazwischenliegt, so dass der Leser zusätzlich zwei Spalten überspringen muss, ist die Orientierung nicht mehr gewährleistet. Manche Leser werden unter dem Kästchen den Text suchen. Der Text oben rechts könnte auch zum ersten Artikel gehören.

Die Sache mit dem Textfluss

Ziel des Layouts muss sein, den Leser bei der Stange zu halten. Jede Gelegenheit, die sich bietet, stellt eine Verlockung dar, aus dem Text auszusteigen und woanders den optischen Versuchungen zu erliegen. Das gilt es zu vermeiden. Aber wie?

Man stelle sich ein Haus mit drei Eingängen und zehn Ausgängen vor. Es gibt Eintrittstore in den Text, aber auch Ausgänge, die gerne und oft benützt werden. Ein Bild oder ein Titel stellt so ein Tor dar, um ins Textgebäude zu gelangen. Auch ein Zwischentitel; der ist jedoch gleichzeitig eine Einladung, das Haus zu verlassen. Weitere Ausgänge sind endlose «Bleiwüsten», wenn der Text langweilt. Nach jedem Satz, nach jedem Abschnitt, zuunterst auf der Spalte, da sind Tür und Tor weit offen. Grosse Sprünge von Spalte zu Spalte sind eine schlechte Ausgangslage – die Chance winkt, ins Nachbargebäude zu wechseln. Solche Augenhüpfer führen zum Beispiel von zuunterst auf der Seite in die nächste Spalte zuoberst. Schlecht auch, wenn eine oder gar mehrere Spalten übersprungen werden. Nicht vorteilhaft ist der Hinweis: «*Fortsetzung auf Seite…*» Falls der Text spannend geschrieben und der Leser interessiert ist, spielen solche Überlegungen natürlich keine Rolle. Je weniger wir solche Türchen öffnen, desto mehr Leser können bis zum Schluss behalten werden.

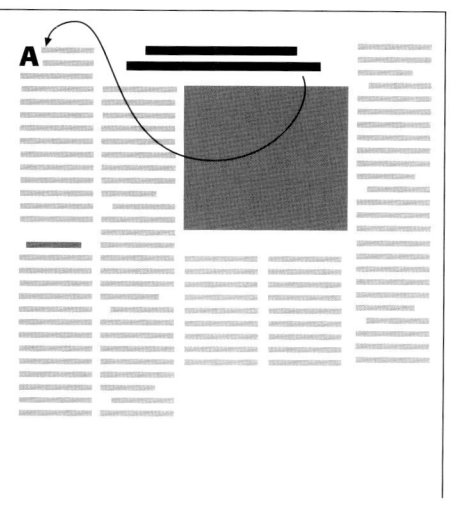

Rückwärtssprünge sind nur beim Titel statthaft. Wenn er nach dem Textbeginn steht, muss dieser mit einem Initialbuchstaben gekennzeichnet werden. Ansonsten sind die Leser geneigt, in der zweiten Textspalte mit dem Lesen zu beginnen.

Ein Titel steht selten allein

Die Titelanordnung ist eine Geschichte für sich. Die Galgenbildung (lange Zeile mit kurzer Zeile) sollte vermieden werden. Unter der ersten Zeile entstehen Weissräume, der Titel liegt nicht ausgewogen.

Ein Titel steht selten allein

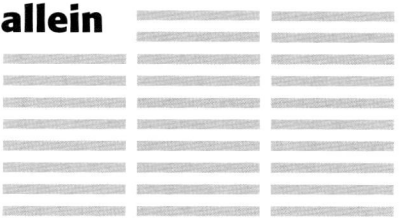

Löcher könnte man auf diese Weise auffangen. Dann aber bitte konsequent durchziehen und nicht ausnahmsweise der Not gehorchend einsetzen.

Ein Titel steht selten allein

Titel-Einklinker sieht man häufig bei symmetrischen Layouts.

Leseführung und Lesefluss

Diese Gliederung ist nicht schlecht. Das Bild im Artikel rechts dürfte den Text nicht aufsplitten; denn grosse Augensprünge über ein Bild hinweg sind zu vermeiden.

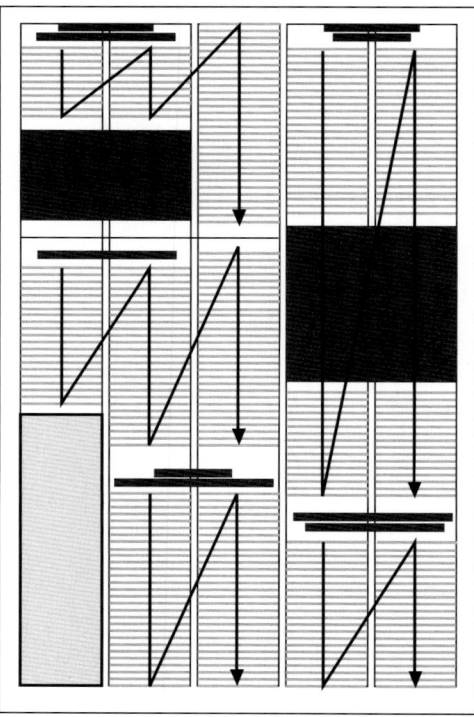

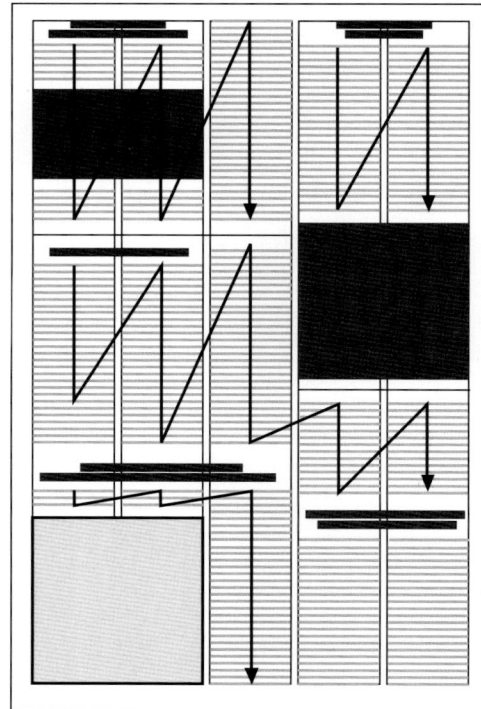

Oben links wird zweimal ein grosser Augensprung über das Bild hinweg verlangt, obschon dies nicht notwendig wäre. Unten links darf der Text nie mit drei bis fünf Zeilen am Kästchen anlehnen.

Hier müsste man den ersten Artikel oben links mit dem nachfolgenden austauschen, um Augensprünge über halbe Zeitungsseiten zu vermeiden.

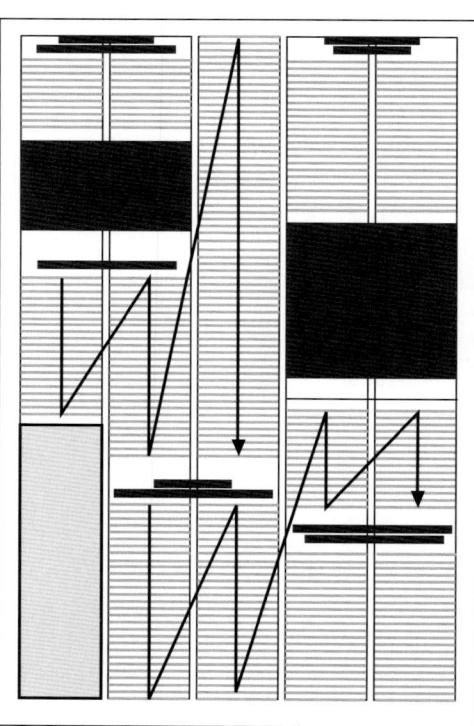

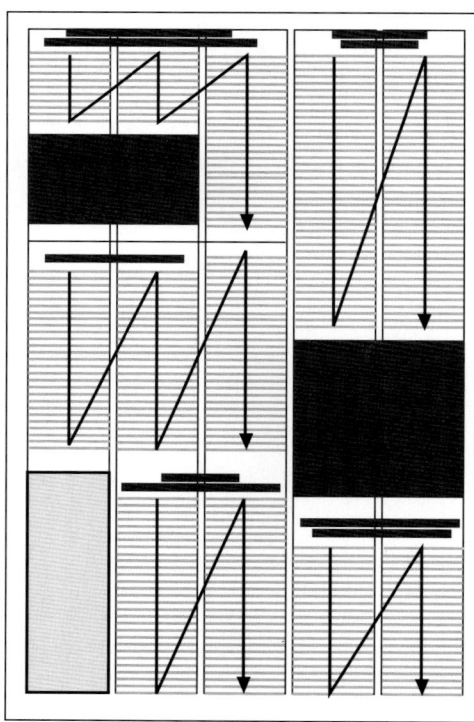

Der Blockumbruch ist die klarste und kompakteste aller hier gezeigten Varianten.

Lärmschutz ist ein Thema, das immer wichtiger wird und dem die einzelnen Bauunternehmen auch immer mehr Beachtung schenken müssen. Schall und Vibrationen rund um die Baustellen sollen möglichst gering gehalten werden.
❸
In Uster galt es, durch das Anbringen von Spundwänden
❷
❶ einen reibungslosen Arbeitsablauf – ohne Beeinträchtigung des Bodens und des Grundwassers – zu garantieren. Auf dem «Testgelände» entsteht ein Gebäudekomplex mit Tiefgarage und Kellergeschoss.

Textausstieg?

Beim Spaltenende fragt sich der Leser unwillkürlich: Hörts hier auf? Lassen Sie diese Frage mit einer cleveren Leseführung gar nicht erst aufkommen. Von den drei Möglichkeiten, die Spalte zu unterbrechen, ist eine die schlechteste: die Unterbrechung bei einem Absatz. Gedanke fertig – Text fertig? – aussteigen; so funktionieren Leser. Wenns nicht anders geht, deuten Sie dem Leser wenigstens mit einem Pfeil an: Achtung, es geht gleich weiter…

Bei der zweiten Variante umbricht man die Spalte mitten im Satz, sodass der Leser gezwungen wird, fertig zu lesen. Das ist zugleich die am meisten anzutreffende Variante.

Wenn Sie die gestalterische Wahl haben, umbrechen Sie bei einer Trennung. Dann erahnt der Leser das fehlende Bruchstück und findet die neue Zeile problemlos.

❸

Lärmschutz ist ein Thema, das immer wichtiger wird und dem die einzelnen Bauunternehmen auch immer mehr Beachtung schenken müssen. Schall und Vibrationen rund um die Baustellen sollen möglichst gering gehalten werden.

25

Lärmschutz ist ein Thema, das immer wichtiger wird und dem die einzelnen Bauunternehmen auch immer mehr Beachtung schenken müssen. Schall und Vibrationen rund um die Baustellen sollen möglichst gering gehalten werden. ⟶

25

❷

Lärmschutz ist ein Thema, das immer wichtiger wird und dem die einzelnen Bauunternehmen auch immer mehr Beachtung schenken müssen. Schall und Vibrationen rund um die Baustellen sollen möglichst gering gehalten werden.
In Uster galt es, durch das Anbringen von Spundwänden

25

❶

Lärmschutz ist ein Thema, das immer wichtiger wird und dem die einzelnen Bauunternehmen auch immer mehr Beachtung schenken müssen. Schall und Vibrationen rund um die Baustellen sollen möglichst gering gehalten werden.
In Uster galt es, durch das Anbringen von Spundwänden einen reibungslosen Arbeits-

25

Beim Spaltenumbruch am Ende einer Kolumne ist die Trennung die beste Wahl, um den Leser bei der Stange zu halten.
Schrift: Formata.

Designelement Zeitungskopf

Der Zeitungskopf

Ganz eindeutig ist der Zeitungskopf das Aushängeschild des Blattes. Sowohl visuell als auch inhaltlich verkauft die Frontseite am meisten. Verständlich, dass die Verlagshäuser sich scheuen, den Zeitungskopf zu ändern. Sie gestalten lieber dreimal die Zeitung neu, als dass sie dem Titel ein Haar krümmen. Weshalb sonst haben sich die gebrochenen Schriften in den Köpfen der Verleger so hartnäckig behaupten können? Die ganze Welt ändert sich. Im Fernsehen wechseln die Sendegefässe alle paar Jahre ihr Aussehen, um sich dem Empfinden des Publikums zu nähern. Mit animierter Computergrafik wird das Äusserste an visueller Gestaltung herausgeholt und kein Mensch zappt, weil ein neues Logo am Schirm erscheint. Sind Zeitungsverleger die schlechteren Erneuerer? Vielleicht sind sie nur viel ängstlicher. Multimedia und Internet führen deutlich vor Augen, in welcher Epoche so mancher Zeitungskopf stehen geblieben ist.

Ein neuer Titel für die gestandene Tageszeitung? Selbstverständlich ist die «Marke» heilig. Die Namensgebung ist das eine, die wird so leichtfertig niemand ändern; die Gestaltung des Zeitungskopfes ist eine andere Sache. Da dürfte man wenigstens alle 20 Jahre wieder einmal darüber nachdenken.

Ein neuer Titel für die Hauszeitung gefällig? Bitte seien Sie alles, nur nicht langweilig. Die Fügungen mit -Anzeiger, -Nachrichten, -Blatt, -Zeit, -Woche, -Zeitung oder -Bote, sind doch vor der Geburt gestorben. Lassen Sie sich was einfallen! Seien Sie kreativ. Aber kommen Sie jetzt nicht mit der Fügung -News oder Neues... – sind neue Nachrichten nicht selbstverständlich? Vielleicht bringt ein Kreativ-Wettbewerb die frische Idee, die das Produkt auf den Punkt bringt?

out | in

out

- Aktuell
- Anzeiger
- Blatt
- Bote
- Info
- Journal
- Magazin
- Nachrichten
- News
- Newsletter
- Post
- Report
- Revue

Alles klar? Na bitte. Wie wärs mit ein paar Ideen?

in

4 you	Fundus	Panorama		Top
	Chronik	Kat	Remember	
100 Prozent		Gazette	Patch	Trend
	Ciao!	Kolumne	Rendezvous	
à jour		Geysir	Patience	Tribüne
	Code	kontext	Response	
	Aha!	Giga	Pfiff	Tag
	Come in	Kompass	Report	
	A bis Z	Graffiti	Ping pong	Up to you
	Credo	kreaktiv	Samba	
Adrenalin		Grips	Pinboard	Update
	De Facto	Kreis	Save	
Aggregat		Gusto	Plus	Upstairs
	Dimensions	Leader	Shape	
	Akt	Hacienda	Persona	Virtual
	Duktus	Let's go!	Talk	
Applaus		Handshake	Podest	Vis-à-Vis
	Echo	Light	Service	
	Appeal	Happy	Point	Vision
	Edel & Weiss	List	Sender	
	Aqua	Hip	Porto	Visual
	Entre nous	Lumen	Semikolon	
Art & Weise		Hot-chilly	Portrait	Vital
	ExPress	Mail	Signum	
Attention		Icon	Präfix	Vitamin
	Extra	Medium meet	Smart	
	Aura	Idea	print	Voice
	Ex-akt	Member	Sofa	
Avanti		Idem	Prisma	Voce
	Fast	Move	Special	
Back-up		Image	Portrait	Voilà!
	Fakt	Mensa	Star	
Brand		Impuls	process	Volume
	Favorit	Mosaik	Start-up	
Bridge		Infothek	Professional	Watch
	Finish	Neutrum	Stream	
Brush-up		In-Sight	Profil	X-Large
	Fit	Note	Syntax	
Bulletin		Input	Public	X-Press
	Flash	Oha!	Thema	
Check-in		Intro	Puls	Yours
	Forum	Open	Tempi	
Choice		In-house	Quality	Zirkel
	Fresh	Outing	Team	
		IQ	Q	Zip
		Online	Times	
		Iris	Read-it!	
		O-Ton	Tip	
		Joy		
		Party		
		Just 4 Fun		
		Passion		

155

Nichts Neues im Kopf

Wer die Medienszene verfolgt, kann eine beharrliche Ängstlichkeit bezüglich Änderungen jeglichen Designs feststellen. Die Macher identifizieren sich voller Stolz mit ihrem Blatt. Oft wird eine Änderung im Vorfeld angekündigt und es wird des Langen und Breiten darüber informiert, weshalb nun die Kästchen blau statt rot unterlegt werden und weshalb die Stellenanzeigen jetzt neu im vierten statt im fünften Bund liegen. Wenn gar auf der Frontseite über die Neugestaltung berichtet wird und sogar gestalterische Details breitgetreten werden, wirkt dies ein wenig übertrieben. Aus welchem Grund wohl sind Verleger und Journalisten gestalterisch so ängstlich, wenig innovativ, müde und designfaul?

Leserinnen und Leser schätzen zwar das typografische Aussehen ihres Leibblattes, ob sie es *nur* deswegen kaufen oder abonnieren, sei doch sehr in Frage gestellt. Eine Gestaltungsänderung bedeutet vielleicht Leser zu verlieren, vielleicht auch neue zu gewinnen. Die Gefahr wird oft höher eingeschätzt als die Chance – schade.

Die Ewiggestrigen

Eine ganze Reihe von Zeitungen benützen für ihren Zeitungskopf – und nur noch dafür – eine gebrochene Schrift, wie sie zur Zeit der Jahrhundertwende noch im Lauftext gang und gäbe war. Die Gralshüter des Zeitungsdesigns wollen damit die lange Tradition des Blattes hervorstreichen. Fehlentscheide der Angst! Sämtliche Konsum- und Industriegüter der Neuzeit haben die Umstellung von gebrochenen auf modischere Schriften geschafft. Auch Bücher und Zeitschriften titeln nicht mehr mit Frakturlettern. Man sollte meinen, dieser alte Zopf sollte endlich mal abgeschnitten werden. Es gibt bestimmt Eingriffe wie die sich wandelnde Schriftsprache, die für alle Leser bedeutender sind, z.B. die Anglizierung oder die Rechtschreibereform.

Die grossen Buchstaben

Ein zweites Genre zeichnet sich durch die Verwendung von Kapitälchen aus. Meistens wird dazu eine Serifenschrift gewählt, die auch sonst in der Zeitung eingesetzt wird. Kapitälchen sind eine Auszeichnungsart, die monumental wirkt, die Buchstabenformen sind eckig steif. Wenn dazu allerdings eine grazile Antiqua verwendet wird, können die Kapitälchen elegant, vielleicht etwas distanziert oder elitär wirken. Unverständlich, dass bei Zeitungsköpfen oft die falschen statt echter Kapitälchen eingesetzt werden, beim Kopf dürfte man so viel typografisches Feingefühl erwarten. Bei einigen Blättern findet man auch die kursive Variante, was wohl mehr Dynamik verkörpert.

Eine Variante stellt die versale Schreibweise dar, die ihren monumentalen Charakter oft durch Sperren der Buchstaben erreicht.

Schlecht sieht es aus, wenn dilettantische Gestalter die Versalien so verzerren, dass die Buchstabenformen und -proportionen grob verzerrt werden. Eine Verletzung des guten Geschmackes!

Eine weitere Variante stellen monumentale Schriften dar, die wie in Stein gehauen dastehen. Geht es da um Machtansprüche oder ist es einfach protziges Gehabe?

Wenn schon klotzen, dann gleich richtig

Die dritte Sorte Kopfdesign besteht aus einer fetten Serifenlosen, vielfach negativ in einem viereckigen Kästchen. Möglichst dick, ob gross oder klein geschrieben spielt keine Rolle. Der optische Knaller muss sein, weil der Kopf sonst in den ebenso reisserisch aufgemachten Inhalten völlig unterginge.

Zusatzinformationen

Zeitungsköpfe werden immer durch einige Zusatzinformationen begleitet wie Preisangaben, Datum, Ausgabe, Jahrgang, postalische Angaben, politische Ausrichtung oder Unabhängigkeitsbezeugung. Oft werden auch Linien oder Balken zur Trennung vom übrigen Teil mit eingebunden.

Bei falschen Kapitälchen wird einfach der Grossbuchstabe auf die Mittellänge verkleinert. Auch die Strichstärke verdünnt sich. Somit ergibt sich zwischen den grossen und kleinen Versalien eine merkliche Strichstärkenveränderung, was nicht sehr schön aussieht. Bei echten Kapitälchen wird die Strichstärke der verkleinerten Buchstaben angepasst, der Unterschied fällt harmonisch und nicht störend aus. Echte Kapitälchen sind als Expert Fonts speziell geschnitten und als «Sonderzeichen» zum normalen Schnitt erhältlich.

EUROPA	*Europa*	Links echte Kapitälchen der PMN Caecilia. Versalien wirken statisch und monumental, der kursive Schnitt (rechts) weicher und beweglicher.
DAS NEUE EUROPA	Das*neue*Europa	Links unechte Kapitälchen aus der Stone Serif: Die Strichstärken sind unterschiedlich. Rechts: eine Schriftkombination (Caslon/Helvetica) wirkt gut.
EUROPA	neues Wochenblatt	Spielerischer Umgang mit dem Zeitungskopf kann schnell ausarten. Rechts das typografisch bessere Beispiel. Schrift: Neue Helvetica.
zip	Europa	Links «Junge» Typografie mit der Schrift Born Free, rechts ein Beispiel mit der Delta, wie man durch Variation einen Schriftzug gestalten kann.
60 jours	INTERNAT	Links handschriftlich gezeichneter Schriftzug, rechts eine Anreicherung mit einer Linie. Schrift: Centennial.
Letter	 Mark	Es können auch Bildverarbeitungsprogramme für den Kopf hinzugezogen werden. Es braucht nicht alles 08/15 gestaltet zu werden.

Zeitungsköpfe ausserhalb des Spektrums gebrochener Schriften wirken moderner und aufgeschlossener.

Designelement Zeitungskopf

Eine Zeitung soll aussehen wie eine Zeitung? Die Zeitungsköpfe sehen heute wohl sehr trist aus. Einmal mehr ist hier zu bemerken: die Menschen orientieren sich visuell nach den elektronischen Medien. Trends werden durch das Fernsehen, durch Multimedia oder das Internet gesetzt. Die heranwachsende Generation, die heute mehr als früher visuell aufwächst, wird morgen der altmodisch gestalteten Zeitung eher skeptisch gegenüberstehen. Gerade gebrochene Schriften im Zeitungskopf bezeugen nicht «aktuell», sondern «alt». Stehen in der Zeitung die Nachrichten, die man gestern im Radio oder Fernsehen mitbekam? Ist deswegen altmodisches Design nicht mehr als passend? Oder zeigt sich in gebrochenen Schriften eine ganz besondere Ästhetik?

Designelement Schrift

Die Schriftwahl für den Grundtext

Die Schrift einer Zeitung oder auch einer Zeitschrift darf nicht einfach nach Gefühl oder Gefallen ausgesucht werden. Bei der Hauszeitung sind z. B. Corporate-Design-Ansprüche zu berücksichtigen. Bei der Wahl ist zu unterscheiden zwischen Lesetext und Titeleien. Da der Lese- oder Grundtext für die Verweildauer wichtiger ist, muss sie zuerst ausgesucht werden. Die Titelschrift bestimmt jedoch die Attraktivität, das Gesicht der Zeitung, Grundtext wird eher als Graufläche angesehen.

Die Grauwirkung der Grundschrift ist auf Seite 173 beschrieben.

Zusammenhänge

Da heutige Zeitungsrotationen in der Regel wesentlich genauer und besser drucken als frühere Hochdruckrotationen, ist man in der Schriftwahl nicht mehr so sehr auf eigentliche Zeitungsschriften angewiesen.

Über die Spalteneinteilung siehe auf Seite 130.

Die Spaltenbreite bringt ein erstes Kriterium. Weil in den meisten Fällen eine Zeitung im Blocksatz gestaltet wird, gibt die Spaltenbreite die Anzahl Buchstaben vor, die auf einer Zeile Platz finden. Man zählt dabei auch die Wortzwischenräume mit. Im Werksatz (Bücher) gilt 50 bis 60 Buchstaben als optimal, in der Zeitung ist dies jedoch nur bei vierspaltigem Satz zu schaffen. Zu viele Augensprünge bei schmaler Satzbreite erschweren das mühelose Aufnehmen des Textes und zu lange Zeilen verhindern ein schnelles Auffinden der nächsten Zeile. Als Faustregel können 39 Buchstaben inklusive Wortzwischenräume gelten – dies entspricht 1,5 Mal der Buchstabenzahl des Alphabetes.

Die Spaltenbreite wird bestimmt durch das Zeitungsformat, die Ränder, die Anzahl der Spalten und die Spaltenabstände (Zwischenschläge). Sie beträgt zwischen 45 und 70 mm je nach Zeitungstyp. «Lesezeitungen» wie die «Frankfurter Allgemeine» (57 mm), «Die Zeit» (67 mm) oder die «Neue Zürcher Zeitung» (70 mm) haben eine eher grössere und konstante Spaltenbreite. «Bild», «Blick», «l'Unità» und andere weniger «strenge» Zeitungen verändern die Spaltenbreite wahlweise und setzen schon in 29 mm Breite einen Blocksatz!

Die optimale Spaltenbreite darf nicht für sich allein gesehen werden. Sie hängt von der verwendeten Schrift und der Grösse ab. Optimal heisst, dass die Wortzwischenräume im Blocksatz nicht allzu stark variieren. Falls sich in der Spalte weisse Löcher häufen, dann ist entweder die Schrift zu gross gewählt oder aber die Spaltenbreite zu klein. Folgende Kriterien nehmen auf die Lesbarkeit der Schrift Einfluss:

- Schriftcharakter
- Schriftschnitt
- Grösse
- Zeilenabstand
- Zeilenlänge
- Buchstabenzahl pro Zeile
- Trennungen
- Zwischenräume (Buchstabe, Wort, Zeile, Spalte)
- Farbe
- Hintergrund

Formale Kriterien

Alle «klassischen» Grundschriften können ohne Bedenken eingesetzt werden, sofern man sie nicht über jedes Mass hinaus verzerrt. Unter klassischen Schriften verstehe ich jene, die schon in Bleisatzzeiten für Mengensatz eingesetzt wurden, z. B. Garamond, Sabon oder Bembo. Für die Zeitung gelten zusätzlich besondere Kriterien: Die Schrift sollte nicht allzu breit laufen, sonst finden in der Spalte wenig Buchstaben Platz. Dann sollte sie offen wirken, eher grosszügige Innenräume und keine zu feinen Serifen aufweisen (Drucktechnik). Schliesslich muss sie gut ausgebaut, mit sämtlichen Sonderzeichen versehen sein. Eine Leseschrift sollte in mindestens vier Schnitten erhältlich sein: Normal, halbfett, kursiv und halbfett kursiv. Moderne Ansprüche gehen sogar noch weiter und erwarten diverse Zwischenschnitte, eine schmale oder breite Reihe. Viele Zeitungen benützen Schriften, die sie speziell für ihre Bedürfnisse abändern lassen.

Eine gute Leseschrift soll sich durch ihre Gestaltung nicht in den Vordergrund drängen, sie soll einfach unauffällig dastehen, dem Lesen dienlich sein. Sie darf sich deshalb keine Extravaganzen leisten – so quasi der perfekte Butler im Hintergrund, ständig unauffällig präsent.

Formata

Hanf

Meta

Hanf

Avenir

Hanf

Syntax

Hanf

Beim Aussuchen einer Schrift lohnt es sich zweifellos, genauer hinzusehen: die Proportionen von Mittellänge zu Oberlänge, die Strichstärke, das Verhältnis von Majuskel- zu Minuskelbreite, Details wie Schrägen von Anstrichen, Verjüngungen von Stämmen, spitze oder stumpfe Anstriche. Der unerhörte Detailreichtum kommt jedoch erst bei grossen Schriftgraden zur Geltung.

Ob Schriften mit oder ohne Serifen besser lesbar seien? So kann das nicht beantwortet werden, weil es gut lesbare Serifenlose und schlecht lesbare Serifenschriften gibt. Die Füsschen verstärken die Schriftlinie – zusammen mit der Mittellinie wird das Zeilenband besser hervorgehoben. Aus diesem Grund benötigen Serifenschriften etwas weniger Zeilenabstand als Serifenlose. Der Hauptgrund, weshalb in allen Mengensatzprodukten wie Zeitungen, Büchern, Zeitschriften hauptsächlich Serifenschriften zum Einsatz gelangen.

Weitere Informationen zum Thema «Lesbarkeit» ab Seite 60, der Zeilenabstand wird auf Seite 174 vertieft.

Stellvertretend für eine ganze Reihe von Leseschriften sei die Meridien besonders hervorgehoben. Ihre Eleganz und ihre gekrümmten Serifen geben ihr das gewisse Etwas. *Die* PMN Caecilia *gehört zu meinen Lieblingsschriften. Sie ist ausgewogen – hat einen harmonischen Klang, auch in den kursiven Schnitten.* Die Veljovic ist eine charakterstarke und eigenwillige Schrift, die durch einen markanten Serifenbau auffällt. Die Concorde Nova ist eine echte Alternative für die schmallaufende und in vielen Computermagazinen verwendete ITC Garamond Condensed. Die Versailles gefällt, weil sie so rundlich und weich daherkommt. Mit ihren hohen Mittellängen ist sie auch in kleinen Graden als Leseschrift noch gut lesbar. Trotz aller Unkenrufe gestalte ich kleinere Publikationen mit der Rotis Serif, die vor allem eigenartig offene e und c aufweist. Eckig und kantig zeigt sich auch die Legacy, welche sich dennoch gut als Leseschrift anbietet. Zudem gibt es sie in den Varianten mit und ohne Serifen, die zum Kombinieren einladen.

Selbstverständlich sollen auch die Serifenlosen nicht als Leseschrift verschmäht werden. An die erste Stelle setze ich die Vectora, die schmal und hoch daherstolziert. Eine aus wenig verständlichen Gründen kaum bekannte Schrift, die News Gothic, ist für mich ein eigentlicher Geheimtip. Auch sie läuft relativ schmal und ist gut zu lesen. Die Multiple Master Technologie hat uns eine weitere Schrift beschert, die Myriad. Man kann sie stufenlos verbreitern und **verdicken,** sie bietet sich deshalb als universelle Lese- und Titelschrift an. Aber Achtung, diese Schrift verlangt einen virtuosen Umgang mit der Typografie und einiges Fingerspitzengefühl. Ein weiteres heisses Eisen im Fontstall heisst Meta. Sie weist abgeschrägte Anstriche auf und ist in verschiedenen Stärken erhältlich. Stark und markant ist ihr Auftritt sowohl bei Leseschriften als auch bei Titeleien. Wenig gebraucht wird die Avenir, die gewisse Ähnlichkeiten mit der bekannteren Schwester, der Futura, aufweist. Die Stärken sind ganz fein abgestuft, sie kann auf jedes Produkt abgestimmt werden.

Designelement Schrift

Möglichst viele Buchstaben pro Zeile
Nebst rein formalen Kriterien sollte Zeitungsmacher beschäftigen, wie viele Buchstaben pro Zeile Platz finden. Verleger und Schreiber möchten so viel wie möglich berichten – diesem Willen soll entsprochen werden. Viel Text unterzubringen ist durch mehrere Massnahmen machbar. Viel Text reinpferchen, bedeutet unter Umständen wider die Lesbarkeit handeln.

Wer Schriften schmaler stellt, bringt mehr Buchstaben auf eine Zeile. Nun kann man die Schrift nicht einfach schmal verzerren, nein, nur das nicht. Eine Leseschrift soll möglichst original verwendet werden, oder dann nur so viel schmal gestellt, dass der Normalleser nichts merkt. Jedes Verändern der Breite bringt einen minimalen Leseverlust. Die Grenze ist je nach Schrifttyp bei einem Verzug von etwa 10–15% erreicht.

Schmale Schriften können oft etwas grösser gesetzt werden als normale, sie dürfen dann allerdings nicht zu eng und nicht zu leicht (zu dünn) gestaltet werden.

Um Text einzubringen, kann man auch den Zeilenabstand verkleinern. Auch dies bringt einen Verlust an Lesekomfort. Die letzte Möglichkeit stellt das Verändern der Laufweite dar. Das allerdings beurteile ich als am wenigsten ergiebig und am schlechtesten für die Lesbarkeit. Computerschriften sind sowieso für 12 Punkt optimiert und wirken in kleineren Graden automatisch zu eng. Schriften unter 12 Punkt sollte man besser etwas weiter halten, auf keinen Fall enger als normal.

Siehe auf Seite 174.

Nebst rein formalen Kriterien sollte Zeitungsmacher beschäftigen, wie viele Buchstaben pro Zeile Platz finden. Verleger und Schreiber möchten so viel wie möglich berichten – diesem Willen soll entsprochen werden. Viel Text unterzubringen ist durch mehrere Massnahmen machbar. Wer jedoch viel Text unterbringt, handelt unter Umständen wider die Lesbarkeit.

9 Punkt Galliard, Zeilenabstand 10 Punkt, Text nicht verzerrt.

Nebst rein formalen Kriterien sollte Zeitungsmacher beschäftigen, wie viele Buchstaben pro Zeile Platz finden. Verleger und Schreiber möchten so viel wie möglich berichten – diesem Willen soll entsprochen werden. Viel Text unterzubringen ist durch mehrere Massnahmen machbar. Wer jedoch viel Text unterbringt, handelt unter Umständen wider die Lesbarkeit.

9 Punkt Galliard, Zeilenabstand 10 Punkt, Text 90% schmalgestellt. Die Platzeinsparung infolge des Schmalstellens liegt bei etwa 10%.

Nebst rein formalen Kriterien sollte Zeitungsmacher beschäftigen, wie viele Buchstaben pro Zeile Platz finden. Verleger und Schreiber möchten so viel wie möglich berichten – diesem Willen soll entsprochen werden. Viel Text unterzubringen ist durch mehrere Massnahmen machbar. Wer jedoch viel Text unterbringt, handelt unter Umständen wider die Lesbarkeit.

8,5 Punkt Galliard, Zeilenabstand 9,5 Punkt, Text nicht verzerrt. Die Reduktion der Schriftgrösse um einen halben Punkt bringt etwa 10% Platzeinsparung.

Nebst rein formalen Kriterien sollte Zeitungsmacher beschäftigen, wie viele Buchstaben pro Zeile Platz finden. Verleger und Schreiber möchten so viel wie möglich berichten – diesem Willen soll entsprochen werden. Viel Text unterzubringen ist durch mehrere Massnahmen machbar. Wer jedoch viel Text unterbringt, handelt unter Umständen wider die Lesbarkeit.

8,5 Punkt Galliard, Zeilenabstand 9 Punkt, Text 90% schmalgestellt. Am meisten Platz spart, wer eine kleinere Schrift in Kombination mit dem Schmalstellen wählt.

100%   90%   80%   70%   60%

ssss salz

Links der Originalbuchstabe, nach rechts zunehmende Verzerrung in 10%-Schritten. Vergleichen Sie die Verstümmelung mit dem Original.

8,3 Punkt Centennial	Nebst rein formalen Kriterien sollte Zeitungsmacher beschäftigen, wie viele Buchstaben pro Zeile Platz finden. Verleger und Schreiber möchten so viel wie möglich berichten – diesem Willen soll entsprochen werden. Viel Text unterzubringen ist durch mehrere Massnahmen machbar. Wer jedoch viel Text unterbringt, handelt unter Umständen wider die Lesbarkeit.	Um zu beurteilen, wie viele Buchstaben eine Schrift pro Zeile reinbringt, setzt man verschiedene Schriften so, dass sie alle die gleiche Ausdehnung besitzen. In unserem Beispiel laufen alle Zeilen genau gleich. Nun kann man sehen, welche Schrift am grössten scheint. Diese bringt am meisten Text rein.
8,4 Punkt Concorde	Nebst rein formalen Kriterien sollte Zeitungsmacher beschäftigen, wie viele Buchstaben pro Zeile Platz finden. Verleger und Schreiber möchten so viel wie möglich berichten – diesem Willen soll entsprochen werden. Viel Text unterzubringen ist durch mehrere Massnahmen machbar. Wer jedoch viel Text unterbringt, handelt unter Umständen wider die Lesbarkeit.	Schriften sind nämlich nicht automatisch gleich gross: die Unterschiede zwischen einer 10 Punkt Times und der 10 Punkt Perpetua sind beträchtlich.
8,9 Punkt Century Old Style	Nebst rein formalen Kriterien sollte Zeitungsmacher beschäftigen, wie viele Buchstaben pro Zeile Platz finden. Verleger und Schreiber möchten so viel wie möglich berichten – diesem Willen soll entsprochen werden. Viel Text unterzubringen ist durch mehrere Massnahmen machbar. Wer jedoch viel Text unterbringt, handelt unter Umständen wider die Lesbarkeit.	Klein wirken die Baskerville und Centennial – deutlich grösser die Century Old Style und die Vectora. Die beiden Condensed-Schnitte unten wirken im Vergleich am grössten.
8,8 Punkt Baskerville	Nebst rein formalen Kriterien sollte Zeitungsmacher beschäftigen, wie viele Buchstaben pro Zeile Platz finden. Verleger und Schreiber möchten so viel wie möglich berichten – diesem Willen soll entsprochen werden. Viel Text unterzubringen ist durch mehrere Massnahmen machbar. Wer jedoch viel Text unterbringt, handelt unter Umständen wider die Lesbarkeit.	
8,9 Times Ten	Nebst rein formalen Kriterien sollte Zeitungsmacher beschäftigen, wie viele Buchstaben pro Zeile Platz finden. Verleger und Schreiber möchten so viel wie möglich berichten – diesem Willen soll entsprochen werden. Viel Text unterzubringen ist durch mehrere Massnahmen machbar. Wer jedoch viel Text unterbringt, handelt unter Umständen wider die Lesbarkeit.	
8,6 Punkt Vectora	Nebst rein formalen Kriterien sollte Zeitungsmacher beschäftigen, wie viele Buchstaben pro Zeile Platz finden. Verleger und Schreiber möchten so viel wie möglich berichten – diesem Willen soll entsprochen werden. Viel Text unterzubringen ist durch mehrere Massnahmen machbar. Wer jedoch viel Text unterbringt, handelt unter Umständen wider die Lesbarkeit.	
12,2 Punkt ITC Garamond Light Condensed	Nebst rein formalen Kriterien sollte Zeitungsmacher beschäftigen, wie viele Buchstaben pro Zeile Platz finden. Verleger und Schreiber möchten so viel wie möglich berichten – diesem Willen soll entsprochen werden. Viel Text unterzubringen ist durch mehrere Massnahmen machbar. Wer jedoch viel Text unterbringt, handelt unter Umständen wider die Lesbarkeit.	Mit schmalen Schriften bringt man logischerweise am meisten Text unter. Condensed-Schnitte sind wegen der hohen Innenräume eher ungewohnt und in der Regel schlechter leserlich. Allzu oft werden sie zu eng gesetzt, zudem ist der Schnitt «light» in Lesegrössen zu dünn.
11,2 Punkt Neue Helvetica Light Condensed	Nebst rein formalen Kriterien sollte Zeitungsmacher beschäftigen, wie viele Buchstaben pro Zeile Platz finden. Verleger und Schreiber möchten so viel wie möglich berichten – diesem Willen soll entsprochen werden. Viel Text unterzubringen ist durch mehrere Massnahmen machbar. Wer jedoch viel Text unterbringt, handelt unter Umständen wider die Lesbarkeit.	

Perpetua Times Ten

Schriften sind unterschiedlich gross gezeichnet. Die 24 Punkt Perpetua ist viel kleiner als eine 24 Punkt Times.

Designelement Schrift

Grenzenlos Schriften verändern

Schriften willkürlich zu stauchen ist ein Tanz auf dem Hochseil, weil man nie richtig weiss, wann es genug ist. Eine Drehung zuviel geschraubt, und schon steht man neben den Schuhen bzw. dem Seil. Eine relativ neue Technologie schafft hier Abhilfe: Die Multiple-Master-Font-Technologie von Adobe. Basierend auf verschiedenen Eckdaten einer Schrift kann der Duktus in stufenlosen Schritten verändert werden, ohne dass dabei die schrecklichen Verzerrungsbilder auftreten. Mit anderen Worten: Eine Schrift lässt sich von schmal bis breit, von leicht bis fett stufenlos verändern. Zudem kann die Laufweite gleich mit optimiert werden – ein Paradies für Typogurus. Diese Technologie erlaubt nämlich, was sonst verloren geht: Kleinere Schriften sind in der herkömmlichen PC-Satzherstellung oft zu dünn, sie zeichnen zu spitz und sind schwierig auf die Druckplatte zu übertragen. Das rührt daher, weil sie nur gerade für die Grösse 12 Punkt geschnitten wurden. Schriftgrade unter 10 Punkt sollten tendenziell eher dicker gehalten werden, ab etwa 24 Punkt eher dünner.

Besonders krasse Beispiele sind die Bodoni oder die Bauer Bodoni, die mit ihren spitzen Haarstrichen in kleinen Graden kaum mehr lesbar sind. Sie sind deshalb nicht geeignet, als Hausschrift oder als Brotschrift eingesetzt zu werden.

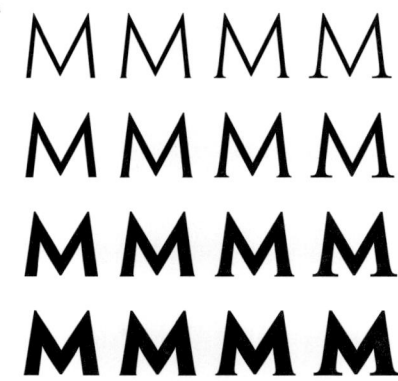

Oben der Multiple Masterfont Penumbra (existiert nur in Versalien), unten die Myriad mit je zwei verschiedenen Designachsen. Die Schriften können ganz individuell auf die entsprechenden Produkte abgestimmt werden.

Die Bauer Bodoni

ist nur in genügend grossen Schriftgraden einzusetzen. Sie eignet sich nicht als Leseschrift, weil die feinen Serifen optisch fast verschwinden. Auch die so oft verwendete Bodoni ist ein Fehlgriff, wenn man sie als Grundtext einsetzen will.

Acht Schriftbeispiele der Minion Multiple Master. Auf jede Grösse, auf jedes Bedürfnis die optimal abgestimmte Schrift.

Mit diesem Textbeispiel wird verdeutlicht, was mit der Multiple-Master-Font-Technologie herauszuholen ist: die gleiche Schrift, achtmal anders geschnitten. Es treten keine Verluste auf, wie wenn man gewöhnliche Schriften staucht. Klar, dass man auch verschiedene Schnitte mischen kann und die Schriften perfekt zusammenpassen, z. B. Titel fett und schlank, Grundtext normal und Kästchentext etwas dicker, weil er in einem Rasterhintergrund steht.

Mit diesem Textbeispiel wird verdeutlicht, was mit der Multiple-Master-Font-Technologie herauszuholen ist: die gleiche Schrift, achtmal anders geschnitten. Es treten keine Verluste auf, wie wenn man gewöhnliche Schriften staucht. Klar, dass man auch verschiedene Schnitte mischen kann und die Schriften perfekt zusammenpassen, z. B. Titel fett und schlank, Grundtext normal und Kästchentext etwas dicker, weil er in einem Rasterhintergrund steht.

Mit diesem Textbeispiel wird verdeutlicht, was mit der Multiple-Master-Font-Technologie herauszuholen ist: die gleiche Schrift, achtmal anders geschnitten. Es treten keine Verluste auf, wie wenn man gewöhnliche Schriften staucht. Klar, dass man auch verschiedene Schnitte mischen kann und die Schriften perfekt zusammenpassen, z. B. Titel fett und schlank, Grundtext normal und Kästchentext etwas dicker, weil er in einem Rasterhintergrund steht.

Mit diesem Textbeispiel wird verdeutlicht, was mit der Multiple-Master-Font-Technologie herauszuholen ist: die gleiche Schrift, achtmal anders geschnitten. Es treten keine Verluste auf, wie wenn man gewöhnliche Schriften staucht. Klar, dass man auch verschiedene Schnitte mischen kann und die Schriften perfekt zusammenpassen, z. B. Titel fett und schlank, Grundtext normal und Kästchentext etwas dicker, weil er in einem Rasterhintergrund steht.

Mit diesem Textbeispiel wird verdeutlicht, was mit der Multiple-Master-Font-Technologie herauszuholen ist: die gleiche Schrift, achtmal anders geschnitten. Es treten keine Verluste auf, wie wenn man gewöhnliche Schriften staucht. Klar, dass man auch verschiedene Schnitte mischen kann und die Schriften perfekt zusammenpassen, z. B. Titel fett und schlank, Grundtext normal und Kästchentext etwas dicker, weil er in einem Rasterhintergrund steht.

Mit diesem Textbeispiel wird verdeutlicht, was mit der Multiple-Master-Font-Technologie herauszuholen ist: die gleiche Schrift, achtmal anders geschnitten. Es treten keine Verluste auf, wie wenn man gewöhnliche Schriften staucht. Klar, dass man auch verschiedene Schnitte mischen kann und die Schriften perfekt zusammenpassen, z. B. Titel fett und schlank, Grundtext normal und Kästchentext etwas dicker, weil er in einem Rasterhintergrund steht.

Mit diesem Textbeispiel wird verdeutlicht, was mit der Multiple-Master-Font-Technologie herauszuholen ist: die gleiche Schrift, achtmal anders geschnitten. Es treten keine Verluste auf, wie wenn man gewöhnliche Schriften staucht. Klar, dass man auch verschiedene Schnitte mischen kann und die Schriften perfekt zusammenpassen, z. B. Titel fett und schlank, Grundtext normal und Kästchentext etwas dicker, weil er in einem Rasterhintergrund steht.

Mit diesem Textbeispiel wird verdeutlicht, was mit der Multiple-Master-Font-Technologie herauszuholen ist: die gleiche Schrift, achtmal anders geschnitten. Es treten keine Verluste auf, wie wenn man gewöhnliche Schriften staucht. Klar, dass man auch verschiedene Schnitte mischen kann und die Schriften perfekt zusammenpassen, z. B. Titel fett und schlank, Grundtext normal und Kästchentext etwas dicker, weil er in einem Rasterhintergrund steht.

Designelement Schrift

Die Laufweite der Schrift
Electronic Publishing oder die Satzherstellung mit Personal Computern haben uns eine Flut von Schriften beschert. Sie alle wurden auf eine durchschnittliche Grösse digitalisiert, nämlich auf 12 Punkt. Das menschliche Auge reagiert nun auf Schriften in unterschiedlicher Grösse und Konsistenz anders.

Eine feine schwarze Schrift wird durch das Papierweiss überstrahlt und umgekehrt wirkt eine negativ weisse Schrift auf schwarzem Grund heller. Weiss überstrahlt Schwarz.

Auch in der Grösse werden Schriften unterschiedlich wahrgenommen. Je kleiner die Schrift, desto weiter muss die Laufweite gehalten werden. Sonst besteht die Gefahr, dass die Buchstabenteile zusammenlaufen. Umgekehrt müssen grössere Schriften eher enger gehalten werden, sonst fallen sie auseinander.

Auch in der Grösse werden Schriften unterschiedlich wahrgenommen. Je kleiner die Schrift, desto weiter muss die Laufweite gehalten werden. Sonst besteht die Gefahr, dass die Buchstabenteile zusammenlaufen. Umgekehrt müssen grössere Schriften eher weiter gehalten werden, sonst fallen sie auseinander.

10 Punkt Futura Book. Laufweite in Quark XPress mit −6 Einheiten unterschnitten; die Schrift wirkt viel zu eng.

Auch in der Grösse werden Schriften unterschiedlich wahrgenommen. Je kleiner die Schrift, desto weiter muss die Laufweite gehalten werden. Sonst besteht die Gefahr, dass die Buchstabenteile zusammenlaufen. Umgekehrt müssen grössere Schriften eher weiter gehalten werden, sonst fallen sie auseinander.

Die Laufweite wirkt mit −2 Einheiten unterschnitten immer noch zu eng.

Auch in der Grösse werden Schriften unterschiedlich wahrgenommen. Je kleiner die Schrift, desto weiter muss die Laufweite gehalten werden. Sonst besteht die Gefahr, dass die Buchstabenteile zusammenlaufen. Umgekehrt müssen grössere Schriften eher weiter gehalten werden, sonst fallen sie auseinander.

Laufweite normal, nicht unterschnitten. Wir nähern uns dem Optimum.

Auch in der Grösse werden Schriften unterschiedlich wahrgenommen. Je kleiner die Schrift, desto weiter muss die Laufweite gehalten werden. Sonst besteht die Gefahr, dass die Buchstabenteile zusammenlaufen. Umgekehrt müssen grössere Schriften eher weiter gehalten werden, sonst fallen sie auseinander.

Laufweite mit 1 Einheit gesperrt. Dies stellt ungefähr das Optimum an Leserlichkeit dar.

Auch in der Grösse werden Schriften unterschiedlich wahrgenommen. Je kleiner die Schrift, desto weiter muss die Laufweite gehalten werden. Sonst besteht die Gefahr, dass die Buchstabenteile zusammenlaufen. Umgekehrt müssen grössere Schriften eher weiter gehalten werden, sonst fallen sie auseinander.

Die Laufweite wurde mit 6 Einheiten gesperrt. Das Schriftbild fällt auseinander.

Kleine Grössen müssen weiter gehalten werden.

6 pt +6 Einheiten	Die Laufweite anpassen
7 pt +5 Einheiten	Die Laufweite anpassen
8 pt +4 Einheiten	Die Laufweite anpassen
9 pt +3 Einheiten	Die Laufweite anpassen
10 pt +2 Einheiten	Die Laufweite anpassen

Bei 12 Punkt ist der Schnitt optimiert. Grau sind die originalen Laufweiten dargestellt, schwarz die manuell korrigierten. Die Werte gelten für das Layoutprogramm XPress.

12 pt / 0 Einheiten — Die Laufweite anpassen

14 pt / −1 Einheit — Die Laufweite anpassen

16 pt / −1 Einheit — Die Laufweite anpassen

18 pt / −2 Einheiten — Die Laufweite anpassen

24 pt / −2 Einheiten — Die Laufweite anpassen

28 pt / −3 Einheiten — Die Laufweite anpassen

36 pt / −4 Einheiten — Die Laufweite anpassen

48 pt / −5 Einheiten — Die Laufweite anpasse

60 pt / −7 Einheiten — Die Laufweite anp

60 pt / −10 Einheiten — Die Laufweite

Je grösser die Schrift, desto enger darf sie gehalten werden. Schrift: Officina Sans.

Designelement Schrift

Die Schriftgrösse

Schriftbilder sind nicht normiert, deshalb kann man sich nicht auf eine bestimmte Grösse festlegen. Die Schriftgrösse in Punkt bezieht sich auf die sogenannte Kegelhöhe (gesamter Platzbedarf mit Ober- und Unterlänge) und nicht auf die Versalbuchstabenhöhe. Der Lesetext für eine Zeitung ist in der Regel zwischen 8 und 11 Punkt gross. Zu kleine Grade machen manchem schlechter Sehenden keine Freude. Der Text soll für Normalsichtige auch bei schlechteren Lichtverhältnissen noch gut lesbar sein. Dies ist ein Grund, der für kräftigere Schriften spricht.

 Die Schriftgrösse wird nicht einfach nach Gefühl bestimmt. Die Spaltenbreite gibt die Zeilenbreite vor, diese nimmt eine Anzahl Buchstaben mit Zwischenräumen auf. Je grösser die Schrift, desto weniger Wörter haben Platz. Die Folge daraus: Es häufen sich die unschönen, den Lesefluss hemmenden weissen Löcher im Satz. Wenn grosse, weisse Löcher als Zwischenräume auftreten, dann ist die Schrift für die gewählte Spaltenbreite zu gross. Verhindern kann man dies nur, indem die Schrift entsprechend angepasst (Charakter, Verzug, Laufweite) oder dann die Spaltenbreite vergrössert wird.

Der optimale Wortzwischenraum sollte die einzelnen Wörter klar trennen. Auf der einen Seite dürfen sie nicht zusammenlaufen, auf der anderen nicht auseinanderfallen. Fonts von oben: Frutiger, Impact, Helvetica Extended.

minimum gummi drum
minimum gummi drum
minimum gummi drum

minimum gummi drum
minimum gummi drum
minimumgummidrum

minimum gummi drum
minimum gummi drum
minimumgummidrum

Schriftgrösse = gesamter Platzbedarf

hq

1 Geviert = Schriftgrösse im Quadrat

⅓ Geviert

n n n   t t

Punzenweite des n   Dickte des t

Das Wort ist reich
Das Wort ist reich
Das Wort ist reich
Das Wort ist reich

Der optimale Wortzwischenraum

Leserlichkeit hat im Mengensatz also mit den Wortzwischenräumen zu tun. Dafür gibt es ein paar Faustregeln. Als optimal gilt der Zwischenraum, den der Schriftschöpfer seiner Schrift mit auf den Weg gegeben hat. Ganz einfach herauszufinden: Statt Blocksatz einen Flattersatz setzen – und schon finden Sie einen Anhaltspunkt für den Wortzwischenraum.

 Die Faustregel besagt, dass der optimale Wortzwischenraum einen Drittel eines Geviertes ausmacht, was der Dickte eines kleinen t oder der Punzenweite des kleinen n entspricht. Nun sind die Buchstaben jedoch unterschiedlich breit, deshalb gilt dies nur als Faustregel. Schmale und dicke Schriften benötigen etwas weniger Zwischenraum, breite, offene Schriften oder Versalien etwas mehr.

 Die Laufweite spielt ebenfalls eine Rolle: Je enger sie gehalten wird, desto enger kann auch der Wortzwischenraum sein.

8 Punkt Concorde Nova

Beim Blocksatz werden die Zeilen vorn und hinten gerade ausgeschlossen – sie bilden einen Block. Dabei ist der Wortzwischenraum variabel. Ausgehend von einem Optimum, welches im Flattersatz zur Anwendung gelangt, und dem eingesetzten Trennprogramm werden die einzelnen Wortzwischenräume grösser oder kleiner gemacht. Die Varia-

9 Punkt Concorde Nova

Beim Blocksatz werden die Zeilen vorn und hinten gerade ausgeschlossen – sie bilden einen Block. Dabei ist der Wortzwischenraum variabel. Ausgehend von einem Optimum, welches im Flattersatz zur Anwendung gelangt, und dem eingesetzten Trennprogramm werden die ein-

10 Punkt Concorde Nova

Beim Blocksatz werden die Zeilen vorn und hinten gerade ausgeschlossen – sie bilden einen Block. Dabei ist der Wortzwischenraum variabel. Ausgehend von einem Optimum, welches im Flattersatz zur Anwendung gelangt, und dem

11 Punkt Concorde Nova

Beim Blocksatz werden die Zeilen vorn und hinten gerade ausgeschlossen – sie bilden einen Block. Dabei ist der Wortzwischenraum variabel. Ausgehend von einem Opti-

Der Wortzwischenraum wird aus der Spaltenbreite und der angepassten Schriftgrösse gebildet. Eine schmal laufende Schrift erträgt in akzeptablen Lesegrössen schmalere Spalten (30 mm).

8 Punkt Concorde Nova

Beim Blocksatz werden die Zeilen vorn und hinten gerade ausgeschlossen – sie bilden einen Block. Dabei ist der Wortzwischenraum variabel. Ausgehend von einem Optimum, welches im Flattersatz zur Anwendung gelangt, und dem eingesetzten Trennprogramm werden die einzelnen Wortzwischenräume grösser oder kleiner gemacht. Die Variablen sollten nicht die Hälfte des Optimums unterschreiten und nicht das Doppelte überschreiten. Regelmässige Wortzwischenräume sind für die Lesbarkeit am angenehmsten.

9 Punkt Concorde Nova

Beim Blocksatz werden die Zeilen vorn und hinten gerade ausgeschlossen – sie bilden einen Block. Dabei ist der Wortzwischenraum variabel. Ausgehend von einem Optimum, welches im Flattersatz zur Anwendung gelangt, und dem eingesetzten Trennprogramm werden die einzelnen Wortzwischenräume grösser oder kleiner gemacht. Die Variablen sollten nicht die Hälfte des Optimums unterschreiten und

10 Punkt Concorde Nova

Beim Blocksatz werden die Zeilen vorn und hinten gerade ausgeschlossen – sie bilden einen Block. Dabei ist der Wortzwischenraum variabel. Ausgehend von einem Optimum, welches im Flattersatz zur Anwendung gelangt, und dem eingesetzten Trennprogramm werden die einzelnen Wortzwischenräume grösser oder kleiner gemacht.

Schon bei 42 mm Spaltenbreite kann die 9 Punkt Concorde Nova eingesetzt werden – es treten kaum weisse Löcher auf. Diese Spaltenbreite ist für die 10 Punkt bereits zu klein.

8 Punkt Eurostile

Beim Blocksatz werden die Zeilen vorn und hinten gerade ausgeschlossen – sie bilden einen Block. Dabei ist der Wortzwischenraum variabel. Ausgehend von einem Optimum, welches im Flattersatz zur Anwendung gelangt, und dem eingesetzten Trennprogramm werden die einzelnen Wortzwischenräume grösser oder kleiner gemacht. Die Variablen sollten nicht die Hälfte des Optimums unter-

9 Punkt Eurostile

Beim Blocksatz werden die Zeilen vorn und hinten gerade ausgeschlossen – sie bilden einen Block. Dabei ist der Wortzwischenraum variabel. Ausgehend von einem Optimum, welches im Flattersatz zur Anwendung gelangt, und dem eingesetzten Trennprogramm werden die einzelnen Wortzwischenräume grösser oder kleiner ge-

10 Punkt Eurostile

Beim Blocksatz werden die Zeilen vorn und hinten gerade ausgeschlossen – sie bilden einen Block. Dabei ist der Wortzwischenraum variabel. Ausgehend von einem Optimum, welches im Flattersatz zur Anwendung gelangt, und dem eingesetzten Trennprogramm

Die gleiche Spaltenbreite kann einer breiten Schrift (Eurostile) das Genick brechen. Die weissen Löcher treten schon bei 8 Punkt Grösse auf.

10 Punkt Concorde Nova

Beim Blocksatz werden die Zeilen vorn und hinten gerade ausgeschlossen – sie bilden einen Block. Dabei ist der Wortzwischenraum variabel. Ausgehend von einem Optimum, welches im Flattersatz zur Anwendung gelangt, und dem eingesetzten Trennprogramm werden die einzelnen Wortzwischenräume grösser oder kleiner gemacht. Die Variablen sollten nicht die Hälfte des Optimums unterschrei-

10 Punkt Eurostile

Beim Blocksatz werden die Zeilen vorn und hinten gerade ausgeschlossen – sie bilden einen Block. Dabei ist der Wortzwischenraum variabel. Ausgehend von einem Optimum, welches im Flattersatz zur Anwendung gelangt, und dem eingesetzten Trennprogramm werden die einzelner Wortzwischenräume grösser

Bei 66 mm Spaltenbreite ist man flexibler in der Schriftwahl. Auch breit laufende Schriften bilden im Blocksatz weniger Löcher.

Designelement Schrift

Beim Blocksatz werden die Zeilen vorn und hinten gerade ausgeschlossen – sie bilden einen Block. Dabei ist der Wortzwischenraum variabel. Ausgehend von einem Optimum, welches im Flattersatz zur Anwendung gelangt, und dem eingesetzten Trennprogramm werden die einzelnen Wortzwischenräume grösser oder kleiner gemacht. Die Variablen sollten nicht die Hälfte des Optimums unterschreiten und nicht das Doppelte überschreiten. Regelmässige Wortzwischenräume sind für die Lesbarkeit am angenehmsten.

Mit den Einstellungen des Trennprogramms kann die Satzästhetik beeinflusst werden. Die Wortzwischenräume sind hier eng gehalten. Ausgehend von einem Optimum von 80% des normalen Zwischenraumes sind die Varationsgrenzen nach unten und oben bei 40% und 150% des Optimums festgelegt.

Alle Einstellungen aus QuarkXPress, Menü Bearbeiten, S&B.

Beim Blocksatz werden die Zeilen vorn und hinten gerade ausgeschlossen – sie bilden einen Block. Dabei ist der Wortzwischenraum variabel. Ausgehend von einem Optimum, welches im Flattersatz zur Anwendung gelangt, und dem eingesetzten Trennprogramm, werden die einzelnen Wortzwischenräume grösser oder kleiner gemacht. Die Variablen sollten nicht die Hälfte des Optimums unterschreiten und nicht das Doppelte überschreiten. Regelmässige Wortzwischenräume sind für die Lesbarkeit am angenehmsten.

Hier wurde mit «Standardwerten» gearbeitet: Optimum 100%, Minimum 50%, Maximum 200%. Das Satzbild ist deutlich schlechter als oben, die Zwischenräume zu gross. Optimum bedeutet aus dem Amerikanischen ein enspace, was unserem Halbgeviert entspricht.

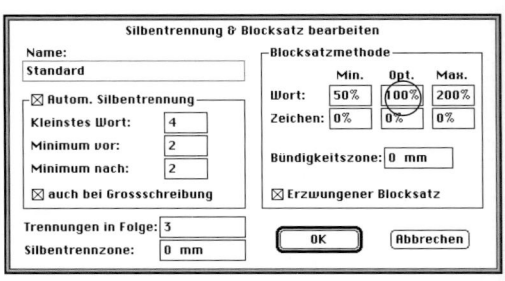

Beim Blocksatz werden die Zeilen vorn und hinten gerade ausgeschlossen – sie bilden einen Block. Dabei ist der Wortzwischenraum variabel. Ausgehend von einem Optimum, welches im Flattersatz zur Anwendung gelangt, und dem eingesetzten Trennprogramm, werden die einzelnen Wortzwischenräume grösser oder kleiner gemacht. Die Variablen sollten nicht die Hälfte des Optimums unterschreiten und nicht das Doppelte überschreiten. Regelmässige Wortzwischenräume sind für die Lesbarkeit am angenehmsten.

Bei diesem Satz erzeugt das Trennprogramm viel zu grosse Wortzwischenräume. Optimum 150%, Minimum 100%, Maximum 300%.

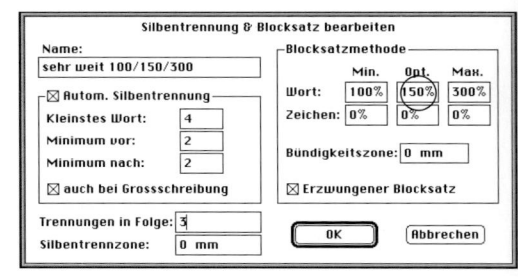

Beim Blocksatz werden die Zeilen vorn und hinten gerade ausgeschlossen – sie bilden einen Block. Dabei ist der Wortzwischenraum variabel. Ausgehend von einem Optimum, welches im Flattersatz zur Anwendung gelangt, und dem eingesetzten Trennprogramm, werden die einzelnen Wortzwischenräume grösser oder kleiner gemacht. Die Variablen sollten nicht die Hälfte des Optimums unterschreiten und nicht das Doppelte überschreiten. Regelmässige Wortzwischenräume sind für die Lesbarkeit am angenehmsten.

Hier ist der Zieharmonikaeffekt zu sehen. Das Trennprogramm ist so eingestellt, dass auch zwischen den einzelnen Buchstaben Raum verändert wird. Für eine gut lesbare Typografie ist diese Einstellung Gift.

Die Grauwirkung der Grundschrift

Die einzelnen Buchstaben zu einem Zeilenband aufgereiht, diese zu einem ganzen Satzblock, ergibt die berühmte Grauwirkung des Satzbildes. Die Grauwirkung wird geprägt durch den Schriftcharakter und den Zeilenabstand. Je kräftiger der Duktus der Schrift, desto schneller kommt ein Zeilenband zum Vorschein. Demzufolge muss eine kräftige Schrift nicht so viel Zeilenabstand aufweisen wie eine leichte. Die meisten Zeitungen minimieren den Zeilenabstand auf das Allernotwendigste, weil dadurch viel Platz gewonnen wird, beziehungsweise mehr Text geschrieben werden kann. Von der Leserlichkeit her gesehen kann behauptet werden, dass es keine signifikanten Unterschiede gibt zwischen einer helleren und dunkleren Schrift, wenn sie sonst einwandfrei gezeichnet wurde. Von der Anmutung her beurteilt wirkt eine leichte und offene Schrift luftiger, heller und angenehmer als eine kräftig zeichnende, die eher düster wirkt.

Die Drucktechnik spielt auch hier eine Rolle: Papier, Übertragungsgenauigkeit auf den Druckträger, Druckprozess und Farbe sind nicht automatisch in der Lage, mit allen Feinheiten einer Schrift fertig zu werden. Eine feine Schrift wird oft gröber wiedergegeben. Aus diesem Grund muss die Grundschrift unter Praxisbedingungen in der Druckmaschine angedruckt werden, wenn sie auf ihre Tauglichkeit hin geprüft werden soll.

Siehe dazu auch auf Seite 62.

Zeitungen werden heute eher wieder luftiger gestaltet. Luftig bedeutet mehr Zeilenabstand, grössere Weissräume, Laufweite etwas grösser halten. Die Schrift trägt mit der Grauwirkung ebenfalls zur Anmutung der Zeitung bei. Schriften, die stärker zeichnen, werden ihre Kraft auch bei der Gesamtwirkung entfalten. Allzu feine Schriften wiederum sind bei einigen Zeitungen nicht erwünscht, weil die Drucktechnik damit eher

Times / Meridien Roman

Zeitungen werden heute eher wieder luftiger gestaltet. Luftig bedeutet mehr Zeilenabstand, grössere Weissräume, Laufweite etwas grösser halten. Die Schrift trägt mit der Grauwirkung ebenfalls zur Anmutung der Zeitung bei. Schriften, die stärker zeichnen, werden ihre Kraft auch bei der Gesamtwirkung entfalten. Allzu feine Schriften wiederum sind bei einigen Zeitungen nicht erwünscht, weil die Drucktechnik damit eher Mühe be-

Caslon 540 / Centennial

Zeitungen werden heute eher wieder luftiger gestaltet. Luftig bedeutet mehr Zeilenabstand, grössere Weissräume, Laufweite etwas grösser halten. Die Schrift trägt mit der Grauwirkung ebenfalls zur Anmutung der Zeitung bei. Schriften, die stärker zeichnen, werden ihre Kraft auch bei der Gesamtwirkung entfalten. Allzu feine Schriften wiederum sind bei einigen Zeitungen nicht erwünscht, weil die Drucktechnik damit eher Mühe be-

Officina Serif / Stone Serif

Der Zeilenabstand

In der Zeitung kann mit dem Zeilenabstand am meisten Platz geschaffen werden. Nun ist es aber ein Irrtum zu glauben, man könne den Zeilenabstand beliebig verkleinern. Wie beim Wortabstand gibt es auch hier ein Optimum, welches – Sie ahnen es – von bestimmten Faktoren abhängt. Sicher am wichtigsten ist die Zeilenbreite. Je länger die Zeile, desto grösser der Zeilenabstand, heisst eine Regel für die optimale Lesbarkeit von Grundtext. Wenn wir einen normalen Zeilenabstand als etwa 120% der Schriftgrösse definieren, erhalten wir in den meisten Fällen einen optischen Anhaltspunkt. Anders kann man die Grauwirkung einer Satzfläche auch erfahren, wenn man die Augen etwas zusammenkneift und auf die Zeilen zwinkert. Dann müssten eigentlich die einzelnen Zeilen noch knapp erkennbar bleiben. Eine andere Regel besagt, dass der optische Zeilenabstand etwa das Anderthalbfache der Mittellänge ausmachen soll.

Ein zweiter Faktor für den Zeilenabstand ist die Grauwirkung der Zeile. Je stärker das Schriftbild, desto weniger Zeilenabstand, je leichter die Schrift, desto grösser muss der Zeilenabstand sein.

Der dritte Faktor betrifft den Schriftcharakter. Bei ausgeprägten Serifen oder bei Mittellängenbetonung (hohe Mittellängen und kleine Ober- und Unterlängen) tritt das Zeilenband stärker hervor. Serifenschriften benötigen deshalb in der Regel weniger Zeilenabstand als Serifenlose.

Die Korrekturen am «automatisch» durch die PCs generierten Zeilenabstand von 120% sind minim und bewegen sich im Bereich von einem bis zwei Punkten. Wohlverstanden, in den meisten Blättern arbeitet man nicht mit dem Optimum, sondern mit dem absoluten Minimum, ohne dass deswegen ein starker Verlust an Lesekomfort auftritt. Wenn der Zeilenabstand gleich wie die Schriftgrösse ist, spricht man von kompressem Satz: Schriftgrösse 10 Punkt, Zeilenabstand ebenfalls 10 Punkt. Ein negativer Zeilenabstand liegt vor, wenn dieser kleiner ist als die Schriftgrösse, auch das gibt es: Schriftgrösse 10 Punkt, Zeilenabstand 9 Punkt. Die Schmerzgrenze wird überschritten, wenn sich die Unterlängen der oberen Zeile mit den Oberlängen der Folgezeile berühren. Die höchsten «Erhebungen» beim Buchstabenbild sind übrigens die Akzente auf den Versalbuchstaben. Wer möchte schon, dass sie in der Schlinge eines kleinen g der oberen Zeile verschwinden?

Zu kleine Zeilenabstände liegen dann vor, wenn der Augensprung vom Zeilenende zur nächsten Zeile nicht mehr ohne Schwierigkeiten erfolgt. Besonders bei langen Zeilen, etwa bei einem Vorspann über zwei oder drei Spalten, gilt es, genügend Zeilenabstand zu schaffen.

Generell sind heute Tendenzen bemerkbar, das Satzbild nicht mehr kompress zu halten und mehr Luft dazwischen zu geben. Weniger ist offenbar mehr. (Zyniker meinen, man lese ja heute eh nicht mehr so viel.)

Der automatische Zeilenabstand wird mit «Schriftgrösse + 20%» berechnet, wobei sich «Schriftgrösse» auf den gesamten Platzbedarf in der Höhe bezieht.

Der Zeilenabstand, absolut von Schriftlinie zu Schriftlinie gemessen, ergibt bei unterschiedlichen Mittellängen unterschiedliche Weissräume dazwischen.

Der optische Zeilenabstand ist für die Zeilenführung verantwortlich. Je nach Schrift, Serifen, Strichstärke und Breite ist er unterschiedlich einzusetzen.

Der optimale Zeilenabstand wird proportional gemessen und beträgt etwa das Anderthalbfache der Mittellänge. Schriften: links Vectora, rechts Perpetua.

Zeilenabstand 7,5 Punkt	Der Zeilenabstand hängt vom Schriftcharakter, vom Schnitt und von der Zeilenlänge ab. Leichte Schriften und längere Zeilen benötigen mehr Abstand als kurze Zeilen und fette Schriften. Optisch wahrnehmbar ist das Zeilenband durch den optischen Zeilenabstand oder die Schrift ohne Ober- und Unterlängen, die praktisch keinen Einfluss haben. In Zeitungen kommt es da-
Zeilenabstand 8 Punkt	Der Zeilenabstand hängt vom Schriftcharakter, vom Schnitt und von der Zeilenlänge ab. Leichte Schriften und längere Zeilen benötigen mehr Abstand als kurze Zeilen und fette Schriften. Optisch wahrnehmbar ist das Zeilenband durch den optischen Zeilenabstand oder die Schrift ohne Ober- und Unterlängen, die praktisch keinen Einfluss haben. In Zeitungen kommt es da-
Zeilenabstand 8,5 Punkt	Der Zeilenabstand hängt vom Schriftcharakter, vom Schnitt und von der Zeilenlänge ab. Leichte Schriften und längere Zeilen benötigen mehr Abstand als kurze Zeilen und fette Schriften. Optisch wahrnehmbar ist das Zeilenband durch den optischen Zeilenabstand oder die Schrift ohne Ober- und Unterlängen, die praktisch keinen Einfluss haben. In Zeitungen kommt es da-
Zeilenabstand 9 Punkt	Der Zeilenabstand hängt vom Schriftcharakter, vom Schnitt und von der Zeilenlänge ab. Leichte Schriften und längere Zeilen benötigen mehr Abstand als kurze Zeilen und fette Schriften. Optisch wahrnehmbar ist das Zeilenband durch den optischen Zeilenabstand oder die Schrift ohne Ober- und Unterlängen, die praktisch keinen Einfluss haben. In Zeitungen kommt es da-
Zeilenabstand 9,5 Punkt	Der Zeilenabstand hängt vom Schriftcharakter, vom Schnitt und von der Zeilenlänge ab. Leichte Schriften und längere Zeilen benötigen mehr Abstand als kurze Zeilen und fette Schriften. Optisch wahrnehmbar ist das Zeilenband durch den optischen Zeilenabstand oder die Schrift ohne Ober- und Unterlängen, die praktisch keinen Einfluss haben. In Zeitungen kommt es da-
Zeilenabstand 10 Punkt	Der Zeilenabstand hängt vom Schriftcharakter, vom Schnitt und von der Zeilenlänge ab. Leichte Schriften und längere Zeilen benötigen mehr Abstand als kurze Zeilen und fette Schriften. Optisch wahrnehmbar ist das Zeilenband durch den optischen Zeilenabstand oder die Schrift ohne Ober- und Unterlängen, die praktisch keinen Einfluss haben. In Zeitungen kommt es da-
Zeilenabstand 10,5 Punkt	Der Zeilenabstand hängt vom Schriftcharakter, vom Schnitt und von der Zeilenlänge ab. Leichte Schriften und längere Zeilen benötigen mehr Abstand als kurze Zeilen und fette Schriften. Optisch wahrnehmbar ist das Zeilenband durch den optischen Zeilenabstand oder die Schrift ohne Ober- und Unterlängen, die praktisch keinen Einfluss haben. In Zeitungen kommt es da-
Zeilenabstand 11 Punkt	Der Zeilenabstand hängt vom Schriftcharakter, vom Schnitt und von der Zeilenlänge ab. Leichte Schriften und längere Zeilen benötigen mehr Abstand als kurze Zeilen und fette Schriften. Optisch wahrnehmbar ist das Zeilenband durch den optischen Zeilenabstand oder die Schrift ohne Ober- und Unterlängen, die praktisch keinen Einfluss haben. In Zeitungen kommt es da-

Der Zeilenabstand hängt vom Schriftcharakter, vom Schnitt und von der Zeilenlänge ab. Leichte Schriften und längere Zeilen benötigen mehr Abstand als kurze Zeilen und fette Schriften. Optisch wahrnehmbar ist das Zeilenband durch den optischen Zeilenabstand oder die Schrift ohne Ober- und Unterlängen, die praktisch keinen Einfluss haben. In Zeitungen ist es wichtig, möglichst viele Zeilen pro Artikel unterzubringen; jeder halbe Punkt, der eingespart werden kann, ist wertvoll und darf nicht

Der Zeilenabstand hängt vom Schriftcharakter, vom Schnitt und von der Zeilenlänge ab. Leichte Schriften und längere Zeilen benötigen mehr Abstand als kurze Zeilen und fette Schriften. Optisch wahrnehmbar ist das Zeilenband durch den optischen Zeilenabstand oder die Schrift ohne Ober- und Unterlängen, die praktisch keinen Einfluss haben. In Zeitungen ist es wichtig, möglichst viele Zeilen pro Artikel unterzubringen; jeder halbe Punkt, der eingespart werden kann, ist wertvoll und darf nicht

Der Zeilenabstand hängt vom Schriftcharakter, vom Schnitt und von der Zeilenlänge ab. Leichte Schriften und längere Zeilen benötigen mehr Abstand als kurze Zeilen und fette Schriften. Optisch wahrnehmbar ist das Zeilenband durch den optischen Zeilenabstand oder die Schrift ohne Ober- und Unterlängen, die praktisch keinen Einfluss haben. In Zeitungen ist es wichtig, möglichst viele Zeilen pro Artikel unterzubringen; jeder halbe Punkt, der eingespart werden kann, ist wertvoll und darf nicht

Der Zeilenabstand hängt vom Schriftcharakter, vom Schnitt und von der Zeilenlänge ab. Leichte Schriften und längere Zeilen benötigen mehr Abstand als kurze Zeilen und fette Schriften. Optisch wahrnehmbar ist das Zeilenband durch den optischen Zeilenabstand oder die Schrift ohne Ober- und Unterlängen, die praktisch keinen Einfluss haben. In Zeitungen ist es wichtig, möglichst viele Zeilen pro Artikel unterzubringen; jeder halbe Punkt, der eingespart werden kann, ist wertvoll und darf nicht

Der Zeilenabstand hängt vom Schriftcharakter, vom Schnitt und von der Zeilenlänge ab. Leichte Schriften und längere Zeilen benötigen mehr Abstand als kurze Zeilen und fette Schriften. Optisch wahrnehmbar ist das Zeilenband durch den optischen Zeilenabstand oder die Schrift ohne Ober- und Unterlängen, die praktisch keinen Einfluss haben. In Zeitungen ist es wichtig, möglichst viele Zeilen pro Artikel unterzubringen; jeder halbe Punkt, der eingespart werden kann, ist wertvoll und darf nicht

Der Zeilenabstand hängt vom Schriftcharakter, vom Schnitt und von der Zeilenlänge ab. Leichte Schriften und längere Zeilen benötigen mehr Abstand als kurze Zeilen und fette Schriften. Optisch wahrnehmbar ist das Zeilenband durch den optischen Zeilenabstand oder die Schrift ohne Ober- und Unterlängen, die praktisch keinen Einfluss haben. In Zeitungen ist es wichtig, möglichst viele Zeilen pro Artikel unterzubringen; jeder halbe Punkt, der eingespart werden kann, ist wertvoll und darf nicht

Der Zeilenabstand hängt vom Schriftcharakter, vom Schnitt und von der Zeilenlänge ab. Leichte Schriften und längere Zeilen benötigen mehr Abstand als kurze Zeilen und fette Schriften. Optisch wahrnehmbar ist das Zeilenband durch den optischen Zeilenabstand oder die Schrift ohne Ober- und Unterlängen, die praktisch keinen Einfluss haben. In Zeitungen ist es wichtig, möglichst viele Zeilen pro Artikel unterzubringen; jeder halbe Punkt, der eingespart werden kann, ist wertvoll und darf nicht

Der Zeilenabstand hängt vom Schriftcharakter, vom Schnitt und von der Zeilenlänge ab. Leichte Schriften und längere Zeilen benötigen mehr Abstand als kurze Zeilen und fette Schriften. Optisch wahrnehmbar ist das Zeilenband durch den optischen Zeilenabstand oder die Schrift ohne Ober- und Unterlängen, die praktisch keinen Einfluss haben. In Zeitungen ist es wichtig, möglichst viele Zeilen pro Artikel unterzubringen; jeder halbe Punkt, der eingespart werden kann, ist wertvoll und darf nicht

Bandbreite für den (knappen) Zeilenabstand in Printmedien

Links die 9 Punkt Serifa Light mit ausgeprägten Serifen, rechts die serifenlose Formata Light Condensed, mit vergleichbarer x-Höhe. Beim Zeilenabstand ist auf das weisse Zeilenband zwischen den Zeilen zu achten, in der Fachsprache mit optischem Zeilenabstand bezeichnet. Kompakte und kräftigere Schriften und Serifenschriften benötigen in der Regel eher weniger Zeilenabstand, der natürlich auch von der Zeilenlänge abhängt.

Designelement Schrift

Der Zeilenabstand hängt
ab vom Schriftcharakter,
vom Schnitt und von der
Zeilenlänge. Leichte und
längere Zeilen benötigen

Der Zeilenabstand hängt vom Schriftcharakter,
vom Schnitt und von der Zeilenlänge ab. Leichte Schriften und längere Zeilen benötigen mehr
Abstand als kurze Zeilen und fette Schriften.
Sehr deutlich wahrnehmbar ist das Zeilenband

Der Zeilenabstand hängt vom Schriftcharakter, vom Schnitt und von der
Zeilenlänge ab. Leichte Schriften und längere Zeilen benötigen mehr Abstand als kurze Zeilen und fette Schriften. Optisch wahrnehmbar ist das
Zeilenband durch den optischen Zeilenabstand oder die Schrift ohne
Ober- und Unterlängen, die praktisch ohne Einfluss sind.

Unsere Wahrnehmung täuscht. Der Zeilenabstand der ersten Textgruppe scheint grösser zu sein als jener der beiden längeren, obwohl er bei allen drei Gruppen 12 Punkt beträgt. Schrift: Utopia.

Bei diesen drei Beispielen wurde der Zeilenabstand der Länge angepasst und scheint ausgewogen, bei allen gleich gross. Oben beträgt er 12 Punkt, in der Mitte 12,7 und unten 13,5 Punkt.

Der Zeilenabstand hängt
ab vom Schriftcharakter,
vom Schnitt und von der
Zeilenlänge. Leichte und
längere Zeilen benötigen

Der Zeilenabstand hängt vom Schriftcharakter,
vom Schnitt und von der Zeilenlänge ab. Leichte Schriften und längere Zeilen benötigen mehr
Abstand als kurze Zeilen und fette Schriften.
Sehr deutlich wahrnehmbar ist das Zeilenband

Der Zeilenabstand hängt vom Schriftcharakter, vom Schnitt und von der
Zeilenlänge ab. Leichte Schriften und längere Zeilen benötigen mehr Abstand als kurze Zeilen und fette Schriften. Optisch wahrnehmbar ist das
Zeilenband durch den optischen Zeilenabstand oder die Schrift ohne
Ober- und Unterlängen, die praktisch ohne Einfluss sind.

Ob eine Schrift Serifen aufweist oder nicht, spielt für die Lesbarkeit eine untergeordnete Rolle. Die Serifen sind jedoch für die Geschlossenheit des Wortbildes verantwortlich und verursachen klarere optische Zeilenabstände.

Ob eine Schrift Serifen aufweist oder nicht, spielt für die Lesbarkeit eine untergeordnete Rolle. Die Serifen sind jedoch für die Geschlossenheit des Wortbildes verantwortlich und verursachen klarere optische Zeilenabstände.

Teilweise abgedeckte Zeilen zeigen auf, dass der obere Teil besser lesbar ist. Offenbar spielt die Orientierung des Auges entlang der Mittellänge eine ebenso grosse Rolle wie die Serifen. Schrift: Frutiger.

Ob eine Schrift Serifen aufweist oder nicht, spielt für die Lesbarkeit eine untergeordnete Rolle. Die Serifen sind jedoch für die Geschlossenheit des Wortbildes verantwortlich und verursachen klarere optische Zeilenabstände.

Ob eine Schrift Serifen aufweist oder nicht, spielt für die Lesbarkeit eine untergeordnete Rolle. Die Serifen sind jedoch für die Geschlossenheit des Wortbildes verantwortlich und verursachen klarere optische Zeilenabstände.

Bei einer Serifenschrift tritt dasselbe Phänomen auf. Man kann jedoch beobachten, dass die einzelnen Wörter besser hervortreten, weil das Wortbild geschlossener dasteht. Schrift: LinoLetter.

Ob eine Schrift Serifen aufweist oder nicht, spielt für die Lesbarkeit eine untergeordnete Rolle. Die Serifen sind jedoch für die Geschlossenheit des Wortbildes verantwortlich und verursachen klarere optische Zeilenabstände.

Sichtbarmachung des Zeilenbandes durch die Abdeckung der «untergeordneten» Bereiche. Mittellängen und Serifen sind an der horizontalen Führung über die Zeile gleichermassen beteiligt.

Designelement Schrift

Tempo mit dem Grundlinienraster

Moderne Umbruchprogramme und Redaktionssysteme erlauben, den Grundtext in allen Spalten auf einem unsichtbaren Netz auszurichten. Alle Zeilen alinieren sodann auf der Schriftlinie. Was ist davon zu halten?

Das Grundlinienraster gründet auf der Buchtypografie, kommt nicht aus einem Bedürfnis der Zeitungsmacher. Bei der Buchgestaltung ist es wichtig, dass die Zeilen der Vorderseite deckungsgleich mit den Zeilen der Rückseite übereinstimmen. Überprüfen lässt sich dies leicht, wenn man eine Buchseite gegen das Licht hält. Bei sorgfältigem Druck wird man Deckungsgleichheit feststellen. Ein Fachbegriff dafür heisst Register halten oder Registerhaltigkeit.

Der Hauptgrund für dieses Bestreben war ein wirtschaftlicher. Papier ist bekanntlich durchscheinend – je dünner das Papier, desto mehr scheint das auf der Rückseite Gedruckte durch. Aber das braucht man ja Zeitungsmachern nicht zu sagen. Im Werksatz ist die Papierdicke entscheidend für die Gesamtdicke des Buches. Taschenbücher müssen schlank, biegsam und handlich sein. Die Registerhaltigkeit garantiert, dass man relativ dünnes Papier bedrucken kann, ohne dass die Lesbarkeit durch den Widerdruck beeinträchtigt ist.

Der zweite Grund ist ein typografischer. Es ist ganz klar, dass regelmässige Zeilenabstände und Ränder ein typografisches Muss sind. Man bildet dafür einen Satzspiegel. Das Grundlinienraster bietet nun eine absolute Kontrolle über die Masshaltigkeit der Grundzeilen auf der Seite. Man muss nicht jedes Textblöckchen neu einpassen, das erledigt die Software.

Weil eben die neuen Redaktionssysteme dieses Feature enthalten, stellt sich die Frage, ob das Grundlinienraster auch im Zeitungsdesign angewendet werden soll. Die Antwort heisst Jein. Das Argument des Durchscheinens ist bei der Zeitung nicht so schlagkräftig, weil oft auf der Rückseite Anzeigen stehen, Bilder oder Titel, bei denen die Registerhaltigkeit sowieso nicht spielt. Hingegen ist die Papierdicke bei Zeitungen ein Argument für die Bild- und Titelgestaltung. Zeitungen mit dünnerem Papier verzichten eher auf dicke und flächenhafte typografische Wirkungen.

Die Perfektion der Ausrichtung des Lauftextes ist bei der Zeitung ebenfalls nicht sakrosankt, weil sie reichlich mit anderen Gliederungselementen durchsetzt ist. Die Weissräume werden in der Regel bei den Titeln ausgeglichen. Was soll dann das Grundlinienraster noch?

Es gibt dafür einen einzigen Grund: Man kann die Artikel mit mehr Tempo platzieren. Sie werden wie von Geisterhand ausgerichtet, eine Feinjustierung entfällt. Kein Hineinpixeln mehr, keine Hilfslinien – Text einfliessen lassen, alles sitzt, fertig. Wohlverstanden, ich spreche nur von Grundtext. Titel, Legenden, Zitate und anderes gehören *nicht* ins Grundliniennetz eingebunden! Wer Zwischentitel ebenfalls ans Grundliniengitter bindet, gewinnt dadurch typografische Einheitlichkeit, weil die Zwischenräume darüber und darunter auch bei zwei oder drei Zeilen gleich gehalten werden können. Zwischentitel können etwas grösser gehalten werden, wichtiger ist der gleiche Zeilenabstand.

Bei der Registerhaltigkeit (rechts) ist das Zeilenband weniger gestört, der Text besser leserlich. So sieht typografische und drucktechnische Perfektion aus. Links ist die Registerhaltigkeit nicht gegeben. Die Leserlichkeit ist schlechter, zudem wirkt das Ganze unordentlicher. Schriften: Versailles und Akzidenz-Grotesk Condensed.

Das Grundlinienraster gründet auf die Buchtypografie, kommt nicht aus einem Bedürfnis der Zeitungsmacher. Bei der Buchgestaltung ist es wichtig, dass die Zeilen der Vorderseite deckungsgleich mit den Zeilen der Rückseite übereinstimmen. Überprüfen lässt sich dies leicht, wenn man eine Buchseite gegen das Licht hält. Bei sorgfältigem Druck wird man Deckungsgleichheit feststellen. Ein Fachbegriff dafür heisst Register halten oder Registerhaltigkeit. Das Grundlinienraster gründet auf die Buchtypografie, kommt nicht aus einem Bedürfnis der Zeitungsmacher. Bei der Buchgestaltung ist es wichtig, dass die Zeilen der Vorderseite deckungs-

Das Grundlinienraster gründet auf die Buchtypografie, kommt nicht aus einem Bedürfnis der Zeitungsmacher. Bei der Buchgestaltung ist es wichtig, dass die Zeilen der Vorderseite deckungsgleich mit den Zeilen der Rückseite übereinstimmen. Überprüfen lässt sich dies leicht, wenn man eine Buchseite gegen das Licht hält. Bei sorgfältigem Druck wird man Deckungsgleichheit feststellen.

Das Grundlinienraster gründet auf die Buchtypografie, kommt nicht aus einem Bedürfnis der Zeitungsmacher. Bei der Buchgestaltung ist es wichtig, dass die Zeilen der Vorderseite deckungsgleich mit den Zeilen der Rückseite übereinstimmen.

Das Grundlinienraster gründet auf die Buchtypografie, kommt nicht aus einem Bedürfnis der Zeitungsmacher. Bei der Buchgestaltung ist es wichtig, dass die Zeilen der Vorderseite deckungsgleich mit den Zeilen der Rückseite übereinstimmen. Überprüfen lässt sich dies leicht, wenn man eine Buchseite gegen

Bei einem Fontwechsel oder bei Grössenwechsel (Lead, Legenden, Titel) kann der Text nicht mehr ins Grundlinienraster eingebunden werden.

Das Grundlinienraster gründet auf die Buchtypografie, kommt nicht aus einem Bedürfnis der Zeitungsmacher. Bei der Buchgestaltung ist es wichtig, dass die Zeilen der Vorder- deckungsgleich mit den Zeilen der Rückseite übereinstimmen.

Wo stehen die Zwischentitel?

Überprüfen lässt sich dies leicht, wenn man eine Buchseite gegen das Licht hält. Bei sorgfältigem Druck wird Deckungsgleichheit feststellen. Ein Fachbegriff dafür heisst Register halten oder Registerhaltigkeit.

Das Grundlinienraster gründet auf die Buchtypografie, kommt nicht aus einem Bedürfnis der Zeitungsmacher. Bei der Buchgestaltung ist es wichtig, dass die Zeilen der Vorder- deckungsgleich mit den Zeilen der Rückseite übereinstimmen.

Wo stehen die Zwischentitel?

Überprüfen lässt sich dies leicht, wenn man eine Buchseite gegen das Licht hält. Bei sorgfältigem Druck wird Deckungsgleichheit feststellen. Ein Fachbegriff dafür heisst Register halten oder Registerhaltigkeit.

Wenn einzeilige Zwischentitel verwendet werden, nehmen diese oft zwei Zeilen Platz in Anspruch. Links steht der Zwischentitel nicht im Raster, oben und unten wird ein kleiner Weissraum frei. Rechts ist er ins Grundliniengitter eingebunden.

Das Grundlinienraster gründet auf die Buchtypografie, kommt nicht aus einem Bedürfnis der Zeitungsmacher. Bei der Buchgestaltung ist es wichtig, dass die Zeilen der Vorder- deckungsgleich mit den Zeilen der Rückseite übereinstimmen.

Wie sieht es aus, wenn der Zwischentitel zwei Zeilen aufweist?

Überprüfen lässt sich dies leicht, wenn man eine Buchseite gegen das Licht hält. Bei sorgfältigem Druck wird Deckungsgleichheit feststellen. Ein Fachbegriff dafür heisst Register halten oder Registerhaltigkeit.

Das Grundlinienraster gründet auf die Buchtypografie, kommt nicht aus einem Bedürfnis der Zeitungsmacher. Bei der Buchgestaltung ist es wichtig, dass die Zeilen der Vorder- deckungsgleich mit den Zeilen der Rückseite übereinstimmen.

Ein grösserer Zwischentitel?

Überprüfen lässt sich dies leicht, wenn man eine Buchseite gegen das Licht hält. Bei sorgfältigem Druck wird Deckungsgleichheit feststellen. Ein Fachbegriff dafür heisst Register halten oder Registerhaltigkeit.

Bei der Gestaltung soll auch an mehrzeilige Zwischentitel gedacht werden. Wenn der Zwischentitel einen grösseren Zeilenabstand als der Grundtext aufweist, gibt es Probleme mit der einheitlichen Raumverteilung darunter und darüber. Bei einer Zeile, zwei oder drei Zeilen ist er dann unterschiedlich.

Das Grundlinienraster gründet auf die Buchtypografie, kommt nicht aus einem Bedürfnis der Zeitungsmacher. Bei der Buchgestaltung ist es wichtig, dass die Zeilen der Vorder- deckungsgleich mit den Zeilen der Rückseite übereinstimmen.

Ein dreizeiliger Zwischentitel ist zwar zu lang, trotzdem kann er bei schmalen Spalten vorkommen

Überprüfen lässt sich dies leicht, wenn man eine Buchseite gegen das Licht hält. Bei sorgfältigem Druck wird Deckungsgleichheit feststellen. Ein Fachbegriff dafür heisst Register halten oder Registerhaltigkeit.

Das Grundlinienraster gründet auf die Buchtypografie, kommt nicht aus einem Bedürfnis der Zeitungsmacher. Bei der Buchgestaltung ist es wichtig, dass die Zeilen der Vorder- deckungsgleich mit den Zeilen der Rückseite übereinstimmen.

Bei zwei Zeilen mit grösserem Zeilenabstand gibts Raumprobleme

Überprüfen lässt sich dies leicht, wenn man eine Buchseite gegen das Licht hält. Bei sorgfältigem Druck wird Deckungsgleichheit feststellen. Ein Fachbegriff dafür heisst Register halten oder Registerhaltigkeit.

Eine typografisch einheitliche Raumverteilung ist nur dann möglich, wenn der Zwischentitel den gleichen Zeilenabstand aufweist wie der Grundtext. Bei den linken Beispielen ist dies der Fall, obwohl die Zwischentitel nicht auf dem Grundlinienraster stehen.

Designelement Schrift

Die Titelschrift und Schriftkombinationen

Die Anmutungsqualität einer Zeitung wird sehr stark von der Titelschrift bestimmt. Während der Grundtext eher in seiner Masse als Grauwirkung wahrgenommen wird, vermag der Charakter einer Titelschrift durchaus Akzente zu setzen. Im Zusammenhang mit der Titelschrift stellen sich dem Gestalter weitere Fragen: Wie gross müssen die Titel sein? Sind sie einheitlich gross zu wählen? Müssen Titel aus derselben Schrift einheitlich gestaltet werden? Aus wie vielen Zeilen besteht ein Titel? Welche Kriterien sagen mir, dass Titel und Grundschrift zusammenpassen? Soll man Titel linksbündig oder zentriert setzen?

Anforderungen an eine Titelschrift

In Zeitungen werden Titel üblicherweise etwa zwischen 24 und 36 Punkt gesetzt. In dieser Grösse kommen die Feinheiten des Charakters gut zur Wirkung, deshalb suche man nach bestem Wissen und Gewissen die Titelschrift ebenso sorgfältig aus wie schon die Grundschrift. Die Titelschrift muss eine kräftige Zeichnung aufweisen, wie dies bei Schriftschnitten mit der Bezeichnung «bold» gegeben ist. Kräftige Schriften bilden einen guten Kontrast zu den Leseschriften; sie dominieren die Seite und wirken als Eintrittstore, deshalb dürfen sie ruhig entsprechend gross daherkommen. Je dicker und fetter, desto schreierischer wirken die Titel. In einer konservativen Postille wird man eher eine feinere Qualität antreffen als im Boulevardblatt.

Ein weiteres Bedürfnis: Die Titelschrift soll möglichst vielen Buchstaben Platz bieten, weil Titel im Maximum zwei Zeilen aufweisen sollten. Natürlich gibts auch Ausnahmen. Wenn wir Schriften einsetzen, die von Natur aus breit laufen, nötigen wir alle Schreiber zur Kürze in der Wortwahl. Gerade im Titel ist dies nicht immer angenehm. Wer in Titeln mehr Text verwenden kann, der hat eine grössere Wahl. Und genau darum geht es bei der Gestaltung. Sie soll Jounalisten unterstützen, nicht behindern.

Damit gelangen wir zur dritten Komponente: Die Titelschrift soll irgendwie zur Grundschrift passen. Damit ist nicht gemeint, dass Titel- und Grundschrift aus ein- und demselben Guss gemacht sind, z. B. Grundtext LinoLetter und Titel in LinoLetter Bold. Es gibt Charaktereigenschaften, die Schriften sehr ähnlich «schwingen» lassen, oder dann kann man durchaus mit der Titelschrift einen Kontrast herbeiführen.

Der Titelschriftcharakter

Die Wahl der Titelschrift bleibt weitgehend Intuition. Achten Sie darauf, dass sich Titel- und Grundschrift nicht «beissen». Ähnliche Charaktereigenschaften können mit einem Missklang daherkommen. Beispiele dafür sind etwa die bekannte Times, die ich niemals mit einer Garamond als Titelschrift mischen würde. Besser ist ein deutlicher Unterschied im Schriftschnitt, der einen willkommenen Kontrast zum Einerlei des Grundtextes darstellt.

Erlaubt ist selbstverständlich auch, den Titel kursiv zu stellen, was oft in Kästchen praktiziert wird. So haben alle Titel zwar denselben Charakter, weisen aber doch deutliche Unterschiede auf.

Beim Auswahlprozedere empfehle ich, innerhalb der gestalterischen Anforderungen eine eher schmallaufende Titelschrift in die engere Wahl zu ziehen.

Titelschriftgrössen

Entweder passt man die Titelschrift dem zur Verfügung stehenden Platz an oder man wählt den professionelleren Weg – und entscheidet sich im Voraus für bestimmte der Gewichtung entsprechende Grössen. Die Zeitung muss dann mit 5 bis 8 Abstufungen auskommen.

Bodoni

Klassizistische Antiqua eignen sich gut als Titelschrift. Neben der Bodoni gehören z. B. die Centennial, Walbaum, Linotype-Didot, New Century Schoolbook, Ellington und andere dazu.

Bell Gothic

Die Gruppe der schnörkellos geradlinigen serifenlosen Linearantiqua mit kräftiger Zeichnung ist ebenfalls geeignet. Beispiele sind zahlreich: Univers, Helvetica, Futura, Franklin Gothic, Stone Sans, Syntax u. a. m.

PMN Caecilia

Aus der Gruppe der serifenbetonten Linearantiqua kommen die wenigsten Titelschriften, wegen ihrer ausgeprägten Serifen hingegen einige Grundtextschriften: LinoLetter, Candida, Excelsior, Serifa, Clarendon, Egyptienne F, Impressum, Melior, Ionic usw.

Concorde Nova

Aus der Gruppe der Renaissance- und Barockantiqua kommen die meisten Titelschriften für Zeitungen wie die Garamond, Times, Sabon, Trump, Goudy, Life, Weiss-Antiqua usw.

Clearface

Aus der Gruppe der Antiquavarianten kommen eigentlich nur wenige Schriften in Frage, da sie sich in der Regel stark in den Vordergrund drängen, etwa die Souvenir oder die Optima.

Wittenberger Fraktur

Schriften, die derart historisch anmuten, sind nicht als Titelschrift geeignet. Man sieht sie jedoch immer noch in den Zeitungsköpfen. Beispiele: Fette Fraktur, Old English, Wilhelm-Klingspor-Gotisch usw.

Mambo

Nicht geeignet sind alle Schriften mit handschriftlichem Touch wie die Poetica, die Zapf Chancery, Mistral, Shelley, Present usw.

Designelement Schrift

Geeignete Titelschriften

Alle gradlinigen, schnörkellosen Schriften sind als Titelschrift geeignet. Dies betrifft den grössten Teil der Serifenlosen, der Gruppe Renaissance- und Barockantiqua nach der Klassifikation der Druckschriften. Auch klassizistische Schriften eignen sich vorzüglich, weil damit der stolze Charakter schön zum Tragen kommt. Schriften der Gruppe «Serifenbetonte Linearantiqua» kommen im Zeitungsdesign weniger in Frage, weil die «Klumpfüsschen» schwer aufliegen und uns an eine historische Zeitepoche erinnern. Antiquavarianten, Schreibschriften oder die modernen Designerfonts eignen sich gar nicht. Sie sind erstens schwer lesbar, zweitens zu eigenständig, zu auffällig und drittens wird man sich ihrer schnell überdrüssig.

Nebst dem eigentlichen Schriftcharakter gilt es, den Schnitt zu bestimmen. Eine gut ausgebaute Schrift verfügt über die verschiedensten Schriftschnitte, die jedoch nicht alle gleich gut als Titelschrift geeignet sind. Oft sind die Wortzwischenräume für Titel zu gross – sie müssen speziell angepasst werden.
Schrift: Akzidenz-Grotesk.

Titel mit Charakter
Impact

Titel mit Charakter
Formata

Titel mit Charakter
Folio Condensed Bold

Titel mit Charakter
Helvetica Inserat

Titel mit Charakter
Meta plus Black

Titel mit Charakter
Trade Gothic Condensed

Titel mit Charakter
Slimbach Black

Titel mit Charakter
Concorde Bold Condensed

Titel mit Charakter
LinoLetter Black

Titel mit Charakter
Swift Extrabold

Titel mit Charakter
Walbaum Bold

Titel mit Charakter
Centennial Black

Titel mit Charakter
Bodoni

Konstanz im Titel
Konstanz im Titel
Konstanz im Titel
Konstanz im Titel
Konstanz im Titel
Konstanz im Titel
Konstanz im Titel
Konstanz im Titel

Konstanz im Titel
Konstanz im Titel
Konstanz im Titel
Konstanz im Titel
Konstanz im Titel
Konstanz im Titel
Konstanz im Titel

Schriftmischungen

Bisher wurden nur der Grundtext und die Titelschriften näher besprochen. Schriftmischungen beziehen sich jedoch genauso auf Kästchen, Interviews, Quotes (Zitate), Legenden, Zwischentitel, Spitzmarken usw. Schon aus diesem Grund ist es falsch, einfach eine Grundtextschrift und eine Titelschrift auszusuchen – nach dem Motto: Der Rest wird sich schon finden lassen. Vor allem die Titelschrift sollte genügend variabel sein, um ein lebendiges Layout zu ermöglichen. Es sind dies die Designachsen «Breite» (schmal, normal, breit), «Stärke» (leicht, normal, halbfett, fett, extrafett) und «Lage» (geradestehend, kursiv). Eine solche Sippe nennt man Schriftfamilie. Mischungen innerhalb dieser Familie sind meistens problemlos möglich, weil die Designmerkmale der Schrift bei allen Schnitten übereinstimmen.

Wer verschiedene Charaktere mischt, der soll sich nach der Faustregel richten, die besagt: Achte auf einen möglichst grossen Unterschied der zu mischenden Fonts. Je kleiner der Unterschied, desto störender fällt eine Disharmonie ins Gewicht.

Schriftenmix
Syntax, Frutiger und Futura in einem Wort

Schriftenmix
Syntax

Schriftenmix
Frutiger

Schriftenmix
Futura

Beim ersten Wort scheint etwas nicht zu stimmen, Strichstärken, Proportionen und Rundungen sind irgendwie unausgewogen. Genau dies passiert, wenn man zu ähnliche Schriften mischt: Sie wollen einfach nicht zueinander passen. Die unteren drei Beispiele zeigen die Originalschnitte der Syntax, Frutiger und Futura.

Schriftenmix
Demos

Schriftenmix
Utopia

Hier stimmt das Merkmal «hohe Mittellänge» zwar überein, die minimale Vorwärtsneigung und flachen Bogen der Demos heben sich ab. Diese beiden Schriften würde ich nicht mischen.

Schriftenmix
Boton

Schriftenmix
LinoLetter

Zwei Schriften, die trotz ihrer gemeinsamen Charaktermerkmale noch gut mischbar sind, nicht zuletzt wegen ihres markanten Strichstärkeunterschiedes. Es gibt also auch Ausnahmen von der Regel.

Schriftenmix
LinoLetter Bold

Schriftenmix
LinoLetter Roman

Innerhalb einer Schriftfamilie findet man die perfekte Abstimmung zwischen den einzelnen Schnitten.

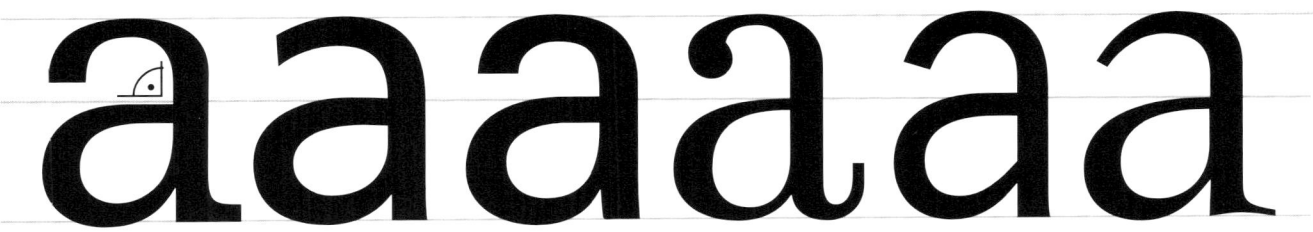

Egyptienne F   Frutiger   Univers   Centennial   Vectora   Meridien

Schriftdesigner haben ihre Vorlieben. Adrian Frutigers Schriften zeigen stets einen rechten Winkel beim Bauchansatz des kleinen a. Durch solche Merkmale sind die Schriften eher kombinierbar.

Designelement Schrift

Wie Schriften kombinieren?
Die vorhergehenden Ausführungen hatten zum Ziel, Auswahlkriterien für das bewusste Aussuchen von Schriften darzulegen. Nun besteht eine Zeitung nicht nur aus Grundtext und Titeln. Es gibt eine ganze Reihe von Möglichkeiten, wie wir die ausgesuchten Schriften einsetzen können. Die typografischen Gliederungselemente einer Zeitung heissen:

Titel
Untertitel
Spitzmarke
Zwischentitel
Kästchentitel
Kommentartitel
Rubriktitel
Grundtext
Auszeichnungstext
Kästchentext
Autorenhinweis
Seitenzahl (Pagina)
Interview
Quote (Zitat)
Vorspann (Lead)
Fussnote
Bildunterschrift
Quellenhinweis
Tabelle
Querverweis

Beginnen wir mit dem Grundtext. Variationen dazu sind der kursive Schnitt (italic, oblique). Meistens wird er in Kästchen oder im Kommentar verwendet. Der kursive Schnitt ist manchmal etwas heikel, nicht immer weist er dieselbe Anmutungsqualität auf wie der Grundtext. Bei der Wahl ist deshalb immer der kursive Schnitt mit einzubeziehen.

Es geht nun darum, einen gestalterisch attraktiven Mix aufzubauen. Ausgehend von der Grundschrift baut man weiter am Gerüst und versucht die weiteren Gliederungselemente passend zu variieren. Am wirkungsvollsten ist die Kombination von zwei oder drei Schriften. An den folgenden Beispielen soll dies erklärt werden.

Nur eine Schrift eingesetzt, z. B. Centennial

Grundschrift	Centennial Roman oder:	Centennial Light
Vorspann	***Centennial Bold Italic***	Centennial Roman
Titel, Zwischentitel	**Centennial Black**	**Centennial Bold**
Kästchentexte	*Centennial Italic*	*Centennial Italic*
Autorenhinweis	*Centennial Italic*	*Centennial Italic*
Kommentar	*Centennial Italic*	Centennial Roman
Legende	**Centennial Bold**	Centennial Light

Zwei Schriften eingesetzt, z. B. Centennial und Formata

Grundschrift	Centennial Roman oder:	Centennial Light
Vorspann	*Formata Light Italic*	*Centennial Italic*
Titel, Zwischentitel	**Formata Bold**	**Centennial Bold**
Kästchentexte	Formata Light	*Formata Light Italic*
Autorenhinweis	*Formata Italic*	**Formata Bold**
Kommentar	**Formata Bold**	*Centennial Italic*
Legende	**Centennial Bold**	Centennial Light

Centennial

Formata

Diverse Schriften halten den Text lebendig

Der Vorspann wird auch als Einleitungstext oder Lead bezeichnet. Er hebt sich vom Grundtext ab und ist immer sofort zu erkennen. Er kann entweder grösser als der Grundtext, kursiv oder halbfett gesetzt werden.

Ausgangslage für die Schriftwahl ist der Grundtext. Wegen der Variationsmöglichkeiten ist immer auch gleich der kursive Schnitt auf die Anmutung zu überprüfen. In den meisten Fällen wird der Grundtext aus einer Antiqua bestehen, weil man dann knappere Zeilenabstände fahren kann. Die Auszeichnungsmöglichkeiten für alle Gliederungselemente sind mannigfach. Man versuche, nicht einfach wild zu mischen und gleichartige Funktionen gleich zu gestalten.

Diverse Schriften halten den Text lebendig

Der Vorspann wird auch als Einleitungstext oder Lead bezeichnet. Er hebt sich vom Grundtext ab und ist immer sofort zu erkennen. Er kann entweder grösser als der Grundtext, kursiv oder halbfett gesetzt werden.

Ausgangslage für die Schriftwahl ist der Grundtext. Wegen der Variationsmöglichkeiten ist immer auch gleich der kursive Schnitt auf die Anmutung zu überprüfen. In den meisten Fällen wird der Grundtext aus einer Antiqua bestehen, weil man dann knappere Zeilenabstände fahren kann. Die Auszeichnungsmöglichkeiten für alle Gliederungselemente sind mannigfach. Man versuche, nicht einfach wild zu mischen und gleichartige Funktionen gleich zu gestalten.

Diverse Schriften halten den Text lebendig

Der Vorspann wird auch als Einleitungstext oder Lead bezeichnet. Er hebt sich vom Grundtext ab und ist immer sofort zu erkennen. Er kann entweder grösser als der Grundtext, kursiv oder halbfett gesetzt werden.

Ausgangslage für die Schriftwahl ist der Grundtext. Wegen der Variationsmöglichkeiten ist immer auch gleich der kursive Schnitt auf die Anmutung zu überprüfen. In den meisten Fällen wird der Grundtext aus einer Antiqua bestehen, weil man dann knappere Zeilenabstände fahren kann. Die Auszeichnungsmöglichkeiten für alle Gliederungselemente sind mannigfach. Man versuche, nicht einfach wild zu mischen und gleichartige Funktionen gleich zu gestalten.

Diverse Schriften halten den Text lebendig

Der Vorspann wird auch als Einleitungstext oder Lead bezeichnet. Er hebt sich vom Grundtext ab und ist immer sofort zu erkennen. Er kann entweder grösser als der Grundtext, kursiv oder halbfett gesetzt werden.

Ausgangslage für die Schriftwahl ist der Grundtext. Wegen der Variationsmöglichkeiten ist immer auch gleich der kursive Schnitt auf die Anmutung zu überprüfen. In den meisten Fällen wird der Grundtext aus einer Antiqua bestehen, weil man dann knappere Zeilenabstände fahren kann. Die Auszeichnungsmöglichkeiten für alle Gliederungselemente sind mannigfach. Man versuche, nicht einfach wild zu mischen und gleichartige Funktionen gleich zu gestalten.

Diverse Schriften halten den Text lebendig

Der Vorspann wird auch als Einleitungstext oder Lead bezeichnet. Er hebt sich vom Grundtext ab und ist immer sofort zu erkennen. Er kann entweder grösser als der Grundtext, kursiv oder halbfett gesetzt werden.

Ausgangslage für die Schriftwahl ist der Grundtext. Wegen der Variationsmöglichkeiten ist immer auch gleich der kursive Schnitt auf die Anmutung zu überprüfen. In den meisten Fällen wird der Grundtext aus einer Antiqua bestehen, weil man dann knappere Zeilenabstände fahren kann. Die Auszeichnungsmöglichkeiten für alle Gliederungselemente sind mannigfach. Man versuche, nicht einfach wild zu mischen und gleichartige Funktionen gleich zu gestalten.

Diverse Schriften halten den Text lebendig

Der Vorspann wird auch als Einleitungstext oder Lead bezeichnet. Er hebt sich vom Grundtext ab und ist immer sofort zu erkennen. Er kann entweder grösser als der Grundtext, kursiv oder halbfett gesetzt werden.

Ausgangslage für die Schriftwahl ist der Grundtext. Wegen der Variationsmöglichkeiten ist immer auch gleich der kursive Schnitt auf die Anmutung zu überprüfen. In den meisten Fällen wird der Grundtext aus einer Antiqua bestehen, weil man dann knappere Zeilenabstände fahren kann. Die Auszeichnungsmöglichkeiten für alle Gliederungselemente sind mannigfach. Man versuche, nicht einfach wild zu mischen und gleichartige Funktionen gleich zu gestalten.

Designelement Schrift

Titelstellung und Zeilenabstand

Was beim Grundtext als optimaler Zeilenabstand gilt, wird bereits bei den Titeln und anderen Auszeichnungsschriften über den Haufen geworfen. Haupttitel sollen so kompakt wie möglich wirken, was bei einem Zeilenabstand von 120% der Schriftgrösse (Grundeinstellung) häufig nicht der Fall ist. Deshalb muss je nach Titelschrift der Zeilenabstand für jede Grösse neu definiert werden. Ich gebe als Anhaltspunkt 100% bis 110% der Schriftgrösse als richtigen Zeilenabstand. Es kommt auf den umgebenden Weissraum an. Keine der Titelzeilen soll näher beim Lead oder Untertitel stehen als bei der andern Zeile. Dann nämlich fällt das ganze Gefüge auseinander.

Die Stellung der Titel gibt auch zu reden: In den allermeisten Fällen haben sich zentrierte Haupttitel durchgesetzt, die rechts und links mindestens die Hälfte der Spalte, über der sie stehen, füllen müssen. Wenn man auf eine Mittelachsenlösung setzt, heisst dies wiederum nicht, dass gleich alle Titel zentriert werden müssen. Unsere Beispiele rechts zeigen ein paar wenige Möglichkeiten.

Was sieht besser aus? Wenn die erste Titelzeile länger ist als die zweite oder umgekehrt? Nach unserer gewohnten Sehweise wirkt das Muster «kopfstehendes Trapez» eher dynamisch und labiler; wenn die untere Zeile länger ist, bekommen wir einen trägeren Eindruck.

Dynamik bei längeren ersten Zeilen.

Stabilität bei längeren unteren Zeilen.

Die Spitzmarke steht über dem Titel
Der Zeilenabstand beim Titel ist hier zu gross

Ein Vorspann sollte heute nicht mehr als drei bis vier Sätze umfassen. Die ellenlangen Einleitungstexte werden den Schnelllesern nicht gerecht.

Die Abstände machen einmal mehr das Gesicht der Zeitung aus. Man muss sich fragen, was denn nun eigentlich zusammengehört. Ich ordne Spitzmarke Titel und Untertitel als Einheit. Der Lead nimmt je nach Gestaltung eine besondere Stellung ein. Einmal kann er eher dem Titel zugeordnet werden, ein anderes Mal eher dem Grundtext.

Hier stimmt der Titel mit dem Zeilenabstand überein

Der Untertitel präzisiert den Titel

Ein Vorspann sollte heute nicht mehr als drei bis vier Sätze umfassen. Die ellenlangen Einleitungstexte werden den Schnelllesern nicht gerecht.

Die Abstände machen einmal mehr das Gesicht der Zeitung aus. Man muss sich fragen, was denn nun eigentlich zusammengehört. Ich ordne Spitzmarke Titel und Untertitel als Einheit. Der Lead nimmt je nach Gestaltung eine besondere Stellung ein. Einmal kann er eher dem Titel zugeordnet werden, ein anderes Mal eher dem Grundtext.

Die Spitzmarke steht über dem Titel
Bei linksbündigen Titeln entstehen eher Löcher

Ein Vorspann sollte heute nicht mehr als drei bis vier Sätze umfassen. Die ellenlangen Einleitungstexte werden den Schnelllesern nicht gerecht.

Die Abstände machen einmal mehr das Gesicht der Zeitung aus. Man muss sich fragen, was denn nun eigentlich zusammengehört. Ich ordne Spitzmarke, Titel und Untertitel als Einheit. Der Lead nimmt je nach Gestaltung eine besondere Stellung ein. Einmal kann er eher dem Titel zugeordnet werden, ein anderes Mal eher dem Grundtext.

Beim obersten Beispiel klaffen die Titelzeilen zu weit auseinander. Die Spitzmarke kann linksbündig gehalten werden, obschon der Titel eingemittet steht. In der Mitte ist der Zeilenabstand knapper. Wenn der Untertitel unter dem mittigen Titel steht, muss er ebenfalls eingemittet werden.
Unten zeigt sich die Problematik bei linksbündigen Titeln: Die Raumverteilung ist unausgewogener und es entstehen rechts weisse Löcher.
Schriften: Frutiger und Stone Serif.

Das scheinbar grenzenlose Marktpotential

PHONAK/*Der Stäfener Hörgeräte-Hersteller wagte vor zwei Jahren das Going public und gehört seitdem zum Kreis der Börsenlieblinge. VR-Präsident Andreas E. Rihs über Konkurrenten, Kunden und Ziele.*

Der Einzug des Vorspanns ist eine gute Lösung, die jedoch nur bei gross aufgemachten Artikeln angewendet werden soll. Titel mit grosser Oberlänge haben das Problem des Zeilenabstandes – Ober- und Unterlänge berühren sich schnell, was nicht zum Vorteil gereicht.

Schreib-Probleme, die es gar nicht gibt
Viel Schweiss und rund 250 000 Franken gehen bis jetzt allein im Kanton Zürich aufs Konto der Rechtschreibe-Reform

Auszeichnungen einzelner Teile des Untertitels bedeutet eine Schwergewichtsverlagerung. Der Titel kommt in ein Ungleichgewicht.

Eine neue Ära bricht an
Reformierte Kirchgemeinde Windisch Pfarrer Edlef Bandixen feierlich eingesetzt

Geprägt von Hand und Herz
Windisch Lehrerinnen und Lehrer gestalten

Integration des Orts der Meldung in den Untertitel. Der Wortabstand ist beim grösseren Titel zu weit gehalten, beim kleineren richtig.

40 000 Aussiedler weniger als im Vorjahr

Fette Schriften sollen nicht durch eine Spationierung wieder «leicht» gemacht werden. Richtig ist der kleine Festwert als Tausender-Trennung. Ein ganzer Wortzwischenraum wäre falsch.

VORBAUEN FÜR DIE JOBSUCHE

MUSKELMÄNNERMETAMORPHOSEN

Versalien im Titel wirken kantig und unruhig. Wenn zusätzlich noch fett und kursiv im Spiel sind, wird es vor allem bei längeren Titeln oder bei schwierig erfassbaren Wörtern unleserlich.

«Noch mehr investieren»

Die Buchstabenzwischenräume bei Titelschriften müssen optimiert werden. Hier ist der Abstand beim Wort «Noch» zwischen o und c zu klein.

Weitere Elemente

Neben Grundschrift und Titeleien stehen eine ganze Palette weiterer Möglichkeiten zur Verfügung, Schriften gezielt einzusetzen. Auf der einen Seite haben sie mit Journalismus zu tun, auf der anderen können sie rein gestalterisch angewendet werden.

Vorspann, Rubriktitel, Pagina, Kästchen, Zitat, Interview, Initialbuchstaben usw. sind Stilmittel, die immer präsent sein sollten, um im gegebenen Moment hervorgekramt zu werden.

Der Lead

Der Vorspann oder Einleitungstext gilt als Einstiegstext und vermittelt in ein paar Sätzen eine Idee des Inhaltes. Er bekommt damit eine animierende Funktion und steht in Ergänzung zu Titel und Untertitel. Der Lead ist keine Zusammenfassung des Textes und sollte wirklich kurz gehalten werden. Vier, fünf Zeilen sollten genügen, um die Leser für den Text zu interessieren. Der Lead stellt kein Obligatorium dar, er ist ein optisches und jounalistisches Stilmittel. Bei fremdsprachigen Zeitungen kommt man oft völlig ohne Vorspann aus, auch bei kleineren einspaltigen Artikeln unter 30 Zeilen, bei Gastkolumnen, bei Leitartikeln oder beim Kommentar fehlt er.

Die Stellung des Vorspanns ist frei, soll jedoch einheitlich gestaltet werden. Oft nimmt der Lead eher Bezug zum Titel und steht direkt darunter – bei anderen Zeitungen ist er mehr im Text eingebunden, entweder ein- oder mehrspaltig.

Die Schriftwahl steht im Zusammenhang mit den vorherigen Ausführungen. Im Text eingebunden wird der Lead oft in der Grundschrift gehalten, dafür halbfett ausgezeichnet oder etwas grösser gesetzt. Eigenständigere Lösungen bringen den Lead im Charakter der Titelschrift oder grösser als der Grundtext und kursiv.

Ob der Vorspann ebenfalls wie der Grundtext im Block- oder eher Flattersatz zu gestalten sei, ist Ansichtssache. Bei wenigen Zeilen in einer kursiven, grösseren Schrift sieht der Flattersatz linksbündig besser aus. In einem Textblock eingebunden bevorzuge ich den Blocksatz.

Das Problem ist die Stellung des Titels und die dahinter entstehenden weissen Räume. Mit einem Blocksatz im Lead kann dieses Problem gemildert werden. Der ganze Artikel steht dann als Block, nur der Titel überragt ihn und lässt Weissraum.

Links: Der Lead läuft nur über zwei Spalten, der Titel hingegen über drei. Der Lead ist mehr dem Text zugeordnet.
Rechts: Lead und Titel bilden eine Einheit, durch die Gestaltung gehört der Lead mehr zum Titel.

Links: Bei zentriertem Layout kann der Lead auch in die Spalten eingeklinkt werden.
Rechts: Bei einspaltigen Leads, die in die Spalte eingebunden werden, hat man auf logische Trennungen und auf den Zeilenfall zu achten.

Links: Selbstverständlich kann ein längerer Lead auch zweispaltig gehalten werden, hier eine eingeklinkte Version.
Rechts: Einleitungstexte, die dem ganzen Titel über die gesamte Breite folgen, sind schlecht lesbar. Sie betonen die Horizontale stark und wirken als Raumtrenner.

Links: Wenn Bilder eingesetzt sind, darf der Lead auch im Bild stehen. Der Bezug zum Bild sollte dann aber stimmen.
Rechts: Oberhalb des Titels ist der Lead selten zu Gast – eine Möglichkeit, die eher bei Magazinen anzutreffen ist. Schrift: Metro.

Designelement Schrift

Das Kästchen

Das im Zeitungsdesign wohl beliebteste Gliederungselement ist der Kasten. Da drin steht ein Text, der thematisch zu einem Artikel gehört, jedoch eine Sonderstellung einnimmt, einen anderen Aspekt beleuchtet oder Zusatzinformationen bietet. Ein Kasten bedeutet Hervorhebung aus dem Umfeld, er sollte deshalb sein Versprechen auch wahr machen und etwas Besonderes bieten.

In der Zeitung hat sich der Kasten mittlerweile vom Anhängsel zum eigenständigen Designelement gemausert und steht deshalb auch mal allein, z.B. mit dem «Bild der Woche». Im Kurzfutter-Umfeld wird der Kasten inflationär und ohne Ansprüche auf Betonung eingesetzt.

Gestalterisch gesehen gibt es beim Kästchen den Rahmen selbst, den Text darin und den Abstand Text–Rahmen zu beachten.

Der Linienrahmen soll einen Bezug zu weiteren Linienelementen wie den Spaltenlinien aufweisen. Das heisst, Form, Farbe und Dicke sollten übereinstimmen. Die Liniendicke muss die Strichstärke der Schrift optisch aufnehmen. Eine übliche Liniendicke ist 0,4 oder 0,5 Punkt, die Dickenbezeichnung «Hairline» ist für das Zeitungsdesign zu dünn und kann eventuell beim Übertragen auf die Druckplatte durchbrechen. 1 Punkt ist zu dick und dominiert zu stark.

Punktierte oder gestrichelte Linien sehe ich weniger, weil sie zu verspielt sind. Linien haben eine untergeordnete Funktion. Auf sanfte Art sind sie präsent, ohne sich in den Vordergrund zu drängen. Es ist eine Frage der Sensibilität, genauso wie die Wahl der Titelschrift ebenfalls mit Anmutung zu tun hat. Grobschlächtiges Aussehen verspricht einen ebensolchen Inhalt.

Kästchenlinien farbig zu wählen ist Spielerei und bringt nichts. Farben dürfen flächig eingesetzt werden, damit sie auch zur Geltung kommen. Farbige Kastenlinien bringen nur Passerprobleme.

Der Abstand des Textes zum Rahmen hängt natürlich von der Grösse der Schrift ab. In Bleisatzzeiten war die Linie oft auf einen Bleikegel von 6 Punkt Breite gegossen. Damals war der Abstand von dieser Grösse abhängig. 6 Punkt ist auch heute noch eine akzeptable Grösse, wobei natürlich gegen oben und unten Abweichungen gestattet sind. Nach dem Ordnungsprinzip «Gleiches gleich halten» muss der Abstand des Textes zum Rahmen links, rechts, unten und oben gleichmässig verteilt werden. Ungleiche Abstände stören empfindlich. Unten darf nach optischen Kriterien eher etwas mehr Raum stehen als seitlich, auf keinen Fall umgekehrt.

Bei mehrspaltigen Boxen wird der Spaltenabstand und die Spaltenbreite innerhalb der Boxen neu angepasst. Unschön sieht es aus, wenn die erste Spalte näher bei der Linie steht als bei der zweiten Spalte.

Zum Thema Kästchenmanie: Boxen aller Art tendieren hin zum Rechteck. Beim Modulumbruch ist dies sogar erwünscht und passend. Kästchen bedeuten aber auch eine Art optisches Gefängnis für den Inhalt und engen auf ihre Art ein. Es gibt Gestalter und Redakteure, die meinen, dass alles, was nicht in einem Kasten steht, nicht gelesen wird. Wer in eine Boxenmanie fällt, macht sich unglaubwürdig.

Ein Kästchen pro Seite genügt.

Der Abstand des Textes zum Rahmen ist gleich dem optischen Zeilenabstand. Das Satzbild wirkt kompakt.

Der optische Zeilenabstand ist hier grösser als der Abstand zum Rahmen. Die Zeilen halten am Rahmen fest, sie tendieren dazu, auseinander zu fallen.

Bei zu grossem Zeilenabstand entsteht der unschöne Leitereffekt sowohl bei Spaltenlinien als auch bei Boxen.

Abstand halten
Der Abstand von Text zum Rahmen richtet sich nach dem Schriftcharakter, der Schriftgrösse und dem optischen Zeilenabstand. Störend ist ein zu kleiner Abstand, im Zweifelsfall sollte man sich für einen grösseren entscheiden.

Abstand halten
Der Abstand von Text zum Rahmen richtet sich nach dem Schriftcharakter, der Schriftgrösse und dem optischen Zeilenabstand. Störend ist ein zu kleiner Abstand, im Zweifelsfall sollte man sich für einen grösseren entscheiden.

Links das Referenzbeispiel, mit Linienstärke 0,5 Punkt. Rechts ist zum Vergleich der Abstand zu klein gehalten. Der Satz wirkt eingepfercht, die 1 Punkt starke Linie zu dominant.

Abstand halten
Der Abstand von Text zum Rahmen richtet sich nach dem Schriftcharakter, der Schriftgrösse und dem optischen Zeilenabstand. Störend ist ein zu kleiner Abstand, im Zweifelsfall sollte man sich für einen grösseren entscheiden.

Abstand halten
Der Abstand von Text zum Rahmen richtet sich nach dem Schriftcharakter, der Schriftgrösse und dem optischen Zeilenabstand. Störend ist ein zu kleiner Abstand, im Zweifelsfall sollte man sich für einen grösseren entscheiden.

Links wurde der Abstand des Textes zum Rahmen erhöht, was sich eher positiv auswirkt. Die Liniendicke ist mit 0,7 Punkt gerade noch tragbar. Der Hintergrund mit 25% Schwarz jedoch viel zu dunkel. Rechts ohne Linie mit 15% Schwarz.

Abstand halten
Der Abstand von Text zum Rahmen richtet sich nach dem Schriftcharakter, der Schriftgrösse und dem optischen Zeilenabstand. Störend ist ein zu kleiner Abstand, im Zweifelsfall sollte man sich für einen grösseren entscheiden.

Abstand halten
Der Abstand von Text zum Rahmen richtet sich nach dem Schriftcharakter, der Schriftgrösse und dem optischen Zeilenabstand. Störend ist ein zu kleiner Abstand, im Zweifelsfall sollte man sich für einen grösseren entscheiden.

Mit einem Linienrahmen von 2 Punkt liegt die Betonung viel zu stark auf der Linie. Abfedern kann man diesen Todesanzeigeneffekt durch eine graue oder farbige Linie.

Bei mehrspaltigen Kasten werden die Spaltenbreite und auch die Spaltenabstände den neuen Umständen angepasst, d. h. schmaler gehalten.

Die Abweichungen zum normalen Satzspiegel sind geringfügig, aber dennoch sichtbar. Zwei- oder mehrspaltige Kästchen haben jeweils einen anderen Abstand zum Rahmen. Je grösser der Kasten, desto mehr tendiere man zu einem grösseren Abstand.

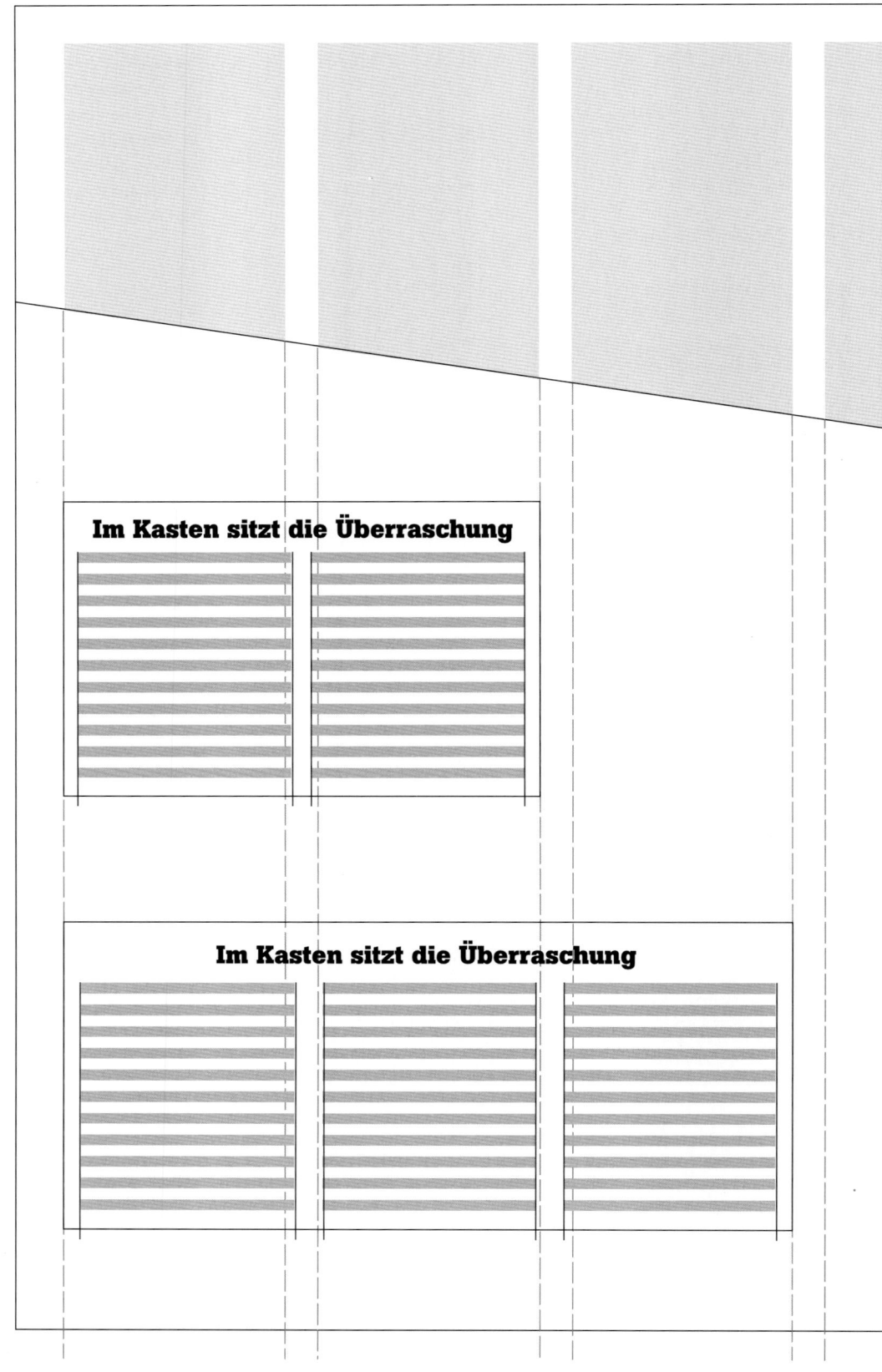

Wer Linien und Kästchen einsetzt, soll die Gestaltung so wählen, dass kein zu wildes Durcheinander an Dicken entsteht. Es sei denn, man wolle bewusst boulvardesk erscheinen. Mein Geschmack wird da etwas überstrapaziert.

Das Kästchen im Kästchen im Kästchen. Eine dem «seichten» Jounalismus zuzuordnende Gestaltungsart. Heisst: Je dicker der Kasten, desto wichtiger der Inhalt? Lässt sich der Leser durch dieses Ordnungsprinzip verführen?

Designelement Schrift

Das Interview

Das Interview ist eine besonders authentisch wirkende, journalistische Form im Frage-Antwort-Stil. Dieses geistige Pingpong ist weit braver als vom Fernsehen her gewohnt, weil jede Frage schön der Reihe nach beantwortet wird. In entsprechenden «Diskussions»-Gefässen der Privatsender wird ja oft wild durcheinander gequatscht.

Eine naheliegende Darstellung des Interviews ist das Auszeichnen von Frage und Antwort in kursiv/normal. Dann bleibt die Grauwirkung auf der Seite bestehen. Beim Auftrennen in fett/normal ergibt sich ein «Schachbrettmuster», was gestalterisch nicht unbedingt erwünscht ist. Die Betonung der Fragen sieht nur gut aus, wenn sie nicht länger als die Antworten sind.

Auch mit einer Leerzeile kann die Frage von der Antwort getrennt werden. Dann jedoch zeigen sich sehr viele Leerzeilen und der Umbruch sieht zerhackt aus. Besser ist es, Frage und Antwort als Paket zusammenzuhalten und mit einer Leerzeile vom nächsten Frage-Antwort-Paket zu trennen.

Soll man Interviewer und Interviewten in irgendeiner Form herausstreichen? Das dauernde Wiederholen der Namen macht Probleme. Zu Beginn darf man die Namen erwähnen, okay, aber bitte nicht vor jeder Frage erneut. Und oft erst noch halbfett, als ob der Name des Interviewers so wichtig wäre. Dem Leser ist dies ja klar.

Mit Linien kann man Frage und Antwort ebenfalls trennen. Bei kurzen Sätzen wird dies jedoch zu einem unerträglichen Liniensalat anwachsen. Was nicht sein muss, soll nicht sein.

Eine zusätzliche Trennung lässt sich mit der Satzart gestalten: alle Fragen Flattersatz linksbündig, alle Antworten Blocksatz.

Wie gestaltet man Interviews interessant?

Die Darstellung der Fragen und Antworten ist das eine, zusätzliche Reizpunkte schaffen Zitate, im Fachjargon Quotes, Entrefilets oder auch Kernaussagen genannt. Meistens stehen diese zwischen Anführungs- und Schlusszeichen, die beim Interview nie gesetzt werden. Zitate dürfen sich auf der Seite jedoch nicht häufen und müssen gewisse Aussagewerte beinhalten. Provokative Prägnanz ist gefragt und nicht anbiedernde Normalität. Zitate sind ein gestalterisches Stilmittel und werden häufig eingesetzt, um die Seite zu strecken. Besser wäre jedoch, die Quotes von Anfang an einzuplanen, sie sind auf der Seite nach dem Titel und dem Bild das wichtigste Element.

Damit sind wir beim Bild angelangt: Das so inhaltsleere Bildsujet «Manager hinter Schreibtisch» dürfte langsam einem spannenderen Bild weichen. Auch «Manager am Telefon» ist sattsam bekannt. Langweiliges Bild = langweiliger Text, so könnte es bei Lesern ankommen… Verleihen Sie ihren Bildern mehr Pfiff! Wagen Sie neue, andersartige Ausschnitte. Die Krawatte interessiert nicht, schneiden Sie sie ab. Bringen Sie dafür Bilder mit Köpfchen.

Mehr zum Thema «Bild» gleich anschliessend ab Seite 196. (Bleiben Sie dran…)

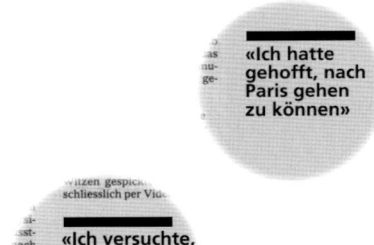
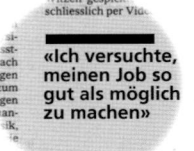

Quotes dienen zur grafischen Auflockerung, dennoch müssen sie treffend formuliert werden. Sie sind auf der Seite zu dominant, um für irgendwelche lapidaren Allgemeinplätze herzuhalten.

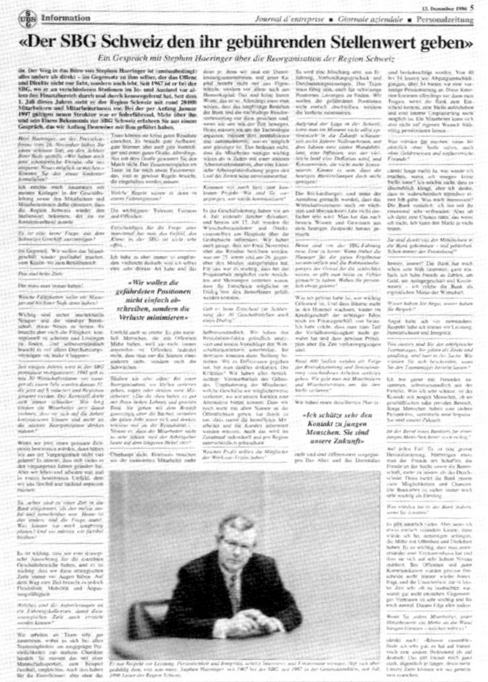

Information 13. Dezember 1996 5

Journal d'entreprise ▪ Giornale aziendale ▪ Personalzeitung

«Der SBG Schweiz den ihr gebührenden Stellenwert geben»

Ein Gespräch mit Stephan Haeringer über die Reorganisation der Region Schweiz

Kommentar: Der Titel hat keinen Bezug zum Bild. Das Bild steht verloren da. Der Ausschnitt ist miserabel, alles scheint grau in grau. Fragen und Antworten sind mit Linien getrennt, was einen Liniensalat ergibt. Die Quotes kommen zu wenig zur Geltung. Der Titel sollte eine wirkliche Aussage bringen, nicht einen normalen Kommentartext in Anführungszeichen. Grafisch gesehen ist diese Seite missraten.

78 WISSEN

Tages-Anzeiger · Freitag, 31. Januar 1997

«Nichts muss uns verborgen bleiben»

Der Mathematiker und theoretische Physiker Sir Roger Penrose über Bewusstsein, Quantenphysik und Platos Welt der absoluten Ideen

Das Rätsel des Bewusstseins kann erst gelöst werden, wenn die heutigen physikalischen Theorien über das ganz Kleine und das Grosse in Einklang gebracht sein werden.

▪ MIT ROGER PENROSE SPRACHEN THOMAS MÜLLER UND ANDREAS TRABESINGER

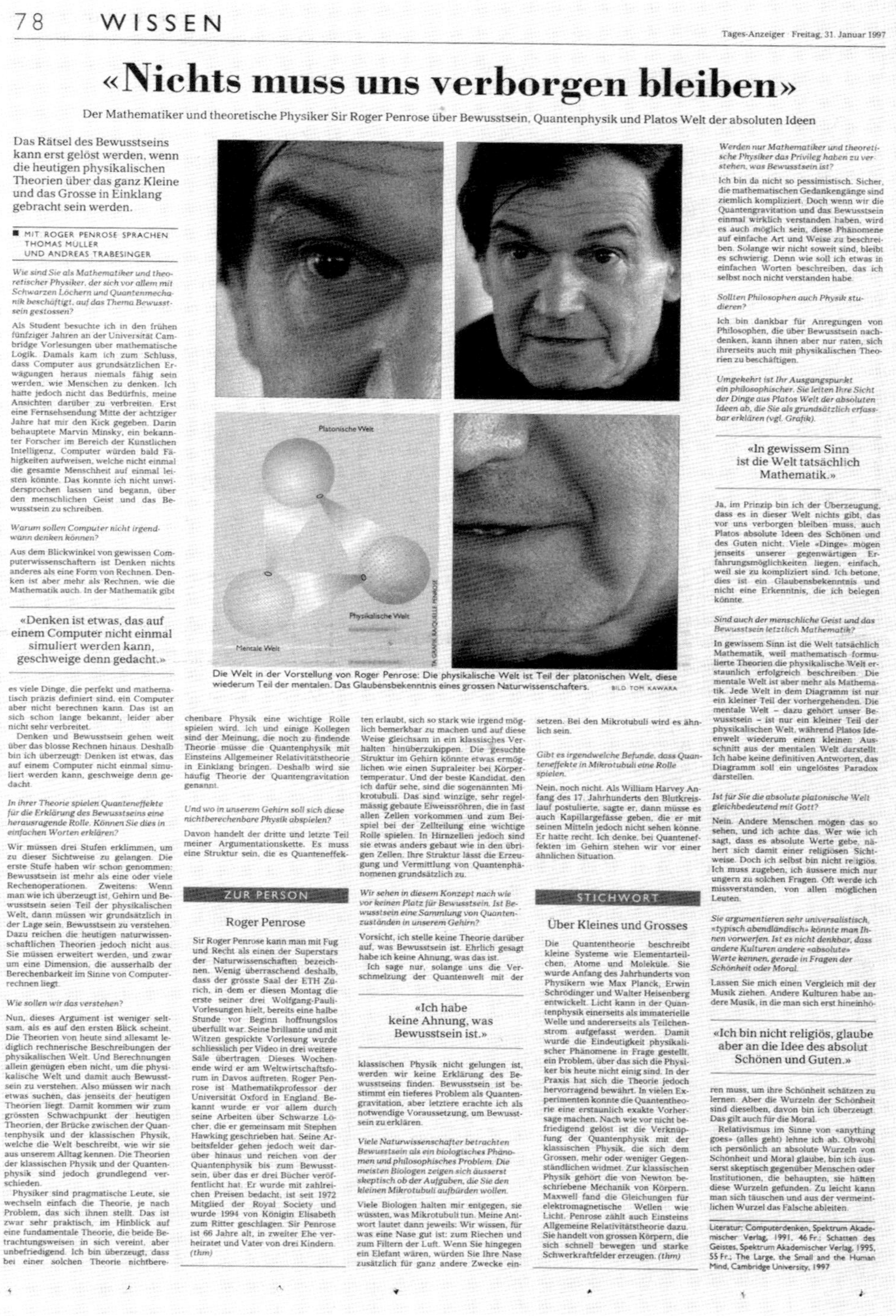

Wie sind Sie als Mathematiker und theoretischer Physiker, der sich vor allem mit Schwarzen Löchern und Quantenmechanik beschäftigt, auf das Thema Bewusstsein gestossen?

Als Student besuchte ich in den frühen fünfziger Jahren an der Universität Cambridge Vorlesungen über mathematische Logik. Damals kam ich zum Schluss, dass Computer aus grundsätzlichen Erwägungen heraus niemals fähig sein werden, wie Menschen zu denken. Ich hatte jedoch nicht das Bedürfnis, meine Ansichten darüber zu verbreiten. Erst eine Fernsehsendung Mitte der achtziger Jahre hat mir den Kick gegeben. Darin behauptete Marvin Minsky, ein bekannter Forscher im Bereich der Künstlichen Intelligenz, Computer würden bald Fähigkeiten aufweisen, welche nicht einmal die gesamte Menschheit auf einmal leisten könnte. Das konnte ich nicht unwidersprochen lassen und begann, über den menschlichen Geist und das Bewusstsein zu schreiben.

Warum sollen Computer nicht irgendwann denken können?

Aus dem Blickwinkel von gewissen Computerwissenschaftern ist Denken nichts anderes als eine Form von Rechnen. Denken ist aber mehr als Rechnen, wie die Mathematik auch. In der Mathematik gibt

«Denken ist etwas, das auf einem Computer nicht einmal simuliert werden kann, geschweige denn gedacht.»

es viele Dinge, die perfekt und mathematisch präzis definiert sind, ein Computer aber nicht berechnen kann. Das ist an sich schon lange bekannt, leider aber nicht sehr verbreitet.

Denken und Bewusstsein gehen weit über das blosse Rechnen hinaus. Deshalb bin ich überzeugt: Denken ist etwas, das auf einem Computer nicht einmal simuliert werden kann, geschweige denn gedacht.

In Ihrer Theorie spielen Quanteneffekte für die Erklärung des Bewusstseins eine herausragende Rolle. Können Sie dies in einfachen Worten erklären?

Wir müssen drei Stufen erklimmen, um zu dieser Sichtweise zu gelangen. Die erste Stufe haben wir schon genommen: Bewusstsein ist mehr als eine oder viele Rechenoperationen. Zweitens: Wenn man wie ich überzeugt ist, Gehirn und Bewusstsein seien Teil der physikalischen Welt, dann müssen wir grundsätzlich in der Lage sein, Bewusstsein zu verstehen. Dazu reichen die heutigen naturwissenschaftlichen Theorien jedoch nicht aus. Sie müssen erweitert werden, und zwar um eine Dimension, die ausserhalb der Berechenbarkeit im Sinne von Computerrechnen liegt.

Wie sollen wir das verstehen?

Nun, dieses Argument ist weniger seltsam, als es auf den ersten Blick scheint. Die Theorien von heute sind allesamt lediglich rechnerische Beschreibungen der physikalischen Welt. Und Berechnungen allein genügen eben nicht, um die physikalische Welt und damit auch Bewusstsein zu verstehen. Also müssen wir nach etwas suchen, das jenseits der heutigen Theorien liegt. Damit kommen wir zum grössten Schwachpunkt der heutigen Theorien, der Brücke zwischen der Quantenphysik und der klassischen Physik, welche die Welt beschreibt, wie wir sie aus unserem Alltag kennen. Die Theorien der klassischen Physik und der Quantenphysik sind jedoch grundlegend verschieden.

Physiker sind pragmatische Leute, sie wechseln einfach die Theorie, je nach Problem, das sich ihnen stellt. Das ist zwar sehr praktisch, im Hinblick auf eine fundamentale Theorie, die beide Betrachtungsweisen in sich vereint, aber unbefriedigend. Ich bin überzeugt, dass bei einer solchen Theorie nichtberechenbare Physik eine wichtige Rolle spielen wird. Ich und einige Kollegen sind der Meinung, die noch zu findende Theorie müsse die Quantenphysik mit Einsteins Allgemeiner Relativitätstheorie in Einklang bringen. Deshalb wird sie häufig Theorie der Quantengravitation genannt.

Und wo in unserem Gehirn soll sich diese nichtberechenbare Physik abspielen?

Davon handelt der dritte und letzte Teil meiner Argumentationskette. Es muss eine Struktur sein, die es Quanteneffekten erlaubt, sich so stark wie irgend möglich bemerkbar zu machen und auf diese Weise gleichsam in ein klassisches Verhalten hinüberzukippen. Die gesuchte Struktur im Gehirn könnte etwas ermöglichen wie einen Supraleiter bei Körpertemperatur. Und der beste Kandidat, den ich dafür sehe, sind die sogenannten Mikrotubuli. Das sind winzige, sehr regelmässig gebaute Eiweissröhren, die in fast allen Zellen vorkommen und zum Beispiel bei der Zellteilung eine wichtige Rolle spielen. In Hirnzellen jedoch sind sie etwas anders gebaut wie in den übrigen Zellen. Ihre Struktur lässt die Erzeugung und Vermittlung von Quantenphänomenen grundsätzlich zu.

Wir sehen in diesem Konzept nach wie vor keinen Platz für Bewusstsein. Ist Bewusstsein eine Sammlung von Quantenzuständen in unserem Gehirn?

Vorsicht, ich stelle keine Theorie darüber auf, was Bewusstsein ist. Ehrlich gesagt habe ich keine Ahnung, was das ist.

Ich sage nur, solange uns die Verschmelzung der Quantenwelt mit der klassischen Physik nicht gelungen ist, werden wir keine Erklärung des Bewusstseins finden. Bewusstsein ist bestimmt ein tieferes Problem als Quantengravitation, aber letztere erachte ich als notwendige Voraussetzung, um Bewusstsein zu erklären.

«Ich habe keine Ahnung, was Bewusstsein ist.»

Viele Naturwissenschafter betrachten Bewusstsein als ein biologisches Phänomen und philosophisches Problem. Die meisten Biologen zeigen sich äusserst skeptisch ob der Aufgaben, die Sie den kleinen Mikrotubuli aufbürden wollen.

Viele Biologen halten mir entgegen, sie wüssten, was Mikrotubuli tun. Meine Antwort lautet dann jeweils: Wir wissen, für was eine Nase gut ist: zum Riechen und zum Filtern der Luft. Wenn Sie hingegen ein Elefant wären, würden Sie Ihre Nase zusätzlich für ganz andere Zwecke einsetzen. Bei den Mikrotubuli wird es ähnlich sein.

Gibt es irgendwelche Befunde, dass Quanteneffekte in Mikrotubuli eine Rolle spielen.

Nein, noch nicht. Als William Harvey Anfang des 17. Jahrhunderts den Blutkreislauf postulierte, sagte er, dann müsse es auch Kapillargefässe geben, die er mit seinen Mitteln jedoch nicht sehen könne. Er hatte recht. Ich denke, bei Quanteneffekten im Gehirn stehen wir vor einer ähnlichen Situation.

Werden nur Mathematiker und theoretische Physiker das Privileg haben zu verstehen, was Bewusstsein ist?

Ich bin da nicht so pessimistisch. Sicher, die mathematischen Gedankengänge sind ziemlich kompliziert. Doch wenn wir die Quantengravitation und das Bewusstsein einmal wirklich verstanden haben, wird es auch möglich sein, diese Phänomene auf einfache Art und Weise zu beschreiben. Solange wir nicht soweit sind, bleibt es schwierig. Denn wie soll ich etwas in einfachen Worten beschreiben, das ich selbst noch nicht verstanden habe.

Sollten Philosophen auch Physik studieren?

Ich bin dankbar für Anregungen von Philosophen, die über Bewusstsein nachdenken, kann ihnen aber nur raten, sich ihrerseits auch mit physikalischen Theorien zu beschäftigen.

Umgekehrt ist Ihr Ausgangspunkt ein philosophischer. Sie leiten Ihre Sicht der Dinge aus Platos Welt der absoluten Ideen ab, die Sie als grundsätzlich erfassbar erklären (vgl. Grafik).

«In gewissem Sinn ist die Welt tatsächlich Mathematik.»

Ja, im Prinzip bin ich der Überzeugung, dass es in dieser Welt nichts gibt, das vor uns verborgen bleiben muss, auch Platos absolute Ideen des Schönen und des Guten nicht. Viele «Dinge» mögen jenseits unserer gegenwärtigen Erfahrungsmöglichkeiten liegen, einfach, weil sie zu kompliziert sind. Ich betone, dies ist ein Glaubensbekenntnis und nicht eine Erkenntnis, die ich belegen könnte.

Sind auch der menschliche Geist und das Bewusstsein letztlich Mathematik?

In gewissem Sinn ist die Welt tatsächlich Mathematik, weil mathematisch formulierte Theorien die physikalische Welt erstaunlich erfolgreich beschreiben. Die mentale Welt ist aber mehr als Mathematik. Jede Welt in dem Diagramm ist nur ein kleiner Teil der vorhergehenden. Die mentale Welt – dazu gehört unser Bewusstsein – ist nur ein kleiner Teil der physikalischen Welt, während Platos Ideenwelt wiederum einen kleinen Ausschnitt aus der mentalen Welt darstellt. Ich habe keine definitiven Antworten, das Diagramm soll ein ungelöstes Paradox darstellen.

Ist für Sie die absolute platonische Welt gleichbedeutend mit Gott?

Nein. Andere Menschen mögen das so sehen, und ich achte das. Wer wie ich sagt, dass es absolute Werte gebe, nähert sich damit einer religiösen Sichtweise. Doch ich selbst bin nicht religiös. Ich muss zugeben, ich äussere mich nur ungern zu solchen Fragen. Oft werde ich missverstanden, von allen möglichen Leuten.

Sie argumentieren sehr universalistisch, «typisch abendländisch» könnte man Ihnen vorwerfen. Ist es nicht denkbar, dass andere Kulturen andere «absolute» Werte kennen, gerade in Fragen der Schönheit oder Moral.

Lassen Sie mich einen Vergleich mit der Musik ziehen. Andere Kulturen habe andere Musik, in die man sich erst hineinhören muss, um ihre Schönheit schätzen zu lernen. Aber die Wurzeln der Schönheit sind dieselben, davon bin ich überzeugt. Das gilt auch für die Moral.

«Ich bin nicht religiös, glaube aber an die Idee des absolut Schönen und Guten.»

Relativismus im Sinne von «anything goes» (alles geht) lehne ich ab. Obwohl ich persönlich an absolute Wurzeln von Schönheit und Moral glaube, bin ich äusserst skeptisch gegenüber Menschen oder Institutionen, die behaupten, sie hätten diese Wurzeln gefunden. Zu leicht kann man sich täuschen und aus der vermeintlichen Wurzel das Falsche ableiten.

Literatur: Computerdenken, Spektrum Akademischer Verlag, 1991, 46 Fr.; Schatten des Geistes, Spektrum Akademischer Verlag, 1995, 55 Fr.; The Large, the Small and the Human Mind, Cambridge University, 1997

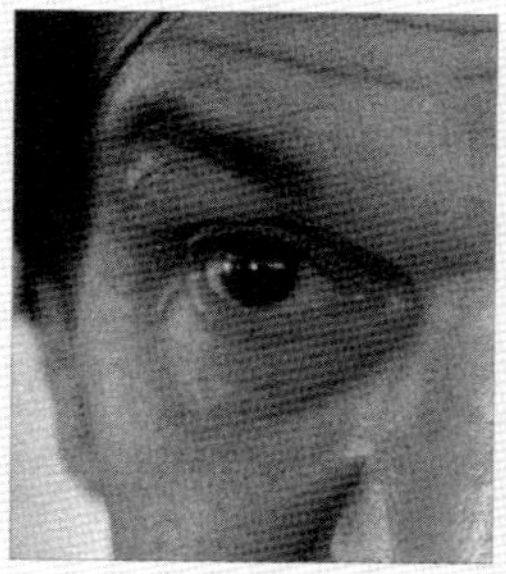

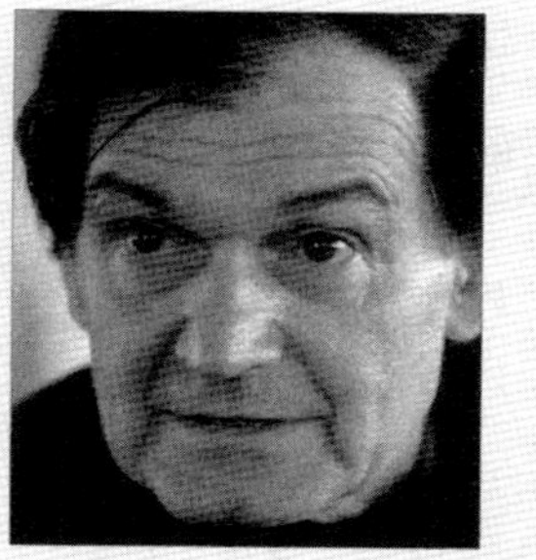

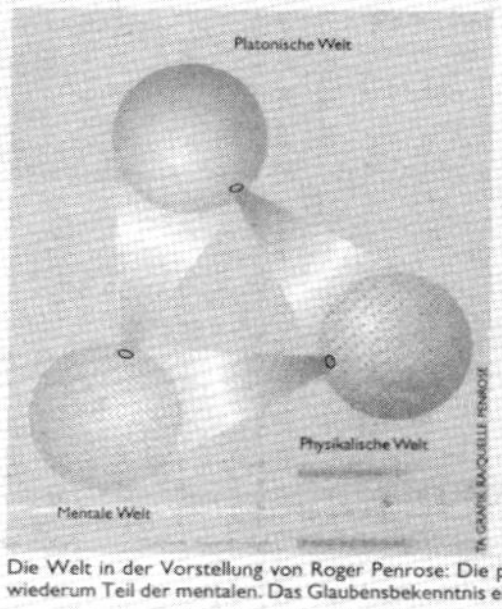

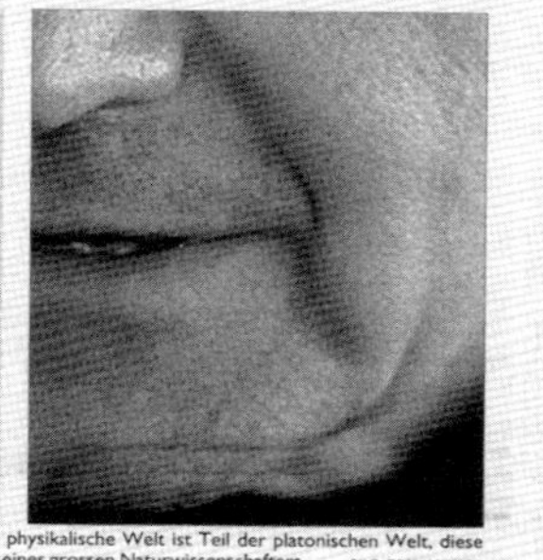

Die Welt in der Vorstellung von Roger Penrose: Die physikalische Welt ist Teil der platonischen Welt, diese wiederum Teil der mentalen. Das Glaubensbekenntnis eines grossen Naturwissenschafters. BILD TOM KAWARA

ZUR PERSON

Roger Penrose

Sir Roger Penrose kann man mit Fug und Recht als einen der Superstars der Naturwissenschaften bezeichnen. Wenig überraschend deshalb, dass der grösste Saal der ETH Zürich, in dem er diesen Montag die erste seiner drei Wolfgang-Pauli-Vorlesungen hielt, bereits eine halbe Stunde vor Beginn hoffnungslos überfüllt war. Seine brillante und mit Witzen gespickte Vorlesung wurde schliesslich per Video in drei weitere Säle übertragen. Dieses Wochenende wird er am Weltwirtschaftsforum in Davos auftreten. Roger Penrose ist Mathematikprofessor der Universität Oxford in England. Bekannt wurde er vor allem durch seine Arbeiten über Schwarze Löcher, die er gemeinsam mit Stephen Hawking geschrieben hat. Seine Arbeitsfelder gehen jedoch weit darüber hinaus und reichen von der Quantenphysik bis zum Bewusstsein, über das er drei Bücher veröffentlicht hat. Er wurde mit zahlreichen Preisen bedacht, ist seit 1972 Mitglied der Royal Society und wurde 1994 von Königin Elisabeth zum Ritter geschlagen. Sir Penrose ist 66 Jahre alt, in zweiter Ehe verheiratet und Vater von drei Kindern. *(thm)*

STICHWORT

Über Kleines und Grosses

Die Quantentheorie beschreibt kleine Systeme wie Elementarteilchen, Atome und Moleküle. Sie wurde Anfang des Jahrhunderts von Physikern wie Max Planck, Erwin Schrödinger und Walter Heisenberg entwickelt. Licht kann in der Quantenphysik einerseits als immaterielle Welle und andererseits als Teilchenstrom aufgefasst werden. Damit wurde die Eindeutigkeit physikalischer Phänomene in Frage gestellt, ein Problem, über das sich die Physiker bis heute nicht einig sind. In der Praxis hat sich die Theorie jedoch hervorragend bewährt. In vielen Experimenten konnte die Quantentheorie eine erstaunlich exakte Vorhersage machen. Nach wie vor nicht befriedigend gelöst ist die Verknüpfung der Quantenphysik mit der klassischen Physik, die sich dem Grossen, mehr oder weniger Gegenständlichen widmet. Zur klassischen Physik gehört die von Newton beschriebene Mechanik von Körpern. Maxwell fand die Gleichungen für elektromagnetische Wellen wie Licht. Penrose zählt auch Einsteins Allgemeine Relativitätstheorie dazu. Sie handelt von grossen Körpern, die sich schnell bewegen und starke Schwerkraftfelder erzeugen. *(thm)*

Kommentar: Titel und Bilder stehen nah zusammen und gehen aufeinander ein. Durch die Bildanordnung lässt sich der Titel nachvollziehen. Das Interview ist durch zwei Kästen mit Zusatzinformationen aufgelockert. Die Zitate sind im Text ergiebig und treten genügend stark hervor. Eine interessant scheinende und gelungene Komposition.

Designelement Schrift

Die Pagina

Bei der Zeitung bieten sich für die Platzierung der Pagina weniger Möglichkeiten an als beim Magazindesign. In der politischen Presse steht die Seitenzahl meistens oben und aussen im Rubriktitel eingebunden. In Firmenzeitungen, die oft im kleineren Tabloidformat gedruckt werden, findet man sie auch unten und aussen. Die Pagina hat eine Leseführungsfunktion und sollte daher leicht eingesehen werden können. Aus diesem Grund wird sie wohl selten gleich gross wie der Grundtext gehalten, meistens grösser abgesetzt. Ganz selten findet man Paginas zusammen mit grafischen Spielereien wie Kreisen, Quadraten oder Linien, die begleitend dastehen.

Zeitungsleser orientieren sich weniger nach dem Inhaltsverzeichnis. Sie wissen, wo die einzelnen Informationen zu finden sind. Eher raschen sie die Teile durch und picken sich die gesuchten Informationen heraus. Vor allem die dünneren Blätter, die mit wenigen Seiten auskommen, verzichten auch schon mal auf die Seitenzahl. Ebenso ist dies bei Kopfblättern mit Regionalsplits anzutreffen. Die Seitenzahl hat für eine Zeitung nicht denselben Stellenwert wie für ein Magazin.

Dienstag, 12. August 1997   **15**

Sonntag, 31. Mai 1998   **23**

Gazette Nr. 4 ■ Dezember 1998   **3**

MZ Kundenzeitung   Seite 11

In Zeitungen wird der Paginierung oft ein grosser Stellenwert eingeräumt. Sie dient jedoch «nur» der Leseführung – immer gleich platziert, muss sie nicht überdimensioniert werden. Wer sie sucht, der wird sie finden, auch wenn sie kleiner gestaltet wurde.

Zu überdenken ist die ewig gleiche Linienführung im Seitenkopf im Zusammenhang mit der Pagina. Es geht auch anders: Im «Brückenbauer», der kleinformatigen Zeitung des Food/Nonfood-Grossisten Migros kommen die Seiten ganz ohne Linien im Seitenkopf aus. Die Pagina steht in einem schwarzen Kreis.

M **M**

Initialbuchstaben stehen am Anfang eines Artikels oder eines Gedankens. Sie bedeuten eine Betonung, sind Zierde und stellen eine Möglichkeit dar, die Seite aufzulockern. Zeitung: Die Woche.

Die Initiale

Als Initiale bezeichnet man einen grossen Anfangsbuchstaben, der über mehrere Zeilen läuft. Im Zeitungsdesign ist sie häufig bei Beilagen oder den Features-Seiten anzutreffen (Gesellschaft, Kultur, Kunst, Lifestyle, Wohnen, Gastronomie, Unterhaltung usw.). Eine Initiale markiert den Artikelbeginn, und inflationär verwendet, zuweilen auch den Beginn eines neuen Gedankens oder Absatzes. Initiale sollten sparsam angewendet werden, sie erschlagen sonst die ganze Seite.

Die Grösse eines Initialbuchstabens beginnt bei zwei Zeilen und geht bis etwa sechs Zeilen. Selbstverständlich hängt dies von der Betonung, von der Schrift und vom gewünschten Effekt ab. Grossbuchstaben zeigen ihre reizvolle Form erst ab einer gewissen Grösse. Über zwei Zeilen kommt der Schwung des S kaum zum Vorschein, über sechs Zeilen bestimmt.

Probleme

Es gibt schöne und weniger schöne Buchstabenformen. A, O, M, B sind offensichtlich besser ausgestattet als das schmalbrüstige I oder auch das L. Bei einem kurzen, ersten Wort, z. B. «Es», ist eine Initiale kein Schmuck, sondern eine Krücke. (Man kann den Satz ja umschreiben.) Wenn der erste Satz mit einer Anführung beginnt, wird diese ebenfalls gross angepasst oder in der Grundschrift gesetzt und vorangestellt. Solche Konstruktionen sind grammatikalisch richtig, aber keinesfalls ästhetisch.

Der Schriftcharakter einer Initiale ist grundsätzlich frei, geradestehend oder kursiv, man achte auf die Schönheit der Buchstabenform und wähle die beste Variante.

Initiale stehen in optischer Konkurrenz mit Titel oder Autorenvermerk. Am schönsten wirken sie mutterseelenallein.

Designelement Bild

Bilder aus der Medienwelt

Wir erfahren die Welt zunehmend aus zweiter Hand. Das können selbst die konservativsten unter den Redakteuren nicht leugnen. Die Bilderwelt ist zur grossen Konkurrenz der Lesewelt gewachsen. Während das Fernsehen hauptsächlich mit bewegten Bildern und der Sprache operiert, basiert jede gedruckte Zeitung auf der Schrift: möglichst viele Informationshäppchen auf der Seite, die Zeitung als Spiegel der Gesellschaft, in der so einiges durcheinander geraten scheint.
Wo steht das Bild heute?

Das Bild an sich ist unbestritten – der Kampf wird auf einem Nebenschauplatz geführt: Ein Autor ist tendenziell bestrebt, seine Schreibe an den Mann bzw. die Frau zu bringen. Häufig stammt ein dazugehörendes Bild nicht von ihm selber, «beschneidet» ihn bloss in der abzuliefernden Zeilenzahl. Bei freien Journalisten, die oft nach Zeilen bezahlt werden, ist diese Haltung verständlich, aus des Lesers Sicht weniger. Die einzig wichtige Frage ist doch die: Wie kann ein bestimmter Inhalt am besten transparent gemacht werden, damit ihn möglichst viele Leser konsumieren? Wenn die Antwort lautet: Mit einem Text, dann muss geschrieben werden. Wenn die Aussage mit einem Bild oder einer Infografik besser klargemacht werden kann, dann allerdings muss diese Darstellungsform gewählt werden. Gewisse Bilder sind einfach aussagekräftiger als Texte! Oder könnten Sie sich die Affäre der monegassischen Prinzessin, textlich aufgemacht, vorstellen? Oder einen Verkehrsunfall, eine Umweltkatastrophe oder das strahlende Siegerlächeln von Martina Hingis bei ihrem ersten Grand-Slam-Titel? Sorry, liebe Bilderverschmäher, da müssen Sie grundsätzlich über die Bücher.

Mehr über die Informationsaufnahme auf Seite 48.

Auf jede Zeitungsseite gehört ein Bild! In Textwüsten verdursten die Leser. Es ist eine Arroganz gewisser Zeitungsmacher und Autoren, den eigenen Text über die Informationsbedürfnisse der Leser zu stellen. «Die Zeitung besteht aus Text und wird mit Bildchen angereichert», so der Grundtenor aus manchen Redaktionsstuben. Falsch. Die Zeitung besteht aus Textinformationen, die mehr den Intellekt ansprechen, *aber* auch aus Bildinformationen, um die Emotion hinüberzubringen. Das Bild ist dem Text ebenbürtig, wenn nicht zahlenmässig, dann doch in der Dominanz auf der Zeitungsseite.

Im Orientierungsverhalten der Leser sind die Bilder Augenöffner, sie werden zuerst, noch vor der Schlagzeile, wahrgenommen. Dank ihrem optischen Gewicht bilden sie einen Schwerpunkt, dem sich kein Leser entziehen kann.

Ein Bild ist nicht einfach ein Bild. Es gibt ganz unterschiedliche Bildqualitäten. Einerseits liegt es am Fotografen selber, anderseits ist oft die technische Qualität nicht druckwürdig. Aber wird nicht auch schlechter Text veröffentlicht? Leider liegt die Macht in den Händen der schreibenen Zunft, die von Bildern nicht unbedingt so viel versteht, wie sie müsste. Generell sollte das Bild im Redaktionsstatut als dem Text gleichwertig verankert werden. Dann sorgen Bildredakteure für die Beschaffung, die richtige Auswahl und Grösse. So manche Postille käme dann wohl etwas attraktiver heraus.

Bildquellen und -arten

Betrachten wir die verschiedenen Bildquellen, sind die unterschiedlichsten Urheber auszumachen.

Profibilder

Die Tagespresse stützt sich auf ein dichtes Netz von Korrespondenten, Fotografen und Agenturen, die Bilder «per Abonnement» in die Redaktionen liefern. Dieses Genre von Fotos ist so beschaffen, dass sich die Qualität für die Zeitung eignet, weil fast immer professionelle Fotografen dahinterstehen, die damit ihr Geld verdienen: Bilder des politischen Tagesgeschehens, Sportbilder, Studioaufnahmen, Bilder von Medienkonferenzen, Reportage- oder Pressefotos. In diese Kategorie gehören auch die digital fotografierten Bilder, die per Datenträger oder -leitung übermittelt werden. Leider wird oft zuerst im Bildbereich die Sparschraube angezogen, wenns der Presse finanziell schlecht geht.

Hobbybilder

Daneben gibt es Hobbyfotografen, deren Bildmaterial unterschiedlich beschaffen ist. Von solchem Material kann nicht automatisch Professionalität erwartet werden. Unschärfen, Überbelichtungen, Farbstiche, falsche Lichtführung oder schlechte Perspektiven sind dort eigentlich eher an der Tagesordnung. Vom zuständigen Redakteur wird deshalb erwartet, dass er eine Vorlage nach deren Nutzen, Brauchbarkeit und Wirkung auf den Leser beurteilen kann – eine kommunikative, kreative und auch technische Aufgabe, die ich gleich erläutern werde.

Bildagenturen

Die dritte Kategorie von Bildern stammt aus Archiven. Da sind erst einmal die Archive der Zeitungsmacher selber, dann aber auch die freien Bildagenturen, die unter anderem mit den Copyright-Gebühren ihr Geld verdienen. Auch hier gibt es leider gute und schlechte Ware, die nach ihrer Tauglichkeit beurteilt werden muss. Bilder für Zeitungen müssen allerdings aktuell und mit direktem Bezug zum Thema sein, deshalb ist dieser Kanal nur beschränkt geeignet. Für einen Reisebericht in die Malediven mit Palmenstrandbild wird schon ins Archiv gegriffen. Seit neuster Zeit kann der Sujetjäger auf eine weitere Kategorie von Archivbildern zurückgreifen, solche, die auf CD-ROM gespeichert sind. Die Vorteile: Erstens sind sie sofort verfügbar, zweitens in den meisten Fällen copyrightfrei verwendbar und drittens als Datei gespeichert, also direkt ins Layout integrierbar, ohne dass man sie scannen müsste.

Strichbilder

Als solche werden Vorlagen bezeichnet, die als Information nur Schwarz oder Weiss beinhalten: eine Tuschezeichnung, eine Unterschrift, ein gedruckter Text. Solchen Vorlagen ist gemeinsam, dass sie ohne Graustufen auskommen, mit dem Fachbegriff Line-Art oder Bitmap bezeichnet. Sie werden ohne Rasterung reproduziert.

Halbtonbilder

Vorlagen, bei welchen die Tonwerte kontinuierlich von dunkel zu hell verlaufen, werden Halbtonvorlagen genannt. Das sind die meisten Vorlagen, die aus einer Fotokamera stammen. Darunter fällt die Kategorie aller Dias, aller Farbnegative, Farb-, Schwarzweissprints, Polaroid- oder auch Digitalfotos. Selbstverständlich gehören auch Originale wie Gemälde hierher. Halbtöne können in gedruckten Medien nur mittels Rastertechnik reproduziert werden.

Andere Vorlagen

Im Sinn des Bildjournalismus gehören auch grafische Abbildungen aller Art wie Infografiken, Karikaturen, Diagramme usw. zu den Bildern. Diese Vorlagen bestehen oft aus beiden Elementen, Strich und Halbton.

Honorare von Bildagenturen siehe auf Seite 101, von CD-ROM-Bildern auf Seite 120.

Das Thema «Bildreproduktion» ist auf Seite 294 zu finden.

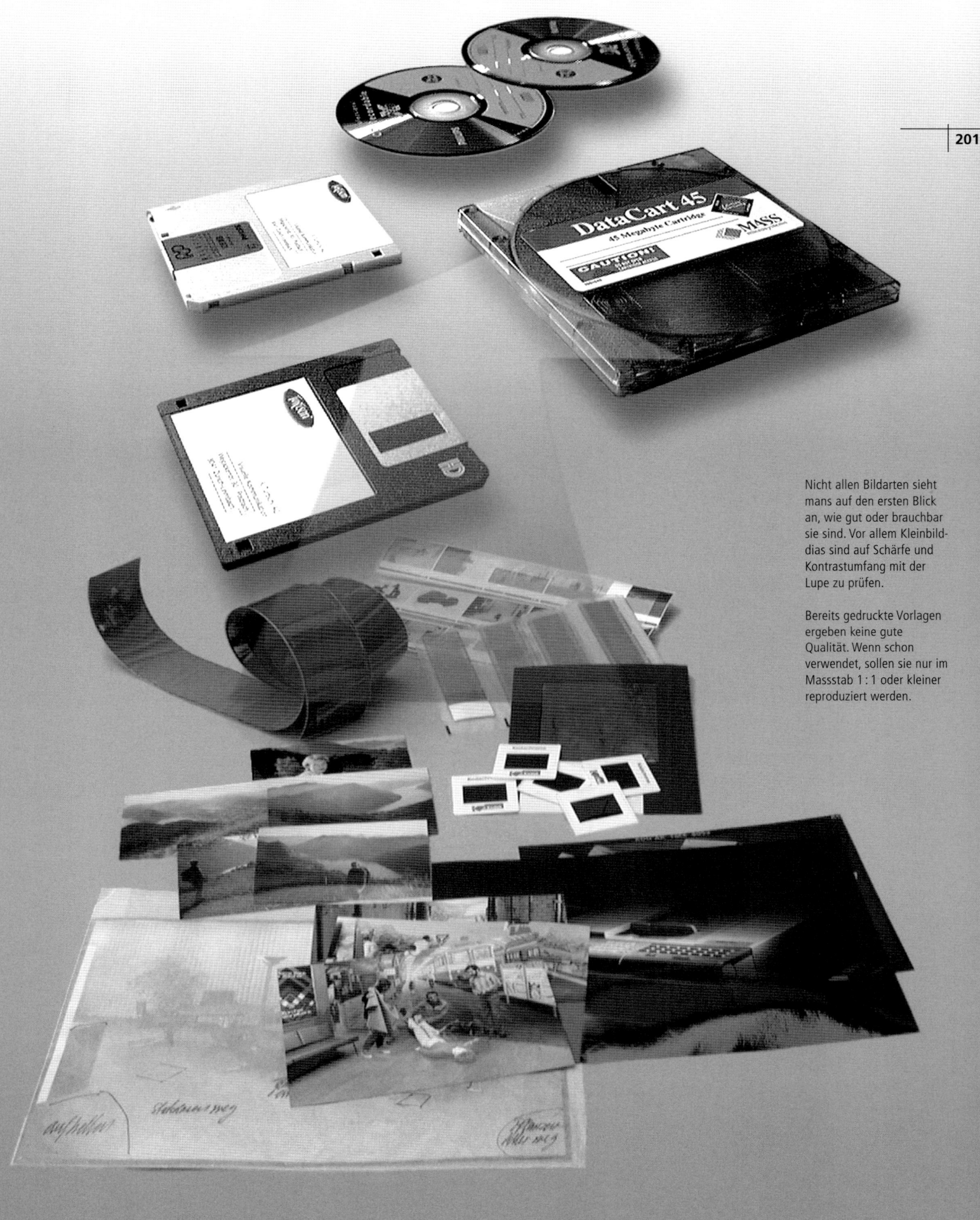

Nicht allen Bildarten sieht mans auf den ersten Blick an, wie gut oder brauchbar sie sind. Vor allem Kleinbilddias sind auf Schärfe und Kontrastumfang mit der Lupe zu prüfen.

Bereits gedruckte Vorlagen ergeben keine gute Qualität. Wenn schon verwendet, sollen sie nur im Massstab 1 : 1 oder kleiner reproduziert werden.

Designelement Bild

Kreative und kommunikative Bildqualitäten

Wer Bilder einsetzt, muss minimale Grundvoraussetzungen mitbringen, um diese wenigstens beurteilen zu können. So sei auf die häufigsten Probleme und Fehler hingewiesen.

Fotografisches Handwerk

Jeder Fotograf arbeitet in einem Spezialgebiet und kennt sich darin besonders aus. Der Papparazzo ist mit starken Teleobjektiven hinter süffigen Geschichten der Prominenz her. Der Studiofotograf weiss den Bierschaum mit Rasiercreme perfekt nachzustellen, der Sportreporter kombiniert ein gutes Auge mit einem schnellen Drücker, der Architekturfotograf kann mit stürzenden Perspektiven umgehen und der Naturfotograf übt sich in unendlicher Geduld. Nicht jeder Fotograf ist in jedem Sachgebiet zu Hause. Daneben gibt es unterschiedliche Kamerasysteme (Studiokameras, Spiegelreflexkameras, Digitalkameras), Materialien (farbig, schwarzweiss, Dia, Print, digitale Datei), Objektive (Festbrennweiten, Zoom, Tele, Weitwinkel, Makro), der Anbietermarkt ist fast unüberschaubar.

In der Fotografie geht es um folgende Stilmittel: Die Szene steht in einem bestimmten Licht, entweder im natürlich vorhandenen Licht oder zusätzlich erzeugten Kunstlicht. Die Aufnahmesituation verlangt eine bestimmte Brennweite, weil die Grösse der Szene im Bezug zum Aufnahmeabstand steht. Mit der Brennweite werden Schärfentiefe und Perspektive vorgegeben. Eine weitere Komponente ist der Aufnahmestandort der Kamera (Froschperspektive, Vogelperspektive). Dann sind Blende, Belichtungszeit und die Bewegung der Kamera oder des Objektes verantwortlich für die Schärfe (Bewegungsunschärfe) generell und für die Schärfentiefe. Das sind die wesentlichen Punkte, die es bei der Beurteilung von fotografischer Qualität zu beachten gilt.

Fotos entstehen aus den Parametern Szene, Kamerastandort, Licht, Brennweite, Belichtungszeit, Fotomaterial und Bewegung.

Nebst anderen Qualitäten besteht das fotografische Handwerk aus Licht und Schatten. Das Licht vom Aufnahmestandpunkt aus (Blitz) ergibt die flachsten Resultate. Seitliches Licht moduliert die plastische Wirkung und Gegenlicht erzeugt die reizvollste Stimmung.

Designelement Bild

Die Reichen werden immer reicher

Das Bild kann als Kontrapunkt eingesetzt unter Umständen viel nachhaltiger wirken als irgendein Industrieller, der sich in Pose wirft.

Das ungewöhnliche Bild

Gute Bilder zeichnen sich aus durch ein überraschendes Moment, nie gezeigte Einsichten, neuartige Beleuchtungen oder spannende Ausschnitte und Proportionen. Das ewig langweilige Bild der Produkteneuheit «schräg von oben vor verlaufendem Hintergrund» gehört sicher nicht dazu, auch nicht die gartenzaunähnliche Aufstellung einer Menschengruppe Typ «Gruppenbild mit Dame», auch nicht das Sujet «Manager am Telefon». Bei Sachaufnahmen kann man sich etwas einfallen lassen, es steht genügend Zeit zur Verfügung. Bei Personenaufnahmen ist dies nur bedingt möglich. Der Vorstandsvorsitzende lässt sich nicht einreden, dass er die Füsse auf seinen Schreibtisch legen soll, und die Fussballmannschaft zeigt sich nach verlorenem Spiel halt verschwitzt, unglücklich und in der «harten» Sonne. Es gibt Dinge, auf die man als Fotograf nicht Einfluss nehmen kann.

In solchen Situationen stellt sich schon mal die Frage, ob man ein schlechtes Bild bringen soll. Vielleicht hilft ein kreativer Ausschnitt oder eine Verfremdung weiter. Wenn nicht, dann wähle man die Grösse halt eher unscheinbar und nicht seitendominant.

Das Symbolbild

Symbolbilder stellen einen Bezug zum Inhalt her, ohne ihn direkt zu illustrieren. Solche Metaphern kennt auch der Text: Elefantenhochzeit, Wolkenkratzer usw. Das Bild verdeutlicht den Inhalt durch Verstärkung, Veränderung und durch eine Verfälschung. Das Bild mutiert zum Sinnbild.

Der Kontrapunkt

Das Bild setzt einen paradoxen Kontrapunkt zum Text, es wirkt deshalb provokativ. Man bebildert genau das Gegenteil von dem, was beabsichtigt ist. Zur Schlagzeile: «Ozonloch wieder grösser» passt das Bild vom Rimini-Strand mit 16 Liegestuhlreihen als Kontrapunkt. Zu «Gastronomie auf dem Tiefpunkt» kann man eine Familie beim Picknick zeigen oder «Kirchenreform lässt auf sich warten» wird mit einer leeren Kirche illustriert.

Ein ungeeignetes Bild. Der Leser ist zu weit vom Geschehen weg. Die Wagen bewegen sich vom Betrachter weg.
Die fehlenden Zuschauer zeugen von einem Rennen, in dem es um nichts geht.

Noch besser wirken Fotos, die den Betrachter nah ans Geschehen ran lassen. Fotos sind gut, wenn sie ungewöhnliche Einblicke gewähren.

Schon mehr Dynamik erreicht man mit Bildern, bei denen die Bewegung auf den Betrachter zu geht. Das Geschehen soll immer von vorn präsentiert werden. Dann sieht es packender aus.

Zeigen Sie Personen nah und nicht nur aus der Totalen. Achten Sie auf menschliche Proportionen. Hier sind Hände und Kopf im Missverhältnis (Weitwinkelobjektiv). Die Totale wirkt eher objektiv, Details wirken subjektiv.

Haben Sie Mut zur Grösse! Grosse Bilder wirken mehr als kleine Alibibildchen.

Die technische Qualität von Bildern

Im Zusammenhang mit der Bildbeurteilung muss die reproduktionstechnische Verarbeitung ebenso wichtig sein wie das Bildmotiv selber. Was bringt es, wenn das Bild zwar nützlich scheint, später im Druck völlig zuschmiert, zum Beispiel Gesichter nicht mehr zu erkennen sind? Es gibt keinen besseren Weg, um Leserreaktionen zu erhalten! Versuchen Sies ruhig mal.

Die Abbildungsqualität im Druck hängt von der Vorlagequalität ab. Von einer technisch guten Aufnahme erhält man auch eine gute Reproduktion. Wenn die Vorlage unscharf oder völlig überbelichtet ist, ist auch mit guter Technik kein Meisterwerk hinzukriegen. Rubbish in – rubbish out! Was aber ist eine gute Aufnahme?

Dazu gibt es vier spezielle Problemfelder, die ich kurz beleuchten möchte: Kontrast, Schärfe, Farbe und der Ausschnitt.

Der Zusamenhang zwischen Reproduktion und Druck ist ab Seite 240, die Digitalisierung von Bildern ab Seite 294 beschrieben.

Kontrast

Technisch gesehen wird der Kontrast durch einen Wert gemessen, der das Verhältnis der hellsten zur dunkelsten Stelle des Bildes wiedergibt. Er wird als logarithmische Kurve dargestellt, die mit Gamma- oder Gradationskurvekurve bezeichnet wird.

Ein harter Kontrast beinhaltet wenige Zwischenstufen von hell bis dunkel, im Extremfall nur noch zwei: Schwarz und Weiss. Dann allerdings spricht man wieder von einer Strichvorlage.

Diamaterialien weisen einen zu hohen Kontrast auf, der im Druck nicht abgebildet werden kann. Farb- und Papierprints könnten nicht zuletzt aufgrund ihrer Grösse besser beurteilt werden (Dias muss man mit Lupe und Leuchtpult betrachten). Weiter ist die Ähnlichkeit zwischen Druckergebnis und Vorlage besser, und es gibt weniger Diskussionen über ein schlechtes Druckergebnis.

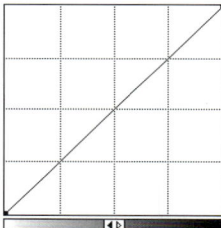

Normales Bild

Der Kontrast kann im Bildverarbeitungsprogramm mit der Gradationskurve fast beliebig gesteuert werden. Vor allem ein flaches Bild kann wesentlich verbessert werden.

Abgeflachtes Bild

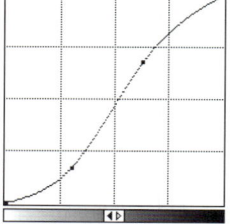

Aufgesteiltes Bild

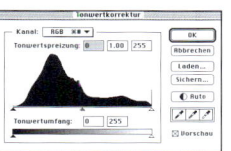

Die meisten Töne sitzen im Dreivierteltonbereich.

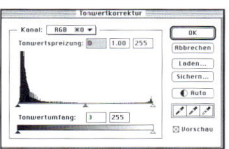

Viele dunkle Töne werden ergänzt mit wenigen hellen Tönen. Zwischenstufen fehlen.

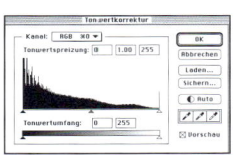

Die Tonwerte sind regelmässig von dunkel bis hell vertreten.

Kontrastarme Bilder eignen sich nicht für die Zeitung. In Farbe wirkt der Farbkontrast, schwarzweiss ist alles nur noch grau in grau.

Kontrastreiche Bilder sind spannend anzusehen. Es besteht jedoch die Gefahr, dass die dunklen Schattenpartien zuschmieren und keine Zeichnung mehr sichtbar ist. Dieses Bild bringt farbig reproduziert keinen wesentlichen Vorteil.

Ein Farbbild mit vielen Tonwerten. Wo beim Farbbild neben der Schärfentiefe die Farbe, Helligkeit und Intensität das Bild in Vorder- und Hintergrund aufteilen, liefert die Schwarzweissumsetzung nur noch Graustufen. Je nach Sujet bleibt da einiges an Informationsgehalt auf der Strecke.

Ein harter Kontrast ist grundsätzlich nichts Schlechtes. Es gibt für die Reproduktion zwei gefährliche Problemzonen: In den dunkelsten Stellen kann das Dia immer noch erkennbare Zeichnung aufweisen, die im Druck verschwindet. Ebenso in den hellsten Partien: Auch Schneeweiss kann feinste Schattierungen zeigen – im Druck sieht man dann nur noch eine «weisse» Fläche. Im ¼-, ½- oder ¾-Ton-Bereich, also bei 25, 50 und 75% Flächendeckung, gibt es in der Regel keine solchen Ausfälle zu verzeichnen. Zu beachten sind deshalb die Lichter und Schatten. Ein fünfprozentiger Ton sollte immer sichtbar sein. In den Tiefen darf das Bild nicht zuschmieren. Da gelten 95% Flächendeckung als Standard.

Viel schlimmer als ein harter ist ein zu flacher Kontrast. Auf schleierhaftes Grau-in-Grau reagiert das Auge empfindlicher, weil es ein vielfach höheres Empfindungsvermögen besitzt als jede Vorlage abzubilden in der Lage ist. Der Kontrast kann mit dem Bildverarbeitungsprogramm jedoch gesteuert werden.

Wenn farbige Bilder schwarzweiss umgesetzt werden, ist die Vorstellung schwierig. Rot- und Grüntöne tendieren leichter zu Dunkelgrau als Blautöne.

Über die Farbgebung im Farbendruck steht eine Ergänzung auf Seite 243.

Designelement Bild

Schärfe

Unschärfe entsteht durch Verwackelung oder Bewegung, mangelnde Schärfentiefe durch eine offene Blende. Bis zu einem gewissen Grad kann man in der Reproduktionstechnik das Bild nachschärfen, ein schlechtes Original etwas besser machen. Aber alles hat seine Grenzen, seinen Preis und benötigt Zeit. Farbbilder oder Scharzweissprints kann man von Auge gut kontrollieren. Aufgepasst heisst es vor allem bei Kleinbilddias. Sie können auch aus Laienhand stammen und die Gefahr eines ungewollten Fehlers ist besonders gross. Kleinbilddias sind also unbedingt mit der Lupe auf die Schärfe zu kontrollieren.

Je nach Blendenwahl und Objektiv entstehen Unschärfen, die im Kleinbilddia oft nicht zu entdecken sind. Der «Fehler» taucht dann bei der Vergrösserung im Druck auf. Vor allem bei der Abbildung von zwei Personen wird oft unabsichtlich in der Mitte auf den Hintergrund fokussiert.

Ein unscharfes Bild kann mittels Bildverarbeitungsprogramm zu einem beträchtlichen Teil nachgeschärft werden. Wenn zu viel geschärft wurde, werden bei Tonwertgrenzen und harten Kanten helle Randzonen sichtbar, wie dies hier bei Arm und Armlehne sichtbar ist.

Farbe

Die Farbstichigkeit in einem Bild entsteht vor allem bei ungeeignetem Licht. Das Filmmaterial ist für Tageslicht oder für Kunstlicht geeignet. Wer mit einem Tageslichtfilm im Büro Fotos schiesst, wird wegen des Kunstlichts einen Grünstich in den Dias feststellen. Selbst draussen ist das Licht nicht konstant. Morgens und abends ist es wärmer und mittags kälter. Man spricht auch von der Farbtemperatur, gemessen in Grad Kelvin. 5000°K ist Normtageslicht, was darüber liegt, ist kälter, darunter wirds wärmer. Farbstiche vermitteln einerseits Atmosphäre, z.B. am Kaminfeuer, andererseits sind sie unerwünscht, ein grünes oder hochrotes Gesicht wirkt kränklich. Mit heutiger Reproduktionstechnik ist das Entfernen eines Farbstiches kein Problem mehr, sogar ganze Umfärbungen sind an der Tagesordnung.

Farbig oder schwarzweiss?

Farbe ist in Zeitungen teuer und wird durch farbige Inserate finanziell getragen. Farbe hängt auch von der Druckmaschine ab und ist nicht automatisch überall möglich. Da Bilder im Amateurbereich fast ausnahmslos und zunehmend auch im Profibereich farbig geschossen werden, stellt sich die Frage nach farbigen Bildern in der Zeitung immer öfter. Bedingt durch die limitierte Drucktechnik und das dünne Recyclingpapier erscheinen farbige Bilder nicht so farbenprächtig, wie man sich dies in Magazinen gewohnt ist. Farbe in der Zeitung ist im Vergleich zu elektronischen Medien (wortwörtlich) stumpfsinnig. Der grobe Raster (34er bis 40er Raster) tut sein Übriges, Farbbilder unattraktiv zu machen. Zudem scheint das auf der Rückseite Gedruckte durch – wirklich ein Fest der Sinne! Lieber ein sauberer Schwarzweissdruck als ein verschmierter Farbdruck, womit man selbst Würstchen nicht einpacken würde.

Mehr über die Besonderheiten der Drucktechnik lesen Sie ab Seite 238.

Farbe soll dort eingesetzt werden, wo sie richtig zur Geltung kommt. Ein schlecht gedrucktes Farbbild ist störender als ein gutes Schwarzweissbild.

Farbige Bilder und der Passer

Farbige Bilder in der Zeitung sind zwar alltäglich und nichts Besonderes mehr. Sie stellen an die Druckerei hohe Ansprüche, denen nicht immer entsprochen werden kann. Das hängt einerseits von den Druckmaschinen, die eben neuer oder älter sind, von der Verfahrenstechnik (Hochdruck, Offsetdruck) oder dann vom Papier ab. Die Bahngeschwindigkeit einer Zeitungsrotation ist mit bis zwölf Metern pro Sekunde rasend schnell. Die Papierbahn wird sehr hohen Zugkräften ausgesetzt: Sie läuft zwischen Druckträger und Gegendruckzylinder hindurch und wird bei jedem Druckgang gewallt. Bei einem vierfarbigen Druck eben viermal. Die Konsequenz: das Papier dehnt sich in der Bahnrichtung und quer dazu geringfügig aus – so können Ungenauigkeiten entstehen. Die einzelnen Farben drucken dann nicht hundertprozentig passgenau aufeinander, was an den Bildrändern deutlich sichtbar wird. Das Bild selber wirkt schwammig. Die Toleranzen sind von Druckerei zu Druckerei unterschiedlich. Die Papierbahn wird zwar mit einer Vorspanneinrichtung gedehnt, trotzdem lauert in jedem Farbbild die Gefahr von Passerdifferenzen.

Gestalter können sich also die Frage stellen: Gibt es Anforderungen an das Bild im Zeitungsdruck? Gibt es Bilder, die sich besser eignen und solche, die man besser schwarzweiss drucken würde?

Alle Bilder mit Tertiärtönen (Braun, Oliv), die aus drei oder vier Druckfarben zusammengesetzt sind, beinhalten ein grösseres Risiko von sichtbaren Passdifferenzen. Primär- (Magenta, Gelb, Cyan) oder Sekundärtöne (Rot, Blau) sind problemloser, weil eben weniger Farben beteiligt sind. Dann muss das Bild einen klaren Kontrast aufweisen, fein abgestufte Töne sind ungeeignet. Diese sind sowieso ungünstig, weil der Zeitungsdruck nicht in der Lage ist, feinste Nuancen abzubilden. Die Detailzeichnung leidet bei Passerdifferenzen zuallererst.

Passerdifferenzen entstehen vor allem durch die Dehnung der dünnen Papierbahn zwischen den einzelnen Druckwerken.

Das Umfeld

Fotografen sind es gewohnt, die Welt durch den Sucher wahrzunehmen. Gestalter haben Bilder in eine Seite zu integrieren, was ein ganz anderes Problem ist. Das Bild wird beschnitten, bearbeitet, freigestellt – aus einem hochformatigen Porträt muss ein querformatiger Ausschnitt bestimmt werden. Weshalb können Fotografen nicht über den Sucher hinausdenken und möglichst viel Umfeld lassen? Aber nein, Redakteure haben Bilder nicht zu schneiden, die sind schliesslich als eigenständige Werke anzusehen. So denken wohl manche, die die Sorgen des Layoutens nicht kennen. Heute geht es vielleicht auch um eine Mehrfachnutzung der entstandenen Daten. Ein Bild muss sowohl in der Anzeigenkampagne als auch im Presseaussand, im hauseigenen Katalog und im Internet verwendet werden können. Wer wird denn so eigensinnig sein und die Welt nur durch den Sucher betrachten? Früher hiess es: Ran ans Motiv. Diese aus fotografischer Sicht richtige Faustregel gilt nicht für Fotos, die publiziert werden sollen. Der Layouter geht dann mit dem richtigen Schnitt ran ans Motiv.

Ein aufs Format fotografiertes Sujet kann im Layout nicht mehr oder nur wenig geschnitten werden. Das heisst weniger Flexibilität.

Ein Sujet mit grosszügigem Umfeld bietet automatisch mehr Möglichkeiten, einen zum Layout passenden Ausschnitt zu bestimmen. Ob Hoch- oder Querformat, spielt hier keine Rolle.

Bilder bewusst inszenieren

Bildbeschaffung ist komplizierter, zuweilen teurer und schwieriger als die Textbeschaffung. Texte können jederzeit vor, während und nach einem Vorkommnis geschrieben werden. Bilder dagegen kann man nur zeitgerecht herstellen. Deshalb sind sie so unverwechselbar und authentisch (wenn man von den Möglichkeiten der Bildmanipulation absieht). Bilder sind vorhanden oder eben nicht, sie können nicht nachträglich hergestellt werden. Aus diesem Grund hat die Auswahl, die Gestaltung und die Reproduktion jedes Bildes mit liebevoller Sorgfalt zu geschehen.

Im Allgemeinen versteht man unter Bildgestaltung das grafische und reprotechnische Umsetzen eines Bildes. Ich sehe das anders. Die Bildgestaltung beginnt beim Auftrag, über etwas zu schreiben, und nicht beim Scannen in der Desktop-Abteilung. Die wenigsten Zeitungen verfügen über einen vollamtlichen Bildredakteur oder ein Fotografenteam, welche die visuellen Bedürfnisse der Leser dauernd in Erinnerung rufen. Dabei müsste die Text- und Bildbeschaffung den gleichen Stellenwert geniessen.

Leider liegt es in den meisten Fällen in der Macht der Schreiber, Redakteure oder Journalisten, zu bestimmen, ob ein Bild beschafft wird oder nicht. Weil dies unter Zeitdruck offenbar schwierig ist, werden die meisten Artikel halt ohne Bild abgeliefert. Bei freischaffenden Journalisten müsste man den Auftrag so formulieren, dass der Text von einem Bild begleitet wird. Aber bitte nicht die ewig gleichen Amateurbildchen, die aus der Not geknipst werden, um dann in die Zeitung gesetzt zu werden. Bilder wollen inszeniert werden! Die Luxuslösung besteht darin, dass Journalisten schreiben und Fotografen fotografieren. Wer als Schreiber die Bildidee mitträgt, soll sich bitte mit dem Thema Bildjournalismus auseinandersetzen und die «besonderen» Pressebilder schiessen. Das ist dann halt nicht der immer gleich aussehende Redner, sich am Rednerpult festklammernd, von leicht schräg unten fotografiert, worüber sich jeder Fotograf die Haare rauft. Das Bild illustriert nicht einfach den Text, es bringt eigene journalistische Elemente mit ein. Vielleicht tut eine völlig neue Haltung not? Als Schreiber, der lieber 200 als 100 Zeilen liefert, muss man über den eigenen Schatten springen, vielleicht auch mal etwas Mut aufbringen. Ein gutes Bild ist *auch* eine Leistung, die nicht allein an der Anzahl Anschläge und Zeilen gemessen und abgegolten werden sollte.

Zur Auflockerung über die ganze Seite verteilt: Lieblos, fantasielos und ebenso langweilig wie die Bilder selbst. Welch gigantischer Auftritt ist bei der Inszenierung auf der rechten Seite gegeben!

Ist es nicht so, dass man beim Schreiben einer Nachricht vor allem textlastig denkt? Erst nachdem der Text vorliegt, befasst man sich mit der «Ergänzung» Bild. Das Bild sei eine Anreicherung des Textes. Diese weitverbreitete Ansicht ist grundfalsch. Der erste Gedanke jeder Arbeit sollte eigentlich hinterfragen: Welche Möglichkeiten der Visualisierung habe ich? Der Text kann später beliebig «zugeschnitten» werden, das Bild nicht.

Bilder dürfen anstecken, abschrecken, animieren, anmachen, auffallen, überraschen, aufklären, hinterfragen, beweisen; nur eines dürfen sie nicht: langweilen.

Designelement Bild

Bildgrössen

Die Dominanz von Bildern wird verstärkt, wenn sie gross in Szene gesetzt werden. Gross heisst in normalen Zeitungsformaten mindestens über die Hälfte der Zeitungsbreite. Bei halbformatigen Zeitungen läuft ein grosses Bild über die ganze Breite. Dies bedingt das Zugeständnis der Redaktion zum Bild als gleichwertiges Element. Die Bedingung: Die Bilder müssen Topqualität aufweisen, ein «08/15-Amateurfoto» taugt nicht dazu.

Das heisst aber, dass personell auf der Redaktion bezüglich Bildbeschaffung etwas gehen muss. Der Jounalist, mit Kamera bewaffnet, wird dann keinen Platz mehr finden. Gehen wir jedoch von der Annahme aus, dass es auch Schreiber geben soll, die etwas von Fotografie verstehen. Denen jedoch braucht man hier nichts zu erzählen. Denn wer aktiv fotografiert, möchte seine Bilder auch abgedruckt sehen – möglichst gross.

Die Bildgrösse hat noch einen technischen Hintergrund. Durch die grobe Aufrasterung in der Zeitung kommen gewisse Feinheiten nicht mehr zum Tragen: Auf einspaltigen Gruppenfotos sind Gesichter nicht mehr zu erkennen.

Auf die besonderen Bedingungen des Zeitungsdruckes wird auf Seite 238 eingegangen.

Ich behaupte, dass Leserinnen und Leser das Bild in der Zeitung hoch einschätzen. Dennoch gibt es Blätter, welche den Bildanteil sehr niedrig halten – und trotzdem erfolgreich geschäften. Daraus abzuleiten, das Bild sei überflüssig, ist genauso falsch wie wenn man behauptete, solche Zeitungen seien mit wesentlich mehr Bildern erfolgreicher.

Bilder anordnen

Wenn mehrere Bilder vorkommen, gibt es verschiedene Möglichkeiten, diese zu platzieren. Langweilig sieht es aus, wenn alle Bilder etwa gleich gross, zweispaltig, 8 cm hoch abgehandelt werden. Die Fotos sind oft über die ganze Seite verteilt, in der Meinung, damit könne man die Seite auflockern. Dabei gibt es ein Prinzip: *Text zu Text und Bild zu Bild*. Das heisst, dass mehrere Bilder zu einem Block zusammengefasst werden und der Lesefluss nicht mehrmalig durch Bilder unterbrochen wird. Spannend sieht eine Seite aus, wenn zu einem grossen Bild mehrere kleine dazugestellt werden. Es entsteht ein lebendiges Formenspiel, *Henne-Küken-Prinzip* genannt.

Das Bild beim Text

Bilder sind weit weniger gestaltbar als Text, sollten deshalb zuerst «gesetzt» werden. Der Text fliesst um das Bild herum. Zu kleine Bilder in der Zeitung sind oft wirkungslose Schnäppchen. Lieber weniger Bilder bringen, dafür aber grössere. Kontraste bringen Leben in die Zeitung. Hell-Dunkel-Kontraste werden vor allem durch die Bilder verursacht, die zum hellen Text das Gegengewicht bilden.

Das alleinstehende Bild

Ein besonders gutes Bild eignet sich, als Solitär abgedruckt zu werden. In einem Kasten stehend, mit Bildlegende begleitet, wird es auch als *Bildkasten*, *Bildergeschichte* oder als *Feature* bezeichnet. Die Ansprüche sind hoch, das Bild muss für sich sprechen, emotional, unterhaltend sein, stark in der Aussage und in der fotografischen Umsetzung. Galerieträchtig soll es sein, keinesfalls das brave Landschaftsbild mit dem ersten Schneeeinbruch.

Das Henne-Küken-Prinzip. Das Aufmacherbild wird begleitet durch kleine Bilder. Der Winzling betont die Grösse des Aufmacherbildes.

Das Bild als Kontrapunkt.

Das alleinstehende Bild oder der Bildkasten soll aussagekräftig, auffällig, prämierungswürdig sein. Das Beispiel zeigt das Gegenteil davon, ein langweilig-gewöhnliches Pressefoto.

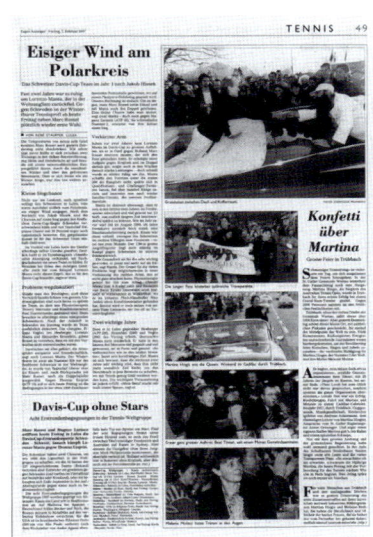

Das Prinzip: Bild zu Bild und Text zu Text. Bewusste Inszenierung der Bilder statt lockere Anordnung über die ganze Seite. Bei beiden Beispielen kann man auch von einer Bildergeschichte sprechen.

Designelement Bild

Die Bildgruppe zeigt eine Anzahl Bilder, die zum gleichen Thema gehören, aber nicht unbedingt gleich gross sein müssen und frei angeordnet sein können.

Die Fotoleiste weist eine Anzahl gleich grosser Bilder auf.

Bildgruppen können nahtlos, mit Rahmen, freigestellt oder in Kombinationen davon gestaltet werden.

Bildergeschichte mit eingeklinkten Bildern. Diese können ohne Rand, nahtlos, gestaltet oder mit einem Linienrahmen versehen werden. Die Einklinker konkurrenzieren die Grösse des Hintergrundbildes.

Die Montage kombiniert mehrere voneinander unabhängige Bilder zu einer neuen Komposition. Falls man dies nicht auf den ersten Blick erkennt, muss die Montage als solches gekennzeichnet sein.

Bildgruppe (Cluster)

Zu Blöcken zusammengefügte Bilder werden auch *Bildgruppe* oder englisch *Cluster* genannt. Eine Bildgruppe wirkt als zusammengewürfelte Einheit, die aus Einzelbildern zum gleichen Thema zusammengesetzt ist. Wenn die Bilder vertikal oder horizontal aufgereiht sind, heisst diese Anordnung *Leiste*. Wenn sich die Bilder über mehrere Seiten zeigen, nennt sich dies *Bildstrecke*.

Sequenz

Eine ganze Serie von Bildern, die zusammen einen Ablauf wiederspiegeln, nennt man *Sequenz*. Im Unterschied zur Bildgruppe wird hier ein zeitlicher Ablauf dargestellt.

Montage (Collage)

Wenn die Bilder sich gegenseitig überlappen, spricht man auch von einer *Montage* oder von einer *Collage*. Die Bilder bleiben unverändert, nur der Ausschnitt wird bestimmt. Die Montage wirkt noch stärker als Einheit, weil die Zwischenräume oft fehlen. Wenn Bild an Bild stösst, nennt man dies *nahtlos*. Oft wird ein *Filet*, ein weisser Rand, um die montierten Bilder gelegt, um sie besser vom Hintergrund zu trennen.

Eine Sequenz zeigt einen Ablauf, gleich einem Film mit einzelnen Stehbildern.

Bildergeschichte

Die Fortsetzung der Sequenz ist die Bildergeschichte, das fotografische Pendant des gezeichneten Comics. Bilderstorys findet man vor allem in Zeitungen oder in Teilen davon, die Jugendliche ansprechen. Unter Bildergeschichte wird auch ein Bericht verstanden, der zur Hauptsache aus bildlicher Information besteht, beispielsweise ein Bildkasten.

In manchen Zeitungen werden ganze Kurzmeldungen mit Bild und Text als Anreisser bezeichnet.

Anriss

Ein Bild in einem Inhaltsverzeichnis dient dazu, den Leser auf den Geschmack zu bringen. Der Begriff Anriss oder auch Anreisser steht oft auch für den ganzen Kurzartikel auf der Frontseite oder in einem Inhaltsverzeichnis.

Porträt

Das Bild mit dem Konterfei stellt einen persönlichen Bezug zwischen Leser und Dargestelltem dar. Bilder mit Gesichtern wirken sehr spontan, und die Mimik kommt gross am wirkungsvollsten zur Geltung. Das Porträt der Journalisten findet bei Gastkolumnen, Leitartikeln und Kommentaren Anwendung. Porträts werden zudem in der Berichterstattung von Politik und Wirtschaft oft eingesetzt, weil Details, in diesem Fall Köpfe, mehr aussagen als die Totale. Ab Seite 228 gehe ich auf den Ausschnitt von solchen Bildern ein. Um Personen abzubilden, bedarf es deren Einverständnis, die rechtlichen Aspekte sind auf Seite 18 dargelegt.

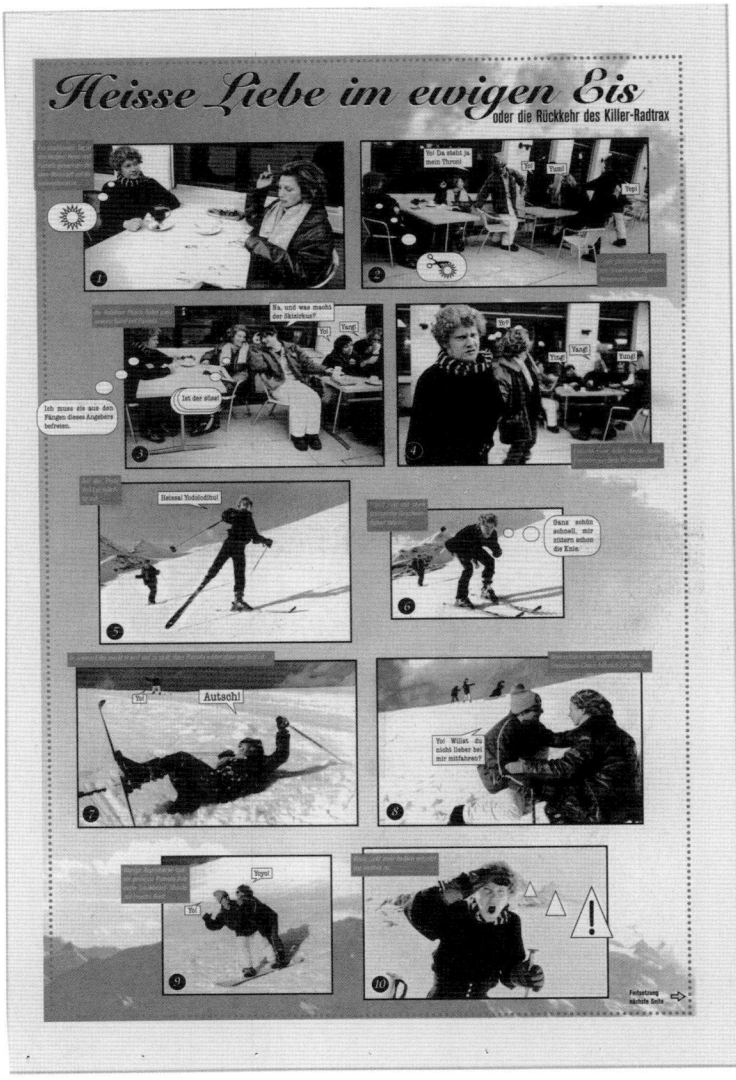

In Zeitungen trifft man die Bildergeschichte kaum an, es sei denn, die Zeitung sei speziell für ein junges Publikum gemacht. Im Bild: «Toaster».

Die lebendig gestaltete Seite der «Woche» zeigt, auf welch unterschiedliche Weise man Köpfe aufmachen kann.

Weder die Gestaltung noch die Qualität der Fotos sind publikationswürdig. Auf solche Fotos Typ «Fahndungsbild» kann man doch gut verzichten! Schauen Sie genau hin – und amüsieren Sie sich…

Designelement Bild

Die Karikatur ist vor allem im politischen Journalismus beliebt und bei Magazinen weiter verbreitet als bei Zeitungen. Es gibt jedoch Blätter, welche die Karikatur regelmässig sogar auf die Frontseite platzieren. Im Bild: «Focus».

Grafik

Sehr in Mode gekommen sind *Infografiken*, ohne die keine Zeitung mehr auskommt. Sei es die aktuelle Wetterkarte, eine Kuchengrafik oder eine Landkarte, Infografiken sind als Informationsträger bei allen Blättern unbestritten.

Karikatur

Zeichnungen, die sich über einen Sachverhalt oder eine Person in satirischer oder spöttischer Manier auslassen, nennt man Karikaturen. In der Zeitung sind sie meistens mit Feder gezeichnet, schwarz, ohne Farbe.

In Magazinen werden auch andere Zeichenstile wie Aquarelltechnik in Farbe angewendet. Eine gute Karikatur braucht eigentlich keine Legende, sie sollte für sich sprechen. Manche Zeitungen publizieren gleich mehrere Karikaturen, die bissigen auf der Frontseite oder im politischen Teil.

Cartoon, Comic

Eine Zeichnung oder eine Abfolge davon mit einem bestimmten Witz oder Hintergrund heisst in der Zeitung Cartoon oder *Comic*. Ein Cartoon besteht aus einem Bild, ein Comicstrip aus einer Bildreihe. In Zeitungen sind Comics so beliebt wie etwa Kochrezepte oder Kreuzworträtsel. Garfield, Hägar der Schreckliche oder andere haben Zeitungsgeschichte geschrieben.

Zeichnung

Zeichnungen werden in der Zeitung bei Gerichtsverhandlungen eingesetzt, weil es bei uns nicht erlaubt ist, Fotos aus dem Gericht in der Presse zu bringen. Dann gibt es naturwissenschaftliche Zeichnungen, die einfach mehr aussagen als Fotos, z. B. kann das Blutadersystem im Körper nicht fotografiert werden.

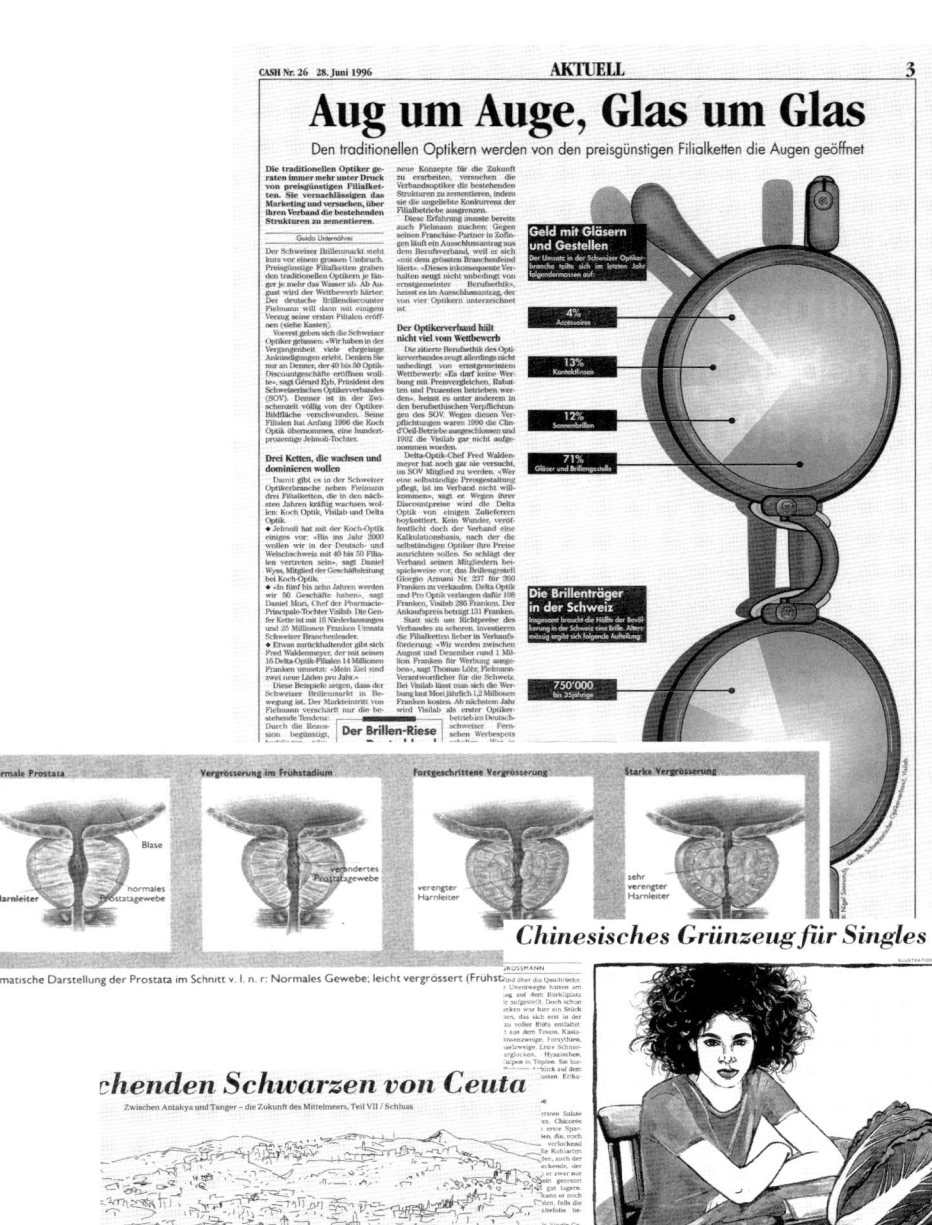

Für alle Sachverhalte, die nicht fotografisch festgehalten werden können, gibt es bestimmte Illustrationsstile – anders bei der wissenschaftlichen Zeichnung als beim Cartoon. Die Illustration soll einen Sachverhalt möglichst mit ihren Mitteln darstellen: Reduktion der Wirklichkeit auf die relevante Information.

Bildwirkung durch Bearbeitung

Von der realistischen Wiedergabe eines Pressebildes bis zur unkenntlichen Veränderung des Bildinhaltes werden alle Schattierungen produziert. Zwischen erlaubt, tendenziös oder gar unstatthaft gibt es weder klare Grenzen noch alleingültige Berufsauffassungen. Das Bild hat nicht erst seit Spielbergs Jurassic Park seine Glaubwürdigkeit endgültig verloren – «Manipulationen» werden auf allen Ebenen vorgenommen.

Zum Thema «Reproduktionstechnik» siehe im Kapitel «Magazine», Seite 294.

Normale Reprovorgänge

Jedes einzelne Bild muss durch den Reproduktionsprozess der Drucktechnik oder dem Medium angepasst werden. Dies bedeutet unweigerlich eine «Vergewaltigung» des Bildes, weil man kein Bild original 1:1 reproduzieren kann. Der Kontrastumfang in der Zeitung ermöglicht maximal etwa 80 Graustufen, eine Diavorlage beinhaltet ein Mehrfaches an Bildinformation. Die Anpassung der Vorlage an den Druck geschieht mit der Gradationskurve, mit welcher ein Bild kontrastreicher, flacher oder anderswie gesteuert werden kann. Ganz eindeutig wird dies nicht als Flunkern empfunden.

Die Schärfe kann auf dem Bildverarbeitungsprogramm fast beliebig gesteuert, ja sogar übersteuert werden. Auch das Nachschärfen gehört heute zum Standardrepertoire, um gute Bilder zu erzeugen.

Allgemein akzeptiert ist die Wahl eines Bildausschnittes. Aus einem querformatigen Foto einen hochformatigen Ausschnitt auszuwählen und umgekehrt ist normal. Spitz-

Fotograf			
Szene/Motiv			
Ereignis			
Person			
Gegenstand			
Objektbewegung			
Fotografie			
Licht			
Standort			
Brennweite			
Blende			
Verschlusszeit			
Perspektive			
Kamerabewegung			
Filmmaterial			
Verfremdungen			

Möglichkeiten der Redaktion (und des Layouts)		
Bildart	Beispiel	Bemerkung
Dokument	ein historisches Bild	unverändert bringen
Symbol	Frühlingsbild für Konjunkturaufschwung	Metapher
Kontrapunkt	Asylgesetz: Lachende Ausländer statt in Baracke eingezwercht	Provokation, Paradoxon Gegenteil des Textes
das ungewöhnliche Bild	Tränen beim Siegerlächeln im Sport Redner hinter Rednerpult	das «Bild» hinter dem Bild ist kein ungewöhnliches Bild
Stimmungsbild	tanzende Menschenmasse glitzernde Schneelandschaft	emotionsgeladen Ruhe ausstrahlend
Effektbild	Feuerwerk Trickaufnahme, Fischauge	erstarrte Bewegung von Auge so nicht erkenntlich
Actionbild	Skirennfahrer bei Slalomtor	nahe ans Motiv gehen
gestelltes Bild	Personen-Gruppenbild	wirkt langweilig
Totale	Winkel eines Dorfes	objektive Wirkung
Detail	Pfarrer vor seiner Kirche	subjektive Wirkung
Studioaufnahme	Sachaufnahmen, Packshots	
Schnappschuss	Politiker in Nase bohrend	ungewöhnlicher Moment

Möglichkeiten des Layouts (und der Redaktion)	
Bearbeitung	Bemerkung
Auswahl	Einzelbild oder Bildgruppe; Betonung
Anzahl	weniger Bilder, dafür grösser bringen
Platzierung	oben drückts, unten stützts; das Bild oben betont die Wirkung; Bildwinkel
Ausschnitt	das Bild im Bild finden; Randgestaltung wie Freisteller; absoften
Proportion	weg vom langweiligen 2:3-Format; schmaleres schafft Spannung
farbig/schwarzweiss	nur farbige Bilder auch farbig bringen; Duplex oder Bilder einfärben
Gewichtung	Henne-Kücken-Prinzip
Reprotechnik	Montage; Retusche; Collage; Verfremdung; Filtertechnik; Rasterweite; Rasterform; Kontrast
Papier	Rasterweite dem Papier anpassen
Druck	Drucktoleranzen beachten
Bindung	Keine wichtigen Bildelemente im Bund

findig gesehen, könnte der Fotograf jedoch auf einer absolut vorlagengetreuen Wiedergabe mit den allernotwendigsten reprotechnischen Eingriffen bestehen – doch wen kümmerts?

Die farbigen Dias müssen oft in Graustufenbilder umgewandelt werden – ein ganz normaler Vorgang oder bereits Bildmanipulation? Zuletzt benötigt die Reproduktion die Rastertechnik, welche oft der Vorlage im Weg steht. Die feinsten Nuancen bleiben dabei auf der Strecke.

Bildretusche

Pflichtretusche nennt sich jener Vorgang, um Fehler aus der Vorlage zu entfernen, z. B. Haare, Fasern oder Staub, die sich in die Vorlage eingeschlichen haben. Die Vollretusche wird eher in der Werbung angewandt, bei Spiegelreflexen auf Autos, Hautpartien bei Models usw. Die Vollretusche hat im Mediendesign weniger Bedeutung. All diese Anpassungs- oder Verbesserungsprozesse zielen auf die optimale Bildreproduktion. Es geht nicht darum, das Sujet zu verfremden oder eine neue Welt zu erschaffen.

Der Show oder der Wahrheit verpflichtet?

Bilder transportieren nach wie vor bei vielen Lesern hohe Glaubwürdigkeit. Die beiden Kommunikationsziele «abgelichtete Wahrheit» und «optimale Bildwirkung» stehen sich oft gegenüber. Im heutigen Zeitalter der Bildmanipulationen im Fernsehen und Kino scheint mir ein stures Beharren auf der Eins-zu-eins-Darstellung veraltet. Gerade weil die Zeitung in Konkurrenz zum Bildschirmmedium steht, muss es heissen: Möglichst viel aus dem Bild herausholen, um Wirkung zu erzielen. Bilder sollen amüsieren, unterhalten, schockieren, bewegen, freuen. Das nachgereichte Alibibild zum Text kann es nicht sein. Das bedeutet Mut zur Grösse, zur Gestaltung und zum Ausschnitt.

Links das langweilige Bild der Totalen, amateurhaft ausgeführt mit ungenügender Raumausleuchtung. Wie emotionaler sind die anderen Bilder: Personen und Gesichter mit Mimik bringen das Personalfest besser rüber, zudem können die Gesichter so auch noch relativ klein abgebildet werden.

Der Bildschnitt

Der Ausschnitt hilft mit, der Zeitung Spannung und Dramaturgie zu verleihen. Doch es sei hier festgehalten, dass manche guten Bilder keinen Ausschnitt benötigen. Vom Fotografen perfekt in Szene gesetzt, tut es einem in der Seele weh, wenn ein Layouter in seiner schieren Platznotz zur Schere greift und das Werk zerschnipselt. Auch bei Kunstwerken und Gemälden schneidet man in der Regel nicht. Die langweilig-normalen Formate müssen hingegen in den meisten Fällen beschnitten werden. Es braucht eben Feingefühl zu unterscheiden, was ein gutes Bild ist und was nicht.

Oft benötigen harte und freche Bildschnitte eine Portion Mut. Der Abgebildete hat vielleicht keine Freude, wenn seine Haarpracht nicht zum Tragen kommt. Und wenn es erst noch um den Vorgesetzten geht, ist schnell Feuer im Dach. Trotzdem: Hart geschnittene Bilder zeigen oft Details, gehen näher, Gesichter sind emotionaler und wichtiger als Krawattenknöpfe!

Langweilige Formate sind die Fotoformate. 36×24 mm, das Kleinbildformat, bedeutet eine Proportion von 3:2 – nicht gerade spannungsvoll. 4:1 wäre etwas dynamischer; je schmaler und länger, desto mehr Dynamik. Umgekehrt lässt sich dies auch von Hochformaten sagen.

Das quadratische Format ist zwar sehr statisch, im Gebrauch haftet ihm etwas Künstlerisches an.

1

1

1

1

1 Zu kleiner Ausschnitt, Surfer zu zentriert.
2 Segel oben stärker geschnitten, Bild in Blick- oder Fahrtrichtung nicht geschnitten.
3 Wenig dynamischer Ausschnitt, wirkt eingeengt.

1 Blick wird in Richtung Fahrt gezogen, ein bisschen viel Umfeld.
2 Extremes Querformat dynamisiert, Wasser wirkt so endlos weit.

1 Horizont ist schräg, Wasser läuft aus dem Bild.
2 Der Surfer fährt zum Bild hinaus, er befindet sich zu weit links.
3 Die Fahrtrichtung von Flugzeugen, Autos, Schiffen usw. sollte immer ins Seitenformat Richtung Bund laufen. Ebenso gilt dies bei Blickrichtungen von Gesichtern. Spiegelung nur im Notfall.

1 Keine Dynamisierung verlangt, Bildinhalt ist ruhend.
2 Deshalb kann man hier einen quadratischen Ausschnitt wählen.
3 Näher ans Geschehen ran ist fast immer gut. Überflüssiges muss weg.
4 Kein guter Schnitt. Wesentliches fällt der Schere zum Opfer.

Designelement Bild

Zweimal Hingis, links gut, rechts weniger. Es liegt am Ausschnitt, beziehungsweise am Hintergrund. Links bringt die entgegengesetzte Bewegungs- und Blickrichtung Spannung. Rechts ist der Zuschauerhintergrund viel zu unruhig, die Aktion ist fast nicht zu erkennen. Ein solches Bild ist ungeeignet, auch mit einem Ausschnitt ist dem nicht beizukommen.

Die Totale, hier dreispaltig, eignet sich nicht für die Zeitung. Es findet keine Aktion statt, es kommen keine Emotionen hoch. Der Titel hätte eine bessere Unterstützung verdient.

Nochmals eine Totale, diesmal perfekt umgesetzt. Die Aktion findet statt, Vorder- und Hintergrund sind getrennt, das Thema Balance schön aus dem Gleichgewicht gebracht.

Solche «Texturbilder» haben in der Zeitung nichts verloren. Sie kommunizieren rein gar nichts, weder Inhalt noch Emotion – eine graue Fläche wäre ebenso schön.

Ein wunderbarer Schnappschuss aus dem Blickwinkel der Torraumkamera. Der Ausschnitt ist gut gewählt. Auf keinen Fall dürfte man das Dach anschneiden, weil es zum Thema «Hallenfussball» gehört.

Übrigens sind hier fünf Bilder im leider üblichen 2:3-Seitenverhältnis. Ein an sich schlechtes Bild kann durch ein gutes Seitenverhältnis wenigstens etwas zu einem spannenden Layout beitragen.

Eine besonders starke Wirkung wird erzielt, wenn Text und Bildinhalt zusammenpassen. Dies trifft nur bei den unteren beiden Bildern zu, bei den oberen ist der Zusammenhang gesucht oder unpräzis.

Wenn Text und Inhalt nicht übereinstimmen, ist ein nichtssagendes Bild besonders stossend. In zwei verschiedenen Artikeln die gleiche «Bildidee» – da nützen auch dynamische Ausschnitte nicht viel.

Das Flugzeug braucht Platz zum Fliegen, der Schnitt hier ist zu hart und pfercht ein. Gut gemacht ist die «Bewegungsrichtung» (auch vom Auto) in die Richtung des Bundes.

Designelement Bild

Personen abbilden

Es gilt zu unterscheiden zwischen dem Gruppenbild und dem Porträt. Prinzipiell sind Porträts interessanter, weil beim Gruppenbild die Details auf der Strecke bleiben. Wenn schon Gruppenbilder, dann wenigstens gross. Ganz persönlich finde ich Gruppenfotos äusserst langweilig – sie sind immer gestellt und wirken statisch. Besser ist, wenn man den Personenkreis aus der Bewegung heraus erwischt. Manchmal geht das einfach nicht, dann bleibt die Möglichkeit, aus den Bildern eine Collage zusammenzustellen.

Einzelne Personen kann man ganz abbilden oder einen Ausschnitt wählen. Der Kopf ist das Interessanteste, Hosenbeine oder gar Schuhe interessieren nicht. Dabei soll der Bildschnitt so gewählt werden, dass nicht der Schein einer Amputation entsteht. Der Schnitt Mitte Oberschenkel ist gestattet, Mitte Unterschenkel nicht. Finger darf man anschneiden, der Schnitt beim Handgelenk ist «schmerzhaft».

Auch Porträts und Brustbilder soll man beschneiden. Die Krawatte ist nicht von Interesse, harte Bildschnitte vom Haaransatz bis unters Kinn bringen die Mimik am besten zur Geltung.

Na ja, Herr Bundespräsident, Ihre Schnürsenkel sind uns wichtig, und nun wissen wir auch, dass Sie Massanzüge tragen... Statisch, im Kasten eingezwängt, überflüssige Bildinformation. Die Modellstellung passt nicht zum Titel: «die heissen Dossiers des Bundespräsidenten». Rechts ein anderes Beispiel, welches zeigt, wie man es besser anstellt.

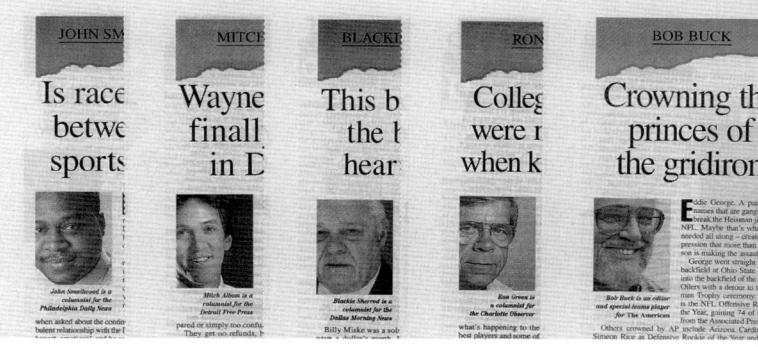

Die Porträts von Kolumnisten ganz arg unterm Messer: Die ersten drei frontal von vorn gezeigten Gesichter ertragen keinen seitlichen Schnitt. Seitlich aufgenommene Porträts dürfen an der Hinterkopfseite beschnitten werden – die Blickrichtung soll frei bleiben.

Langweilig-gewöhnliche Bildschnitte. Gut daran ist die etwas seitliche Ansicht der Köpfe.

Dieses Bild lässt keinen engeren Schnitt zu, weil die Handstellung wichtig ist. Vorsicht mit Handzeichen, sie könnten falsch gedeutet werden!

Der Horizont liegt schief, zu viel nichtssagendes Umfeld, und der Händedruck lockt niemanden mehr hinterm Ofen hervor. Vorschlag unten: Ran an die Gesichter!

Eine Serie von gelungenen Porträts und Bildschnitten, welche Emotion und Mimik optimal rüberbringen.

Die typischen Gruppenfotos Typ «Gartenzaun» und «Händedruck». Wenns wirklich nicht anders geht, dann bitte mit möglichst engen Ausschnitten. Erkennbare Gesichter sind die minimalen Ansprüche der Leser.

Porträts werden mitunter arg verunstaltet, wenn der Bund oder Falz vergessen wird. Gesichter müssen ausserhalb dieser Zone platziert werden.

Bilder freistellen

Ein aus dem Hintergrund herausgelöstes Bild nennt man freigestellt. Hier beginnt bereits der Pfad der Manipulation, weil gewisse Bildelemente den Lesern vorenthalten werden. Oder handelt es sich eher um eine Betonung des Objektes?

Freigestellte Bilder sind in der Zeitung eher selten, weil sie oft auf den Zeitungssystemen nicht oder nur zeitaufwendig herzustellen sind. Gerade aus diesem Grund sind Freisteller ein Mittel, um Bewegung und Abwechslung vom viereckigen Bild in die Seite zu bringen. Freisteller stehen in einem guten Kontrast zu viereckigen Bildern, bedürfen jedoch der Kenntnisse eines Bildverarbeitungsprogrammes.

Welche Bilder sind geeignet?

Bei der Auswahl gilt zu beachten, dass nur Bilder in Frage kommen, bei welchen das Objekt (Vordergrund) sich scharf vom Hintergrund trennt. Jede Unschärfe im Bild eignet sich nicht für das Freistellen. Klare Kanten (z. B. Fotoapparat) sind leichter freizustellen als fein verästelte Konturen wie bei Haaren, weil sich der Aufwand schnell verdoppelt. Zu beachten ist ferner, dass die natürliche Unschärfe des Bildes im Freistellpfad ebenfalls aufgenommen werden muss, sonst sieht das Bild wie ausgeschnitten aus.

Das Bild braucht nicht rundum freigestellt zu werden, es kann auch nur einseitig freigestellt sein und aus seinem Bildgefängnis herausragen. So erhält es zusätzliche Dynamik und eine gewisse optische Tiefe.

Freigestellte Bilder können allein stehen oder so in die Spalten eingebunden werden, dass der Text um das Bild fliesst. Der Tennisspieler ist beidseitig aus seinem Umfeld herausgelöst und wirkt enorm plastisch.

Bilder mit geraden Konturen sind am einfachsten freizustellen. Unschärfen oder filigrane Strukturen wie Haare erfordern einen erhöhten Aufwand. Freistellen sollte man Bilder nur dann, wenn sie nachher nicht wie mit der Schere ausgeschnitten aussehen.

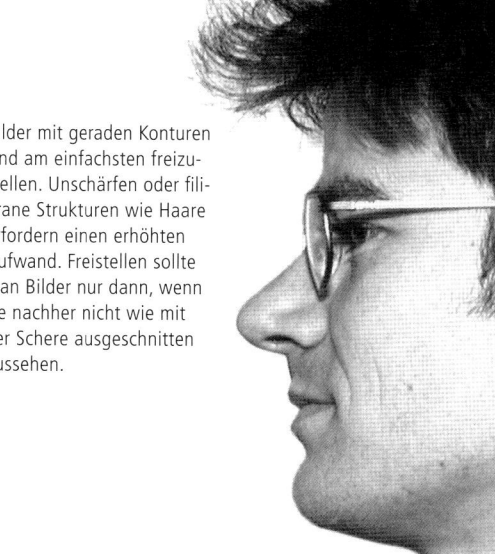

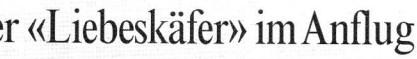

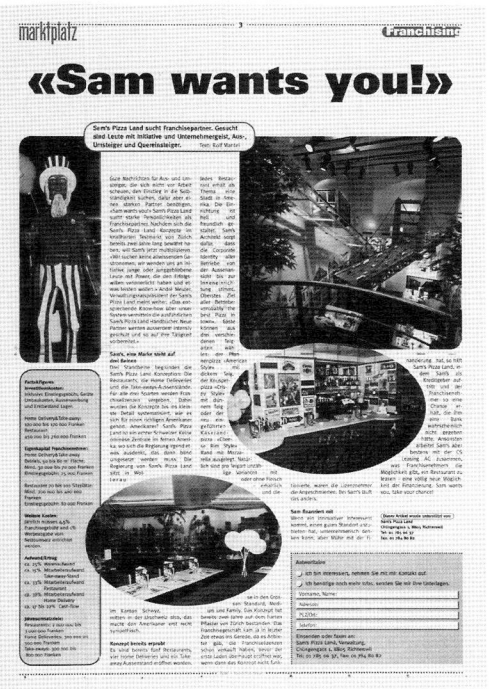

Bilder sind grundsätzlich nicht nur rechteckig oder freigestellt. Es bieten sich auch andere Darstellungsformen an: mehreckig, oval oder kreisförmig, mit abgerundeten Ecken, abgesoftet oder mit Bildrahmen. Doch allzuviel ist ungesund, solche Bildformen müssen auch mit dem Inhalt übereinstimmen.

Bildrahmen ja oder nein? Feine Filets sehen optisch schön aus und fangen eventuelle Tonwertabrisse etwas auf. Der Rahmen betont das Bild.

Bei hellen Tönen und schlechter Reproduktion kann es vorkommen, dass die hellsten Bildstellen durchbrechen. Das Bild ist dann in sich nicht mehr geschlossen, es franst aus.

Bildmanipulation

Die Grenze zwischen einer Verbesserung eines Bildes und der bewussten Veränderung ist fliessend und steht im Ermessen der verantwortlichen Macher. Seit PCs für die Bildreproduktion eingesetzt wurden, ist es ungleich einfacher geworden, Bilder zu manipulieren. Dabei gibt es offensichtliche Manipulationen, die als solche deklariert werden, um eine bestimmte Situation darzustellen. Nehmen wir als Beispiel die Auswirkungen der globalen Erwärmung an den Gestaden des Zürichsees: Diese sollen sichtbar gemacht werden. Ein solches Foto gibt es nicht, ein Fotocomposing machts jedoch möglich. Und jedermann ist klar, dass es sich dabei um eine Bildmanipulation handelt. Wenn die Situation nicht sofort als Manipulation erkennbar ist, tut man gut daran, dies in der Legende zu erwähnen.

Mit einer bestimmten Software bricht per Mausklick aus dem lächelnden Fräulein im Nu der Horror aus. In zehn Sekunden ist der Effekt da, der Aufwand gleich null. Die zentrale Frage ist doch die: Wer hat das Recht, neue Welten zu schaffen? Sind es allein die Fotografen oder dürfen die digitalen Bildverarbeiter ebenfalls eingreifen? Wo hört Illustration auf und wo beginnt die Manipulation? Was ist tolerierbar und was nicht? Layouter stehen der Situation naturgemäss offener gegenüber als die Fotografen, die ihre Arbeit zerstümmelt sehen. In vielen Anwendungsgebieten wie Film, TV, Werbung usw. ist «Manipulation» an der Tagesordnung, um dem Ausdruck genügend Pepp zu verschaffen.

Zum Thema Manipulation ist schon des Öfteren in den Medien berichtet worden. Zumeist stehen die auf «Wahrheit» eingeschworenen Journalisten einer Bildverfremdung grundsätzlich skeptisch gegenüber. Doch man kann die Augen vor der medialen Konkurrenz nicht verschliessen. Die zunehmende Digitalisierung trägt bei, dass sogar Fotografen ihre Bilder per Computer verfremden lernen. Der PC schafft so einen neuen Bilderkult, den wir vom Fernsehen, von der Werbung, vom Kino längst gewohnt sind. Diese Einflüsse werden auch vor der Zeitung nicht Halt machen. Ist diese neue Art «Bilderkultur» verwerflich, nur weil sie aus dem Computer stammt? Sie ist es nicht, wenn sie der Veranschaulichung dient. Wenn jedoch eine vorsätzliche Täuschung beabsichtigt ist, dann ist dies besonders verwerflich, weil Bilder eine hohe Glaubwürdigkeit besitzen.

Ein Beispiel einer «Manipulation» sehen Sie auf Seite 111. Sämtliche Einzelbestandteile wurden im Bildverarbeitungsprogramm zu einem Ganzen zusammenmontiert, welches in Wirklichkeit nicht existiert.

Aus ganz bestimmter Optik fotografiert, sind diese Bilder nicht der Manipulation zuzuordnen. Wirklich nicht? Ist ein digitaler Bildverzug eine Manipulation, ein optischer nicht?

Als im November 1997 in Luxor das schreckliche Attentat auf Touristen erfolgte, änderte der «Blick» die im Bild zu sehenden Wasserlachen zu Blutströmen. Sogar im Fernsehen war dieses Bild zu sehen. Entlarvt wurde diese üble Manipulation von der SonntagsZeitung, und weitere Blätter griffen das Thema auf, bis der Blick sich dafür entschuldigte.

Computer erlauben praktisch sämtliche Eingrifffe, die mehr oder weniger offensichtlich sind. Nur blauäugige Medienschaffende wenden sich strikt gegen jede «Manipulation». Es ist dabei gut möglich, dass sie das gesamte Spektrum an Eingriffen nicht richtig überblicken. Zudem gilt es zu unterscheiden, ob das Bild illustrativen Charakter aufweist, ein Thema veranschaulichen soll oder der Wahrheit verpflichtet ist. Bildmanipulation ist genauso eine Gratwanderung wie Text zu schreiben. Auch da gibt es einseitige Berichterstattung, tendenziöse Meldungen und halbe Wahrheiten.

Aussagekräftige Bildlegenden

Man nehme es zur Kenntnis: Nach dem Orientierungsverhalten ist die Bildunterschrift jene Informationseinheit, welche an vorderster Stelle gelesen wird. Oft sogar noch vor der Schlagzeile. Allein diese Tatsache bezeugt, dass auch Bildlegenden sorgfältig und nicht gedankenlos getextet werden müssen.

Wie gelesen wird, steht im Kapitel «Wahrnehmung» auf Seite 50.

Kein Bild ohne Legende!
Wer sich die Lesevorgänge in Erinnerung ruft, dem wird schnell klar, dass die Formulierung einer griffigen Legende ein absolutes Muss darstellt. Legenden sind keine überflüssigen Informationen, «weil das Bild ja für sich selbst spricht». Legenden, die das Bild auf einfache Art und Weise beschreiben, sind mehr verbreitet als man gemeinhin annimmt. Oft im Abschlussstress geschrieben, fällt dem Redakteur dann nichts anderes mehr ein als «Links sehen Sie… und rechts unten ist zu sehen…». Die Bildlegende ist kein Beschrieb des Bildes, das sieht der Leser selber, sie ist eine ergänzende Textinformation. Allerdings sollte sie zum Bild einen Bezug aufweisen. Zum links abgebildeten Pressefoto könnte man als Legende schreiben: «Für die gestrige Premiere übte der Kammerchor Schaffhausen während eines Jahres wöchentlich.» Da wäre eine Information drin.

Die Legende ist prädestiniert, zusätzliche und wichtige Informationen zu transportieren, die zuallererst gelesen werden. Verpassen Sie die Chance niemals, mit der Bildlegende an die Leser zu gelangen. Aus lauter Bequemlichkeit weggelassene Legenden zeugen vom Unverständnis der Redakteure gegenüber Lesevorgängen.

Der Kammerchor Schaffhausen bei den Proben zur Aufführung von Beethovens 9. Symphonie. Bild: Reto Schlatter

Das unspektakuläre Pressebild mit nichtssagender Bildlegende. Mit der Legende könnte man mehr aussagen. Vier Köpfe, gross, mit aufgesperrtem Mund wäre auch als Bild spannender.

So wie Texte von einem Autor oder einer Nachrichtenagentur gezeichnet sind, müssten Bilder ebenfalls die Urheberschaft nachweisen. Müssten. Leider fehlt die Quellenangabe bei Fotos meistens – unterschlagen aus Nachlässigkeit oder Minderwertigkeitsgefühlen heraus. Wer gute Bilder bringt und dazu steht, darf die Quelle ruhig nennen. Dazu reicht 6 Punkt Grösse, unten oder seitlich am Bildrand. Ebenso gehört die Urheberschaft zu Illustrationen, Grafiken usw. Wenn es sich um eine Montage oder um eine nicht unbedingt ersichtliche Manipulation handelt, soll dies ebenso in der Quellenangabe vermerkt sein.

Umfang

Das Gegenteil der Unterlassung ist ein Zuviel an Schreibe unter dem Bild. Schon vier Zeilen unter einem Zweispalter wirken eher abstossend für den Schnellleser. Noch mehr Zeilen sehen aus wie ein Dunghaufen. Falls das Bild so erklärungsbedürftig ist, sollte man es besser weglassen. Kennen Sie die Legende des Gruppenbildes vom Geschäftsausflug mit 20 Personen: «In der oberen Reihe stehend…, in der Mitte stehend…, in der Mitte sitzend… nicht im Bild…» – ein Wahnsinn. Müssen denn wirklich alle erwähnt werden? Oder gehts auch anders?

Stellung

Für die Platzierung der Legende ist der Ort unter dem Bild reserviert, daher die Bezeichnung «Bildunterschrift». Hier erwarten die Leser den Text zum Bild. Es handelt sich dabei um eine Regel mit häufigen Ausnahmen. Weitere Stellungen der Legende sind links am Bild (Satzart rechtsbündig), rechts am Bild mit linksbündigem Flattersatz. Auch eine Positionierung im Bild selber, negativ oder positiv, ist möglich, aber wegen des groben Rasters nicht zu empfehlen. Selbst über dem Bild kann sie stehen, allerdings nur wenn es nicht anders geht. Persönlich bevorzuge ich für die Legende den Flattersatz linksbündig oder den Blocksatz.

Referenzierung und Sammellegende

In Zeitschriften ist es üblich, mehrere Bilder zu nummerieren und die Legende an einem Ort zu konzentrieren. In der Zeitung ist dies fast nie anzutreffen, weil die Anhäufung der Bilder nicht gleichermassen vorkommt wie bei Magazinen.

Ein Beispiel sehen Sie auf Seite 225.

Typo für die Legende

Die Typografie der Legende ist der Wichtigkeit des Inhaltes angepasst. Sie wird meistens in der Grundschrift gesetzt, aber ausgezeichnet, kursiv oder halbfett. Als Variante dazu kommt auch eine andere Schrift in Frage, die Titelschrift oder die Schrift der Rubriken. Nie sollte die Legende kleiner als der Grundtext gehalten werden. Ob halbfett, normal, kursiv oder Condensed spielt keine Rolle, mit Vorteil nehme man eine Schrift aus einer bereits verwendeten Schriftfamilie.

Der Legendenabstand soll im Minimum den optischen Zeilenabstand aufnehmen. Man beachte einmal mehr die Grundregel: Gleiches soll gleich gestaltet werden. Die Abstände aller Legenden zum Bild sollen gleich gross sein. Dies gilt auch, wenn sie seitlich angeordnet werden. Legenden werden nicht auf die Spalten und nicht im Grundlinienraster ausgerichtet, sie gehören schliesslich nicht zum Satzspiegel, sondern zum Bild.

Designelement Bild

Eine seitliche Stellung der Bildunterschrift ist in Ordnung. Bei zu langen Legenden und allzu kurzer Zeilenbreite wird das Lesen ein mühsames Unterfangen.

Die Sammellegende hat den Nachteil, dass die Leser den Bezug zum Bild erst herstellen müssen. Auf Bilderseiten ist diese Art der Zusammenziehung manchmal fast unumgänglich. Vom Layout her gesehen kann man dafür die Bilder dichter zusammenpacken.

Wichtiger als die Anordnung ist die Übereinstimmung von Bild und Text. Legenden, die nicht zum Bild passen oder es nicht richtig treffen, sind verpasste Chancen. Legenden sind ebenso wichtig wie die Titel – und wer würde da patzern?

Der Legendenabstand wird durch den optischen Zeilenabstand bestimmt. Links und rechts vom Bild sind gleiche Abstände einzuhalten wie unten.

Der Legendenabstand wird durch den optischen Zeilenabstand bestimmt. Die erste Zeile darf nicht näher beim Bild stehen als bei der zweiten Zeile.

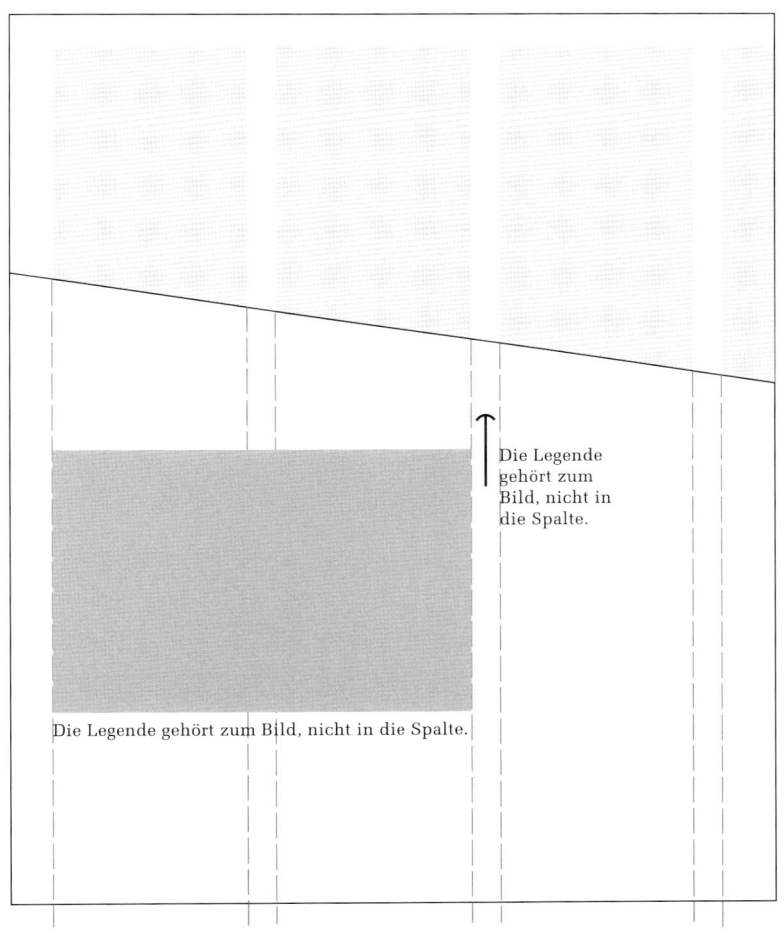

Ein häufig beobachteter Fehler: Die Legende soll nicht nach der Spalteneinteilung ausgerichtet werden. Bei einem Zwischenschlag von 4 bis 5 mm wäre der Legendenabstand zu gross. 2 bis 3 mm genügen in den meisten Fällen.

Drucktechnik

Die speziellen Anforderungen des Zeitungsdruckes

Die Zeitung ist mit einer Diva vergleichbar: leicht ins Alter gekommen, wohl gesättigt, gut eingeführt, etwas schwerfällig und mächtig. Ganz in diesem Geist führt sich die Drucktechnik etwas «launisch» auf. Sie will, was Farben und Bildqualität betrifft, partout nicht den neuen Medien nacheifern. Zeitungsmacher wissen um die Problematik: Eine Zeitung gut zu drucken und täglich frühmorgens zeitgerecht in die Briefkästen zu verteilen, ist eine hohe Kunst. Verstehen kann die Diva nur, wer sie näher kennen lernt.

Wenn das Sujet relativ dunkel ist und die Repro kein Gegensteuer gibt, ist die Gefahr gross, dass das Bild zuschmiert.

Der Arbeitsablauf

Im Zeitungsdruck hat der Offset dem Hochdruck den Rang abgelaufen. Wohl die meisten Zeitungen werden heute im Rollenoffsetverfahren gedruckt, ein paar wenige im Hochdruckverfahren, z. B. die «Neue Zürcher Zeitung», allerdings mit einem besonderen Einfärbesystem (Anilox).

Die Fertigung einer Tageszeitung wird durch den Wettlauf mit der Zeit geprägt. Von der Redaktionskonferenz bis hin zur Auslieferung sind alle Arbeitsprozesse stark in einzelne Schritte gegliedert. Was passiert nun mit den Seiten, wenn sie fertig gelayoutet sind und Gut zum Druck gegeben ist?

Es kommt ganz auf die Technik in der Druckvorstufe an. Entweder wurden die Artikel und Bilder nach konventioneller Methode als Papierteile zusammengeklebt oder dann sind sie digital als Ganzseitenumbruch auf einem Server gespeichert. Der nächste Schritt ist die Übertragung der Bild- und Textdaten auf den Druckträger. Dies geschieht mittels Film-, Papier- oder direkt per Plattenbelichtung. Manuell geklebte Seiten müssen über ein optisches System oder durch eine Digitalisierung auf die Druckplatte übertragen werden.

Die Tendenz geht ganz eindeutig Richtung volldigitalisierten Workflow, materielos von der Text- und Bildeingabe bis zur Plattenbelichtung (CTP = Computer-to-plate). Selbstverständlich braucht jede Zeitung ihre eigenen Maschinen, Apparate und Kommunikationstechniken. Der Digitalisierungs- oder Übertragungsprozess kann problemlos die feinsten Teilchen übermitteln. Daran liegt es nicht, dass Zeitungen im Druck limitiert sind. Der eigentliche Druckprozess ist schuld daran: Hohe Druckgeschwindigkeiten, unterschiedliche Papiersorten, fehlende Buntfarbenstandards, oft fehlende Mess- und

Regeltechnik während des Drucks, wenig Zeit für den Trocknungsprozess – all dies erschwert einen konstanten Druck mit dem im Bogenoffsetdruck vergleichbaren Toleranzen. Farbschwankungen und Passerdifferenzen sind im Zeitungsdruck wesentlich grösser als im Magazindruck.

Einflussfaktoren im Druckprozess

Man stelle sich vor: Mit einer Bahngeschwindigkeit von 6 bis 14 Metern pro Sekunde rast die Papierbahn zwischen den Druckwerken hindurch. Durch die Krümmung der Druckplatte und des Gegendruckzylinders ergibt sich eine Berührungsfläche von nur gerade etwa 3 bis 4 mm auf der ganzen Papierbahn. Dadurch ergibt sich bei hohen Druckgeschwindigkeiten eine Berührungszeit von etwa $3/10\,000$ Sekunden. In dieser Zeitspanne muss die Farbe jeweils von der Druckplatte auf das Gummituch und von diesem aufs Papier übertragen werden. Dass dies mit mechanischen und physikalischen Problemen verbunden ist, versteht sich von selbst.

Dann ist das Papier aus Kostengründen so dünn wie möglich und erst noch zum grössten Teil aus Recyclingfasern hergestellt. Zeitungspapier ist deshalb kurzfaserig und reisst schneller als neues Papier mit längeren Papierfasern. Bei den heutigen Bahngeschwindigkeiten ergeben sich Probleme bei der Bahnspannung, der Erwärmung und der elektrostatischen Aufladung. Ein weiteres Problem ist die Fähigkeit des Papiers, flüssige Farbe aufzusaugen und so tendenziell das Druckbild zu verschmieren. All die obgenannten Gründe sind verantwortlich, dass die geliebte Diva bis auf weiteres eine solche bleiben wird.

Die Zeitungsproduktion bei den AZ Grafische Betriebe AG («Aargauer Zeitung»): Nur mit automatisierter industrieller Fertigungs- und Regeltechnik kann die Tageszeitung in nur fünf Stunden gedruckt werden. Von oben: Druckplattenkopie, Druckmaschine mit Regelpulten und Ausrüstung/Konfektionierung.

Drucktechnik

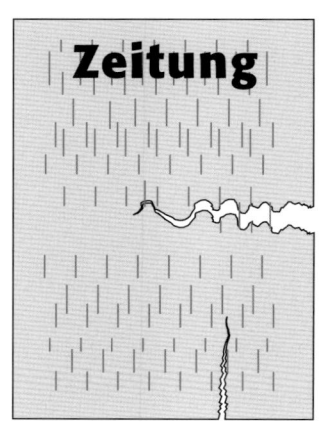

Die Papierfasern richten sich während der Herstellung entlang der Papierbahn aus, was zu gewissen physikalischen Eigenschaften führt.

Bei den meisten Zeitungen ist die Faserrichtung von oben nach unten ausgerichtet. Mit der Reissprobe ist dies schnell feststellbar: Entlang der Faserrichtung läuft der Riss gerade, quer zur Faserrichtung unregelmässig.

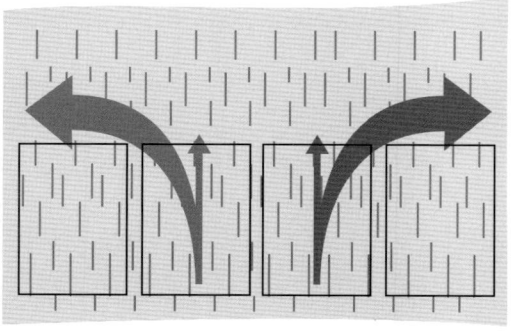

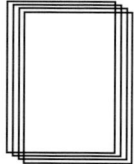

Während des Druckvorganges dehnt sich die dünne Papierbahn durch die Feuchtigkeit und die Presswirkung der Druckwerke. Beim aufeinanderfolgenden Mehrfarbendruck ergeben sich dadurch Schwierigkeiten im Passer.

Problemfeld Papier

Zeitungspapier ist zwischen 40 und 70% aus Recyclingfasern hergestellt. Je höher der Anteil Altpapier, desto eher reisst die Bahn in der Maschine. Die Fasern sind in der gleichen Laufrichtung längs der Bahn ausgerichtet. Mit der Reissprobe kann man dies leicht feststellen. Ein Riss entlang dem Faserlauf ergibt einen glatten, geraden Riss, quer zum Faserlauf einen unregelmässigen. Auf eine Papierbahn werden je nach Maschinenbreite und Zeitungsformat vier bis acht Zeitungsseiten in einer Reihe gedruckt. Bei mehreren Bahnen kommt eine fertige Zeitung von 16, 24 oder auch 48 Seiten aus der Rotation. Während des Druckvorganges wird die Bahn vor allem quer zur Bahnrichtung gedehnt, weniger in der Längsrichtung. Was zu den erwähnten Passproblemen führen kann. Das Papier ist zudem sehr dünn: 40 bis 55 g/m^2, das ist halb so dick wie Kopierpapier, mit einer geringen Opazität. Es beinhaltet viel Holzschliff, verbleicht deswegen relativ schnell und ist nicht geeignet, lange aufbewahrt zu werden.

Problemfeld Feinheiten

Gibt es Schriften, die sich aus technischen Gründen eher für den Zeitungsdruck eignen als andere? Na ja, man soll nie ungelegte Eier kommentieren… Da die Übertragungssysteme und die Rotationen so unterschiedliche Druckresultate hervorbringen, ist es ein absolutes Muss, die ausgewählten Schriften mit der Druckmaschine anzudrucken. Weiter kann gesagt werden, dass Schriften mit allzu feinen Serifen in Lesegrössen optisch durchbrechen und ein gewisses Risikopotential beinhalten. Das sind die klassizistischen Schriften Bodoni, Bauer Bodoni, Walbaum usw. Vor allem in kleinen Graden um 8 Punkt sind diese nicht mehr gut leserlich. Man nehme typische Zeitungsschriften wie die Times, Excelsior, Gazette, Life und vergleiche seine Wahl mit diesen Vorbildern auf Feinheiten. Man denke dabei an alle Schriftschnitte, auch dass die Schrift negativ weiss auf schwarz leserlich bleibt.

Es sei die Bemerkung erlaubt, dass jede Zeitung auch «Fremdlinge», sprich Anzeigen, annimmt und druckt. Und bei Werbeagenturen habe ich noch nie gehört, dass man sich bei der Schriftwahl um die Drucktechnik bemüht… Was bei Anzeigen funktioniert, müsste eigentlich auch beim Text gehen.

Problemfeld Passer

Zeitungsmacher müssen sich genauso wie Designer nach der technischen Decke strecken. Wenn man weiss, dass es Passerprobleme geben könnte, tut man gut daran, diese nicht mit einer entsprechenden Gestaltung zu provozieren. Falls der Passer im Druck kein Problem darstellt, kann man anders gestalten, gibt es mehr Möglichkeiten, Farbe einzusetzen.

Wo entstehen Passerprobleme? Beim Mehrfarbendruck durchläuft die Papierbahn nacheinander mehrere Druckwerke. Dabei wird sie geringfügig in der Bahnrichtung und quer dazu gedehnt. Daraus ergibt sich eine mögliche Differenz, obwohl jede Druckplatte separat in der Längsrichtung und seitlich einjustiert werden kann. Mit einer Vorspanneinrichtung wird das Papier vor dem Druck gedehnt, um diese Probleme zu minimieren.

Passerprobleme enstehen nur, wenn mindestens zwei Farben im Spiel sind und sie sich in irgendeiner Form berühren. Wenn nicht, ist es halb so schlimm, weil man es weniger bemerkt.

Bei Vierfärbern äussern sich Passerprobleme in einem leicht unscharfen, verschwommenen Druck, der das Bild beträchtlich verschlechtern kann. Meistens tendiert die Farbwirkung in Richtung Trübung. Ein besonderes Problem stellt die Schrift im Bild dar. Negativ weiss ausgesparte Leseschrift in einem Bild ist höchst gefährlich. Wenn man das nicht vermeiden kann, muss man wenigstens die Schrift so gross als möglich und fett gestalten. Weisse Titel verzeihen Passerprobleme eher. Besser ist es, die Grundschrift im Bild positiv schwarz zu halten, das hält besagte Probleme fern.

Problemfeld Farbe

Farbe in der Zeitung ist ein allgemeiner Trend, der auch von der Seite der Anzeigenkunden verlangt wird. Zudem bedeuten farbige Anzeigen ein lukratives Geschäft. Wenn wir von den technischen Passerproblemen absehen, ist zur Farbe immer noch einschränkend zu vermerken, dass sie niemals so brillant und leuchtend gedruckt werden kann wie dies im normalen Offsetdruck der Fall ist. Das hängt mit der Farbkonsistenz und dem Papier zusammen. Der Farbumfang in der Zeitung ist deutlich eingeschränkt, CMYK ist gegeben, daneben kommen andere Farbmodelle wie Pantone, HKS oder zeitungsinterne zum Einsatz. Leucht- oder Metallicfarben sind in der Zeitung nicht druckbar. Die Flächendeckung als weitere wichtige Grösse beträgt im Zeitungsdruck im CMYK-Farbraum etwa 220%. Es ist nicht möglich in allen vier Grundfarben 100% übereinander zu drucken. Die Farbdicke ist wegen der Adhäsion (Klebekraft zwischen Farbe und Papier) und Kohäsion (innerer Zusammenhalt) beschränkt. Bei normalem Papier können immerhin 280% Farbe «geladen» werden, was ein tieferes Schwarz (= mehr Kontrast) ergibt.

Wichtig ist die Erkenntnis, dass die Gestalter sich nicht auf die Darstellungsmöglichkeit des Bildschirms verlassen. Alles farbig Gestaltete soll unter Produktionsbedingungen geprüft oder wenigstens auf Zeitungspapier angedruckt werden. Nur so lassen sich herbe Enttäuschungen vermeiden.

Es sind Bemühungen im Gang, eine Pantone-Skala für den standardisierten Farbeinsatz in Zeitungen zu drucken. Solange dieses Hilfsmittel fehlt, bleibt Farbe in der Zeitung ein wenig Glückssache. Die konstante Farbmessung kann überdies nur gewährleistet werden, wenn in der Zeitung ein Farbmessstreifen nach Eurostandard mitgedruckt wird.

Das Thema «Farbe» ist im Weiteren auf den Seiten 70, 108 und 208 vertieft.

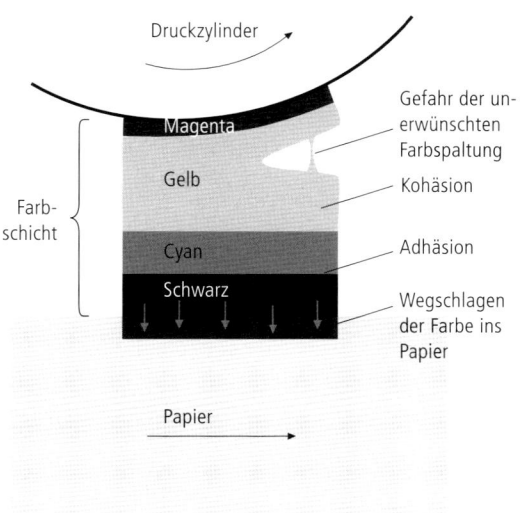

Der Druckprozess in der Zeitung vermag alle vier Farben mit nur etwa 220–240% Flächendeckung abzubilden. Bei höheren Flächendeckungen gibt es verschiedene Probleme mit der Haftung und Trocknung.

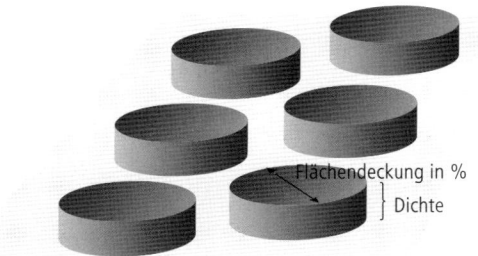

Die Flächendeckung gibt den Grau- oder Farbwert in Prozent wieder: 0% ist weiss, 100% entspricht einer Volltonfläche. Der abbildbare Umfang einer Reproduktion entspricht 5% bis 95%. Diese Prozentwerte werden im RIP (Raster Image Processor) bei der Belichtung erzeugt. Mit der Dichte ist die Farbschichtdicke gemeint, sie entsteht durch die Farbführung in der Druckmaschine.

Wenn sich die Farben nicht berühren, kommt ein eventuelles Passerproblem nicht zur Geltung.	**Keine Passerprobleme** / Keine Passerprobleme	**Passerprobleme** / Passerprobleme / Passerprobleme	Weiss ausgesparte Schrift auf mehrfarbigem Grund führt potenziell automatisch zu Passerproblemen.
Schwarze Schrift, welche eine andere Farbe überdruckt, verursacht nie drucktechnische Kopfschmerzen.	**Keine Passerprobleme** / Keine Passerprobleme	**Passerprobleme** / Passerprobleme / Passerprobleme	Die geichen Sorgen hat man mit Schriften, die aus mehreren Farben zusammengesetzt sind.
Hier ist nur eine Farbe, Magenta, beteiligt; Probleme sind ausgeschlossen.	**Keine Passerprobleme** / Keine Passerprobleme	**Passerprobleme** / Passerprobleme / Passerprobleme	Farbige Schrift auf farbigem Grund ist in der Zeitung zu vermeiden.
Die Kombination Farbe auf schwarzem Grund kann intelligent gelöst werden. Passerprobleme kann es höchstens in den Randzonen der Rechtecke geben, nicht in der Schrift.	**Keine Passerprobleme** / Keine Passerprobleme	**Passerprobleme** / Passerprobleme / Passerprobleme	Das gleiche Beispiel wie links, jedoch so gelöst, dass mit Differenzen zu rechnen ist.

Bei einem Bild mit vielen, feinen Details kommt es auf eine gute Drucktechnik an. Das linke Bild ist in einem 40er Raster gut gedruckt, rechts ist das Bild mit Passerdifferenzen wiedergegeben.

Eine Passerdifferenz im Bild ist oft an den farbigen Rändern gut zu erkennen. Links blitzt Magenta, rechts Cyan. Durch den groben Raster verschwindet sowieso schon viel an Detailzeichnung, bei zusätzlichen Passerdifferenzen wird das Bild gar unanschaulich.

Problemkreis Druckzunahme

Wer die anderen Problemfelder studiert hat, dem ist klar, dass in Bezug auf Detailzeichnung ebenfalls gewisse Einschränkungen vorhanden sind. Im normalen Offsetdruck rechnet man mit einer mittleren Druckzunahme von etwa 14 %. Die Druckzunahme ist ein Synonym für Punktverbreiterung und besagt, dass ein Rasterpunkt im Mittelton-bereich, sagen wir 50 %, um 14 % dicker druckt als dies auf der Druckplatte, auf dem Film oder dem Bildschirm gemessen wird.

Die Punktverbreiterung ist in jeder Druckmaschine anders. Im Zeitungsdruck rechnet man mit einer durchschnittlichen Punktverbreiterung von rund 22 %. Das grosse Problem der Technik liegt darin, dass die Punktzunahme

- nicht über den ganzen Tonwertbereich konstant ist
- in allen Farben divergiert
- innerhalb der Druckform Unterschiede aufweist
- sich während des Fortdrucks verändern kann
- Software (RIP) mit Toleranzwerten unterliegt und
- von Materialien (Papier, Druckplatte) abhängt, die ebenfalls Toleranzen aufweisen.

All diese Einflussgrössen machen Zeitungsdruck zur hochkomplexen Verfahrenstechnologie, die meist ohne mitgedruckte Messelemente auskommen muss. Farbverschiebungen, grosse Toleranzwerte in der Farbgebung und bei Passerproblemen sind deshalb nicht selten.

Bilder im Zeitungsdruck können je nach Maschine in einer Rasterweite zwischen 24er und 40er gedruckt werden. Dies entspricht etwa der Leistungsfähigkeit von guten Laserdruckern. Auch bei den Graustufen gelten maximal 80 als obere Limite. Da fragt sich doch jeder Desktop-Publisher, was die beschworenen 256 Graustufen oder 8 bit Farbtiefe auf dem Bildschirm eigentlich sollen?

Über Reproduktionstechnik steht mehr im Kapitel «Magazine» auf Seite 292.

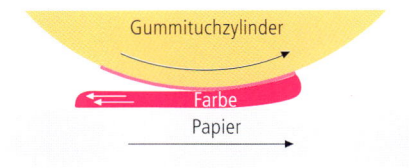

Druckzunahme bedeutet, dass die Farbe vom Plattenzylinder aufs Gummituch und von da aufs Papier gequetscht wird.

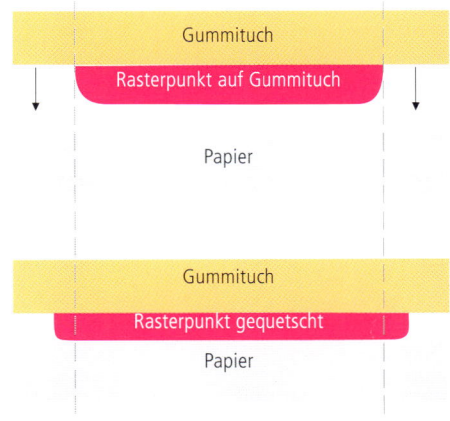

Durch die mechanische Druckeinwirkung von Plattenzylinder/Gummituchzylinder/Papier wird die Farbe geringfügig breiter. Daher kommen die gleichbedeutenden Fachbegriffe «Punktverbreiterung» oder «Tonwertzunahme».

Das Druckbild wird geringfügig dunkler als auf dem Film. Die hier gezeigten Vorgänge werden der komplexen Materie eigentlich nicht ganz gerecht, sie dienen jedoch der besseren Verständlichkeit.

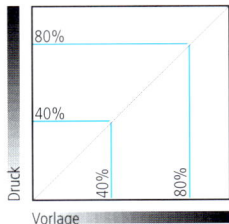

Das Ziel der Reproduktion ist, dass alle Töne der Vorlage im Druck gleichwertig aussehen.

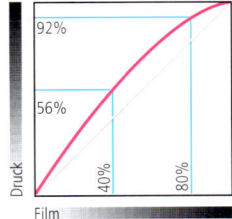

Die rote Gradationskurve zeigt schematisch den Tonwertverlauf. In den Halbtönen kann der Druck bis um einen Fünftel vom Original abweichen.

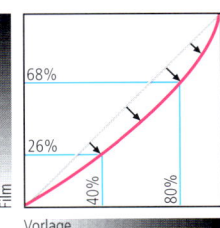

In der Reproduktion wird diese Druckzunahme vorkompensiert. Das Bild wird für den Film etwas heller gemacht, damit es im Druck durch die Tonwertzunahme bedingt wieder «normal» erscheint.

iMagazine

Magazine

1 2 3 4 5 **6** 7

Keine uniformierte Gestaltung

Wenn man von Zeitungen behaupten darf, dass sie aus der Sicht des Konsumenten gleichartig aussehen (Format, Papier, Buntheit), ist diese Aussage für Magazine weit weniger zutreffend. Die Vielfalt der Blätter ist ungleich grösser – ein Magazin kann sich sowohl an ein Massenpublikum als auch an eine klitzekleine Zielgruppe richten. Der Begriff «Magazin» wird in der Folge gleichgesetzt mit den Synonymen Zeitschrift, Newsletter, Broschüre oder Periodikum. Ein Charakteristikum eines Magazins ist die periodische Erscheinungsweise, die es notwendig macht, Designelemente immer wieder gleichartig zu verwenden, welche den Charakter und die Wiedererkennbarkeit des Produktes ausmachen. Selbstverständlich können meine Ausführungen auch für «einmalige» Broschüren wie Jahresberichte, Image- oder Produktbroschüren mit redaktionellem Inhalt zutreffen.

Design und Leserschaft
Im Pflichtenheft aller Designer steht an oberster Stelle die Auseinandersetzung mit dem Zielpublikum. So unterschiedlich sich dieses präsentiert, so verschieden müssen auch gestalterische Ansätze aussehen. Es gibt keine Patentlösung für Magazindesign. Versuche, verschiedenste Satzspiegel als Style-Sheets über CD-ROMs anzubieten, müssen zum vornherein Flickwerk bleiben, weil sie sich nur gerade mit formalen Aspekten des Designs beschäftigen, dabei aber weder die Leserlichkeit von Schriften, noch die redaktionelle Ausrichtung oder die Leserschaft berücksichtigen.

Design bedeutet die gestalterische Umsetzung eines vorangegangenen Analyseprozesses. Jedes Magazin, jeder Newsletter braucht eine individuelle Dramaturgie, die erstens Rücksicht auf die Ansprüche der Leser nimmt, zweitens sich nach dem Budget richtet und drittens produktionstechnisch realisierbar ist (Know-how der Macher, Drucktechnik).

Aus diesem Grund gibt es die «Guten» und die «Schlechten» eigentlich gar nicht. Eine solche Beurteilung nach formalen Kriterien, wie sie uns von den verschiedensten Jahrbüchern ausgezeichneten Designs jährlich weisgemacht werden, deckt in einseitiger und unvollständiger Art nur den formalen Teilaspekt von Magazindesign ab. Redaktioneller Inhalt, Bild-Text-Mischung, Botschaftsvermittlung, Ökologie, Wirtschaftlichkeit usw. werden da sträflich vernachlässigt.

Beurteilungskriterien von Magazindesign

Die nachfolgende Liste stellt einen Versuch dar, verschiedene Aspekte von Magazindesign zu ordnen. Sie befasst sich mit Design aus der Sicht der Leserinnen und Leser.

- Ist der Inhalt interessant? Animiert die Aufmachung zum Lesen? Welche Gliederungselemente wurden eingesetzt?
- Wie ist der Aufbau, die Architektur der Zeitschrift?
- Entspricht das Design dem Zielpublikum?
- Ist das Design original oder handelt es sich um ein vielgesehenes Plagiat? Wie steht es mit der Auffälligkeit im Konkurrenzumfeld?
- Welche Wirkung hat das Format, ist es umständlich, praktisch, stören Bund oder Falz?
- Wie gross ist der Bildanteil? Wie werden Bilder aufgemacht – klein, grosszügig?
- Wie ist die Leserlichkeit des Inhaltes? Ist die Schrift gut lesbar?
- Sind Anzeigen und Textseiten klar zu unterscheiden?
- Wie ist die Druck- und Papierqualität?
- Wie werden Farben eingesetzt?
- Wie ist der Gesamteindruck?
  - konservativ, altbacken, bieder, grau
  - seriös, würdig, glaubwürdig, textlastig
  - reisserisch, plakativ, effekthaschend, bildlastig
  - dynamisch, abwechslungsreich, kontrastreich, einfühlsam
  - modern, peppig, trendig
  - langweilig, monoton, statisch
  - bunt, persönlich, lebendig, überladen
  - witzig, humorvoll
  - zweckmässig, einfach, billig
  - teuer, luxuriös, verschwenderisch
  - überraschend, unverhofft

Was ist gutes Design?

Nach den gemachten Aussagen ist klar, dass Magazindesign keinem elitären Zirkel vorenthalten ist, welcher mit «formaler Augenwischerei» über Inhaltsleere hinwegtäuscht. Nein, gutes Design versteht es, einen gesamthaften Blick auf das Produkt zu werfen. Magazine sind dann erfolgreich, wenn sie am Markt akzeptiert sind. Zweifellos gehört Design dazu – allein mit Design ist aber kein Staat zu machen. So manch vermeintlich attraktiv aufgemachte Versuchspostille starb den schnellen Tod, weil das Heft überflüssig, der Markt gesättigt war oder die Leser den Inhalt nicht mochten.

Design hat also die Aufgabe, den redaktionellen Inhalt zielpublikumsgerecht und konsumfreundlich in dramaturgisch spannender Form aufzubereiten – nicht mehr und nicht weniger. Die Gestaltung steht nicht im Vordergrund, sie hat unterstützende Funktion: form follows function.

Nach diesem Ansatz halte ich gutes Design nicht in erster Linie für optische Knallerei und Kitscheffekte. Klare Gliederung, Leseführung, Leserlichkeit, kombiniert mit guter Bildinformation stehen im Vordergrund. Was nun nicht heisst, dass Ersteres verboten wäre. Gutes Design lässt Effekte durchaus zu, baut aber nicht ausschliesslich darauf auf. Es braucht typografische Regeln und Raster für die Wiedererkennbarkeit – sie zu knacken ist die reizvolle Aufgabe am Magazindesign.

Siehe Abbildung auf Seite 76.

Die lebendige Form des Flattersatzes zum Beispiel kann durch einen Negativ-Positiv-Effekt maquettenartig sichtbar gemacht werden. Wenn ein solcher «Effekt» immer wieder auftaucht, wird man seiner schnell überdrüssig. Als Ausnahme von der Regel ist er interessant.

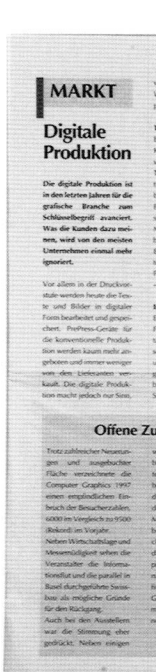

Von trocken bis lebendig gibt es alle Schattierungen von Layouttypen. Einheitliches darf es nicht geben, zu unterschiedlich sind die Ansprüche der Macher und der Leser. Design soll deshalb immer auf das Zielpublikum abgestimmt werden. Die Frage ist allerdings, ob die Leseverführung nicht bei allen Leuten gleich funktioniert? Und eine andere Frage ist, ob ein sogenannt seriöses Layout deswegen auch langweilig sein soll?

Das Mitarbeitermagazin «Shell Tell» erscheint vierspaltig im Format A3. Das bringt verschiedene Vorteile. Schon im Titel ist Platz für Editorial und Aufmacherzeilen. Pro Seite finden mehrere Artikel Platz, ohne dass deswegen das Layout überfüllt wäre. Die vier Spalten bieten bei optimaler Leserlichkeit des Textes abwechslungsreiche Gestaltungsmöglichkeiten. Die Zeilenlänge nimmt genügend viele Buchstaben auf und die unschönen, übergrossen Wortzwischenräume bleiben aus. Ein Mix zwischen Zeitung und Magazin mit dem Vorteil des besseren Drucks.

Die Architektur einer Zeitschrift

Unter Architektur verstehe ich die inhaltliche und gestalterische Struktur eines Magazins. Das Gesicht einer Zeitschrift ist sehr von dieser Architektur geprägt. Bei den folgenden Ausführungen lasse ich das Thema «Anzeigen» beiseite, die, wie bereits erwähnt, natürlich einen wesentlichen und unkontrollierbaren Einfluss auf das Aussehen ausüben.

Einiges mehr über Anzeigen ist auf den Seiten 38 und 95 zu finden.

Versucht man das Gemeinsame von Kunden-, Personal-, Publikums- oder Special-Interest-Magazinen herauszuschälen, findet man folgendes Gerüst:

- Cover
- Inhaltsverzeichnis
- Editorial
- Hauptartikel
  (Schwerpunkt, Coverstory)
- Weitere Artikel
- «Kurzfutter-Artikel»

Die Frage ist nun, wie ein gewählter Aufbau gestalterisch umgesetzt werden soll. Die Seitenreihenfolge ist teilweise gegeben. Das Titelbild steht logischerweise an erster Stelle, beim Aufblättern sollte das Inhaltsverzeichnis greifbar sein. Oft wird es auch mit dem Editorial kombiniert. Dann folgen je nach Gewichtung Schwerpunktartikel, Leserbriefe oder Aktuelles. Die weiteren Artikel sind eher hinten angesiedelt, durchmischt mit dem «Kurzfutter» (dies in Ermangelung eines treffenderen Ausdrucks, nicht despektierlich). Die Vor- oder Ausschau schliesst das Heft ab.

Redaktionelle Gefässe

Jedes Periodikum ab einem gewissen Umfang muss seinen Inhalt gliedern. Rubrizierung heisst das Thema. Der Name «Rubrik» kommt vom lateinischen *rubrica* (= rote Erde, das zudem die Bedeutung von rot geschriebenen Gesetzestiteln hatte). Eine andere Bezeichnung lautet Kolumnentitel (der Titel über der Satzspalte) oder Seitenkopftitel. Nun gibt es natürlich so viele Rubriken wie Zeitschriften oder Themen, und es macht wenig Sinn, hier alle möglichen Beispiele aufzuführen. Ich möchte das Ganze vielmehr vom Konzept her angehen.

Hauptartikel erstrecken sich über mehrere Seiten, zwischen vier und zehn und beginnen oft mit einem grossen Aufmacherbild. Ein Thema über mehrere Seiten nennt man auch Strecke. Diese kann mehrere Geschichten aufweisen.

Die weiteren Artikel sind ein, zwei oder maximal drei Seiten lang, abgeschlossen, mit einem Titel.

Kurzfutter nenne ich jene Heftteile, die mehrere Artikel auf einer Seite versammeln, zum Beispiel Marktnotizen – je ein Bildchen und zwanzig Zeilen Text.

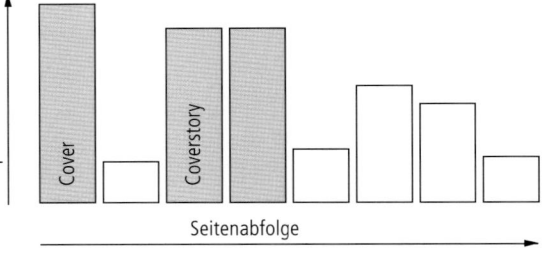

Bei dieser Architektur folgt auf den Paukenschlag des Titelblattes der Schwerpunkt des Heftes. Auch in den hinteren Regionen sind noch längere lesenswerte Artikel vertreten.

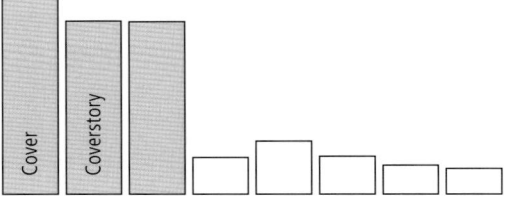

Hier folgt nach dem Hauptthema nur noch warme Luft. Nicht unbedingt lesergerecht.

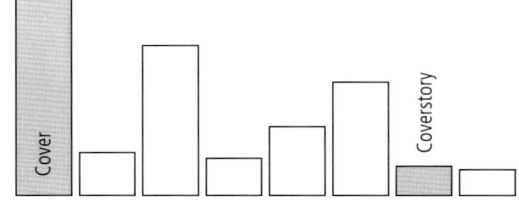

Das Titelbild ist nur in den hinteren Regionen klein wieder aufgenommen: Versprechungen sind nicht wahrgemacht, das Cover hat wenig Bezug zum Inhalt.

Bild- und Textmischung

Broschüren sind wegen des Inhalts lesenswert und nicht wegen des Designs, darauf habe ich eingangs hingewiesen. Attraktiver als Text ist selbstverständlich das Bild, welches viel schwieriger zu beschaffen ist. Ein locker aufgemachtes Magazin sollte sich auf die Fahnen schreiben, dass der Bildanteil mindestens zwischen 20 und 30 % liegen sollte. Je grösser der Textanteil, desto grösser die Anforderungen an den Intellekt, desto kümmerlicher wird die emotionale Informationsaufnahme der Leser angesprochen. Um den Text muss heute niemand kämpfen, jeder kann in die Tasten greifen. Man konzentriere seine Energie also darauf, Magazinen zu grösserem Bildanteil zu verhelfen!

Über das Thema «Bild» lesen Sie weitere Aspekte auf den Seiten 199 ff.

Die Leserbindung

Ein wichtiges Thema für die schreibende Zunft ist der Kontakt zum einzelnen Leser. Leserbriefe sind hierfür sehr beliebt, weil sie die veröffentlichte Meinung auch mal kontrovers replizieren. Ich empfehle jeder Zeitschrift, eine Rubrik einzuführen, worin der Dialog mit dem Leser gepflegt werden kann. Leserbriefe sind wichtig, nach meinem Empfinden gehören sie tendenziell eher in den vorderen Teil eines Magazins. Sie sind jedoch ein schwieriges Kapitel, eine gewisse Verbreitung des Periodikums gehört dazu, auch eine Öffnung der Redaktion oder des Verlages gegenüber anderen Auffassungen. Für eine ständige Rubrik müssen eine gewisse Anzahl Briefe vorliegen – mit nur einem Leserbrief gesteht die Redaktion mangelndes Interesse seitens der Leser ein. Leserbriefe werden zudem oft schlecht verfasst oder müssen stark gekürzt werden – eine pflegeintensive Rubrik.

Zum Thema «Leserbindung» gehört die Kennzeichnung der Artikel mit dem Namen des Autors oder eventuell seinem Konterfei. Zudem gehört jeder abgedruckte Kopf einem eitlen Menschen, der damit eine Wertschätzung erhält. Das sind gleich zwei Fliegen auf einen Streich!

Einheit und Unterscheidung

Die Gesamtkomposition eines Magazins soll einheitlich wirken, kompakt, aus einem Guss. Da kommt Langeweile auf, wenn nicht mit geeigneten Massnahmen Gegensteuer gegeben wird. Gestalterische Unterscheidung erreicht man durch verschiedene Satzspiegel verschiedene Schriften oder lebendig aufgemachte Bilder. Einheitlichkeit und Vielfalt widersprechen sich nicht zwangsläufig.

Siehe dazu auch auf Seite 72 und 263.

Oben ein Magazin mit eindeutig textlastigem Charakter. Darunter ein Beispiel mit halbem Bildanteil. Welches Layout zieht die Leser wohl eher in seinen Bann?

Hauptartikel

Allein durch den Umfang erkennt der Leser, ob es sich um einen wichtigen Beitrag handelt oder eher um Nebensächlichkeiten. Ich höre schon den Ruf der Empörung: In der Zeitschrift seien alle Artikel wichtig, Unwichtiges werde gar nicht in Erwägung gezogen, abgedruckt zu werden. Falsch. Es kann gar nicht alles gleich wichtig, von gleich grossem öffentlichen Interesse sein. Es ist ja gerade die Aufgabe der Medienschaffenden, die Spreu vom Weizen zu trennen und eine Informationsselektion zu treffen. Und niemand wird allen Ernstes behaupten, der 20-Zeiler über Herrn Müllers Firmengründung sei relevanter als das Ereignis der Bundeskanzlerwahl.

Hauptartikel beginnen immer doppelseitig, also mit einer geraden Seitenzahl. Bei einem Hauptartikel dominiert die Bildinformation. Das gross aufgemachte Bild zeigt dem Leser das Gewicht des Artikels, es ist nicht der Umfang des Textes, es sind die Bilder, die den Unterschied zur Nebensächlichkeit ausmachen.

Ein Schwerpunktthema ist aus mehreren Artikeln zusammengesetzt, welche das Thema aus unterschiedlicher Warte ausleuchten. Dieses Gefüge bildet zusammen eine Strecke. Auch gestalterisch gesehen soll der Zusammenhalt ersichtlich sein. Gleiche Bildsprache, gleiche Gestaltungselemente zeugen von der Einheit.

Aus Gründen der rationellen Fertigung und der visuellen Einheit empfehle ich, alle Artikel in ganzen Seiten aufzubauen. Der fortlaufende Umbruch, bei dem Resttexte auslaufen und ein neuer Artikel mitten auf der Seite beginnt, ist zu vermeiden.

Schwerpunktartikel können einen grafischen Zusammenhalt aufweisen, der mit bestimmten Designelementen erreicht wird. Hier sind die Titel immer gleich gehalten, die Einheit ensteht durch die Flächengestaltung mit den Buchstabenfragmenten. Man kann also sehr wohl auch mit wenig Bildmaterial ein attraktives und lesefreundliches Magazin gestalten. «Macintouch», das Schweizer Apple-Macintosh-Magazin.

Weitere Artikel

Weniger bedeutende Artikel, die wenigstens seitengross aufgemacht sind, behandeln unter einem Titel ein separates Thema. Diese Artikelgruppe kann rechts oder links des Bundes stehen. Bei zwei Seiten ist die doppelseitige Aufmachung natürlich besser als die Gestaltung in eine Vorder- und eine Rückseite. Dreiseitige Artikel kann man so oder so gestalten. Doppelseitig beginnend ist der Einstieg in den Artikel besser zu erzwingen: Bilder auf die Doppelseite, die Auslaufseite beinhaltet dann mehrheitlich den Restlesetext. Wer einseitig beginnt, hat ein Platzproblem: Titel, Lead und ein Aufmacherbild füllen jede A4-Seite – der Zusammenhalt zum übrigen Text geht verloren.

Unterbrecherwerbung, sprich Anzeigen, stört jedes Layout. Anzeigen sollten generell die Artikel nicht unterbrechen, besser ist die Platzierung zwischen zwei einzelne Artikel. Ich schätze es mehr, wenn die Artikel kompakt von A bis Z gelesen werden können, der Text nicht x-fach durch Anzeigen unterbrochen wird. Das gilt sowohl für kleine einspaltige Reklame im Fliesstext als auch für ganzseitige oder doppelseitige Inserate. Am schlimmsten wirkt der Leseunterbruch bei umfangreichen Beiheftern, die ins Heft mit eingebunden werden.

Inserenten oder die Anzeigenabteilung sehen dies natürlich gegenteilig: Inserate sollen möglichst im redaktionellen Umfeld platziert werden. Doch halten wir die Leser nicht für blöd! Auf diese Weise untergeschobene Werbung kann auch auf Ablehnung stossen.

Über das Anzeigenkonzept siehe auf Seite 95, über die Platzierung von Inseraten auf Seite 108.

Ein Zweiseiter über das Thema Typografie und Grafik-Design. Die Spaltengliederung ist sehr profan, sie steht aber in bestem Einvernehmen mit dem typografischen Salat, der das Thema verkörpert. Die Gestaltung beruht auf den Elementen Weissraum, Ordnung und Chaos. «Invers», ein Magazin für Typografie und Gestaltung.

Kurzfutter

Artikel, die keine ganze Seite füllen, nenne ich Kurzfutter-Artikel. Sie gestatten eine «zeitungsähnliche» Gestaltung, dort finden sich gewohnterweise ebenfalls mehrere Artikel auf einer Seite. In der Kürze liegt die Würze – deswegen sind die kleinen Artikel nicht als unwichtig einzustufen. Das Problem liegt beim Publikum: Mit wenigen und grösseren Artikeln erreicht man weniger Interessenten. Mit einer Vielzahl von kleineren Artikeln trifft man auf eine breitere Resonanz. Falls gewünscht wird, jedem Leser etwas zu bieten, dann müsste die Tendenz eher Richtung Kurzfutter-Artikel weisen.

Auf der anderen Seite kann man ein Thema natürlich auf 40 Druckzeilen nur gerade anreissen, sicher nicht hintergründig tief ausleuchten. Ein anderes Argument für Kurzfutter-Artikel ist die mangelnde Zeit der Leser: Sie wollen knapp, übersichtlich und stichwortartig gefüttert werden. Schauen Sie sich die Tagesschau an oder hören Sie Radionachrichten. Dann wissen Sie, was ich mit Kurzfutter meine. Das «gedruckte» Fernsehen verspielt eine Stärke der Printmedien: zu hinterfragen und schärfer auszuleuchten. Wenn die Magazine so daherkommen wie die elektronischen Medien, dann braucht es sie endgültig nicht mehr.

Ab Seite 18 bis 21 ist das Thema «mediengerechte Aufbereitung» nachzulesen.

Kurzfutter-Artikel bestehen aus ein paar Zeilen mit oder ohne Bild. Es darf gezappt werden, der Unterhaltungswert ist gleich gross wie der Informationswert. In derart aufgemachten Seiten kommt die Zerstreuung oft vor dem Informationsgehalt. Markt- und PR-Artikel haben den Zweck, auf Neues hinzuweisen, ohne gleich alles auszuloten. Es gibt also sehr wohl eine Berechtigung für Kurzfutter-Artikel.

Editorial

Unter Editorial versteht man «his master's voice». Das Editorial ist mit der Kommentarspalte in der Zeitung verwandt. Es gehört ganz vorn ins Heft, so quasi als Begleitschreiben des Chefs. Je nach Gewichtung und auch Grösse des Heftes reicht das Editorial von einer Spalte bis zu einer ganzen Seite. Die persönliche Meinung wird unterstrichen durch das Konterfei des Schreibers oder der Schreiberin, eventuell sogar mit Unterschrift. Verzichten Sie nicht aus Bequemlichkeit darauf; Autorenfotos und Unterschriften schaffen ein persönliches Klima zwischen Autor und Leser. Dies erhöht die Identifikation des Empfängers mit dem Heft, was wiederum gleichbedeutend mit Leserbindung ist.

Im Editorial werden immer aktuelle Themen aufgegriffen. Dies können die Heftthemen selber sein oder es kann ein selbstständiges Thema behandelt werden. Der Chefredakteur hat es in der Hand, Schwergewichte zu bilden und Zeichen zu setzen.

Wir finden das Editorial auch häufig auf der gleichen Seite mit dem Inhaltsverzeichnis oder anderen Informationen wie dem Impressum.

Das Editorial wird oft missbraucht, Leser mit Empfehlungen durch das Heft zu führen: «Bitte beachten Sie unseren interessanten Artikel auf Seite...» Es ist zwar rührend, wenn sich der Chef in der Rolle des Conférenciers übt, es darf aber bezweifelt werden, ob die Leser sich nach dem Editorial orientieren. Ich bin der Meinung, die Orientierung müsste über das Inhaltsverzeichnis geschehen, im Editorial erwarte ich Fakten oder pointierte Meinungen ohne Selbstbeweihräucherung über die sooo gelungene Heftausgabe.

Editorials unterstehen den genau gleichen Gesetzmässigkeiten wie normale Artikel. Obwohl von der Stellung her bevorzugt, ist noch lange nicht gesagt, dass sie auch gelesen werden. Deshalb dürfen oder sollen Editorials mit optischen Ereignissen angereichert werden: Zitate, Titel, Initialbuchstaben und Bilder sind erwünscht und nicht verboten. Die Unterschrift und das Porträt des Verfassers machen das Ganze persönlich – es ist nicht gerade umsichtig, aus lauter Bequemlichkeit darauf zu verzichten.

Inhaltsverzeichnis

Das Inhaltsverzeichnis gehört an vorderster Stelle ins Heft. In Magazinen findet die Leserführung vor allem über das Inhaltsverzeichnis statt. Dies deshalb, weil ein Heft immer gebunden ist, im Gegensatz zur Zeitung, die Bünde aufweist. Das Inhaltsverzeichnis reisst Themen an und verweist auf die entsprechende Seitenzahl. Die Seitenzahl selber ist nicht so wichtig, es geht in erster Linie darum, den Leser mit ersten Informationen zu den Themen auf den Geschmack zu bringen. Gestalter, welche die Seitenzahl *gross* herausstreichen, haben den Sinn der Leserführung nicht richtig erfasst. Das Thema soll interessieren, die Seitenzahl weist nur den Weg.

Es gibt doppelseitig aufgemachte Inhaltsverzeichnisse, angereichert mit Bildern und Anreissertexten. Andere bescheiden sich mit einer einfachen Auflistung der Titel und zugehöriger Pagina. Eine gute Nutzung ermöglichen Verzeichnisse, bei denen nicht die nummerische Reihenfolge der Seiten aufgeführt ist, sondern das Suchen nach Rubriken oder Interessen im Vordergrund steht.

Es ist nicht unbedingt erforderlich, dass alles und jedes im Inhaltsverzeichnis vorkommt. Auch hier trifft der Journalist eine Auswahl der treffenden oder längeren Artikel. Noch ein Tip zu den Seitenzahlen: Die durchgehende Paginierung eines Periodikums von der ersten bis zur letzten Nummer eines ganzen Jahrganges ist eine schwer nachvollziehbare Unart. Besser stellt man zur normalen Pagina die Ausgabe hinzu: Heft Nr. 4/97, Seite 23, statt Seite 1024. Dies identifiziert den Beitrag ebenfalls eindeutig.

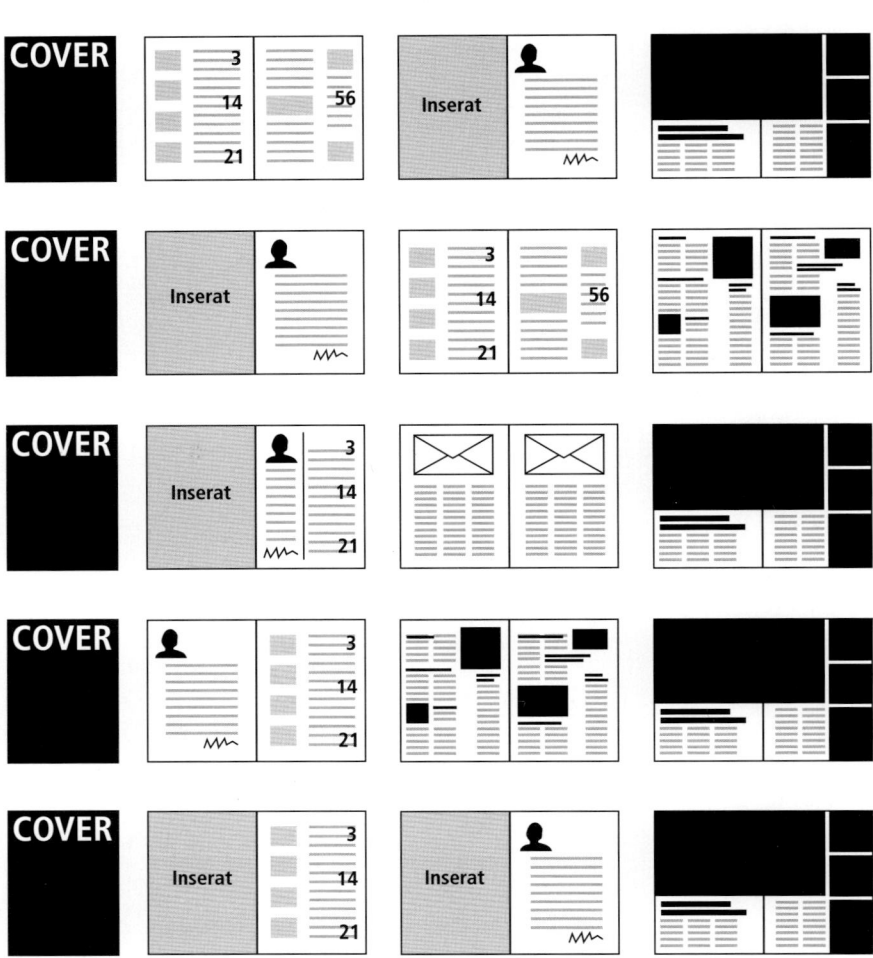

Das Heft kann je nach Anzeigenvolumen anders begonnen werden. Editorial, Inhaltsverzeichnis, Leserbriefe, Aktualitäten, Impressum sind die Komponenten, die vor den Hauptartikeln stehen können. Wenn sechs Anzeigenseiten für eine Splitausgabe vor dem eigentlichen Heftbeginn geschaltet werden, wird dies als lästig empfunden.

Arbeit

6 Arbeit
Die Zeit wird flügge

9 Erfolgsbeteiligung
Am gleichen Strick ziehen

10 Selbständig
Neuer Anfang nach dem blauen Brief

12 Arbeitssucht
Lust auf mehr

15 Beruf und Familie
Job ist Job und Paps ist Paps

18 Mut zur Langsamkeit
Nix mit Husch-Husch

21 Telefonie
24 Stunden auf Empfang

22 Fotoroman
Ein Fall für ABC

24 Neues PK-Reglement
Pensionskasse probt die Freiheit

26 Personal- und Organisationsentwicklung
Nachhilfe für ABB

31 Technik-News
Warnsystem schützt Transformatoren

33 Journal
Der Stier ist los

6 Höchste Zeit: Die Arbeitswelt stellt die Uhren neu.

15 Wie bringt man(n) Beruf und Familie unter einen Hut?

ABC 22 Der Fotoroman mit Happy End.

26 Die Personal- und Organisationsentwicklung macht Dampf.

Neue Technologien halten im Arbeitsalltag Einzug und lassen Jobs dahinschmelzen wie Eis an der Sonne; im Gegenzug schaffen sie nur wenige, meist sehr spezialisierte Arbeitsplätze. Arbeit wird knapp. Zwangsläufig ist sie damit nicht mehr das Mass aller Dinge. Die strukturelle Entwicklung der Wirtschaft verlangt nach einem Wertewandel. Familie, soziales Engagement oder Weiterbildung sollen nicht länger Zaungäste der persönlichen Lebensplanung sein, sondern auch im Zentrum stehen.

Die Arbeitgeber sind nicht mehr in der Lage, einen lebenslangen Job zu garantieren. Wir müssen deshalb unseren beruflichen und privaten Fortgang mit der

Arbeit ist nicht mehr das Mass aller Dinge.

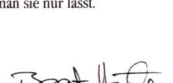

Beat Hügli, Redaktor

nötigen Eigenverantwortung selber in die Hand nehmen. Alle Mitarbeitenden werden so zu Unternehmern in eigener Sache.

Die FORUM-Geschichte über die Giesserei Algisa zeigt, dass das bedächtige Angestelltendasein endgültig Geschichte ist; oft hilft nur der Sprung ins kalte Wasser. Mehr Unternehmertum und mutige Sprünge werden zunehmend auch von ABB-Mitarbeitenden gefordert. Und sie haben das Zeug dazu – wenn man sie nur lässt.

Beat Hügli

Inhaltsübersicht und Editorial bilden oft ein unzertrennliches Gespann. Achten Sie auf den Weissraum. Schon zu Beginn eine chaotische Auslege zu präsentieren, erachte ich als wenig einladend. Das Inhaltsverzeichnis kann, muss aber nicht, vollständig sein. Nicht jeder Kurzfutter-Artikel braucht darin aufgeführt zu werden.

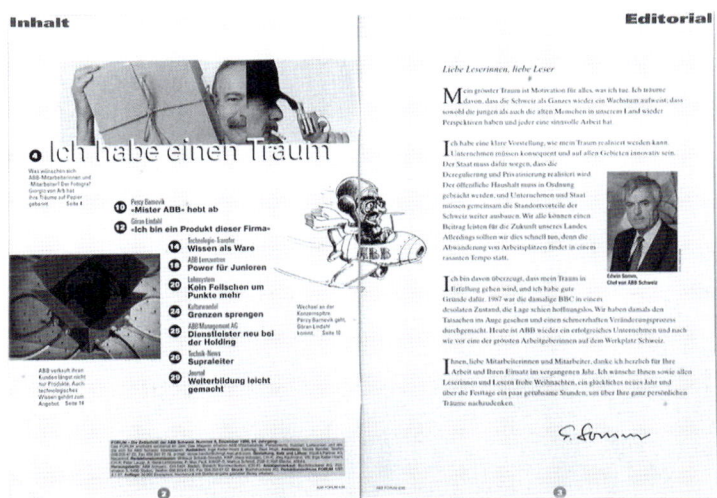

Mehrsprachigkeit

Die Mehrsprachigkeit ist ein weithin unterschlagenes Designproblem. In der Schweiz mit vier Landessprachen ist sie gelebter Alltag: Auf Lebensmittelverpackungen sind mindestens drei Landessprachen zu sehen, Zeitschriften mit landesweiter Verbreitung werden oft zwei- oder dreisprachig herausgegeben. Bei gemischtsprachlichen Dokumenten gilt es folgende Lösungsansätze zu beachten:

1. Die Originalsprache wird vollständig übersetzt. Die Sprachausgaben werden völlig unabhängig produziert. Bei unabhängigen Sprachausgaben stellen sich keine spezifischen Designprobleme.

2. Die Originalsprache wird vollständig übersetzt. Alle Bilder bleiben bestehen, nur der Text (schwarz) wechselt. Wir erhalten ebenfalls unabhängige Sprachausgaben.

3. Die Originalsprache wird vollständig übersetzt. Alle Sprachen werden nebeneinander gestellt. Es entstehen mehrsprachige Dokumente. Beispiel: Kunstbuch.

4. Die Originalsprache wird vollständig übersetzt. Alle Sprachen werden hintereinander gestellt. Beispiel: Manual.

5. Die Originalsprache wird in einer gekürzter Übersetzung wiedergegeben. In diesem Fall spricht man von einer Synopsis. Die Sprachen sind auf der gleichen Seite gewichtet.

6. Die Originalsprache wird von vorn bis zur Heftmitte gelesen. Um die Fremdsprache zu lesen, dreht man das Heft um 180 Grad und liest von hinten zur Mitte.

Alle Varianten haben Vor- und Nachteile. Grundsätzlich liest jeder am liebsten in seiner Muttersprache, alle redundante, fremdsprachliche Information ist lästiger Ballast. So gesehen stellt die separate Sprachausgabe das Optimum an Lesekomfort dar. Kostengründe oder andere Kompromisse, die zur Mehrsprachigkeit führen, muss man ebenfalls gelten lassen.

Oben: Das «Forbo-Kundenmagazin» zeigt eine Synopsis, die Kurzfassung eines Themas in anderer Sprache. Solche Übersetzungen soll man gestalterisch immer gleich aufbereiten, damit der anderssprachige Leser seine Beiträge auf den ersten Blick erkennt. Bei vollständigen Übersetzungen steht das Bild zentral im Mittelpunkt, links und rechts die unterschiedlichen Sprachen in je einer eigenen Schrift. Magazin: «l'Eveil Culturel».

Gestaltungsmöglichkeiten

Typografische Gliederungselemente

In Magazinen ist die gestalterische Freiheit bei den einzelnen Elementen wesentlich grösser als bei Zeitungen. Da ich im Buch «Praktische Typografie» alle diese Gestaltungselemente ausführlich beschrieben und Variationen gezeigt habe, verzichte ich hier auf die erneute Ausführung und zähle lediglich nochmals auf, was ich unter typografischen Gliederungselementen verstehe.

Siehe auf Seite 350.

Haupttitel

Untertitel

Rubriktitel

Zwischentitel
Schrift, Grösse, Zeilenabstand
Grundtext
Absatzgliederung, Einzüge, Auszeichnungen
Initiale

Kästchen

Legende

Einleitungstext

Pagina

Linie
Liniendicke, Linienart
Tabelle

Hintergrund
Flächen, Verläufe, Halbtonbilder
Zitat
Anführungszeichen
Stopper

Autorenhinweis

Fussnote

Marginalie

Satzspiegel

Das Rahmenkonzept: Satzspiegel einrichten

Unter Satzspiegel wird die zu bedruckende Fläche der Seite verstanden. Mit dem Satzspiegel werden Randverhältnisse, Spaltenbreiten und Zwischenschläge geordnet. Im technischen Sinn gehören zum Satzspiegel alle Vorbereitungsarbeiten, die nötig sind, um überhaupt mit der Arbeit beginnen zu können. Man spricht auch von einer Musterseite (QuarkXPress), Standardseite, (PageMaker), Vorlage, Stammseite, einem Formular oder Template.

Farbdefinitionen
Trennprogramme
Schriftdefinitionen
Zeilenabstand
Spaltenlinien
Spaltenhöhe
Rubrikgestaltung
Pagina
Zeilenregister
Passerzeichen
Schnittzeichen

Die Kriterien für den Satzspiegel sind sehr vielfältig. Sie stehen einander zum Teil diametral gegenüber oder schliessen sich gar aus. Den einheitlichen Satzspiegel gibt es nicht – die Quintessenz aus allen Einflüssen ergibt einen mehr oder weniger grossen Kompromiss.

Einflussfaktoren

Das *Format* wird von der Technik und vom Budget beeinflusst. Eine A3-Zeitschrift wirkt grosszügiger, ist in der Regel aber teurer als eine A4-Zeitschrift. Man denke nur an die Portokosten.

Eine grosse Rolle spielt die gestalterische und technische *Kompetenz*. Wird die Zeitschrift von Profis gestaltet oder von Nichtfachleuten, die das nebenbei bewerkstelligen? Wenn die Macher nicht sattelfest sind, hat es keinen Zweck, ein sündhaft schönes und komplexes Layout zu gestalten, welches später nicht nachvollzogen werden kann.

Die *Spaltenbreite* beeinflusst die Schriftgrösse: Bei schmalen Spalten muss man eher auf eine schmallaufende Schrift achten als wenn die Zeilenlänge genügend gross bemessen ist. Die Schriftgrösse hingegen soll nicht beliebig verkleinert werden – plötzlich ist die Leserlichkeit nicht mehr gewährleistet.

Der *Zeitfaktor* lässt manchmal keine aufwendige Gestaltung zu. Wenns pressiert, ist jedes Layout plötzlich «gut» genug.

Das *Budget* hält bezüglich Umfang und Farbigkeit, Papier und Ausführung den Rahmen bereit.

Grundschrift

Beim Erstellen eines Satzspiegels steht die Leserlichkeit des Grundtextes an erster Stelle. Von der Buchtypografie her gelten 50 bis 60 Buchstaben inklusive Zwischenräume pro Zeile als optimal. In einer normalen Leseschrift Deutsch sind dies etwa 8 bis 9 Wörter mit 7 bis 8 Zwischenräumen. Je nach Platz-

Die Grossschreibung und die vielen zusammengesetzten Wörter im Deutschen ergeben ein anderes Satzbild als beispielsweise die vielen kurzen Wörter im Englischen oder Italienischen. Dort entstehen weit weniger grosse Löcher im Blocksatz. Ein pseudo-lateinischer Blindtext eignet sich deshalb nicht zur Beurteilung einer Leseschrift – auch wenn er Kunden davon abhält, Fehler im Text zu suchen, statt das Design zu begutachten.

bedarf der Grundschrift ergibt dies eine Spaltenbreite von etwa 70 mm. In einer A4-Zeitschrift kann man eine solche Breite nur in einem zwei- oder zweieinhalbspaltigen Satzspiegel realisieren. Bei längeren Lesetexten wie Romanen oder ausführlichen Essays ist dies durchaus üblich. Zwei Spalten beinhalten jedoch weniger gestalterische Möglichkeiten, sie wirken irgendwie auch zentriert. Die optimale Lesbarkeit ist nur bei langen Texten angebracht.

In vielen Magazinen sind die meisten Texte nicht mehrere Seiten lang, da gelten 38 Buchstaben als optimal. 38 Buchstaben ist eineinhalb mal das Alphabet – dies nur als Eselsbrücke. Mit 38 Buchstaben ist bequem ein dreispaltiger Satzspiegel zu gestalten, da gibt es je nach verwendeter Schrift einige Möglichkeiten.

Ein vierspaltiger Satzspiegel kann sehr lebendig gestaltet werden, was dementsprechend aufwendiger ist. Die Anzahl Buchstaben pro Zeile spielt hier weniger eine Rolle, weil die einzelnen Artikel kurz sind und sich das Auge Häppchen um Häppchen heraussuchen kann. Bei vierspaltigem Umbruch empfehle ich, auf Flattersatz umzustellen, weil im Blocksatz viele übergrosse Wortzwischenräume das angenehme Lesen behindern.

Satzspiegel im Format A4 bis A3

Überformatige Magazine haben vom Format her gesehen Zeitungscharakter. Vier, fünf Spalten sind locker unterzubringen, sogar sechs, dann allerdings nur mit enger Schrift. Das A3-Format bringt den Vorteil, dass man nicht alles so dicht verpacken muss und trotzdem einiges auf der Seite Platz findet. Grosse Formate sind prädestiniert, grosse Bilder zu transportieren. Ein grosses Format mit viel Text stösst eher ab, als dass es zum Lesen animiert. Leser verdursten in Textwüsten!

Satzspiegel für das Format um A4

Normalerweise eignen sich drei, dreieinhalb und vier Spalten, die am häufigsten anzutreffenden Formen. Fünf Spalten sind bereits zu eng und eine oder zwei Spalten wirken oft langweilig.

Satzspiegel um das Format A5

Hier sind eine oder zwei Spalten optimal. Bei einem Dreispalter darf man die Randverhältnisse nicht zu gross gestalten, dann gehts auch für kürzere Artikel.

Satzspiegel für das Format A6

Der Möglichkeiten sind nicht mehr viele: Eine Breite von 10,5 cm lässt eine oder maximal zwei Spalten zu.

Beim Erstellen eines Satzspiegels steht die Lesbarkeit des Grundtextes an erster Stelle. Von der Buchtypografie her gelten 50 bis 60 Buchstaben inkl. Zwischenräume pro Zeile als als optimal lesbar. In einer normalen Leseschrift in Deutsch sind dies etwa 7 bis 9 Wörter mit 6 bis 8 Zwischenräumen.

55 Buchstaben gelten allgemein als optimal lesbar. Daraus resultiert eine Spaltenbreite um 70 mm, was einem zweispaltigen Umbruch im Bereich A4 entspricht.
Schrift: ITC Officina Sans.

Beim Erstellen eines Satzspiegels steht die Lesbarkeit des Grundtextes an erster Stelle. Von der Buchtypografie her gelten 50 bis 60 Buchstaben inkl. Zwischenräume pro Zeile als als optimal lesbar. In einer normalen Leseschrift in Deutsch sind dies etwa 7 bis 9 Wörter mit 6 bis 8 Zwischenräumen.

38 Buchstaben (= 1,5 mal das Alphabet), gelten im Zeitungs- und Magazindesign als optimal. Daraus erhält man etwa eine Spaltenbreite um 54 mm, aus der sich ein dreispaltiger Satzspiegel ableiten lässt.

Beim Erstellen eines Satzspiegels steht die Lesbarkeit des Grundtextes an erster Stelle. Von der Buchtypografie her gelten 50 bis 60 Buchstaben inkl. Zwischenräume pro Zeile als als optimal lesbar. In einer normalen Leseschrift in Deutsch sind dies etwa 7 bis 9 Wörter mit 6 bis 8 Zwischenräumen.

Vierspaltig in einer A4-Zeitschrift: 32 Buchstaben, Spaltenbreite um 41 mm. Empfehlung: Auf Flattersatz umstellen, um übergrosse Wortzwischenräume zu vermeiden.

Herstellen eines Satzspiegels

Falsch ist es, sich gleich an den PC zu setzen, das Layoutprogramm zu starten und der Menüführung zu folgen. Die ist nämlich bei allen mir bekannten Programmen schlicht unlogisch. Als Erstes wird (richtigerweise) das Papierformat erfragt. Dann folgt die Abfrage der Ränder, als wären die Ränder das Wichtigste am Satzspiegel! Nein, sie sind ein Restprodukt. Als weitere Angaben sind die Anzahl Spalten bekanntzugeben; zum Schluss folgt der Spaltenabstand. Wir wissen nun die Abstände, haben jedoch keine Ahnung, wie breit die Spalten sind. Unter Umständen wird als Spaltenbreite nun 74,666 mm errechnet – Tausendstelmillimeter, um die sich niemand schert, die aber auf dem Bildschirm später angezeigt werden.

Es ist jedoch die Spaltenbreite, die den wichtigsten Parameter des Satzspiegels darstellt. Auf der Spaltenbreite baut die Schriftwahl und -grösse auf. Und diese wiederum sorgen für gute Leserlichkeit. Die Spaltenbreite müsste erfragt werden und nicht die Abstände.

Falsches Vorgehen

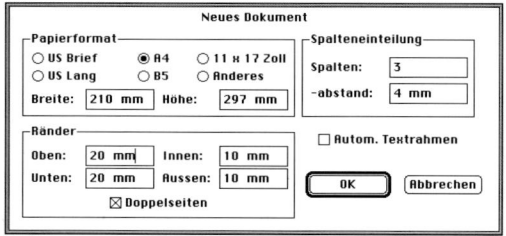

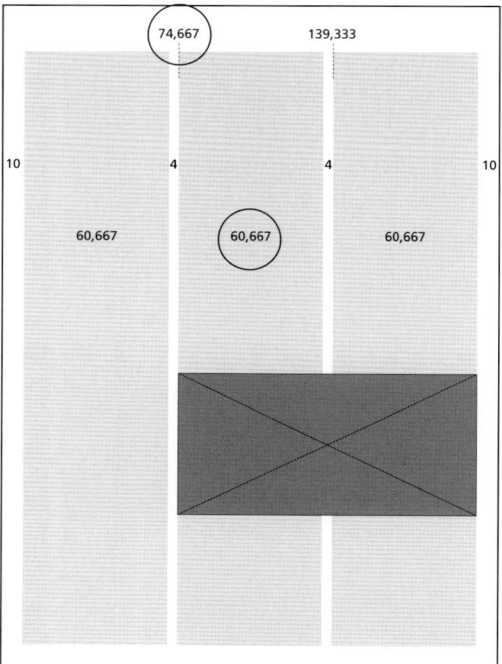

Layoutprogramme fragen beim Erstellen eines neuen Dokumentes typografisch gesehen nach den falschen Daten. Wer ohne zu rechnen im Layoutprogramm einen Satzspiegel eröffnet, liegt daneben, denn alle Masse müssen ganzzahlig sein, wenn später Bilder und Texte im Satzspiegel ausgerichtet werden sollen. Ein ganzzahliger Satzspiegel erleichtert das Arbeiten.

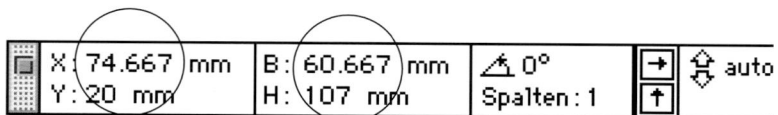

Richtiges Vorgehen

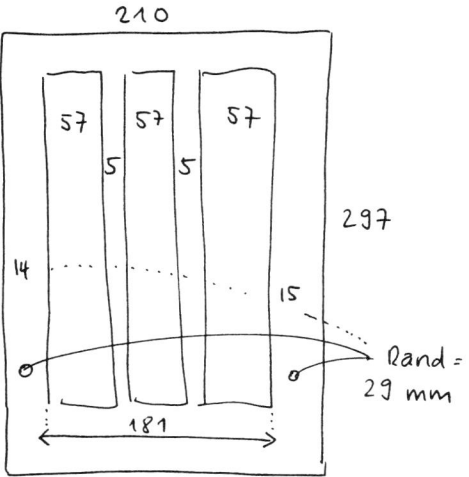

In einer Skizze werden das Format und die Anzahl der gedachten Spalten eingezeichnet. Die Spaltenbreiten und der -abstand ergeben eine Gesamtbreite (hier 181 mm). Der Rest (29 mm) wird auf den Rand links und rechts aufgeteilt. Alle Masse bleiben ganzzahlig.

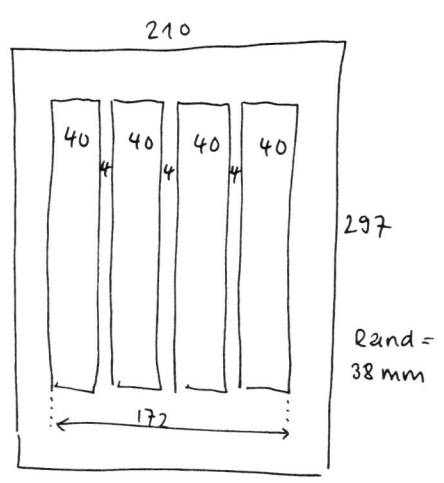

Das Vorgehen ist auch beim Vierspalter gleich. Mit den eingetragenen Massen erhält man einen Rest von 38 mm. Je nach Proportionen kann man nun den Satzspiegel einmitten (19/19 mm) oder die Ränder anders verteilen, z. B. 10/28 oder 14/24 mm.

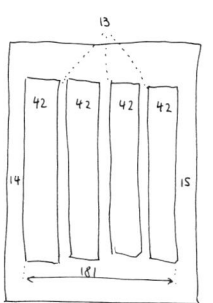

Hier wird ein Vierspalter passend zum Dreispalter links kreiert. Die Gesamtbreite von 181 mm wird durch vier Spalten so geteilt, dass der Rest (hier 13 mm) durch 3 Spaltenzwischenräume teilbar ist (was hier nicht möglich ist).

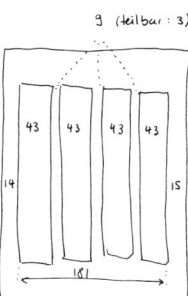

Deshalb werden die Spaltenbreiten so geändert, dass der Rest (jetzt 9 mm) durch 3 Spaltenzwischenräume teilbar wird. Die Gesamtbreite ist gleich wie beim Dreispalter und alle Masse sind ganzzahlig.

Das richtige Vorgehen legt zuerst die Spaltenzahl fest, daraus resultiert eine Spaltenbreite in ganzen Millimetern. Das Ganze ist in einer Skizze festzuhalten. Als Nächstes lege ich die Spaltenabstände fest. Je nachdem ob ein Flatter- oder Blocksatz zur Anwendung gelangt. Im Blocksatz eignen sich zwischen vier und sechs Millimeter, im Flattersatz in Folge von mehr Weissraum eher etwas weniger: zwei bis vier Millimeter. Nun ist man auf der Gesamtbreite des Satzspiegels angelangt. Den Restwert zum Papierformat verteilen wir links und rechts als Rand.

Voraussetzung eines brauchbaren Satzspiegels ist die Vermessung mit ganzen Zahlen, ohne Stellen nach dem Komma. Bildverarbeiter und Buchbinder arbeiten ebenfalls mit ganzen Millimetern, kein Mensch bestellt ein Bild in einer Spaltenbreite von 53,333 mm. Buchbinder arbeiten mit Schnitttoleranzen bis 1 mm, da wird doch niemand mit der Lupe layouten!

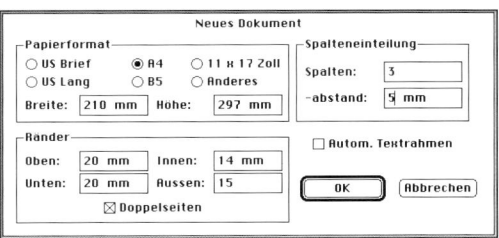

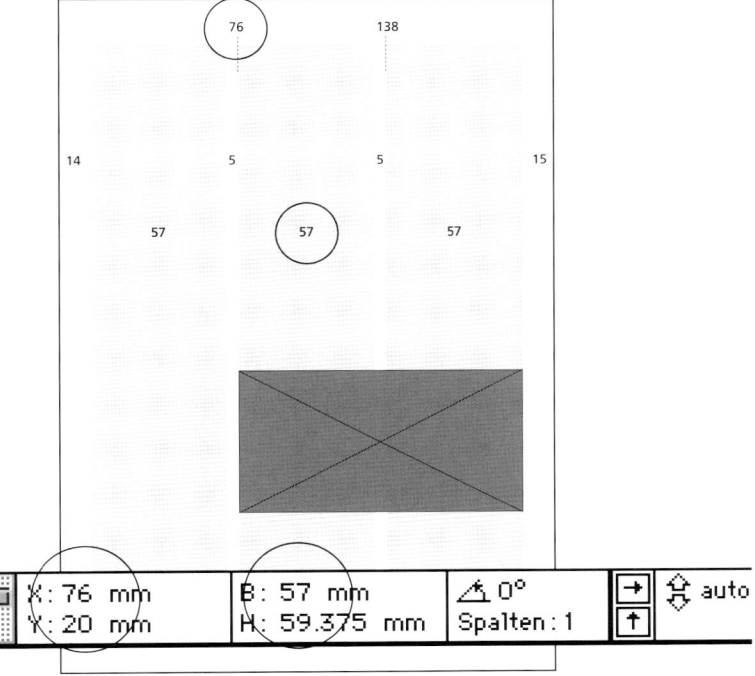

Erst nach dem Rechnen und der Skizze wird das neue Dokument eröffnet. Der Satzspiegel stimmt dann auf Anhieb.

Luft

Wie gut ein Layout später aussehen wird, hängt unter anderem auch von den Randeinstellungen ab. Weissräume lassen eine Schwerpunktbildung erst zu. Und ein lesefreundliches Layout lebt vom Kontrast. Mit gutem Recht kann man sich nun fragen, was denn wichtiger sei: die Menge an Text- und Bildinformation, die Platz findet, oder das bisschen mehr an «Design», das man mit einer grosszügigeren Gestaltung gewinnt. Textlastige werden das erste Argument mehr gewichten, aber dabei ausser Acht lassen, dass in der heutigen Zeit die Leseführung und das Orientierungsverhalten vor dem Lesen kommen. Es ist zweifelsohne richtiger, im multimedialen Umfeld den Text etwas kürzer zu halten und der Gestaltung mehr Gewicht zu verleihen! Da Redakteure häufig bestimmen, was auf die Seite kommt, haben Gestalter das Nachsehen: Alles was bleibt, ist, den Text ordentlich zu gliedern, «Aufräumarbeit». Beim Gestalten des Satzspiegels kann man solchen Mechanismen Einhalt gebieten. Gestalten Sie grosszügige Ränder – dann sieht es nicht so schlimm aus, falls der Autor später textlastig vorgehen sollte.

Raumverteilung

Der Satzspiegel ist für den Zusammenhalt der einzelnen Seiten verantwortlich. Die Gestaltungs- und Betrachtungseinheit ist immer die Doppelseite, weil Magazine (im Format um A4) immer doppelseitig angeschaut werden. Wer die Wahl hat, gestalte die Doppelseiten immer so, dass der Zusammenhalt nicht verloren geht. Der Raum im Bund soll deshalb nicht zu gross sein. Je grösser der Bund, desto eher klaffen die Seiten auseinander. Im konventionellen Satzspiegel soll unten ein grösserer Raum sein als oben, sonst fällt die Seite durch. Manchmal gelingt es auch, gewisse Proportionen einzuhalten: z. B. im Bund 10 mm, oben und seitlich 20 mm, unten 25 mm.

Satzspiegel einmitten?

Ich habe bereits erwähnt, dass Satzspiegel immer in ganzzahligen Verhältnissen stehen müssen. Dies gilt auch dann, wenn der Satzspiegel eingemittet werden soll. Ränder mit z. B. 14,5 mm machen das spätere Layouten beim Positionieren um eine Kommastelle reicher und langsamer. In solchen Fällen entscheide ich mich für innen 14 und aussen 15 mm. Mit einer Schneidetoleranz sorgt der Buchbinder oft dafür, dass aussen etwas mehr abgeschnitten wird, dann stimmt es wieder.

Eingemittete Satzspiegel haben einen entscheidenden Vorteil. Wenn die Seiten gestaltet sind und nachträglich eine Seite umplaziert werden soll (von Seite 15 auf Seite 44), ist dies problemlos möglich. Bei einem Satzspiegel mit ungleichen Rändern hingegen muss bei einem Wechsel von einer ungeraden auf eine gerade Seite die seitliche Position je nach Software korrigiert werden.

Wenn die Ränder seitlich eher eng gehalten sind, sollte man sich oben mit einem Vorschlag etwas Luft verschaffen. Wenn oben genügend Raum ist, dürfen die Ränder aussen eher knapp gehalten werden. Es geht hier um das Konzept, nicht um das Layout. Ränder sind keine Verbotszonen und dürfen jederzeit mit Legenden, Titeln, Bildern usw. gefüllt werden. Häufig sieht man das zwanghafte Bemühen, die Seiten von oben bis unten zu füllen. Weshalb eigentlich? Dabei sieht es viel lockerer aus, wenn wir die Spalten unten und oben «flattern» lassen. Da schon das Format rechteckig ist, gilt es, das rechteckige Kästchendenken aufzubrechen und den Freiraum zu spannungsvollen und lebendigen Seiten aufzulockern.

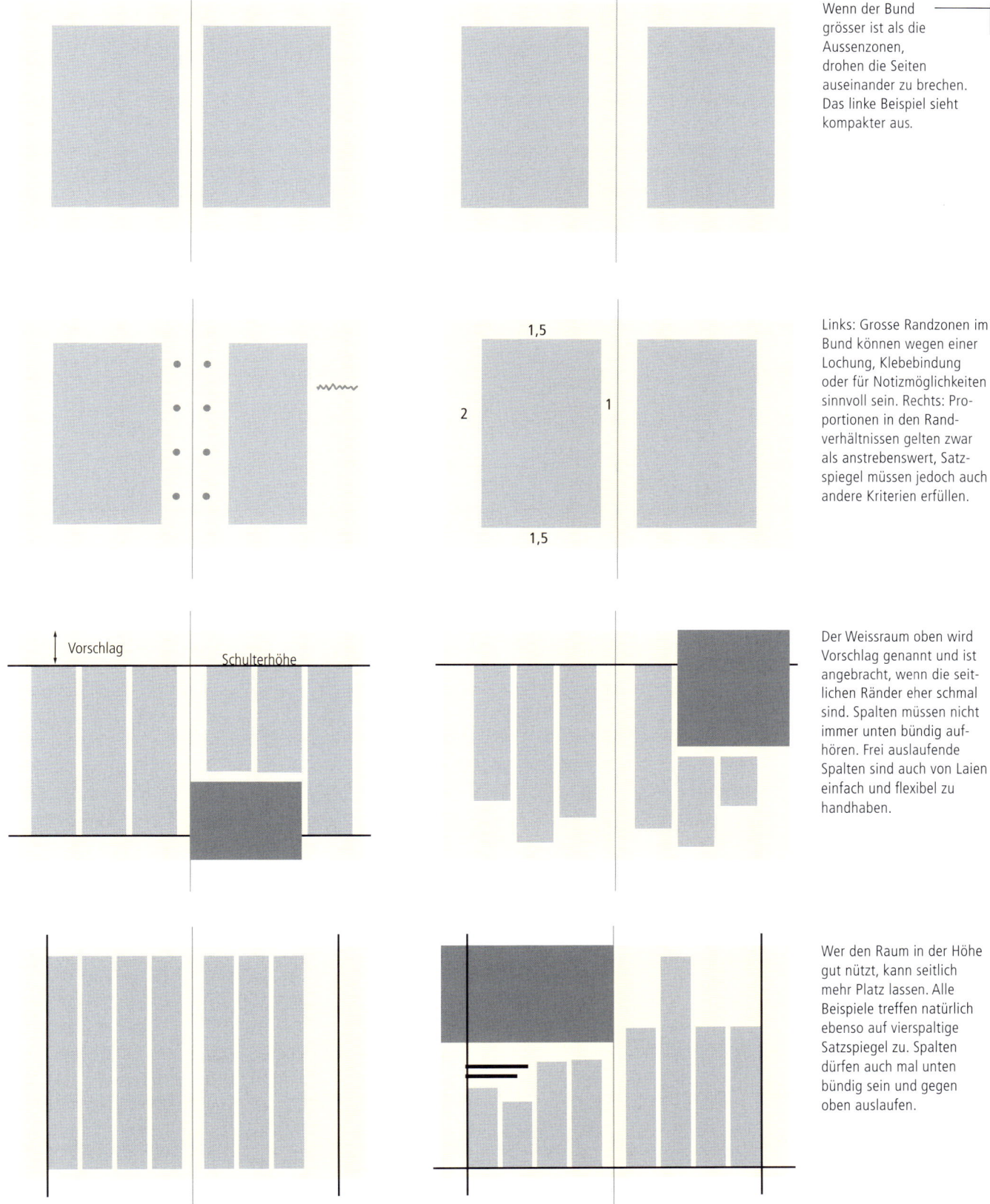

Wenn der Bund grösser ist als die Aussenzonen, drohen die Seiten auseinander zu brechen. Das linke Beispiel sieht kompakter aus.

Links: Grosse Randzonen im Bund können wegen einer Lochung, Klebebindung oder für Notizmöglichkeiten sinnvoll sein. Rechts: Proportionen in den Randverhältnissen gelten zwar als anstrebenswert, Satzspiegel müssen jedoch auch andere Kriterien erfüllen.

Der Weissraum oben wird Vorschlag genannt und ist angebracht, wenn die seitlichen Ränder eher schmal sind. Spalten müssen nicht immer unten bündig aufhören. Frei auslaufende Spalten sind auch von Laien einfach und flexibel zu handhaben.

Wer den Raum in der Höhe gut nützt, kann seitlich mehr Platz lassen. Alle Beispiele treffen natürlich ebenso auf vierspaltige Satzspiegel zu. Spalten dürfen auch mal unten bündig sein und gegen oben auslaufen.

Der Satzspiegel des ABB-Mitarbeiter-Magazins «Magnet» teilt die Satzspiegelbreite von 157 mm drei- und zweispaltig auf. Die «Halbspalte» wird flexibel eingesetzt. Auch bei der Schriftwahl bietet sich Flexibilität innerhalb der Corporate-Design-Vorgaben an: Dreispaltiges in Garamond, Zweispaltiges in Helvetica.

Satzspiegel, die auf Halbspalten aufbauen, bieten eine grosse Flexibilität, stellen aber auch die höchsten Ansprüche an Layouter. Man kann dabei die halbe Spalte immer gleich symmetrisch oder aber als Raumtrenner flexibel einmal links, rechts oder zwischendrin einsetzen. Aus diesem Grund werden sie auch als Schiebespalten bezeichnet.

Eine «normale» Doppelseite mit über 50% Bildanteil, der bei einem Porträt angebracht ist. Die Schiebespalte wird auf der linken Seite benützt für das Bild und die Legende. Grosszügig bemessene weisse Randzonen schaffen Ruhe. Die Textspalten beginnen nicht auf gleicher Höhe. Das Henne-Kücken-Prinzip (grosses Bild kombiniert mit kleinem Bild) stellt einen Kontrast her. Die Platzierung des Zitates steht im Bezug zur Aussage am Fuss.

Das Interview zum Thema Flexibilisierung wurde so gestaltet, dass der Personalchef selber «flexibilisiert» wurde: Er jongliert mit seiner Person. Der Satzspiegel mit der Halbspalte lässt genügend Raum für schräge Spalten, die ebenfalls Flexibilität ausdrücken. Als Regel nicht jedermanns Sache, als Ausnahme von der Regel eine Bereicherung.

Beim Thema «Mobilität» wurde der Arbeitsweg mit den öffentlichen Verkehrsmitteln und dem Auto untersucht. Gleichzeitig geht es um in Deutschland wohnhafte Mitarbeiter, die in der Schweiz arbeiten. Der verwinkelte Linienzug visualisiert den Weg, Schwarz und Weiss die Tages- und Nachtgrenze und die Ländergrenze. Hier wurde der Satzspiegel zugunsten einer flexiblen Lösung aufgegeben.

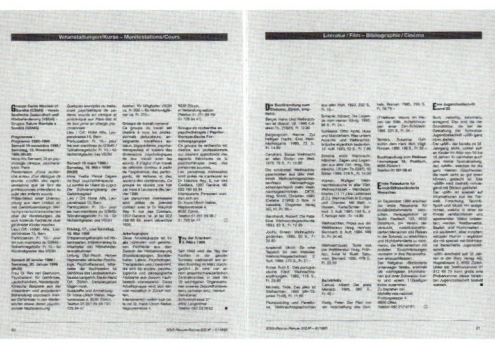

Lowcost-Magazin der Schweizerischen Gemeinnützigen Gesellschaft im Format A4. Die Anmutung wirkt kästchenhaft eckig, weil vieles mit rechteckigen Grauflächen unterlegt wurde. Die Lauftextschrift Helvetica Regular unterstreicht die Grau-in-grau-Wirkung, weil sie zu kräftig zeichnet.

Verein

Das Redesign wurde darauf ausgelegt, dass der Aufwand und damit die Kosten gleich hoch bleiben sollten. Die Randverhältnisse sind mit dem dreieinhalbspaltigen Satzspiegel weniger streng und die Adobe Garamond zeichnet weicher und runder. Die Gesamtwirkung ist mit wenigen Korrekturen wesentlich freundlicher geworden.

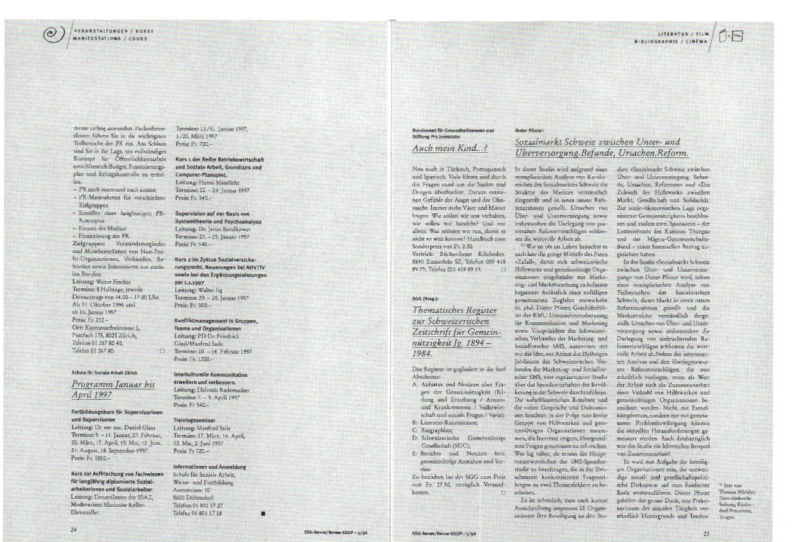

Event

Programmheft einer Springreiter-Konkurrenz. Der Satzspiegel ist dreieinhalbspaltig aufgebaut, die Seitenzahl steht in der Höhe immer unterschiedlich, Titel und Lead bilden das lebendige Typo-Element auf der Seite. Titelschrift: ITC Officina Sans, Grundschrift: Trump.

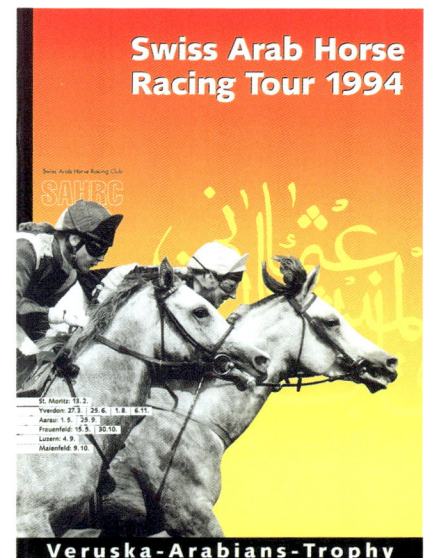

Programmheft Pferdesport. Der Satzspiegel ist ganz normal vierspaltig aufgebaut. Lebendigkeit erhalten wir mit Flattersatz linksbündig. Das Flächenspiel um das Aufmacherbild kontrastiert zum Flattersatz. Die Titel sind alle kleingeschrieben, der Textbeginn fett durch einen negativen Einzug gekennzeichnet. Titelschrift: Syntax, Grundtext: Rotis Serif.

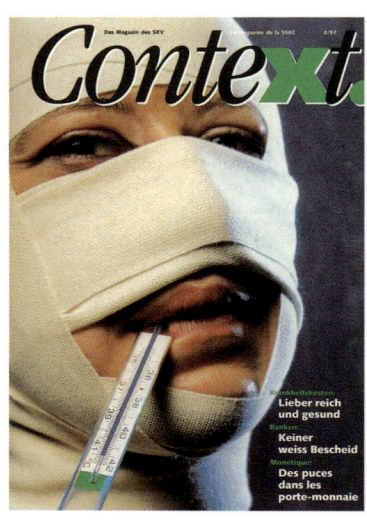

Verband

Relativ selten zu sehen, dass der Titel variabel gehalten wird: mit oder ohne Schatten, im Bild integriert, in verschiedenen Farben. Trotz der Variationen bleibt der Wiedererkennungswert jederzeit erhalten.

«Context», das A4-Magazin des Schweizerischen Kaufmännischen Verbandes SKV. Ganz toll und beispielhaft aufgemacht. Keine Spur von der sonst üblichen Textlastigkeit. Beachten Sie die fantastischen Weissräume – wie Titel und Bilder dazu Kontraste bilden. Locker aufgemacht, drei- und vierspaltig, ja nicht bis zum letzen Loch aufgefüllt. Das halte ich für mutig von den Herausgebern und trendsetzend für die Gestaltung. Titelschrift: Syntax, Grundschrift: Stone Serif.

■ MOTIVATION

Text: Jürg Zulliger; Foto: André Albrecht

Wirtschaftskrise, Fusionen, Stellenabbau – all das drückt schwer auf die Motivation der Beschäftigten. Eine Schar von Personaltrainern und selbsternannten Seelendoktoren entdeckt nun das Geschäft mit der Wiederankurbelung unser aller Motivation.

Guter Rat ist teuer

Der Auftrag lautet meist etwa so: «Bringen Sie unser Personal verkaufstechnisch wieder auf Vordermann, am besten verbunden mit einer Motivationsveranstaltung. Unter die Haut gehen muss es, etwas mit Ambiente – eine Motivationsspritze!»

Freimütig erzählt der Unternehmensberater Werner Berger von seiner Arbeit, verrät zwar nicht die Namen seiner Auftraggeber, nennt aber zumindest Branchen, die zu seinem Wirkungsfeld zählen: Banken und Versicherungen suchen seinen Rat genauso wie die Bau- und Baunebenbranche oder öffentliche Verwaltungen.

«Etliche Firmen haben das lange Zeit verschmäht», stellt er fest, «heute sind sie eher bereit, so etwas auszuprobieren – gewissermassen als letzten Rettungsring.» Anders ausgedrückt: Wenn alle Versuche scheitern, den Betrieb wieder in Schwung zu bringen und die schlechte Stimmung unter den Beschäftigten aufzubessern, ordert die Unternehmensleitung Hilfe von aussen. Der Berater, die zu Diensten stehen, sind immer mehr.

Boom für Berater

«Die Anrufe von frei erwerbenden Trainern hat gegenüber früher massiv zugenommen, es ist fast unangenehm», stellt Paul Münger, Ausbildungschef der Winterthur-Versicherungen, fest. Der Boom der Personaltrainer und -berater hat vielerlei Gründe.

«Im Bereich Personal und Ausbildung zeichnet sich bei allen Grossfirmen ein Trend zum Outsourcing ab», erklärt Hanspeter Adolph, Präsident der Zürcher Gesellschaft für Personalmanagement (ZGP). All die freigestellten Spezialisten haben also flugs ihr eigenes Beratungsbüro eröffnet, weil die Firmenmanager ganz bewusst dazu

■ GESELLSCHAFT

Frauen ins Netz!

Frauen tun sich mit dem Einstieg ins Internet schwer. Nur jede zehnte Nutzerin, so die Schätzung für Europa, ist weiblich. Doch der Umgang mit elektronischer Information und Kommunikation gehört zu den Berufsanforderungen der Zukunft. Wege, um den Frauen den Zugang zu erleichtern, gibt es.

Text: Rita Torcasso

Zahlen zum Zaster

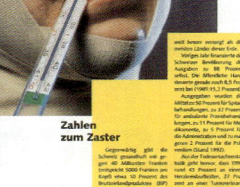

Mitarbeitermagazin

«Energizer» heisst die interne Unternehmenszeitschrift der ABB Enertech AG im Format A4. Innovativ an diesem Layout ist das Flächenkonzept, mit welchem ein Optimum aus der Buntfarbe herausgeholt wird. Es ist kein strenger Satzspiegel erkennbar, vielmehr bildet jede Seite mit unterschiedlichen Satzbreiten ein neues Formenspiel. Eine Belebung im Einerlei der internen Publikationen. Titelschrift: Insignia, Grundschrift: Fenice.

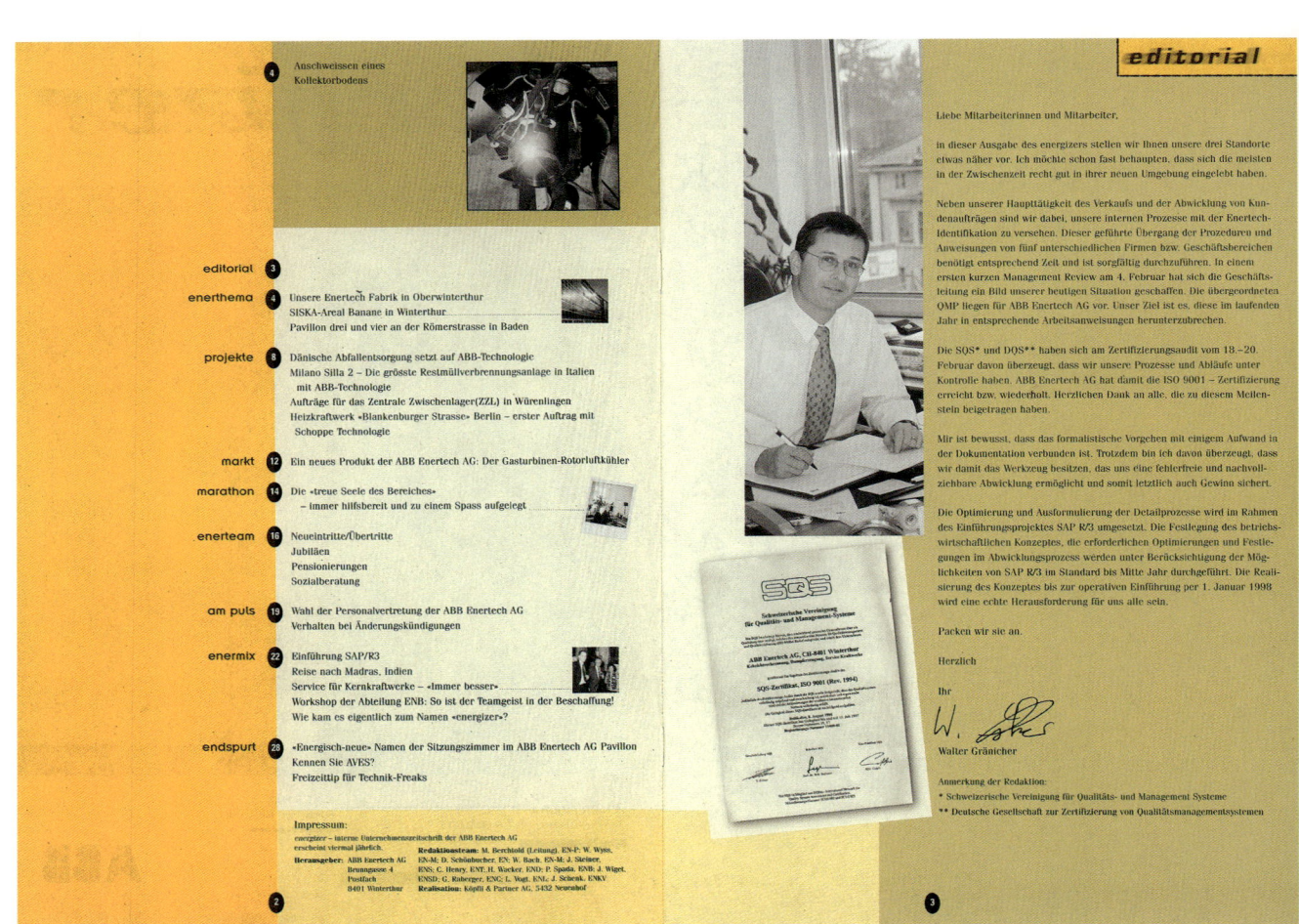

SISKA-Areal Banane
an der Brunngasse/Schaffhauserstrasse in Winterthur

Wer heute die SISKA-Banane sieht, der wird kaum glauben, dass dieses Gebäude nicht neu erstellt wurde, sondern umgenutzt wird.

Aus den in den Jahren 1952, 1962 und 1964 gebauten Lagerhaus für den VOLG, das wegen seiner geschwungenen Form damals im Volksmund liebevoll «Banane» genannt wurde, hat die SISKA ein modernes, attraktives Gebäude erstellt, das vielen Nutzern ein neues Zuhause bietet.

Im Dezember 1989 wurde der Vertrag für den Kauf der damaligen VOLG-Banane beurkundet. Der VOLG begann darauf mit der Erstellung seines neuen Verteilzentrums beim Technorama, die SISKA mit der Planung für die Umnutzung. Das Gebäude verfügt über oberirdische Räume von 20 000 m² Fläche, unterkellert sind 15 000 m². Bereits in der Planungsphase wurde auf eine vielfältige Nutzung grossen Wert gelegt. Deshalb wurden das Hotel und die 16 Wohnungen projektiert. Die anderen Flächen mussten eine möglichst flexible Nutzung zulassen. Mit den Umbauarbeiten wurde im November 1994 begonnen. Bereits ein Jahr später bezog das Labor von Herrn Dr. Rudolf A. Lutz seine neuen Räume im vierten und fünften Obergeschoss des Kopfbaus. Im Mai 1996 bezog die ABB Enertech AG ihre Büroräume, mit zur Zeit etwa 240 Mitarbeitern. Die heutige Nutzung der SISKA-Banane präsentiert sich wie folgt.

ABB Enertech AG:	5000 m² Büros, erstes, zweites, drittes und viertes Geschoss
Migros Fitnesspark:	5000 m² Wellness im Erdgeschoss, erstes Obergeschoss, erstes, zweites und drittes Untergeschoss
Labor Lutz:	1500 m² medizinische Labors im vierten und fünften Geschoss
Prof. Dr. Hans Sulzer:	300 m² medizinische Labors im vierten Geschoss
Hotel BANANA-CITY:	Garni-Hotel mit 144 Betten in 72 Zimmern, Theater-Saal für max. 400 Personen, Kongress-Saal für max. 100 Personen
16 Wohnungen:	8 Wohnungen à 4½ Zimmer, 8 Wohnungen à 3½ Zimmer
Parkplätze:	160 Parkplätze in der Tiefgarage, 30 Parkplätze auf dem Areal

Die SISKA steht noch mit Interessenten für 550 m² im Erdgeschoss und für 450 m² im ersten Obergeschoss in Verhandlungen. Dank der erstklassigen Lage werden die Mieter dieser Fläche in der nächsten Zeit bekannt sein.

Um dem Bedürfnis nach Verpflegung vor Ort gerecht zu werden, wird die SISKA ein Café/Restaurant einrichten, welches ab Mai 1997 zur Verfügung stehen sollte. Auch der Hotelbetrieb wird durch eine Bar ergänzt. Im September 1997 eröffnet die Migros ihren Fitness-Park. Damit wird die Umnutzung der Banane ihren Abschluss finden. Wir sind überzeugt, damit der Stadt Winterthur einen wichtigen Impuls verliehen zu haben und wünschen allen in der SISKA-Banane Tätigen viel Glück und Erfolg an ihrem neuen Arbeitsplatz.

SISKA Heuberger Holding AG, Robert Heuberger

Pavillon drei und vier an der Römerstrasse
in Baden

Die Pavillons, in denen die ABB Enertech AG untergebracht ist, liegen beim ABB Werks-Areal in Baden unterhalb der Bahnlinie, nahe der Limmat. Im Oktober/November zügelten die Abteilungen ENS und ENL, ca. 120 Mitarbeiter der ABB Enertech AG in die neu renovierten Räumlichkeiten. ENS ist verteilt auf zwei Etagen im Pavillon vier und eine Teil-Etage im Pavillon drei. ENL belegt jeweils eine Etage. Im Erdgeschoss befindet sich ein Demo-Test-Raum, wo den Kunden zum Beispiel das System «Advant» vorgeführt, Kundenschulungen und grössere Veranstaltungen abgehalten werden können. Anschliessend an den Demo-Test-Raum wurde ein kleineres Prüffeld eingebaut. Pavillon zwei steht zur Zeit leer und im Pavillon eins ist die Offertgruppe der ABB Kraftwerke AG untergebracht. Die Gebäude werden verwaltet von der Merkur Immobilien AG.

Die Pavillons wurden im Jahr 1960 gebaut und zwar zweistöckig. Im Laufe der Zeit wurde der Bedarf an Arbeitsplätzen ausserhalb des Areals immer grösser. 1970 wurde um eine Etage aufgestockt.

Früher waren Anlagenplanung und Steuerung für Turbinen und später viele andere Tätigkeitsgebiete untergebracht. Wo heute der Demo-Raum von ENL steht, war früher die Kantine. *M. Berchtold, EN-P*

---

marathon

Die «treue Seele des Bereiches»
– immer hilfsbereit und zu einem Spass aufgelegt

Lea Vogt ist im Jahre 19.. (mehr wird nicht verraten) in Gebenstorf geboren.

Ihre Kindheit und Jugendjahre verbrachte sie im damals noch gemütlichen Bauerndorf Spreitenbach. Nach der kaufmännischen Ausbildung in Baden bei der Fa. Looser Eisenwaren, zog es sie in Richtung Süden. In Norditalien brachte sie im Alter von 20 Jahren den Haushalt einer Industriellenfamilie auf Vordermann. Schon damals reizte sie der Flair des Internationalen: die Familie Belgisch-Holländisch, die Köchin Deutsche, der Gärtner Italiener und sie als Schweizerin mittendrin.

Nach einem Jahr zog es sie wieder zurück in die Schweiz nach Zürich, wo sie zwei Jahre lang bei einer Bank tätig war.

Das Fernweh nagte aber schon wieder. Kein Wunder, ihr Traumberuf war schliesslich immer schon Stewardess. Dieses mal führte sie das Schicksal, vielleicht aber auch ihr zukünftiger Mann, in den kühlen Norden. In Stockholm hat sie dann gleich geheiratet. Als sie nach kurzer Zeit die schwedische Sprache beherrschte, arbeitete sie zwei Jahre bei der BBC Stockholm. Drei Jahre später kam ihre Tochter zur Welt. Nach sechs Jahren kehrte sie zurück in die Schweiz und liess sich in Baden nieder, wo sie zunächst Mutter und Hausfrau war. Die Tochter wurde grösser und der Haushalt war auf Zeit nicht mehr so interessant, worauf sich sie als Kassiererin bei einer Krankenkasse bewarb. Sie übernahm die Sektion Baden der KFW und schmiss den ganzen Laden allein, mit immerhin 700 Mitgliedern.

Lea Vogt, Bereichssekretärin ENL, Mitglied des Redaktionsteams energizer

Nach 7 Jahren hatte sie genug von Krankenscheinen, Krankengeschichten abhören und Diagnosen eintragen. Die Firma Lahco AG «Bademoden und Homeware» kam als neue Wirkungsstätte zum Zug. Etwas Buchhaltung, Vertreter-Abrechnungen, Direktor-! und Besucher-Betreuung, ja sogar als Vorführdame wurde sie gebraucht. Im Juli 1980 bewarb sie sich bei der damaligen BBC. Lustiges aber auch weniger lustiges hat sie in dieser Zeit erlebt. Zum ersteren gehört sicher der Scherz, den sie sich mit einem Kollegen erlaubte. Nach der Offertstellung musste er mit den schweren Offertordnern nach Indien zum Kunden reisen. Im Gepäck nahm er auch einen schön bemalten, nicht gerade leichten Stein mit als Andenken an die Sekretärin. Ohne Stein ist er dann zurückgekommen; ob sie deshalb den Auftrag verloren haben?

Seit langem ist sie die «treue Seele» immer wechselnder Abteilungen. Zur ABB Enertech AG ist sie zusammen mit ihrem Chef, Dietmar Troendle, gekommen.

An der oft stressigen Arbeit als Bereichssekretärin fasziniert sie die Vielseitigkeit, Selbständigkeit, die ständigen Überraschungen. Wenn sie morgens ins Büro kommt, weiss sie oft nicht, welche spontanen Aufträge sie erwarten. Jeder Tag birgt neue Herausforderungen. Genau das ist der Motor, der sie antreibt. Das einzige was ihr spontan auf die Frage einfällt, was ihre Nerven strapaziert ist, dass «viele Kollegen glauben, eine Bereichssekretärin ist allwissend» – obwohl sie nicht ganz sicher ist, ob sie das vielleicht sogar als Kompliment auffassen soll. Sie fühlt sich wohl im Kreise ihrer grösstenteils aus Männern bestehenden Kollegen. Manchmal ist es schwierig mit der Tatsache zu leben, dass die ABB Enertech AG an zwei Standorten arbeitet. Dies ist oft mit Verzögerungen verbunden. Die Kommunikation läuft trotz Lotus Notes nicht immer reibungslos. Sie ist aber froh, dass sie ihren Arbeitsort in Baden beibehalten konnte und nicht nach Winterthur zügeln musste. Den Umzug in die Pavillons nahm sie gerne in Kauf, obwohl die «Suche nach dem Mittagessen» jetzt mehr Zeit in Anspruch nimmt.

"viele Kollegen glauben, eine Bereichssekretärin ist allwissend"

Die Arbeit als Redaktionsmitglied des energizer begeistert sie, doch hat sie zu wenig Zeit, um sich richtig damit zu beschäftigen. Auch ist es schwierig, die Kollegen zu motivieren, einen Teil ihrer Zeit für den energizer «abzuzwacken».

Trotz schlechter Wirtschaftslage ist Lea Vogt optimistisch. Sie glaubt, dass der grösste Teil der Mitarbeiter sehr motiviert ist und somit auch an den Erfolg der ABB Enertech AG. Ihr gefällt es bei der ABB Enertech AG und sie freut sich immer wieder über neue Kontakte.

In ihrer Freizeit, die sehr eng bemessen ist, kocht sie gerne für ihre Bekannten, besucht Konzerte oder kuschelt sich ins Warme und liest ein Buch. Ihre Gesundheit erhält sie sich mit ausgiebigen Spaziergängen oder mit dem Training im Fitness-Center.

Einen speziellen Wunsch, den sie sich in nächster Zeit erfüllen möchte, hat sie nicht. Sie wünscht sich Gesundheit für die Familie und geniesst das tägliche Glück. Ein Regenbogen am frühen morgen, ein schöner Sonnenaufgang, ein paar gemütliche Stunden mit Freunden und Bekannten, selbst ein kleines Lächeln kann den Tag für sie lebenswert machen.

M. Berchtold, ENP

"Auch ist es schwierig, die Kollegen zu motivieren, einen Teil ihrer Zeit für den energizer abzuzwacken."

Zeitschrift für die Frau

«Espresso» schreibt seit über 25 Jahren monatlich über Business, Politik und Kultur für die Frau. 1997 wurde das Journal neu gestaltet, die Einflüsse der technischen Möglichkeiten sind unverkennbar: Rundungen an Kästchen, Rubriktiteln und Bildern; Schrägspalten sollen das Ganze aufpeppen. Trotz der Neuerungen wirkt das Magazin überfüllt – Weissräume fehlen. Vor allem in den grau hinterlegten Schrägspalten wirkt der Text eingepfercht zu klein und wenig lesefreundlich. Auch über den Schriftmix kann man getrost sinnieren. Titelschriften: Helvetica Compressed, kombiniert mit der Officina Sans, Untertitel in der Serpentine, Grundtext Swift. Die Legenden in der Helvetica Ultra Compressed sind zusätzlich gesperrt, deshalb schlecht lesbar.

Karriere

■ Irène Meier ■
Autorin

Selbständige Frauen in der Schweiz

Chancen und Risiken

Ein Unternehmen gründen, sich selbständig machen - eines der wenigen Themen, das in der heutigen Zeit noch euphorische Meldungen hervorbringt, mit dem auch vielfältige Hoffnungen verbunden werden. Gelten solche Erwartungen auch für Frauen, die sich selbständig machen wollen?

Aufgrund der frauenspezifischen Gründungsliteratur können Frauen von einem eigenen Unternehmen viel erwarten. Die Titel klingen verheissungsvoll: «Meine Chefin bin ich selbst», «Geld verdienen, Spass haben, Gutes tun», den «Laden schmeissen», «Kasse machen», «Lust am Unternehmen» haben. Internationale Trendmeldungen verheissen ausserdem aus anderen westlichen Industriestaaten einen eigentlichen Gründerinnenboom. Unternehmensgründungen durch Frauen scheinen im Trend zu liegen.

Wie viele Selbständige gibt es in der Schweiz?

Ein Überblick über die Anzahl der Erwerbstätigen sowie die Anzahl der selbständig Tätigen in der Schweiz während den letzten Jahren ist in der folgenden Tabelle enthalten.

Aus dieser Tabelle können verschiedene Entwicklungen abgelesen werden. Einerseits wird die Abnahme der Anzahl Erwerbstätiger in der Schweiz während den letzten Jahren ersichtlich. Trotz dieser Abnahme ist der Anteil der erwerbstätigen Frauen nicht zurückgegangen. (Diese Angabe ist grundsätzlich erfreulich. Sie sagt jedoch noch nichts aus über den Umfang der von Frauen geleisteten Erwerbsarbeit). Anderseits wird deutlich, wie die Anzahl der selbständig Erwerbenden gestiegen ist, wobei der Frauenanteil bei den Selbständigen um 30 bis 33 % schwankt. Im Vergleich zu ihrer Erwerbsbeteiligung sind Frauen somit bei den Selbständigen deutlich untervertreten. In einem ersten Punkt kann somit festgehalten werden:

Die Selbständigkeit stellt nach wie vor für mehr Männer als Frauen eine mögliche Option der Erwerbsarbeit dar.

Tabelle 1
Anzahl Erwerbstätige und Selbständige sowie Selbständigenquote in der Schweiz

Jahr	Anzahl Erwerbstätige	Frauenanteil	Anzahl Selbständige	Frauenanteil	Anteil Selbständige am Total aller Erwerbstätigen
1991	3'755'000	42,7%	457'000	29,1%	12,2%
1992	3'742'000	43%	468'000	32,7%	12,5%
1993	3'729'000	42,9%	503'000	32,4%	13,5%
1994	3'705'000	43,1%	485'000	32%	13,1%
1995	3'733'000	42,9%	509'000	30%	13,6%

Quelle: Schweizerische Arbeitskräfteerhebung (SAKE) 1991 bis 1995 sowie eigene Berechnungen

Wieviel verdienen die Selbständigen?

Wenn die Angaben von Selbständigen über ihr Einkommen beurteilt werden, ist immer zu berücksichtigen, dass solche Angaben nicht direkt mit Einkommen aus angestellter Tätigkeit verglichen werden können. Die Selbständigen haben vielfältigere Möglichkeiten, von ihrem Bruttoeinkommen Abzüge zu machen als die Angestellten, so dass ein tieferes Einkommen noch keine tiefere Kaufkraft bedeuten muss. Trotzdem liefern die Angaben der Selbständigen über ihr Einkommen im Vergleich zu den Einkommen der Angestellten ein nicht unbedingt erwartetes Bild:

Die Angaben in Tabelle 2 sind so zu lesen, dass bspw. bei den Selbständigen die Hälfte der vollzeiterwerbstätigen Frauen maximal 45'451 Franken pro Jahr verdienen. (Der Median ist das Mass, das die Anzahl der selbständigen Frauen in zwei gleich grosse Hälften teilt, was bedeutet, dass die eine Hälfte maximal diese Höhe erreicht und die andere Hälfte darüber liegt). Diese Zusammenstellung zeigt auf, dass die selbständigen Frauen mit Abstand das tiefste Einkommen aller Erwerbstätigengruppen überhaupt erzielen. Bei den Männern sieht die Einkommenslage anders aus. Sie erreichen mittlere Einkommenshöhen, die in Reichweite jener von Arbeitnehmern mit Vorgesetztenfunktion liegen. In einem zweiten Punkt muss somit festgehalten werden:

Die selbständigen Frauen bilden die Erwerbstätigengruppe mit den tiefsten Einkommen.

Wieviel arbeiten selbständig Erwerbende?
Selbständige arbeiten mehr als Angestellte. Im Durchschnitt macht der Unterschied bei einer Vollzeitbeschäftigung zehn Stunden pro Woche aus. Bei der Arbeitszeit der Selbständigen zeigt sich jedoch der gleiche Tatbestand, der auch von den Angestellten bekannt ist: Teilzeitarbeit ist weiblich. Die Mehrheit der selbständigen Frauen ist teilzeitlich erwerbstätig, während dies nur auf jeden zehnten Mann zutrifft. Ausserdem investieren die Männer sowohl bei den Vollzeit- als auch bei den Teilzeitselbständigen mehr Zeit in ihre Erwerbstätigkeit als die Frauen; bei den Vollzeitselbständigen sind es beachtliche acht Stunden mehr pro Woche. Diese zusätzliche Erwerbszeit der Männer macht zumindest einen Teil des Einkommensunterschiedes zwischen den Geschlechtern plausibel. Als dritter Punkt und vierter Punkt wird festgehalten:

Tabelle 2
Jährliches Bruttoerwerbseinkommen (Median) der Vollzeiterwerbstätigen 1995

	Selbständige	ArbeitnehmerIn in Unternehmensleitung	ArbeitnehmerIn MIT Vorgesetztenfunktion	ArbeitnehmerIn OHNE Vorgesetztenfunktion
Frauen	Fr. 45'451.-	Fr. 65'169.-	Fr. 59'800.-	Fr. 50'700.-
Männer	Fr. 72'000.-	Fr. 100'000.-	Fr. 79'300.-	Fr. 63'721.-

Quelle: Schweizerische Arbeitskräfteerhebung (SAKE) 1995

Selbständige arbeiten mehr als Angestellte. Teilzeitarbeit ist auch bei den Selbständigen weiblich.

Können sich Selbständige auf dem Markt halten?

Je nach Untersuchung werden auf diese Frage die verschiedensten Antworten gegeben. Unbestritten ist jedoch, dass sich die Schweiz durch ein lebhaftes Unternehmensgründungsgeschehen auszeichnet und dass eine ausserordentlich hohe Umschichtung im Bestand der Kleinbetriebe festzustellen ist. Es bestehen zudem Hinweise dafür, dass Selbständigkeit für Frauen ein viel instabilerer Status ist als für Männer.

Wie sind Selbständige sozial abgesichert?

Grundsätzlich sind neben der Absicherung von Einkommensausfällen infolge Alter, Invalidität oder Tod noch weitere Erwerbsausfallrisiken versicherbar: Erwerbslosigkeit, Militärdienst, Krankheit und Unfall. Für Selbständige sind jedoch nicht alle diese Risiken versicherbar (es gibt keine Versicherungsmöglichkeit für Selbständige gegen Erwerbslosigkeit) und jene, die versicherbar sind, kommen die Selbständigen teurer zu stehen als die Angestellten. Die obligatorischen AHV/IV-Beiträge für Selbständige betragen grundsätzlich 9.5 % des Erwerbseinkommens. Für Jahreseinkommen von weniger als 46'600 Franken werden die Beiträge gesenkt. Trotzdem machen die AHV-Beiträge für die Selbständigen einen ansehnlichen Budgetposten aus. Die zweite und die dritte Säule sind für Selbständige nicht obligatorisch. So ist es nicht erstaunlich, dass ein grosser Teil der Selbständigen keine über die AHV hinausreichende soziale Absicherung für das Alter äufnet bzw. äufnen kann. Erst erfolgreiche UnternehmerInnen sind in der Lage, zusätzlich zur AHV Beiträge für die Absicherung von Erwerbsausfall infolge Alter, Invalidität oder Todesfall zu leisten. In einer besonders risikoreichen Situation sind jene Selbständige, die ihre Unternehmensgründung mit dem Geld aus der zweiten Säule finanzierten, was für die Gründung einer Personengesellschaft (Einzelunternehmen, Kollektiv- oder Kommanditgesellschaft) ja möglich ist.

Die Absicherung des Erwerbsausfallrisikos bei Krankheit oder Unfall ist für Selbständige ebenfalls nicht obligatorisch, bei privaten Versicherungen aber möglich, wenn auch etwas teuer.

Aufgrund von Umfragen ist bekannt, dass eine knappe Mehrheit der Selbständigen ihre soziale Absicherung als ungenügend bezeichnet. Als fünfter Punkt kann somit festgehalten werden:

Eine gute soziale Absicherung ist für Selbständige eine kostspielige Angelegenheit, die sich nur Gutgestellte leisten können.

Unterschiede in der Unternehmensentwicklung zwischen Frauen- und Männerunternehmen

Aufgrund ihrer Ausbildungen und Erfahrungen machen sich Frauen zu einem grossen Teil in anderen Branchen selbständig als Männer, wo sie vermehrt als Männer für einen lokalen Markt produzieren. Unternehmen, die von Frauen gegründet worden sind, wachsen in Bezug auf die Anzahl Beschäftigte sowie den Umsatz bedeutend langsamer und weniger ausgeprägt als Männerunternehmen.

Weshalb machen Frauen sich trotzdem selbständig?

Aufgrund der Einkommenssituation, der Arbeitszeit und der sozialen Absicherung stellt sich unweigerlich die Frage, ob Frauen, die sich selbständig machen, von allen guten Geistern verlassen worden sind. Mehr arbeiten und weniger verdienen und sozial schlechter abgesichert zu sein – kann das eine attraktive Perspektive sein?

Die Gründungsaktivitäten von Frauen belegen, dass diese statistischen Daten wenig abschreckende Wirkung entfalten. Es müssen andere Kräfte am Werk sein, die diese Abschreckung, dieses Risiko relativieren. Diese anderen Kräfte sind nicht materieller Natur, sondern liegen in der eigenverantwortlichen Arbeitsgestaltung, in der Freude über unternehmerische Erfolge, in der Entfaltung und Entwicklung von persönlichen Fähigkeiten begründet ◆

Eine Publikation von Irène Meier über Chancen und Risiken von Unternehmensgründungen erscheint im März 1997 im Verlag Orell Füssli, Zürich.

Empfehlenswerte Literatur: Ich mache mich selbstädig. Beobachter-Ratgeber. Zürich 1996

25 Jahre espresso

Über die Tagesaktualitäten hinaus beschäftigt mich, wie kaum ein anderes Thema, die hartnäckige Stagnationsphase unserer Wirtschaft. Die wirtschaftlichen Probleme können nicht mehr einfach als vorübergehende, konjunkturelle Schwierigkeiten abgetan werden. Es zeigt sich auch immer deutlicher, dass die gesellschaftlichen Ansprüche in vielen Bereichen die realen Möglichkeiten unserer Volkswirtschaft übersteigen. Verunsicherung und Frustration vieler Bürgerinnen und Bürger sind die Folge. Der Ruf nach Erfolgs- und Patentrezepten zur Lösung der anstehenden Probleme wird lauter. Begriffe wie «Krisengipfel» oder «Aktionsprogramm gegen die Krise» sind in aller Leute Mund. Gestern waren es Investitionsbonus und Kreditsperre, welche Rezepte werden es wohl morgen sein?

Politische Hektik und kurzfristige Improvisationen helfen meiner Meinung nach aber nicht weiter. Vorab brauchen wir den politischen Konsens, da wir mit fruchtlosen Verteilungsstreitereien nicht weiterkommen. Darauf aufbauend soll demnach ein konsistentes Massnahmenkonzept, in dem sich die einzelnen Politikfelder sinnvoll ergänzen, entwickelt werden. Es ist erfreulich, dass die Schweizerische Nationalbank gewillt ist, den gelockerten geldpolitischen Kurs auch 1997 fortzusetzen, um von der monetären Seite her günstige Voraussetzungen für die konjunkturelle Erholung zu schaffen. Kurzfristig könnte sich daraus eine Wiederbelebung des Exportes ergeben. Die Entlastung der Unternehmen, insbesonders der Klein- und Mittelbetriebe in administrativer und steuerlicher Hinsicht, ist gleichzeitig beförderlichst an die Hand zu nehmen. Von besonderer Aktualität ist die Reform der Unternehmensbesteuerung. Blosse Verlagerung der Steuerlasten führt aber nicht weiter, weshalb reformbedingte kurzfristige Einnahmenausfälle hinzunehmen sind. Eine Unternehmenssteuerreform zum Nulltarif hilft niemandem, weder den Unternehmen noch den Beschäftigten. Erstrangige Priorität hat nach wie vor auch die Sanierung der öffentlichen Finanzen, insbesondere der Abbau der strukturellen Defizite. Deshalb ist genau zu prüfen, wie sich die vorgeschlagene Belebung der Konjunktur durch das Vorziehen realisierungsreifer Investitionsvorhaben sowie vernachlässigter Ersatzinvestitionen zur Substanzerhaltung der öffentlichen Bauwerke auf die Schuldensanierung auswirkt.

Der erfolgreiche Abschluss der bilateralen Verhandlungen mit der Europäischen Union ist für mich zwingend und bildet eine weitere vertrauensbildende Massnahme, dass der Staat, respektive Regierung und Parlament dazu beitragen, die Probleme in unserem Land zu lösen ◆

«Priorität hat die Sanierung der öffentlichen Finanzen»

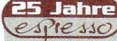

Erika Forster
Im Nationalrat seit 1995
FDP, St. Gallen

Business

«UBS Liberty Generation», das Magazin der Union Bank of Switzerland für eine junge Kundschaft. Das Henne-Kücken-Prinzip ist auf jeder Doppelseite zu erleben; interessant auch die Rahmengestaltung mit abgerundeten Ecken. Die kleinen Bilder sind mit einem Schatten versehen und scheinen auf dem grossen Bild zu schweben. Die Garamond ist die Hausschrift der UBS, zu sehen in einer lebendigen Titelgestaltung. Anstelle der etwas klumpigen halbfetten hätte ich eine schmissigere Schrift vorgezogen.

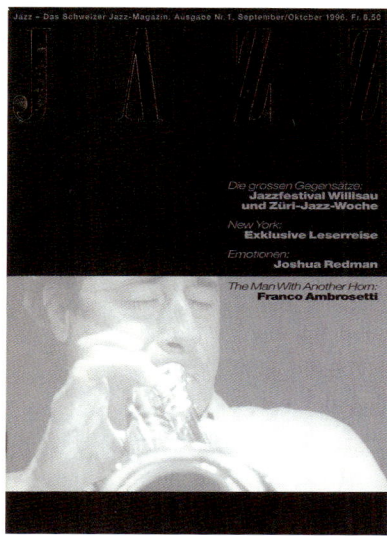

Musik

«JAZZ» – das Schweizer Jazzmagazin im Format A4. Auffallend der Titel mit einer Silberprägung, auffallend auch das Inhaltsverzeichnis. Perfekte Typo, zur Szene passend. Im Inhalt jedoch wird man von der Biederkeit eingeholt, man wird den Eindruck nicht los, dass hier unmotiviert mit den Möglichkeiten des Desktop-Publishings gespielt wurde. Die Textballoons sind etwas übertrieben aufgemotzt. Waren hier unterschiedlich kompetente Macher am Werk? Schrift im Cover: Poster Bodoni Compressed, Titelschrift im Inhalt: Helvetica, Grundtext: Sabon.

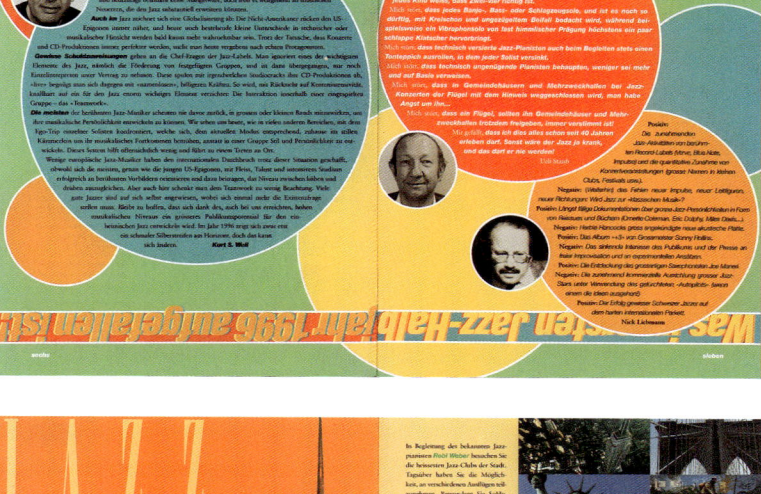

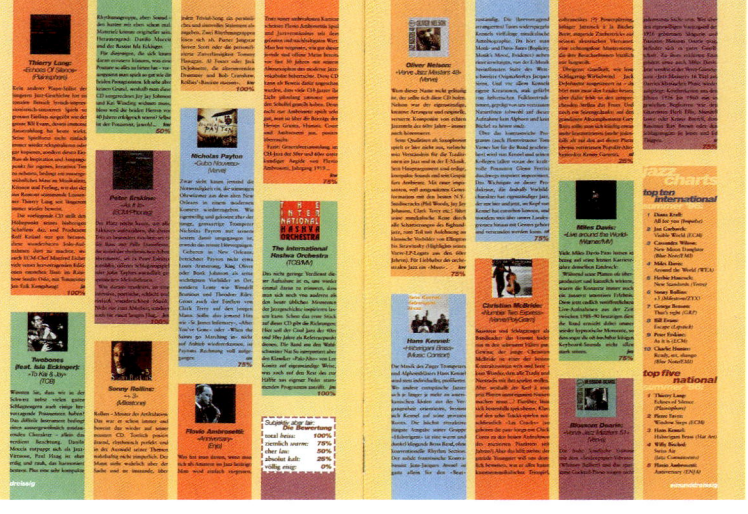

Livestyle

Der «Bonus», das Zürcher Monatsmagazin fand als Zeitungssupplement seine Leser und wurde aus finanziellen Gründen eingestellt. Trotzdem ist die Gestaltung bemerkenswert. Die typografischen Klänge eines David Carson tönen leicht durch, trotzdem hat man sich an Lesbarkeit und Konventionen gehalten. Die Grundschrift ist mehr oder weniger einheitlich gehalten, das reizvolle Spiel entsteht mit der Vertikalen und den Unschärfen im Hintergrund. Unten und rechts: Die Bilder stehen nicht auf weissem Grund, sondern werden nahtlos aufgereiht. Eine solche Gestaltung ist aufwendig, weil man dazu mehrere Programme (Layout-, Grafik-, Bildbearbeitungsprogramm) beansprucht.

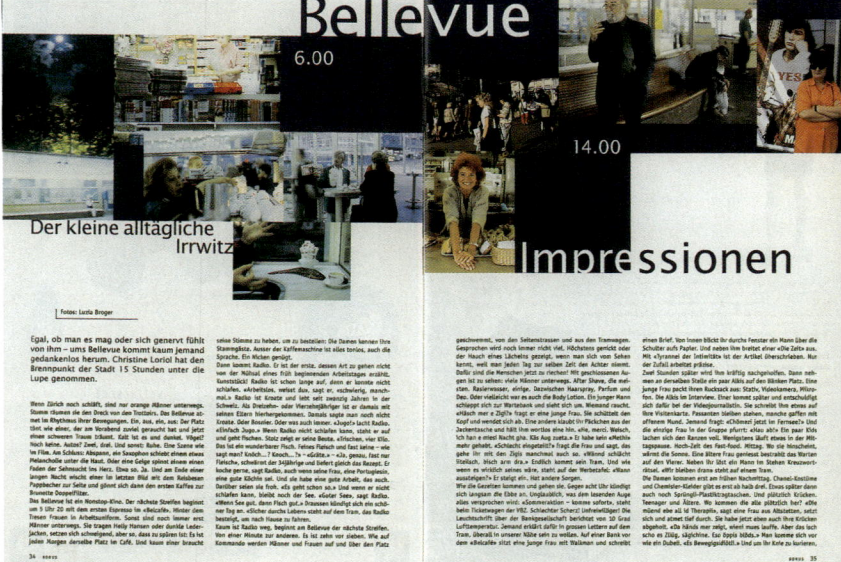

BUSCHTROMMEL

Die PHANTASTISCHEN
Diese Köpfe geben im Oktober zu reden

Ursula Schaeppi
Die Schauspielerin, die sich als Goof einen Namen gemacht hat, quengelt für einmal ungekünstelt. Sie habe sich sehr ums Bernhard-Theater verdient gemacht, im Hintergrund, ganz bescheiden, und jetzt werde sie von Monika Kälin aus dem Budget gestrichen, lässt sie verlauten. Ihre Szene macht das beknackte Theater ums Theater endgültig zu Zürichs Schwank des Jahres.

Walter Eggenberger
Der einstige Finger der Nation kann seine Auftritte an Firmenfesten («Bally» lässt grüssen) in Zukunft reduzieren: Ab Mitte Oktober beackert der «Starmoderator» (wiederum «Bally») für «10 vor 10» das Vorfeld der amerikanischen Wahlen. Danach beschäftigt ihn das Newsmagazin sporadisch als Mann fürs Spezielle.

Tina Turner
Tina Dynamite tourt in diesen Wochen durch ganz Europa und gibt am 31. Oktober erstmals als Zürcherin in Zürich ein Konzert. Die mittlerweile 57jährige (siebenundfünfzig!) Rocktante residiert ja bekanntlich seit dem 20. Juni 1995 an bester Zürcher Adresse und hat seither noch nie für ihre neuen Mitbürgerinnen und Mitbürger ins Mikro gejodelt, was wirklich unfreundlich ist. Nun, wir werden bald hören, ob Zürichs ozonbelastete Luft an Tinas Stimmbändern geknabbert hat.

Anatol Hug
Was trägt er darunter? Das fragen sich mehrere tausend pubertierende Zürcherinnen, seit auch Zürich seinen eigenen Teenie-TV-Star vorzeigen kann. Der Knabe heisst Anatol Hug, ist frische 26 Jahre jung und moderiert einmal die Woche auf Tele-Züri die Sendung «Jukebox» (Wiederholung täglich um 17 Uhr). Exklusiv hat Anatol BONUS verraten, was er darunter trägt: «Boxershorts sind mühsam, Slips zu eng; ich habe am liebsten die weissen Grossen, wie sie Calvin macht.» Anatol Hug, ein Star der 90er.

Steffi Graf
Kommt sie, kommt sie nicht, kommt sie – sie kommt, wie jedes Jahr. Schliesslich fühlt sich Steffi Graf in Zürich schon fast heimisch, und die European Indoors (14.–20. Oktober) sind das einzige Turnier, bei dem sie immer ungeschlagen vom Platz gegangen ist, was ihr heuer 150 000 Franken einbringen würde. Deshalb wollte auch der Papa gerne kommen, der ist aber zur Zeit verhindert.

BONUS-Leser schreiben ihr MANIFESTO

Philip Kempf, 25, fordert:

WEG mit dem Zürcher In-Quartett! Spielt DOMINO!

Unglaublich! Jetzt feiert sich die selbsternannte Zürcher **In-Szene** schon in aller Öffentlichkeit und ohne Skrupel. Im neuen «Top of Zürich»-Quartett zeigen nämlich 44 Nighthawks ihre Visagen und outen ihre intimen Seiten. «Arroganzkoeffizient», «Hipfaktor» und «Präsenzzeit» (in der Szene) sind nur ein paar von den Spielkategorien, und wer sie kennt, die «In»-Zürcher, weiss, wie ernst ihnen diese Sparten sind. *Blut und Sperma* müssen geflossen sein, als es darum ging, in dieses «Game of Fame» zu kommen. Pein, oh Pein. Eigentlich sollte sich dieser In-Kuchen verkrümeln, doch scheint das Hemmungszentrum in ihren Hirnen zu fehlen. Und stark ist sie, diese *Mafia!* Sie ist so mächtig, dass sie es sich sogar leisten kann, dass dieser Artikel veröffentlicht wird. Es sässen nämlich vier ihrer Paten unter den redaktionellen Mitarbeitern dieses Blattes, die das verhindert hätten können (vergleiche das Impressum mit dem Quartett). Und würde im 28. Jahrhundert die Stadt Zürich wahrhaftig einmal ausgegraben und dieses Quartett gefunden, so würde man tatsächlich meinen, dies sei die **progressive** und kreative Schicht von Zürich gewesen! Eine *grauenhafte Vorstellung!* Chapeau vor der guten Idee eines Quartetts, aber ein Spiel mit den Hunden der Zürcher Promos wäre viel funnier und witziger gewesen als diese Peinlichkeit des Jahres. Darum: **SPIELT DOMINO!** Hier kann euch kein Szeni seine Visage drauf drucken, es ist stylish und man kann viel Geld damit verdienen.

Geht Ihnen etwas auf den Wecker? Haben Sie ein ganz persönliches Anliegen an Ihre Mitmenschen? Eine Vision, wie sich Zürich mehr Klasse aneignen kann? Wir geben Ihnen Platz für Ihre zünftige Meinung. **Schreiben Sie Ihr «Manifesto»** *(eine A4-Seite), und senden Sie es mit Foto an: BONUS, «Manifesto», Postfach, 8021 Zürich, Fax 01/248 53 37.*

Tips und Tricks

Zu viel Text – was nun?

Wohl die grösste Sorge vieler Layouter ist das textlastige Denken der Autoren. Die finanzielle Vergütung nach Druckzeilen leistet solchem Tun Vorschub. Es muss das Ziel des Gestalters sein, Redakteuren klarzumachen, dass ein Magazin nicht nur aus Textrohstoff besteht, sondern auch aus anderen visuellen Elementen.

Eine Ausgangszeile lässt sich oft ohne besondere Nachteile durch Streichen eines «überflüssigen» Wortes einbringen.

Autorenbriefing

Gute Grafik entsteht schon beim Schreiben. Es geht darum, allen Textlieferanten bekannt zu geben, wie viel Text und was ausserdem auf eine Seite gehört. Das ist vor allem eine Kommunikationsfrage, denn in allen Textverarbeitungsprogrammen kann man sich heute die Textmenge anzeigen lassen. Aber die Autoren müssen halt wissen, wie viel Text sie liefern sollen!

Von der grafischen Seite her kommt das genaue Briefing für den Schreiber. Um herauszufinden, wie viele Anschläge auf eine Zeile passen, zählt man 10 Zeilen inklusive Wortzwischenräume aus und errechnet den Durchschnitt. Die Anzahl Zeilen Text, die wir auf den Seiten haben möchten, errechnen wir von einer durchschnittlichen Seite, mit dem gewünschten Text-Bild-Verhältnis ⅓ : ⅔. Auf eine Seite A4 gehören z. B.:

Titel: 1 bis 2 Zeilen
Lead: 4 bis 5 Zeilen
Text: 100 Zeilen mit 38 Anschlägen
3 Untertitel
1 Bild (zweispaltig, 8 bis 10 cm hoch)
1 Bildlegende zweispaltig, 2 Zeilen

Noch besser ist es, wenn Autoren im Textverarbeitungsprogramm direkt in Vorlagen schreiben, in der richtigen Schrift. Dies bedingt natürlich beidseitige Kompatibilität. Dann sehen sie gleich, wie viel Text sie produzieren. Eine weitere Möglichkeit: Der Schreiber tippt direkt ins Layoutprogramm. Das Krämerverhalten: «Darfs ein bisschen mehr sein?» ist dann wohl endgültig tot.

Wenn trotzdem zu viel Text geliefert wird?

Eine aufwendige und mühsame Angelegenheit ist das Redigieren. Nicht alles, aber das meiste ist kürzbar. Dabei soll der Sinn nicht verändert werden. Ganze Abschnitte zu streichen geht schneller, ist vielleicht sinnentstellender. Der Layouter darf nicht einfach ohne Einwilligung der Redaktion den Text kürzen. Beim Einbringen einzelner Zeilen wird schon mal eingegriffen. Falsch empfinde ich es, wenn die Grafik oder das Bild dran glauben müssen.

Spartips

Der Reihe nach werden Möglichkeiten ausgeschöpft, die grosse Wirkung zeigen.

● Bilder randabfallend gestalten, unten, oben oder seitlich.

● Bildausschnitt knapper wählen, dynamische und knackige Bildschnitte, hoch- statt querformatig, sich auf ein Detail beschränken.

● Bilder freistellen und Text um Bilder fliessen lassen.

● Bilder um eine halbe Spalte schmaler skalieren, die Bildlegende statt darunter seitlich platzieren.

● Bildlegende ins Bild hinein platzieren, negativ weiss oder positiv schwarz. Achtung auf mögliche Passerprobleme, Schrift darf nicht zu fein sein.

● Titel kürzen. Der Titel kann immer schlagwortartig abgekürzt werden. Statt mehrerer Zeilen nur eine Zeile bringen. Dies bringt bei einem zweispaltigen Haupttitel je nach Schriftgrösse auf den Grundtext bezogen bis 10 Zeilen Einsparung.

● Lead kürzen. Gute Leads sind nicht länger als vier Sätze.

● Titel und Lead ins Bild hinein platzieren. Der Text darf jedoch die Bildinformation nicht zerstören.

● Kästchentext kleiner halten.

● Den Text im Kästchen statt zweispaltig nur einspaltig halten. Dies spart oft ein paar Zeilen Text ein.

● Absätze eliminieren. Hier geht es nur um eine Zeile Einsparung. Oft gibt es deswegen nur einen anderen Zeilenumbruch, ohne Einsparung. Deswegen nur dort anwenden, wo wirklich eine Zeile eingebracht werden kann.

● Ausgangszeilen einbringen. Die letzte Zeile eines Abschnittes nennt man Ausgangszeile. Wenn diese nur gerade aus einem oder zwei Wörtern besteht, kann oft durch das Streichen einer überflüssigen Information im entsprechenden Absatz die Ausgangszeile eingebracht werden (s. Abbildung links). Ersparnis: eine Zeile.

● Untertitel kürzen oder streichen.

Das Problem: Der ganze Text findet im Layout keinen Platz – welche Möglichkeiten bestehen, die 19 überzähligen Zeilen rechts am Rand unterzubringen?

Hier ist der Titel von zwei auf eine Zeile gekürzt worden. Einsparung: 12 Zeilen.

Zusätzlich musste der Lead gekürzt werden. Bereits sind die 19 Zeilen vollständig eingebracht.

Statt ein zweispaltiges nur ein eineinhalbspaltiges Bild mit seitlicher Legende bringt nochmals 12 Zeilen.

Das Bild kann randabfallend gestaltet werden. Einsparung 15 Zeilen.

Statt wie links kann das Bild unten randabfallend gestaltet werden. Die Legende steht seitlich in der Halbspalte.

Zu wenig Text – was nun?

Dass zu wenig Text geliefert wird, ist eher die Ausnahme.

Wenig Text bedeutet viel Platz für mehr Grafik und Bilder.

Ein Eldorado für Designer! Nur: Woher nehmen?

Sehen Sie dazu auf den Seiten 260 ff.

Mit den hier gemachten Vorschlägen, möchte ich keinen Opportunismus propagieren. Das gestalterische Konzept muss eingehalten werden. Jede Seite einmal so, einmal etwas anders zu «biegen» ist nicht Sinn der Sache. Wir wollen die typografischen Regeln (z. B. Gleiches gleich gestalten) nicht brechen, sondern mit einem flexiblen Layoutkonzept die Möglichkeit offen lassen.

Arbeiten mit Raum

Wie bereits beschrieben, muss nicht das ganze Layout von vorn bis hinten vollgestopft sein. Luft und Weissraum tun gut, bilden gar einen wirkungsvollen Kontrast zum grauen Einerlei des Textes. Wenn permanent immer zu wenig Text geliefert wird, ist eine Anpassung des Satzspiegels und des visuellen Konzeptes angezeigt.

Flächen kann man sehr wirkungsvoll einsetzen, um Farbe ins Heft zu kriegen. Es gibt natürlich hundert Möglichkeiten, Flächen zu gestalten, rechteckig, rund, abgesoftet usw.

Ein Beispiel finden Sie auf Seite 272.

Arbeiten mit Text

Beim Text kommen drei Gliederungselemente in Frage, mit welchen die Seite etwas «aufgeblasen» werden kann: Titel, Lead und Zitat.

Wenn der Titel immer einheitlich erscheint, mit gleicher Schrift, Grösse und identischem Zeilenabstand, wirkt dies wenig dynamisch, etwas starr. Die erste Möglichkeit stellt die Veränderung der Grösse dar. Die Schrift bleibt dann zwar immer bestehen und als Titel erkennbar, nur die Grösse variiert.

Einen Klang weiter im visuellen Tongefüge stellt die Variation innerhalb einer Schriftfamilie dar. Im Titel werden Schriften gemischt, und zwar nicht wild durcheinander, sondern nach einem Konzept. Beispielsweise können die Schnitte Bold, Light und Regular gemischt werden. Eine Kombination von Schriftgrössen und Charakteren ergibt noch mehr Variationen, Titel zu einem einheitlichen Bild zu komponieren.

Es ist nun auch möglich, die Titel immer dem Thema anzupassen, also andere Schriften einzusetzen. Diese beliebte, in meinen Augen wenig professionelle Art, Magazine zu gestalten, mündet oft in einem kunterbunten Schriftensalat der Desktop-Publishing-Ära der ersten Stunde, als alle beweisen wollten, was sie drauf haben. Es gibt zwar gelungene Beispiele solcher Titelgestaltung (GEO-Magazin), im Zweifelsfall ist eher davon abzusehen.

Stau bis in die Niederungen

Wenn der Titel immer gleich gross gehalten wird, bringt dies wenig Flexibilität in der Raumausnützung.

Das Beispiel? Seite 272!

Seite 266 und 274

Stau

Die Stellung des Titels ist nicht automatisch waagrecht; schräggestellte, gespiegelte oder kopfstehende Titel sind möglich, aber nicht üblich, nicht lesbar. Sie können jedoch Platz auffüllen, genauso, wie wenn der Titel mitten in den Text gestellt wird.

Der Lead ist sehr frei gestaltbar, ein- oder mehrspaltig, Block- oder Flattersatz, links- oder rechtsbündig, unter dem Titel, über dem Titel usw. Bezüglich Einheitlichkeit gelten dieselben Kriterien wie beim Titel. Beim Lead sind eher Variationen möglich als beim Titel, weil er weniger ins Gewicht fällt. Die Möglichkeiten, mit dem Lead zu spielen, sind deshalb: Fontwechsel (innerhalb der benützten Schriften), Schrift und Zeilenabstand grösser halten.

Das Zitat ist eine Notlösung, wenn es darum geht, das Layout zu füllen. Zitate, auch Kernaussagen oder Quotes, sind Gliederungselemente, die es zu konzipieren gilt, die bei bestimmten Artikeln, z. B. bei allen Interviews, eingesetzt werden und sonst nicht. Ein Zitat ist nicht der Beliebigkeit unterworfen.

«Falsch» (besser unschön) ist, die Grundschriftgrösse variabel der Textmenge anzupassen, um die Seite aufzufüllen. Die Grundschriften bleiben konstant gleich gross, mit dem gleichen Zeilenabstand.

Alle Wörter in der gleichen Schrift, aber in unterschiedlicher Grösse. Schrift: Formata Medium.

In der gleichen Schrift, aber in unterschiedlicher Grösse und in verschiedenen Schnitten: Formata Light, Medium und Bold. Verschiedene Programme brachten die Effekte: Weichzeichnung in Photoshop, Kontur in Illustrator.

Visualisierung des Inhaltes mit Schrift ist die Ausnahme von der Regel. Leicht erhält man so eine visuelles «Typo-Bilderbuch». Man braucht dann nur noch Malstifte mitzuliefern…

Tips und Tricks

Kein Bild – was nun?

Mit Text allein kann man, wie vorhin beschrieben, eine Seite ganz gehörig aufpolieren. Text vermittelt jedoch nicht die Botschaft, die ein Bild zu vermitteln imstande ist. Umgekehrt gilt dies natürlich auch: «Das Bier ist nicht kalt!» kann mit einem Bild nicht visualisiert werden. Mit dem Bild sprechen wir den emotionalen Bereich im Menschen an, mit dem Text eher den rationalen.

Arbeiten mit Hintergründen

Wenig Text ist eine eigentliche Freude. Endlich hat man mal Platz, um zu klotzen. Wenn Bilder vorhanden sind, ist alles in bester Ordnung, sie können endlich grosszügig aufgemacht werden. Was aber, wenn keine Bilder vorhanden sind? Dann sucht man sich welche! Der Gang zur professionellen Bilddatenbank oder ins eigene digitale CD-Bildersortiment ist angesagt. Themen lassen sich vielgestaltig visualisieren: Mit blossen Hintergründen oder mit Bildern, die das Thema verdeutlichen.

Mit heutiger Technik ist es ein Leichtes, kreative Hintergründe selber zu produzieren. Wenn Text darüber liegt, ist der Hintergrund so zu gestalten, dass die Lesbarkeit nicht zu stark eingeschränkt wird.

Mit Hintergründen können wir vor allem Farbeindrücke vermitteln, wie sie uns aus der Farbpsychologie vertraut sind. Blau = kühl, Rot = heiss und begehrenswert, Grün = natürlich, Pastell = zärtlich usw. Mit solchen Hintergründen wird die Botschaft unterstrichen. Als Hintergrund eignen sich auch solche Bilder, die nicht unbedingt publizierenswert sind, von schlechter Qualität, mit grobem Korn, schlechter Schärfe usw.

Ab Seite 200 finden Sie mehr zum Thema «Bild»; über die Kosten von Foto-CDs und Bildern auf Seite 101 und 120.

Zum 20-jährigen Jubiläum von Apple titelte «Macintouch»: «Vom Epos 77 zum Opus 97». Das Thema wurde mit einem Bild ab Foto-CD illustriert. Das Bild als Metapher, nicht als Bebilderung der Story.

Arbeiten mit Fotos

Für Mediendesigner ist es fast unumgänglich, dass sie sich eine eigene Bilddatenbank auf CD anschaffen. Fotos bieten eben eine andere Gestaltungsdimension als es Grafik- und Layoutprogramme allein ermöglichen. Bilder ab CD können solche, die direkt mit der Story verbunden sind, nie ersetzen. Aber wenn keine Bilder vorhanden sind, können sie zu einem attraktiveren Layout verhelfen. Wenn an der Generalversammlung der Gastredner nicht abgelichtet wurde, kann man natürlich nicht irgendeinen Ersatzmann reinnehmen. Wenn es hingegen um das Festbankett geht, ist ein CD-Bild mit Buffet oder Dessert durchaus hilfreich.

Bilder oder Grafik entstehen erst, wenn dafür Platz vorhanden ist. Manchmal ist es gescheiter, aus einem unscharfen oder überbelichteten Bild aus Laienhand eine Grafik zu produzieren, als das Bild originalgetreu zu bringen. Schrift: Formata Bold Italic.

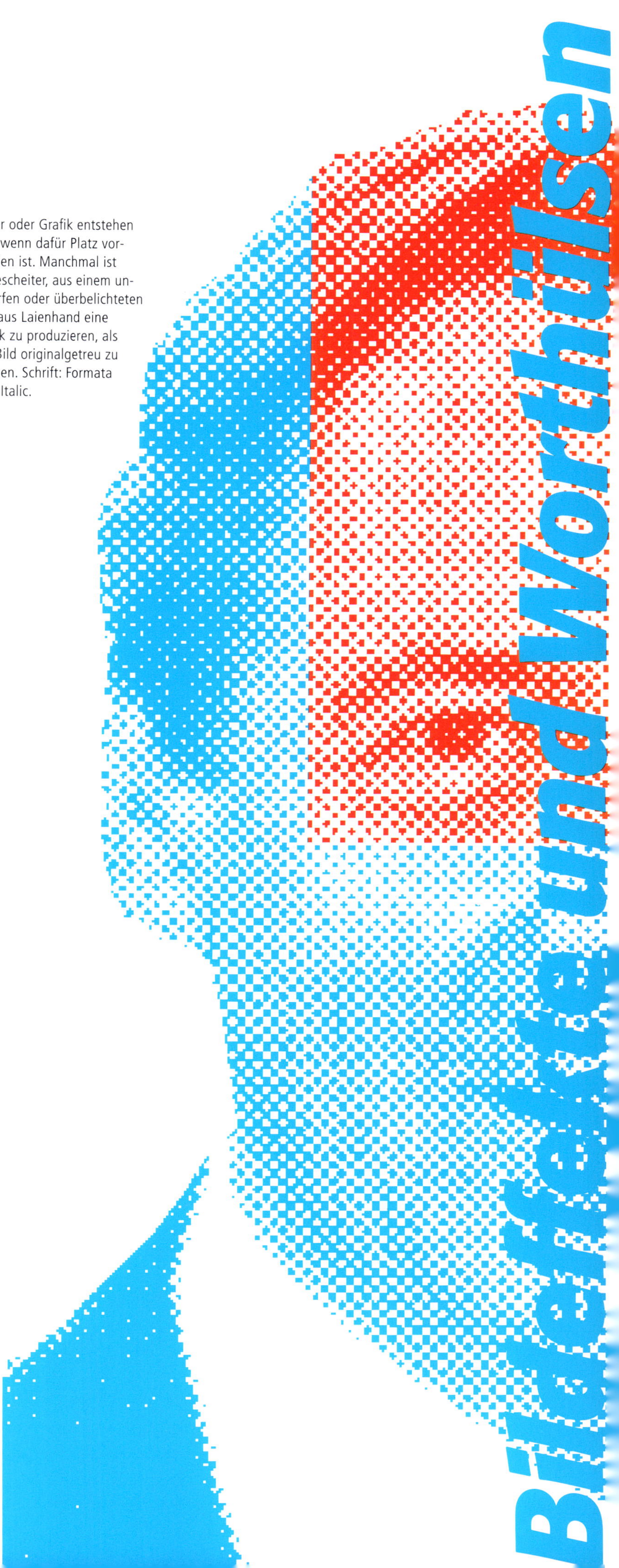

Tips und Tricks

Farbiger Text? – eher nicht!

Unterscheiden wir nach der Art des Textes: Lesetext ist grundsätzlich schwarz auf papierweiss am besten lesbar. Bei Titeln oder Einleitungstexten spielt die optimale Lesbarkeit eine weniger grosse Rolle. Und der dritte Faktor besagt, dass Farbe, flächig eingesetzt, am meisten wirkt.

Wir können daraus folgern, dass Grundtextschriften eher nicht eingefärbt werden sollten und bei Titeln nur ab etwa 16 Punkt Grösse, möglichst in fetter Ausführung. Wenn wir die Schrift farbig gestalten, reduzieren wir den notwendigen Kontrast, den wir vom natürlichen Lesen her gewohnt sind, erheblich.

Farbiger Text mit Buntfarben?

Nehmen wir an, dass eine Broschüre nicht mit Schwarz und einer Buntfarbe, sondern mit zwei Buntfarben gedruckt werden soll. In diesem Fall muss eine Textfarbe her und die dazu passende Buntfarbe. Braun/Orange wäre so eine Kombination oder Dunkelblau/Gelb. Dunkelblauer Text ist nun etwa gleich gut lesbar wie schwarzer, orangefarbener sicher nicht. Farbiger Text ist nicht verboten, aber die Farbe sollte genügend dunkel sein. Leuchtende Farben eignen sich ebenso wenig, dies gilt vor allem, wenn der Text negativ auf dunklem Grund steht.

Farbiger Text im Vierfarbendruck

In einer mit farbigen Bildern durchsetzten Broschüre stellt farbiger Text eine Konkurrenz zu den Bildern dar und wirkt sich nicht besonders günstig aus.

Im Vierfarbendruck kommt als farbiger Text nur Cyan oder Magenta in Frage. Wer den Grundtext aus mehreren Farben gestaltet, z.B. Rot, bestehend aus Yellow und Magenta, läuft Gefahr, dass beim Druck Passerprobleme auftreten. Gerade bei Schriften wirken sich diese fatal auf die Leserlichkeit aus. Cyan ist als Leseschrift zu hell und Magenta wirkt aufgerastert schnell schweinchenhaft rosa oder süsslich. Als Textschriften sind beide Farben nicht zu empfehlen. Gelb kommt sowieso nicht in Frage, es sei denn, auf dunklem Grund eingesetzt. Negative Schrift auf dunklem Grund kann ohne Passerprobleme farbig gedruckt werden, negativ ist jedoch grundsätzlich schlechter lesbar als positiv.

Die drucktechnischen Passerprobleme sind auf Seite 210 und 241 erläutert.

Mit Farbe auszeichnen?

Text mit der Buntfarbe auszuzeichnen sehe ich als papageienartige Verunstaltung des Inhaltes. Man kann auch Farbe bekennen, ohne deswegen bunt zu sein. Vorstellbar wäre z.B. in einem Interview die Fragen bunt zu gestalten und die Antworten schwarz. Das Gleiche gilt für Linien in Kombination mit Untertiteln. Bitte nicht, es wird kaum gut aussehen!

Nochmals: Setzen wir die Farbe so ein, wie sie am meisten wirkt, in Bildern und in Flächen wie Hintergründe oder Kästchen. Und auch dort mit Bedacht. Alle möglichen farbigen Verläufe sind gestalterischer Nonsens.

Die Auszeichnung von Textstellen mittels Farbe gehört ins Zeitalter der Schreibmaschine! Dort war der virtuose Umgang mit mehreren Farbbändern für die Sekretärin selbstverständliches Gestaltungsmittel. Auch wenn im Internet nun alle Links wieder blau erscheinen, vergessen Sie es für Publikationen. Der Text erscheint zu unrhythmisch.

Untertitel auszeichnen?

Untertitel sind kraft ihrer Stellung und ihrer Schrift oft genug gekennzeichnet. Sie benötigen weder Farbe noch farbige Linien, denn Farbe kann schnell verleiden.

So bitte nicht. Die Farbe gehört dem Bild und der Fläche, nicht dem Text. Grundtext: Century Old Style, Untertitel: Concorde Nova Medium.

Die Auszeichnung von Textstellen mittels Farbe gehört ins Zeitalter der *Schreibmaschine!* Dort war der virtuose Umgang mit mehreren Farbbändern für die Sekretärin selbstverständliches Gestaltungsmittel. Auch wenn im Internet nun alle Links wieder *blau* erscheinen, vergessen Sie es für Publikationen. Der Text erscheint zu unrhythmisch.

Untertitel auszeichnen?

Untertitel sind kraft ihrer Stellung und ihrer Schrift oft genug gekennzeichnet. Sie benötigen weder Farbe noch farbige Linien, denn Farbe kann schnell verleiden.

So siehts doch gleich besser aus!

Im Vierfarbendruck kommt als farbiger Text nur Cyan oder Magenta in Frage. Wer den Grundtext aus mehreren Farben gestaltet, z. B. Rot, bestehend aus Yellow und Magenta, läuft Gefahr, dass beim Druck Passerproleme auftreten. Gerade bei Schriften wirken sich diese fatal auf die Lesbarkeit aus. Cyan ist als Leseschrift zu hell und Magenta wirkt schnell schweinchenhaft rosa oder süsslich. Als Textschriften sind beide Farben nicht zu empfehlen. Gelb kommt sowieso nicht in Frage, es sei denn, auf dunklem Grund eingesetzt. Negative Schrift auf dunklem Grund kann ohne Passerprobleme farbig gedruckt werden, negativ ist jedoch grundsätzlich schlechter lesbar als positiv.

Bei negativer Gestaltung neigt die Schrift zur Überstrahlung. Die Leuchtkraft der Abstriche verdrängt die Innenräume.

Im Vierfarbendruck kommt als farbiger Text nur Cyan oder Magenta in Frage. Wer den Grundtext aus mehreren Farben gestaltet, z. B. Rot, bestehend aus Yellow und Magenta, läuft Gefahr, dass beim Druck Passerproleme auftreten. Gerade bei Schriften wirken sich diese fatal auf die Lesbarkeit aus. Cyan ist als Leseschrift zu hell und Magenta wirkt schnell schweinchenhaft rosa oder süsslich. Als Textschriften sind beide Farben nicht zu empfehlen. Gelb kommt sowieso nicht in Frage, es sei denn, auf dunklem Grund eingesetzt. Negative Schrift auf dunklem Grund kann ohne Passerprobleme farbig gedruckt werden, negativ ist jedoch grundsätzlich schlechter lesbar als positiv.

Oft gesehen: schwarze Schrift auf blauem Grund (Himmel). Düstere Wirkung, Weiss auf Blau sieht freundlicher aus.

Tips und Tricks

Darf der Text ins Bild?

Einmal von den drucktechnischen Gegebenheiten abgesehen, gibt es den Grundsatz, Text zu Text und Bild zu Bild. Eine zu starke Durchmischung beider Elemente wirkt unruhig. Bilder sind als wertvolles Gut zu betrachten, deren Wirkung nicht gedankenlos mit Text gestört werden darf. Zudem gilt das Figur-Grund-Gesetz: Jeder Vordergrund nimmt etwas vom Hintergrund.

Bei wirklich guten und aussagekräftigen Bildern habe ich Hemmungen, Text reinzupflastern. Aber sind denn alle Bilder immer so sensationell? In der Tat sind viele Fotos Allerweltsbilder, die jedoch immer noch taugen, dem Layout zu Beachtung zu verhelfen. Man verlange von seinen Bilderlieferanten nicht das beste Foto der Serie, sondern den ganzen Film. Die Auswahl trifft dann der Gestalter. Oft sind es gerade die reizvollen Bild-Text-Kombinationen, die das Aussergewöhnliche des Layouts ausmachen. Bild und Text in vollkommener Harmonie oder in borstigem Widerstreit – so soll es sein.

Anforderungen an das Bild für eine Bild-Text-Kombination

Nummer eins ist der Kontrastunterschied. Unruhe im Bild und ständige Hell-Dunkel-Wechsel sind absolutes Gift für die Leserlichkeit. Typisches Motiv: Kieselsteine, Mauerwerk oder Holzscheite. Solchen Motiven kann durch eine Kontrastreduktion abgeholfen werden. Aufhellen des Motives, wenn positiver Text drauf soll, abdunkeln, wenn der Text negativ positioniert wird. Innerhalb der Zeile negativ und positiv zu wechseln halte ich für schlecht lesbar.

Anforderung Nummer zwei geht an die Bildinformation. Mit dem Text sollen wichtige Elemente des Bildes nicht überdeckt werden.

Das grosse Bild zeigt, wie Text und Bild sich wunderbar ergänzen können. Die kleineren Beispiele verdeutlichen die Problematik. Schrift: Futura.

Der Hintergrund darf keine bildwichtigen Informationen aufweisen, die der Text optisch verdecken würde. Am besten eignen sich unscharfe Impressionen.

Der Hintergrund darf keine bildwichtigen Informationen aufweisen, die der Text optisch verdecken würde. Am besten eignen sich unscharfe Impressionen.

Müssen Bilder viereckig sein?

Die Antwort heisst selbstverständlich jein. Nein, weil das Bild grundsätzlich nicht rechteckig ist. Wir machen aus dem, was wir sehen, nur immer ein Rechteck: Fotos, Filme, Fernsehen und auch Printprodukte benützen diese Form. Glücklicherweise gibt es Feldstecher, Fernrohre, Mikroskope und Bullaugen! Das Rechteck entstand aus der Not der Technik, und es wird höchste Zeit, aus dieser Zelle auszubrechen. Ja ist die Antwort, weil auch die Schrift einer strengen Linie folgt: von links nach rechts und von oben nach unten. Die Formvielfalt versteckt sich unmerklich in der Schönheit der Buchstaben. So auch beim Bild: Die Form soll nicht vom Inhalt ablenken. In der Masse wirken ausgeklügelte Bildformen nicht, Einzelstücke sind eine Augenweide.

Neben der Rahmenform kann selbstverständlich auch der Inhalt verändert werden: über Farbverfremdungen, Kontrastveränderung, Weichzeichnung bis hin zu komplexen Maltechniken. Dabei sollten wir nicht vergessen, dass die Form dem Inhalt dienen soll und nicht umgekehrt.

Solche künstlerischen Freiheiten kann man sich in den Medien kaum erlauben, sie sind zum Teil zu aufwendig, zudem drängt die Zeit. Immerhin gut zu wissen, dass es Möglichkeiten gibt, aus dem Bild mehr herauszuholen – allein mit der Bildrahmengestaltung.

Covergestaltung

Der Titel – die Verpackung

Das Gesicht jedes Magazins steht und fällt mit der Covergestaltung. Das Aushängeschild will besonders behandelt werden – schliesslich «verkauft» das Titelbild in der Auslage. Bei abonnierten Zeitschriften oder solchen für eine geschlossene Leserschaft wie Mitarbeiter- und Vereinsblätter hat die Covergestaltung keine auflagensteigernde Wirkung. Sie ist dennoch als Aushängeschild zu betrachten, «öffentlich», stets sichtbar, während der Inhalt mehr verborgen bleibt.

Ein treffender Magazinname gesucht? Auf Seite 155 finden Sie viele Vorschläge.

Der Name sorgt als Marke mit seinem gleich bleibenden Auftritt für die Wiedererkennbarkeit. Der Inhalt wechselt, die Gestaltung bleibt. Was bereits im Kapitel «Zeitungen» auf den Seiten 198 bis 237 gesagt wurde, gilt besonders für das Titelbild. Die Bildwirkung soll insgesamt positiv sein, mit einem starken Bild. 08/15-Bilder gehören nicht in die erste Reihe.

Mit «Titel» ist im Folgenden der Name des Produktes gemeint, mit «Cover» die ganze Titelseite.

Namensgebung

Bleiben Sie kurz. Ein langer Titel ist schwer zu lesen und erst noch schwer unterzubringen. «Dr. Thomas von Wittgensteins Personalmitteilungen» eignen sich weniger als Titel. Kombinationen von einem übergrossen Firmenlogo und einem Titel sind als optische Konkurrenten zu betrachten und meistens nicht einfach zusammenzubringen. Der Name des Produktes scheint mir wichtiger als das Logo.

Form des Titels

Als eines der wenigen Elemente einer Zeitschrift kann der Titel von der übrigen Typografie losgelöst gestaltet werden. Farbe, Schrift (sogar Versalien oder Kapitälchen) und Effekte dürfen wirklich frei gestaltet werden. Es stellt sich nur ein technisches Problem in den Weg: Der Schriftzug muss problemlos ins Cover integriert werden können. Eine Vektorgrafik kann auf ein Bild im Layoutprogramm gelegt werden, bei einer Pixelgrafik geht dies schon nicht mehr so einfach. Da der Schriftzug Markencharakter aufweist und als Logo gebraucht wird, ist eine Vektorgrafik zu empfehlen (diejenige mit den Bézierkurven, nicht jene aus pixelorientierten Programmen).

Der Titel soll später auf jedem beliebigen Hintergrund gelesen werden können, deshalb weist er oft einen Schatten auf oder liegt auf einer Farbfläche.

Titelstellung

In der Regel steht der Titel oben, eventuell seitlich hochgestellt, von unten nach oben lesbar. Die Grösse ist Geschmackssache, je nach Wirkung und Form: plakativ gross, eher distanziert klein, geschwungen dynamisch usw. Neigen Sie eher dazu, den Titel kleiner zu halten; über die ganze Seite gespannt, wirkt er schnell klotzig.

Text auf dem Cover

Die Aufmacher (auch Anreisser) gehören zumindest bei allen Publikationen im Verkauf auf das Cover. Nicht nur das Titelbild allein, sondern auch die Anreisser stellen eine erste Verführung dar. Bei Newslettern mit wenig Umfang wird auf das Titelbild verzichtet und gleich mit dem Text begonnen. Das Editorial steht (wenn überhaupt) neben dem einleitenden Hauptartikel.

Bei Kaufzeitschriften spielen die Anreissertexte eine ebenso wichtige Rolle wie das Bild.

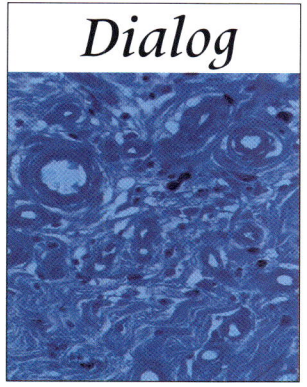
Wenn der Titel auf weissem Grund steht, kann er auch als Pixeldatei aufbereitet und gespeichert werden.

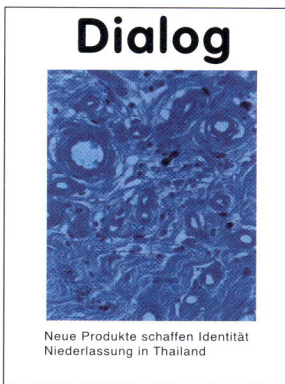
Bildrahmenartige Aufmachung mit Aufmachertexten unten.

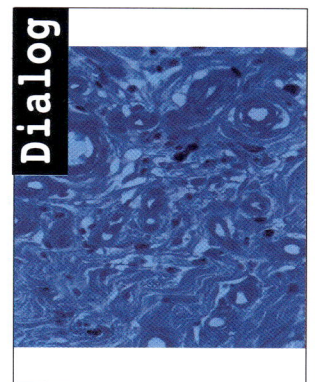
Hochgestellte Titel wirken dynamischer und lassen anderweitig Platz für Logos und Zusatzbezeichnungen.

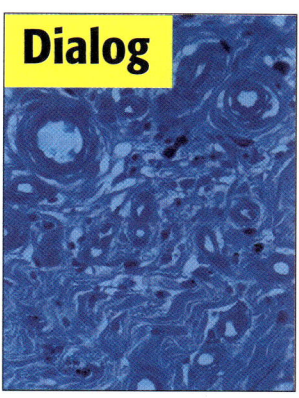
Die meisten Massenblätter benützen eine Box für die Titelplatzierung.

Mit Kontur oder Schatten bleibt der Titel auf hellem und dunklem Grund lesbar.

Der Schatten kann die Erkennbarkeit empfindlich stören. Anreisser verdecken das Bild, bildwichtige Zonen sollen davon nicht tangiert werden.

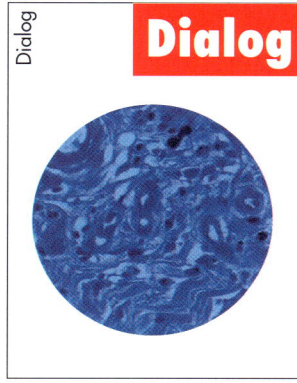
Die Titelwiederholung links am Rand ermöglicht dem Kioskkäufer schnelleres Finden.

Bei Newslettern darf bereits auf der ersten Seite mit dem Text begonnen werden.

Bei kleineren Newslettern beginnt der Text schon auf dem Cover.

Covers mit Schwergewicht auf der Bildaussage müssen sich nicht am Kiosk verkaufen.

Ein marktschreierisches Cover mit zusätzlichem Kaufanreiz, der aufgeklebten CD.

Das Schwergewicht liegt auf dem Bild, die Texte weisen auf den Inhalt: Das abonnierte Fachmagazin.

Reprotechnik

Digitalisierung von Bildern

Um ein Bild möglichst gut zu reproduzieren, bedarf es einiges an Expertenwissen. Die Bildverarbeitung an sich ist wesentlich komplizierter zu verstehen als gestalterische Tätigkeiten, weil reprotechnisches Wissen verlangt wird. Immerhin ist die Bildverarbeitung dank intelligenter Software und leicht verständlich gehaltener Literatur um einiges leichter und auch für Laien zugänglich geworden.

Ich möchte mich deshalb auf einen Aspekt beschränken, der das Verständnis bei Ungeübten wecken soll: die Digitalisierung eines Bildes. Die Frage ist, was beim Scannen passiert, was auf dem Bildschirm erscheint und was beim Belichten «hinten» rauskommt. Die Frage ist deshalb wichtig, weil heute Bilder oft in digitaler Form angeliefert werden und die wenigsten Redakteure eine Ahnung haben, was man damit anstellen kann. Dem Datenträger sieht man nicht an, wie das Bild beschaffen ist, ob farbig, schwarzweiss, gross oder klein.

ppi (pixel per inch)

Alle Bilder werden früher oder später für die Produktion digitalisiert. Ein Verb dafür ist scannen. Es gibt digitale Kameras, welche die Aufnahme direkt scannen (Digitalfotografie), im zweiten Fall wird das Bild (Negativ, Positivdia, Vorlage) von einem Scanner abgetastet und in digitale Signale umgewandelt.

Die Darstellungseinheit für die Digitalisierung heisst bit, 8 bit bilden die nächsthöhere Einheit, 1 byte. Ein bit ist gleichbedeutend mit dem Zustand 0/1 oder ein/aus oder eben schwarz/weiss. Bit steht für die Datentiefe und sagt aus, wie viele Graustufen oder Farben dargestellt werden können. Wenn das Bild nur Schwarz oder Weiss beinhaltet, z.B. eine Unterschrift, dann ist eine Datentiefe mit zwei Helligkeitsstufen gegeben: Schwarz und Weiss. Für schwarzweisse Reproduktionen gelten 256 Graustufen als Standard, was 8 bit (binär ausgedrückt = 2^8) Datentiefe entspricht. Wir können damit auf dem Bildschirm 256 Helligkeitswerte darstellen: 0 entspricht der Helligkeit Schwarz und 255 entspricht Weiss.

Die zweite Einheit steht für die Flächenausdehnung der kleinsten Informationseinheit, die gescannt wird. Man hat hierfür das Kunstwort Pixel kreiert, ein Akronym aus *picture* und *element,* was nichts anderes bedeutet als der kleinste digitalisierte Bildpunkt. Je feiner der Scanner die Vorlage optisch abtastet, desto feiner werden auch die aufgezeichneten Pixel. Pixel ist keine Masseinheit in einer fixen Grössenordnung wie Meter, Pixel sind abhängig vom entsprechenden Medium. Auf dem Bildschirm kennen wir die Auflösung von 72 dpi (dots per inch), manche Bildschirme lösen sogar mit 100 dpi auf. Das heisst nun nichts anderes, als dass der Monitor pro inch 72 oder 100 Punkte abbilden kann. Mit dots sind Bildschirmpunkte oder Pixel gemeint. Im Bereich der Dateneingabe sollten wir jedoch nicht von dpi, sondern von ppi sprechen: pixel per inch.

In der Praxis werden die Begriffe dpi, ppi und lpi oft unpräzise formuliert. Alles was auf der Eingabeseite passiert (Scanner, Monitor), wird mit ppi gemessen, auf der Ausgabeseite (Drucker, Belichtung) spricht man von dpi und lpi. Eine Scannerauflösung von 2400 dpi meint demzufolge 2400 ppi.

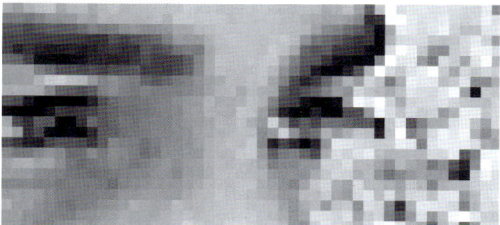
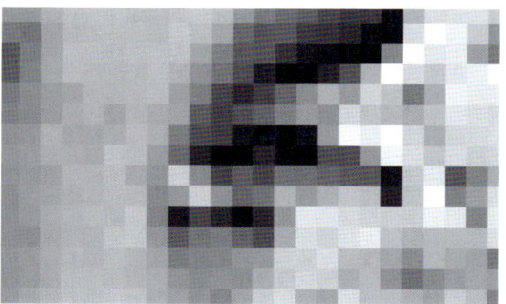
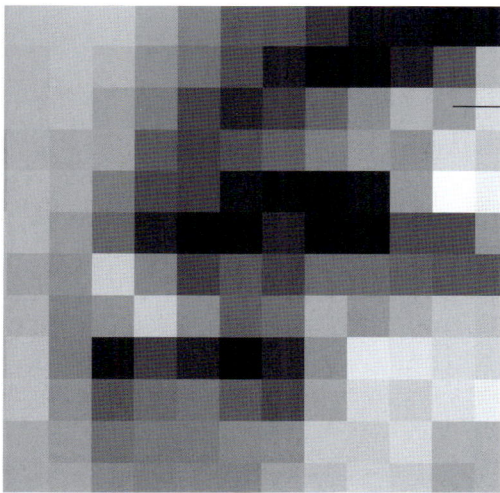

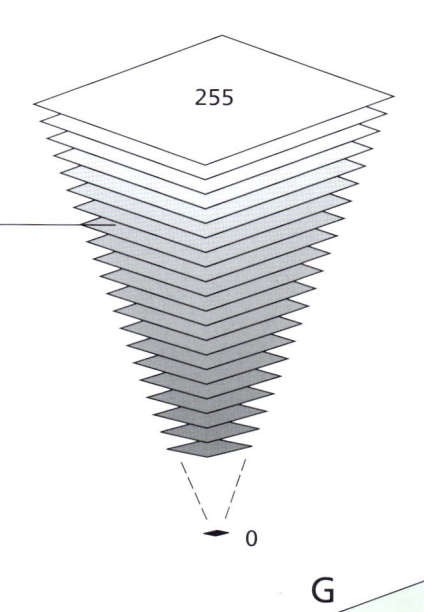

Jeder Bildpunkt (Pixel) wird in einer von 256 Graustufen dargestellt. Das entspricht einem 8-bit-Modus. Digital ausgedrückt können 2^8 Informationszustände gespeichert werden. 0 bedeutet Schwarz, 255 Weiss.

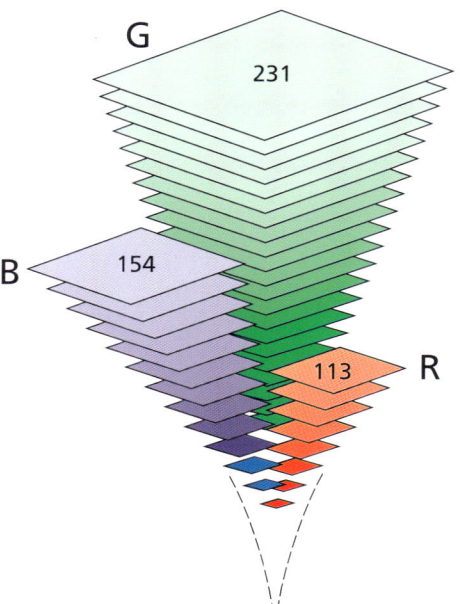

Bei farbigen Bildern verhält es sich genau gleich. Die Farbinformationen entstehen jedoch über die drei Grundfarben Rot, Grün und Blau, die auch wieder je 256 Abstufungen zulassen. Mit der gleichen 8-bit-Datentiefe können jetzt 256 × 256 × 256 Farbabstufungen adressiert werden. Die Möglichkeit, 16,7 Millionen Farbtöne abzubilden, ist theoretischer Natur. Im Druck können weit weniger Farben wiedergegeben werden.

Die Vergrösserung verdeutlicht die Pixel, die kleinsten darstellbaren Bildinformationen. Pro Bildpixel sind 256 Helligkeitsabstufungen möglich.

Die gleiche Vergrösserung des farbigen Ausschnittes, zeigt, dass viel mehr Informationen dargestellt werden müssen: Farbton, Helligkeit, Sättigung.

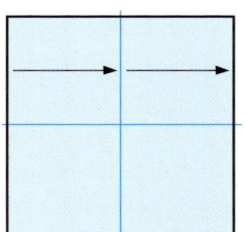 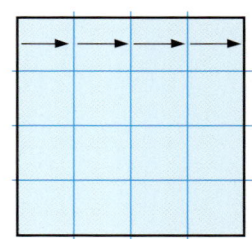 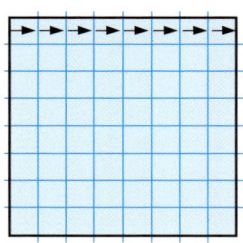

Die Auflösung 2 (ppi) bedeutet, dass insgesamt vier Informationseinheiten pro Flächeneinheit gescannt werden.

Bei der doppelten Auflösung 4 (ppi) heisst dies, dass nicht doppelt so viele Informationseinheiten entstehen, sondern 4 im Quadrat, also 16.

Hier wird viermal feiner aufgelöst als ganz links. Der Platz- und Speicherbedarf des Bildes steigt auf 64 Bildinformationen.

Die richtige Auflösung

Wie auf Seite 295 dargestellt, ist jedes digitale Bild aufgelöst in pixelgrosse Quadrate in einer bestimmten Datentiefe. Je feiner die gescannte Auflösung ist, desto mehr Pixelinformationen beinhaltet das Bild. Da ein Bild zweidimensional gescannt wird, nimmt die Datenmenge im Quadrat zur Auflösung zu: Ein mit 200 ppi gescanntes Bild ist z. B. 4 Megabyte gross. Mit doppelter Auflösung gescannt, wird es nicht 8 Megabyte, sondern 16 Megabyte umfassen. Je mehr Megabytes ein Bild umfasst, desto feiner wurde es gescannt.

Es besteht nun ein Zusammenhang zwischen der Auflösung des Bildes und der Wiedergabe. Wir können jedes digitale Bild so vergrössern, dass die einzelnen Pixel sichtbar werden. Genau dies sollte nicht geschehen! Wenn wir eine grobe Auflösung «fahren», kommt dieser Verpixelungseffekt schneller zum Vorschein – mit einer hohen Auflösung kann das Bild mehr vergrössert werden, ohne dass Verpixelungen auftreten.

lpi (lines per inch)

Wie kommen die Pixel nun aufs Papier? Sie müssen in Rasterpunkte umgerechnet werden, was von einer speziellen Software vorgenommen wird. Man spricht auch vom RIP (Raster Image Processor) oder, als Verb, vom Ripen. Um einen einzelnen Rasterpunkt zu bilden, benötigt der RIP idealerweise vier Pixel. Bei einem Graustufenbild wird der Durchschnitt aus den Grauwerten dieser vier Pixel als Flächendeckung in Prozent umgerechnet. In der Abbildung auf Seite 297 oben sind vier Pixel hervorgehoben und darin für jeden Pixel die Graustufen von (0 bis 255) bezeichnet. Der Durchschnitt aus den Stufen 209, 176, 230 und 189 ergibt einen mittleren Wert von 201. Wenn 255 Weiss (0%) und 0 Schwarz (100%) bedeutet, ergibt sich mit einem Dreisatz der Flächenanteil von 21%, es entsteht ein Rasterpunkt von 21% Flächendeckung. Der RIP belichtet nach bestimmten Kriterien diese 21% zu einem Rasterpunkt, den wir in Druckerzeugnissen mit der Lupe gut erkennen können. Diese Transformation ist notwendig, weil im Druck keine Halbtöne oder Graustufen gedruckt werden können, nur Schwarz (oder Farbe). Die Tonwerte werden durch unterschiedlich grosse Rasterpunkte simuliert, die so klein sind, dass sie mit normalem Leseabstand nicht mehr wahrgenommen werden. Ein wichtiger Begriff im Zusammenhang mit der Auflösung heisst Rasterweite. Damit wird die Anzahl Rasterpunkte pro cm bezeichnet. Eine übliche Rasterweite beim Vierfarbendruck in Magazinen ist der 60er Raster, was 60 Punkte pro cm bedeutet. Eine Zeitung fährt mit gröberem Geschütz: 34er, 40er oder 48er Raster sind üblich. Die Rasterweite wird vom Anwender vorgegeben, im RIP errechnet und kann «beliebig» verändert werden. In Publishing-Systemen wird im Ausgabedialog mit dem Begriff «lpi» operiert (lines per inch). Mit lpi ist die Rasterweite gemeint, die wir Europäer einfach noch in cm umrechnen müssen. Ein Inch beträgt 2,54 cm. Ein 60er Raster ist gleichbedeutend mit 152 lpi.

Rasterwerte

Einstellung	Rasterweite	Typische Einsatzgebiete
51 lpi	20er Raster	Flexo-, Stempel-, Siebdruck
71 lpi	28er Raster	Zeitungs- und Siebdruck
86 lpi	34er Raster	Zeitungsdruck
102 lpi	40er Raster	Zeitungsdruck
122 lpi	48er Raster	Schnelldruck, Direktoffset
137 lpi	54er Raster	Offset s/w, Magazine
152 lpi	60er Raster	Offset s/w, vierfarbig
203 lpi	80er Raster	Offset, Hochqualität

54er
34er
15er

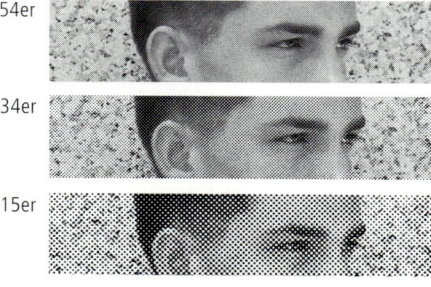 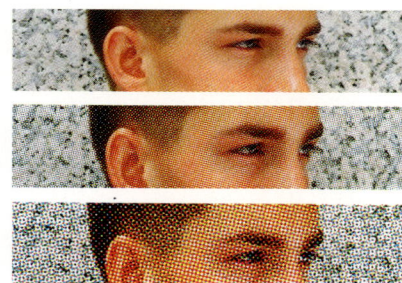

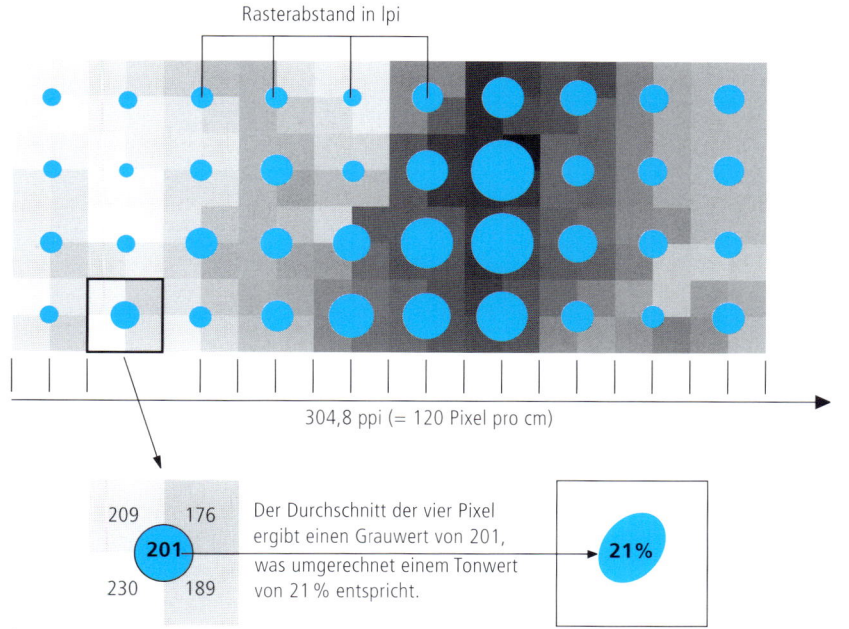

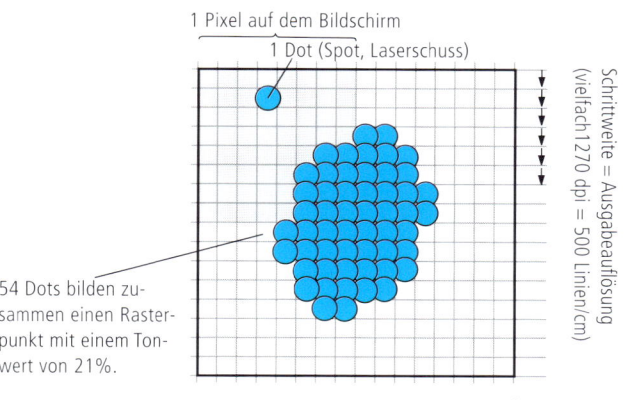

54 Dots bilden zusammen einen Rasterpunkt mit einem Tonwert von 21%.

1 Rasterzelle (Matrix) 16 × 16 Dots = 256 Graustufen

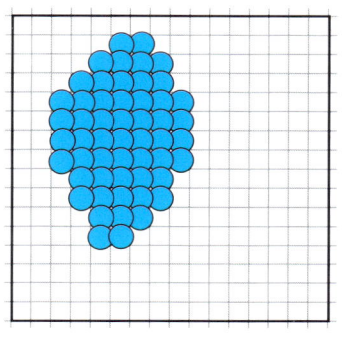

Je nach Rasterwinkelung und Rasterpunktform wird die Form und die Lage in der Matrix verändert.

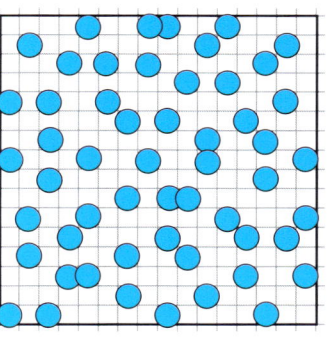

Bei der frequenzmodulierten Rasterung (stochastischer Raster) werden die 54 Lasershots fein und zufällig verteilt. Die Flächendeckung bleibt 21%.

dpi (dots per inch)

Um einen einzelnen Rasterpunkt zu bilden, bedarf es einer gewissen Anzahl Lasershots. Ein solcher Punkt wird in einer Belichtungsmatrix aufgebaut. Je nach Auflösungsfeinheit kann diese z. B. 14×14 Pixel (196 theoretische Graustufen) oder 16×16 Pixel (256 Graustufen) umfassen. Im Schwarzweissbereich haben sich Werte von 1270 dpi Auflösungsfeinheit, im Farbbereich das Doppelte, als üblich etabliert. Das sind 500 oder 1000 Aufzeichnungsschritte pro cm – so fein, dass das menschliche Auge die entstehenden Treppenstufen nicht mehr wahrnehmen kann. Die Belichtung von einem dot bedeutet die Schwärzung eines einzelnen Pünktchens. 256 Schüsse ergibt eine volle Schwärzung (100%) der Matrix. Ein Rasterpunkt von 21% bedeutet, dass 54 Laserschüsse einen solchen Punkt aufbauen. Die Punktfom, die Rasterwinkelung und die Lage in der Matrix wird durch den RIP mit speziellen Algorithmen berechnet – eine gigantische Rechenarbeit, wenn man bedenkt, dass in einem A5-Bild schwarzweiss, in einem 60er Raster gedruckt, 1,1 Mio. Rasterpunkte stehen. Im vierfarbigen A4-Bild müssen gar 9 Mio. Rasterpunkte exakt berechnet, positioniert und belichtet werden. Diese 9 Mio. Rasterpunkte sind nicht zu verwechseln mit den kleineren Laserschüssen. Für jeden Rasterpunkt bestehen bis 256 Möglichkeiten der Schwärzung. Die Rechenleistung steigt nochmals ins Gigantische: Das erwähnte A4-Bild wird aus 9 Mio. ×256 Laserschüssen aufgebaut, benötigt also 2,3 Milliarden Steuerbefehle. Das ist der Grund, weshalb die Ausgabe von Farbbildern auf allen Geräten, seien es Farblaserdrucker oder Laserbelichter, so lange dauert.

Der Zusammenhang zwischen der Belichtung in dpi, der Rasterweite in lpi und der im Druck möglichen Graustufen ist hier für das bessere Verständnis sehr vereinfacht dargestellt. In Wirklichkeit sind im Druck weit weniger als 256 Graustufen darstellbar, im Zeitungsdruck sogar nur gerade um die 80.

Auflösungen berechnen

Für die Scanauflösung gibt es verschiedene Faustregeln und exakte Berechnungsmethoden, die alle den Nachteil haben, dass man sie leicht wieder vergisst. Aus der Praxis merke ich mir die Regel: «Es braucht vier Pixel, um einen Rasterpunkt zu bilden.» Da die Rasterweite eindimensional angegeben wird, merken wir uns in der Abtastrichtung zwei Pixel pro Rasterpunkt.

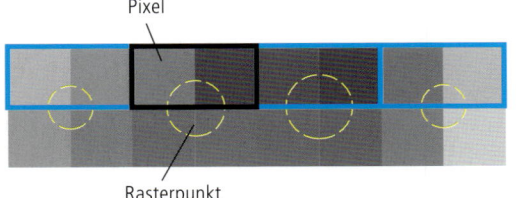

Horizontal gesehen wird ein Rasterpunkt aus zwei Pixeln errechnet.

Um einen 60er Raster auszudrucken, bedarf es 120 Pixel pro cm. Umgerechnet in Inch (× 2,54) macht dies 304,8 ppi, abgerundet 300 ppi. Wer demnach eine beliebige Vorlage mit 300 ppi scannt, kann davon im Massstab 1 : 1 einen 60er Raster ausgeben. Der Vergrösserungsfaktor kommt jetzt noch dazu: Wer besagten Scan 300% vergrössert abbilden möchte, muss die Scanauflösung ebenfalls um 300% erhöhen. Statt 300 ppi bedeutet dies dann 900 ppi.

Ein Beispiel: Aus einem Kleinbilddia 36×24 mm soll ein Bild in Postkartengrösse A6 (148 × 105 mm) entstehen. Es soll in der Zeitung mit einem 34er Raster gedruckt werden. Lösung: Der 34er Raster verlangt eine doppelt so feine Scanauflösung, 68 Pixel pro cm. Umgerechnet (×2,54) macht dies 173 ppi Scanauflösung. Das Bild wird rund 4,5 Mal oder um 450% vergrössert: 173×4,5 = rund 780 ppi Scanauflösung.

Die Scanauflösung setzt dem Vergrösserungsmassstab Grenzen. Eine Verpixelung der Bildqualität tritt aber nicht bei allen Sujets gleich auf. Monotone, ruhige Bildteile (blauer Himmel) sind davon weniger betroffen als Muster oder Linien (Fahrradspeichen). Erstaunlicherweise können digitalisierte Bilder im Layoutprogramm sehr stark skaliert werden. Ein nach der Regel «Zwei Pixel pro Rasterpunkt» gescannte Vorlage kann in Magazinen bis 200% skaliert werden, ohne dass die Leser etwas bemerken.

Digitale Bildqualität ist dehnbar

Ich habe erwähnt, dass vier Pixel für einen Rasterpunkt das Optimum darstellen. Das Optimum an Bildqualität geht jedoch zulasten der Datenmenge, die das Dokument langsam und schwerfällig macht. Gerade im Magazin- oder Zeitungsdesign mit grossen Datenmengen und vielen Bildern ohne absoluten High-end-Qualitätsanspruch muss ausgelotet werden, wie viel Abstrich an Bildqualität zugunsten einer schlankeren Datei gemacht werden kann, ohne dass die Leser etwas davon merken.

Es ist nun interessant zu wissen, was denn passiert, wenn das Bild eine kleinere Auflösung aufweist als theoretisch errechnet wurde. Ab welcher Auflösung wird es dann verpixelt gedruckt? Die Praxis zeigt, dass ziemlich viel drinliegt, dass die RIPs auch schöne Bilder schreiben, wenn statt der zwei Pixel pro Rasterpunkt nur noch 1,8 Pixel oder 1,5 Pixel zur Verfügung stehen. Im Notfall geht sogar mal der Faktor 1. Dann wird aus einem Pixel ein Rasterpunkt gebildet. Statt der geforderten 300 ppi ist nur noch mit 150 ppi zu scannen, um ein Bild im Massstab 1 : 1 in einem 60er Raster abzubilden.

Ich spreche hier nur über die technische Reproqualität bezüglich Auflösung. Damit ist es jedoch noch lange nicht getan: Bilder können fast nie originalgetreu übernommen werden. Das Bild muss an die drucktechnischen Gegebenheiten angepasst werden. Dazu gehören weitere Manipulationen wie Kontrastreduktion, Reduktion der Farbtöne, Druckzunahme, Anpassung an das Papier (gestrichen, glänzend oder Naturpapier) und andere mehr, auf die hier nicht eingegangen werden soll.

Mehr dazu auf Seite 206 ff.

Bild mit 300 ppi gescannt. Bei diesem Bild wird ein Rasterpunkt aus vier bzw. zwei Pixel gebildet.

Bild mit 300 ppi gescannt, nachträglich um 200% vergrössert. Der Rasterpunkt wird nur noch aus einem Pixel gebildet.

Bild mit 300 ppi gescannt, nachträglich um 300% vergrössert. ⅔ Pixel dienen als Berechnung für einen Rasterpunkt.

Bild mit 300 ppi gescannt, nachträglich um 400% vergrössert. Jetzt steht nur noch ein halber Pixel für die Berechnung eines Punktes zur Verfügung. Das direkt darunter liegende Bild weist dieselbe Qualität auf.

Bild mit 150 ppi gescannt. Das ergibt nach unserer Rechnung 60 Pixel/cm (1 Pixel pro Rasterpunkt, 60er Raster). Das Ergebnis ist immer noch erstaunlich gut.

Bild mit 150 ppi gescannt, nachträglich um 200% vergrössert. Das Ergebnis ist in der Qualität vergleichbar mit dem Bild links unten.

Bild mit 75 ppi gescannt. Nach unserer Rechnung 30 Pixel/cm (0,5 Pixel pro Rasterpunkt, 60er Raster).

Bild mit 75 ppi gescannt, nachträglich um 200% vergrössert. Der Verpixelungseffekt ist störend sichtbar. Rechnerisch haben wir nur noch die Hälfte von 30 Pixel/cm. Aus 0,25 Pixel wird ein Rasterpunkt gebildet.

Digitale Bilder

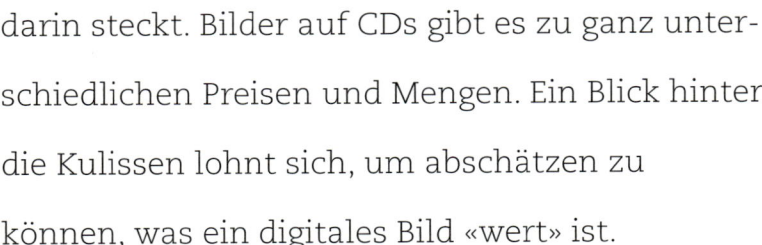

Was bringen Photo-CDs?

Gelieferte Datenformate können nun ganz unterschiedlicher Natur sein und rein äusserlich sieht mans den Dingern nicht an, was darin steckt. Bilder auf CDs gibt es zu ganz unterschiedlichen Preisen und Mengen. Ein Blick hinter die Kulissen lohnt sich, um abschätzen zu können, was ein digitales Bild «wert» ist.

Fotos können ab Kleinbildformat, Diapositiv oder Farbnegativ, im Fotofachhandel auf Kodak Photo-CD geschrieben werden. Auf einer Kodak Photo-CD sind die untenstehenden fünf Datengrössen gespeichert.

Die Kodak-Photo-CD-Technologie

Kodak hat 1993 ein Verfahren auf den Markt gebracht, welches Heimanwendern erlauben sollte, Fotos statt im Album auf dem Bildschirm zu betrachten. Mit dieser Technologie können im Prinzip alle Kleinbilddias 24×36 mm im Fotofachgeschäft auf eine CD-ROM «gebrannt» werden, egal, ob es sich dabei um Farbnegative oder Dias handelt.

Mit der Kodak-Photo-CD-Technologie werden die Originale gescannt und in fünf verschiedenen Auflösungen auf die CD-ROM gespeichert. Die Kosten pro Bild bewegen sich um einen Franken (Strassenpreis). Die höchste der fünf Auflösungen bringt ein Bild von immerhin 18,4 MB Grösse im Farbmodell RGB, was in der Praxis ein Format von 21×20 cm in einem 60er Raster ermöglicht. Die Bilder sind im drucktechnischen Sinn nicht

Auflösungen der Kodak Photo-CD

Vorlage	Kleinbildformat 24×36 mm, Dias oder Farbnegative					Fotoformate bis 4 × 5 inch
Name	Base /16 Indexprint	Base/4 Kontakt	Base CRT/TV	Base*4 HDTV	Base *16 Fotoqualität	Base *64 Profiqualität
Bildpunkte ppi vertikal x horizontal	192 × 128	384 × 256	768 × 512	1536 × 1024	3072 × 2048	6144 × 4096
Dateigrösse (RGB)	72 KB	288 KB	1,2 MB	4,6 MB	18,4 MB	72 MB
60er Raster Max. Grösse[1]	1,6 cm²	6,4 cm²	27 cm²	105 cm²	418 cm²	1638 cm²
Bsp. Länge x Breite	1,6 × 1 cm	3,2 × 2 cm	6 × 4,5 cm	15 × 7 cm	21 × 20 cm	39 × 42 cm
34er Raster Max. Grösse*	2,8 cm²	11,2 cm²	48 cm²	185 cm²	739 cm²	2891 cm²
Bsp. Länge x Breite	2 × 1,4 cm	4 × 2,8 cm	8 × 6 cm	18,5 × 10 cm	35 × 21 cm	50 × 57 cm

1 Nach der Berechnung von 4 Pixel, die einen Rasterpunkt bilden (= 300 ppi). Im Layoutprogramm können solche Bilder bis 200% skaliert werden.

gebrauchsfertig, sie müssen noch geschärft und an das Druckverfahren angepasst werden.

Die Profi-Auflösung (Professional-Scan, Base *64), wird als Kodak Photo CD *Pro* bezeichnet. In diesem Format kann man Bildformate bis 4×5 inch scannen und auf CD brennen lassen. Die Dateigrösse ist mit 72 MB in RGB um ein Vielfaches grösser, was ein Format von 50×57 cm in einem 60er Raster ergibt. Der Strassenpreis liegt mit etwa 80 Franken pro Bild deutlich über einem normalen Farbscan, der ausserdem reprotechnisch oft besser aufbereitet ist.

RGB und CMYK

In der Regel werden Bilder im Farbmodell RGB (Rot, Grün, Blau) gehalten. RGB sind Lichtfarben, die Monitore, Scanner und Digitalkameras gebrauchen. In der Mischung ergeben alle drei Grundfarben Weiss, deshalb wird dieses Farbmodell auch als additiv bezeichnet. Für den Druck müssen solche Farben in das subtraktive Modell CMYK (Cyan, Magenta, Yellow, Key) umgerechnet werden. Weil vier Farben beteiligt sind, ist eine CMYK-Datei immer $\frac{1}{3}$ grösser als die gleiche RGB-Datei. Im Druck benötigt man Körperfarben oder Pigmentfarben, die zusammen in der Mischung «Schwarz» ergeben. RGB-Bilder erscheinen auf dem Monitor oft leuchtender als im Druck.

Datenformate

Digitalisierte Bilder können ganz unterschiedliche Formate aufweisen. Mit einem Bildverarbeitungs- oder Konvertierprogramm kann jedes Format in ein anderes umgerechnet werden, sogar von der Windows- in die Macintosh-Welt und umgekehrt. Es ist ganz einfach eine Frage, wie man es anstellt, aber es funktioniert. In das Layoutprogramm direkt importieren kann man die Datenformate nicht automatisch, deshalb ist eine Absprache mit den Layoutern vorteilhaft, bevor digitale Daten angeliefert werden.

Digital Imaging

Die digitale Fotografie nimmt einen wichtigen Stellenwert ein und ist für viele Bildjournalisten zu einem unentbehrlichen Instrument geworden. Digitalkameras gibt es in den verschiedensten Preislagen von unter 1000 bis zigtausend Franken. Das Auflösungsvermögen und die Farbtiefe sind die Kriterien für den Anwender. Ich möchte keine Kaufempfehlung abgeben, sondern über das Auflösungsvermögen dieser Kameras das Leistungsspektrum aufzeigen, denn es gibt uns Rückschlüsse, wie gross das Bild später in einem bestimmten Raster vergrössert werden kann.

Eine digitale Kamera der Mittelklasse in der Preisklasse um 10 000 Franken schafft 1280×1000 Bildpunkte. Was können wir mit einer solchen Information anfangen? Erinnern wir uns an die Faustregel «Zwei Pixel pro Rasterpunkt». Aus 1280 Pixel kann man demzufolge die Hälfte an Rasterpunkten erwarten: 640. In einem 60er Raster reproduziert, errechnen wir 640 : 60 = 10,6 cm Breite. Die gleiche Prozedur in der Höhe ergibt 1000 : 2 : 60 = 8,3 cm. Das Format von 10,6×8,3 cm ist nicht gerade berauschend, weniger als das Kodak-Photo-CD-Format aufgelöst. Ich habe auf Seite 299 aufgezeichnet, dass Digitales jedoch dehnbar ist. Das Bild lässt sich in Magazinqualität bis etwa A5 vergrössern. In der Zeitung sieht das Ganze anders aus. In einem 34er Raster, mit 90 ppcm aufgelöst, erhalten wir bereits eine Vergrösserung von 20×25 cm – ein Brocken, den manche Zeitung in dieser Grösse noch nie veröffentlicht hat.

Der Vorteil digitaler Fotografie: Die Filmentwicklungs- und Scankosten entfallen, das digitale Image steht sofort zur Verfügung – man ist also schneller. Auf die Abbildungsqualität (Farbrauschen, Schärfe usw.) soll hier nicht eingegangen werden.

Fotograf Jean-Marc Wipf, Basel: «Digitalkameras sind so einfach zu handhaben wie normale Spiegelreflexkameras.»
Die digitale Fotografie ist heute auch wegen der Datenübermittlung via Laptop-Modem-Telefonleitung weltweit, rund um die Uhr hochaktuell.

Aus einer Dateigrösse das Abbildungsformat errechnen

$$cm^2 = \frac{\text{Dateigrösse CMYK in MB} \times 1024}{\text{Rasterweite in L/cm}}$$

Frage: Ein RGB-Bild ist 4,88 MB gross – wie gross kann man diese Datei in einem 60er Raster ausgegeben? Lösung nach obenstehender Formel: 4,88 MB (RGB) : 3 × 4 = 6,5 MB (CMYK). 6,5 MB × 1024 : 60er Raster = 111 cm². Aus dieser Fläche kann man die Länge und Breite bestimmen, z. B. 33 × 33 mm oder 28 × 40 mm. (Gilt für die Regel: 2 Pixel pro Rasterpunkt, siehe Seite 298.)

Screendesign

1 2 3 4 5 6 **7**

Die anderen Bedingungen

Neue Welt – neue Ansprüche

Mit diesem Kapitel wende ich mich an alle Designer, Redakteure, Verleger und Publisher, die bisher ihre Brötchen mit den Printmedien verdient haben – und das sind die meisten von uns –, die jedoch in den neuen Medien eine erweiterte Betätigungsmöglichkeit sehen. Das Thema wird aus der Sicht des Designs in seinen wichtigsten Aspekten ausgeleuchtet, ohne dabei auf die Technik einzugehen, sodass das Thema verständlich bleiben sollte. Ich werde dabei auf Multimedia und das Internet eingehen, manchmal von Bildschirmmedien oder neuen Medien sprechen.

Wenn wir konsumieren müssten, was uns so alles serviert wird, hätten wir rund 20 Stunden zu lesen, und das täglich. Dabei wird die Informationsschwemme nicht kleiner, im Gegenteil. Auf der Konsumentenseite wartet kein Mensch darauf, dass er mit irgendwelchen Informationen bedient wird, die er nicht bestellt hat. In diese Konkurrenzsituation bricht nun Internet oder Multimedia ein. Wird der Marktkuchen deswegen neu verteilt? Ja, in bestimmten Bereichen sind die neuen Medien unschlagbar und werden sich zweifelsohne durchsetzen. Doch wer anders als die Papier-Informationsdesigner sollen die Informationen auf dem Bildschirm aufbereiten? Studenten, Informatiker, Programmierer ohne geringste Ahnung der Kommunikationsindustrie?

Eine Gegenüberstellung von Printmedien und elektronischen Medien finden Sie auf Seite 21.

Es gibt Studien, die besagen, dass wir im Durchschnitt täglich rund 2 Stunden fernsehen, 3 Stunden Radio hören, und 38 Minuten lesen. Internet nicht inbegriffen.

Markteinschätzung

1980 startete in der BRD das System Bildschirmtext (Btx), in der Schweiz erfolgte der Startschuss 1983 unter dem Namen Videotex. Von einem zentralen Rechner, der per Telefonleitung, Modem und Fernsehdecoder mit dem Anwender verbunden war, konnten Daten abgerufen werden. Etwa gleichzeitig ging ein anderes System auf Sendung: Videotext (Vtx), in der Schweiz und Österreich Teletext genannt, ein Fernsehtextdienst, der auch heute noch auf Sendung ist. Wegen der Technik und der niedrigen Fernsehauflösung blieben die beiden Systeme immer einer kleinen Benutzergruppe vorbehalten oder boten nur schnelle Kurzinformationen an. Obwohl schon seit den ersten Versuchsphasen von Bildschirmtextdiensten per Telefonleitung und Fernseher (Videotext/Teletext) diese Leistungen immer wieder emporgejubelt wurden, haben sie sich als Informationsträger nie derart durchgesetzt wie die Printmedien.

Gut 10 Jahre später passiert das gleiche Spiel mit Internet und Multimedia, mit dem Unterschied, dass wir alle 10 Jahre klüger sind. Multimedia entstand bereits 1983 unter dem Begriff MIDI (Musical Instrument Digital Interface). 1990 begann man sich dank vereinfachtem Zugang in der Apple-Welt ernsthaft mit Multimedia auseinander zu setzen. Unter Multimedia wird heute die gemeinsame Plattform von verschiedenen audiovisuellen Darstellungsmedien auf einem Trägermedium verstanden, mit der Möglichkeit, diese ereignisbezogen zu verknüpfen und das Ganze auf einem Monitor sichtbar zu machen. Bald zehn Jahre nach Multimedia darf behauptet werden, dass dieses Medium noch immer von einer bescheiden kleinen Klientel benützt wird und die breite Akzeptanz in der Bevölkerung noch aussteht. Beim Internet zeichnet sich ein ähnliches Bild ab: Wenn Marktuntersuchungen die Benutzerzahlen 1997 in unseren Breitengraden bei etwa 10% der gesamten Bevölkerung einschätzen, heisst dies doch nichts anderes, als dass von 100 Personen ganze 90 dieses Medium nicht nutzen – von breiter Akzeptanz nicht die Spur. Kein Unternehmen wird deswegen leichtfertig auf altbewährte, gedruckte Informationen verzichten.

Durch die Massenmedien tüchtig angeheizt, ist das anfängliche Interesse an jedem neuen Medium natürlich riesig. Man könnte meinen, wer da nicht mitziehe, sei weg vom Geschehen. Mittlerweile hat das Interesse etwas nachgelassen und bei Otto Informationsanbieter ist wieder Alltag eingekehrt. Der Euphorie ist Nüchternheit gefolgt.

Was rührt uns dies? Die neuen Medien boomen und bieten hochinteressante Möglichkeiten, Betätigung zu finden. So schnell lässt sich die Welt jedoch nicht verändern, wie dies verschiedene Exponenten glauben machen. Erst nächste Technologieschübe (Sicherheit, Kapazität, Zugang über die Haushalte) werden im Internet überhaupt eine komfortable Nutzung erlauben – die Voraussetzung für die breit abgestützte Akzeptanz. Technologie ist aber auch in Verbindung zu sehen mit hoher Ausbildung, mit Wissen rund um den Computer, mit Wissen um Hard- und Software, welches etwas weitergeht als die Zap-Vorrichtung des Fernsehers. Wenn alles so einfach ist wie die TV-Fernbedienung, erst dann sehe ich die Möglichkeit, dass wir vermehrt Informationen aus der Leitung beziehen. Es wird bestimmt in diese Richtung gehen, der Konsument hat jedoch schon vielen Technologien den Todesstoss versetzt. Nur wenige Neuschöpfungen haben sich wirklich innerhalb kurzer Zeit durchgesetzt (Musik-CD oder Fax).

Rahmenbedingungen

Informationen ab Bildschirm zu konsumieren bedeutet in jedem Fall die Abhängigkeit von Hard- und Software – mit allen Konsequenzen, die sich daraus ergeben. Wer nicht mit Laptop, integriertem Modem und CD-ROM-Laufwerk ausgerüstet ist, wer nicht zudem ein Natel sein eigen nennt, der ist standortgebunden wie die meisten von uns. Allein diese Einschränkung macht die Drucksache für unterwegs stark und konkurrenzlos. Die Ortsgebundenheit bringt zeitliche Beschränkungen: Der Arbeitsplatz steht nicht Tag und Nacht zur Verfügung oder das Internet ist am Feierabend chronisch überlastet. Alle Abhängigkeiten schränken ein Medium stark ein.

Ergonomie

Die Hardwareabhängigkeit bringt es mit sich, dass Informationen im Sitzen konsumiert werden müssen, der bequeme Lesesessel für den Bildschirm ist noch nicht erfunden. Die Beleuchtung ist eher schwach – gleissendes Sonnenlicht verträgt sich nicht mit Monitoren. In der Bildgrösse und im Auflösungsvermögen sind sie limitiert, sodass man heute im Vergleich zur Zeitung Schriften kaum vernünftig darstellen kann. Die Hände liegen ergonomisch falsch auf der Tastatur, als Konsument ist man an eine Stellung gebunden, die nicht als überaus bequem empfunden wird. Kurzum, der Bildschirmarbeitsplatz ist «menschenunfreundlich» wie kaum etwas.

Fazit: Die Suppe wird nicht so heiss gegessen, wie sie gekocht wird.

Sie kühlt jedoch schnell ab, und man sollte nicht unbedingt warten,

bis sie jemand anders auslöffelt.

Bildungsniveau

Die Softwareabhängigkeit bringt es mit sich, dass nur PC-gewohnte Konsumenten Zugriff zu diesen Informationen haben. Dies wiederum setzt voraus, dass das Bildungsniveau relativ hoch ist. Sozial schwächere Schichten kommen kaum je in den Genuss, Bildschirminformationen ab einer CD oder ab Internet zu beziehen.

All dies sind gravierende Einschränkungen für Informationsanbieter, sei es auf dem Gebiet Politik, Wirtschaft, Freizeit, Religion oder was auch immer.

Hol- statt Bringprinzip

In dieser Umgebung kann nur Informationen konsumieren, wer besonders stark daran interessiert ist. Diesen Konsumenten wird auch nicht stören, dass er sich die Botschaften im Internet holen muss. Wir haben es mit dem Holprinzip zu tun. Im Gegensatz dazu werden Drucksachen im Bringprinzip verteilt. Natürlich ist es auch möglich, Informationen über E-Mails an verschiedenste Adresse zu versenden – man darf auf den Kleber «Stop, keine Reklame» am elektronischen Briefkasten warten…

Logische Konsequenzen für Screendesign

Alle Gestaltungen für Bildschirmmedien müssen aus vorliegenden Argumenten besonders sorgfältig angegangen werden. Die Rahmenbedingungen müssten uns eigentlich dazu bewegen, dass Daten zurückhaltend selektiert und aufbereitet werden – Qualität statt Quantität. Wir alle müssten uns viel stärker mit dem Zielpublikum und seinen Konsumgewohnheiten auseinander setzen, statt einfach nur konzeptlosen «Datenschrott» zu produzieren. Gerade im Internet ist die Gewohnheit schon schrecklich real, einfach nur dabeizusein, und sich dabei keineswegs Gedanken zu machen, welchen Nutzen der Rezipient aus der Homepage ziehen kann.

Weshalb schreibt der alles so negativ?, werden Sie sich nun fragen.

Ich bin der Auffassung, dass Gestalter vernünftig mitdenken sollen, bevor sie sich am Bildschirm vertun. Es geht darum, in den für Konsumenten erschwerten Bedingungen Design so zu interpretieren, dass nicht zusätzliche «Beschwerden» verursacht werden. Nur schon Lesen am Bildschirm ist eine Qual. Wer das versteht, wird sich wohltuende Kürze auferlegen. Das Konzept muss stimmen, die Ansprache, die Logik, die Gliederung oder Navigation, eine benutzerfreundliche Interaktivität soll mediengerecht aufbereitet werden.

Ob Zeitungen und Magazine je von Massen im Internet gelesen werden, bleibt zu bezweifeln. Wer gerade im Ausland weilt, guckt vielleicht gerne bei der «Neuen Zürcher Zeitung» vorbei. Am Kiosk kostet sie jedoch einen Bruchteil der Telefongebühren, sofern man sie am Bildschirm zu lesen gedächte. In alten Ausgaben stöbern und recherchieren – einfacher als im Internet gehts nirgends.

Der Umgang mit Search engines wird in der weltgrössten Bibliothek, dem Internet, besonders wichtig: Wer bietet welche Informationen an?

Software zu Software: Elektronisches Herunterladen von Druckertreibern oder Programm-Upgrades sind eine unbestrittene Domäne der elektronischen Medien.

Das Internet bietet auch kleineren Unternehmen für wenig Geld eine Kommunikationsmöglichkeit. Datenübertragung per ISDN oder die E-Mail-Funktion im Netz sind weitere Pluspunkte, die die Printmedien nicht zu bieten vermögen.

Eine beliebige Zugverbindung in Kombination mit dem örtlichen Bus heraussuchen, kann mit Internet viel schneller und einfacher vollzogen werden als mit einem gedruckten Fahrplan. Das Buchen von Flugtickets per Internet ist heute schon Realität.

Im Geschwindigkeitsrausch

Bis anhin mussten sich Designer von Printprodukten nicht um Geschwindigkeiten kümmern. Wie schnell der Lastwagen die Drucksachen zum Kunden transportiert, ist nicht relevant. Informationen für den Bildschirm werden aber nicht per Lkw spediert, und der Gestalter muss sich zwingend mit der Technik auseinander setzen. Die Geschwindigkeit, mit der sich Daten auf den Bildschirm zaubern lassen, hängt von drei Faktoren ab: von der Hardware, der Software und der Dateigrösse.

Unter dem Thema «Megatrends» auf Seite 67 sind die Technologieschübe angekündigt.

Zu viele Daten in zu engen Schläuchen

Nochmals vorweg: Die Technologie bringt monatlich schnellere und bessere Leistungen, und es ist nur natürlich, dass sich auch die Geschwindigkeit der Datenübertragung massiv steigern wird. Die Technologieschübe werden sich jedoch nicht so schnell durchsetzen, weil kein Betrieb eine Hardware oder eine Software alle drei Monate ersetzen wird. Deshalb werden wir uns auf absehbare Zeit mit den Staus auf der Datenautobahn abfinden müssen, zumal sich immer mehr Anwender und auch Informationsanbieter darauf tummeln.

Bei einer multimedialen CD-ROM kommt es ebenfalls zu Staus, aber internen: Zu viele Daten wollen gleichzeitig vom Rechner verarbeitet werden, der dies mit heutiger Leistung nur mühsam bewältigt. PCs sind einst auch nicht für Multimedia konstruiert worden! Mit dem Prozessorstandard per 1998 sind jeder Multimedia-CD Grenzen gesetzt, was die Aufbereitung von bewegten Bildern betrifft. Die langsam zuckelnden, quäkenden, farblosen Filmchen, die auf einem Viertel des Bildschirms ablaufen, sind allein aus Kapazitätsgründen so mickrig ausgefallen. Mit besserer Performance wird man auch dieses Problem zur Zufriedenheit der Anwender lösen können. Der akzeptierte Qualitätsstandard wird sich wohl am flimmerfreien Fernsehen messen.

Datenübertragung im Internet

Was heisst Datenübermittlung? Wir kennen die Datenübertragungsrate *baud*, benannt nach dem französischen Ingenieur Baudot. 1 baud ist gleichbedeutend mit 1 bit pro Sekunde (abgekürzt 1 bps). Da wir alle in Bytes rechnen (1 byte = 8 bit, 1 kB = 1024 bytes), können wir von folgender Umrechnungsformel ausgehen:

$$\frac{baud}{8 \times 1024} = kB/s$$

Ein Modem mit 14 400 baud überträgt theoretisch 14 400 bit/s, nach unserer Umrechnungsformel 1,75 kB/s. Ein Modem mit 28 800 baud, (Standard 1997), überträgt 3,5 kB/s. Mit ISDN (z. B. der Zweikanal-Leonardo-Karte) wird etwa die 5- bis 10-fache Geschwindigkeit erreicht oder 1 MB/Min. (17 kB/s). Weitere Geschwindigkeitssteigerungen sind nur eine

Frage der Zeit. Als Faustregel für die Übertragung im WWW muss für Gestalter der schlechteste aller Fälle gelten:

> 1 kB = 1 Sekunde

Wer Bilder, Logos, Hintergründe, oder auch bewegte Bilder einsetzt, hat sich bei der Gestaltung immer bewusst zu sein: Ästhetik kostet Power. Der Bildaufbau muss deutlich unter 10 Sekunden kommen, sonst wird der Anwender ungeduldig und bricht ab. Nach unserer ersten Umrechnungsformel kann man aus einer Dateigrösse schliessen, wie lange die Übertragung dauern wird:

$$\frac{kB \times 8 \times 1024}{baud} = Sekunden$$

Beispiel: Eine 100-kB-Datei soll mit einem 14400-Baud-Modem empfangen werden: 100 × 8 × 1024 : 14400 = 56 Sekunden. Für 9600er Modems kann man die Anzahl kB × Faktor 0,85 rechnen, bei einem 14400er Modem kB × Faktor 0,56. Wer in Photoshop zuhause ist, kann sich unschwer vorstellen, dass Bilder möglichst komprimiert, mit wenigen Farben übermittelt werden sollen, die Grafik auf das Notwendigste reduziert werden muss. Die Technik wird sich verbessern – in diesem Zug wird sich auch das Design auf dem Netz anpassen. Als Richtwert: Ein farbiges Startbild (500 × 380 Pixel, 72 dpi Auflösung, 24 bit RGB-Farbe) darf im WWW maximal 30 bis 50 kB schwer sein. Das entsprechende Original, in Photoshop gespeichert, umfasst satte 557 kB. Die Designaufgabe ist es unter anderem, die Datei mittels Kompression und Reduktion von Farben und Farbtiefe auf die Zielgrösse von 30 bis 50 kB zu reduzieren. Keine leichte Aufgabe.

Ein Beispiel der Datenreduktion ist auf Seite 323 abgebildet.

Kompakte Daten werden im Internet zerhackt und durch die Telekomnetze der ganzen Welt mehrkanalig übertragen.

Sie können unterschiedliche Wege rund um den Globus beschreiten. Erst am Bestimmungsort werden sie wieder zu ganzen Daten zusammengesetzt.

Datenübertragung in Multimediaprodukten

Im Grunde haben wir bei der CD eine ähnliche Problematik. Das CD-Laufwerk stellt oft den Engpass dar. Die ersten CD-Laufwerke waren mit einer einfachen Geschwindigkeit ausgestattet. Damals bedeutete dies 150 kB/s. Die Nachfolgemodelle mit zweifachem Tempo lasen 300 kB/s. Dann folgten die vierfach schnellen Laufwerke mit 600 kB/s, ein Achtfach-Laufwerk liest theoretisch 1200 kB/s. Eine auf heutige 24fach-Laufwerke ausgerichtete CD läuft auf älteren Geräten im Schneckentempo – auch hier müssen sich die CD-Programmierer mit dem kleinsten gemeinsamen Nenner befassen.

Bei einer Multimediascheibe haben wir es mit unterschiedlichen Daten zu tun:
- Textdaten (scroll- und editierbar)
- Bilddaten, die über ein pixelorientiertes Programm erstellt wurden
- Animation (z. B. bewegte Logos)
- Filme (Video, QuickTime, QuickTime VR)
- Sound (Klänge, Musik, Sprache)

All diese Daten bilden eine mehr oder weniger dicke Datenwurst, die es durch ein «Rohr» zu quetschen gilt. Das Rohr ist gleichzusetzen mit dem Arbeitsspeicher oder dem Durchsatz des CD-Players, der alle abgerufenen Daten gleichzeitig aufbereiten muss. Je dünner das Rohr, desto mehr Staus treten auf. Das äussert sich dann in abgehackten Tönen und zuckelnden Bildern. Bei Movies gibt's keine unvollständigen Bilder auf dem Monitor. Ein solches wird durch das nächst folgende ganze ersetzt. Es gilt auch hier, die Datenberge auf ein vernünftiges Mass zu reduzieren. QuickTime-Movies gleichzeitig mit einem animierten Logo und wechselndem Hintergrund liegt schlicht nicht drin.

Bewegte Überblendungen beschränken sich meist auf etwa einen Viertel des Bildschirms. Die meisten Übergangseffekte sind in der Aufdecktechnik gestaltet: Zwei Bilder

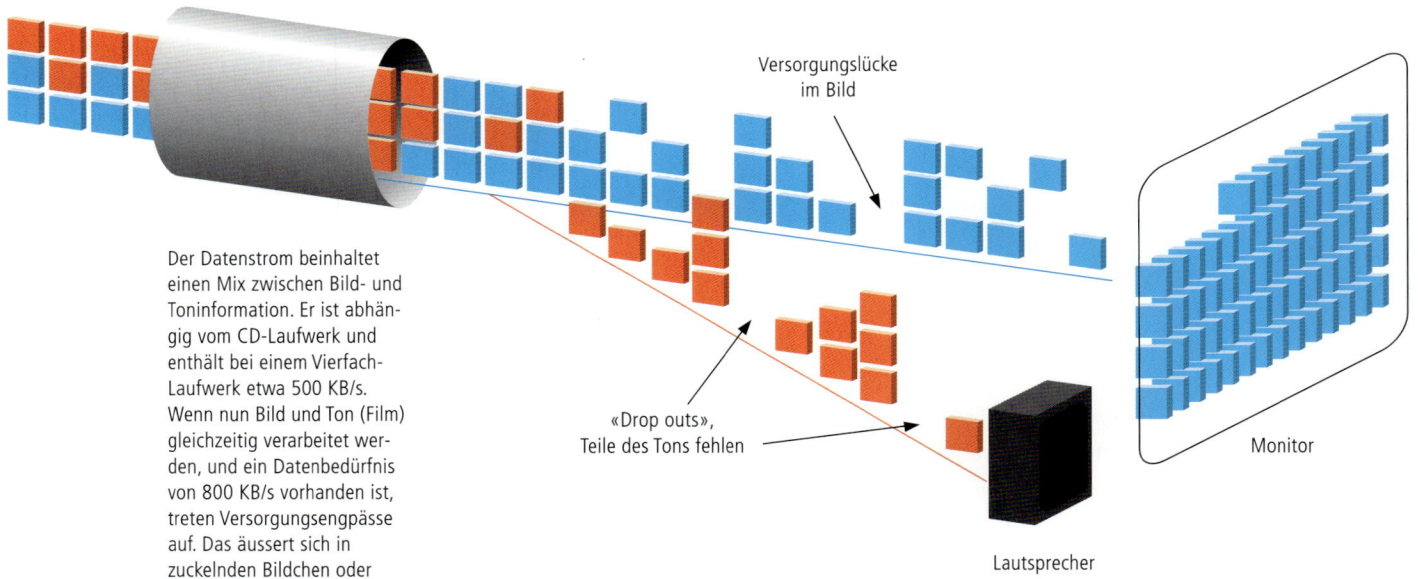

Kontinuierlicher Datendurchsatz
Vierfach-Laufwerk: 500–600 kB/s

Der Datenstrom beinhaltet einen Mix zwischen Bild- und Toninformation. Er ist abhängig vom CD-Laufwerk und enthält bei einem Vierfach-Laufwerk etwa 500 KB/s. Wenn nun Bild und Ton (Film) gleichzeitig verarbeitet werden, und ein Datenbedürfnis von 800 KB/s vorhanden ist, treten Versorgungsengpässe auf. Das äussert sich in zuckelnden Bildchen oder abgehackten Tönen.

Versorgungslücke im Bild

«Drop outs», Teile des Tons fehlen

Lautsprecher

Monitor

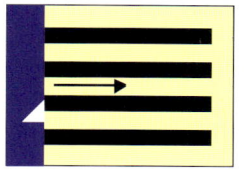 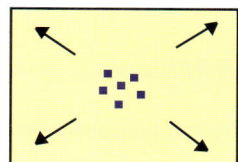  
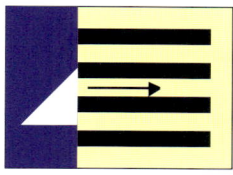   
 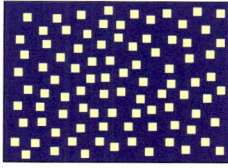  

Aufdecktechnik: Das neue Bild wird pixelgenau über das alte aufgebaut. Die «Bewegungsrichtung» spielt keine Rolle.

Verpixelungen. Das alte Bild wird konfettiartig durch das neue ersetzt.

Animationen erzeugen immense Daten. Je kleiner die Anzahl Pixel, die verändert werden müssen, desto schneller geht der Bildaufbau.

Alles fliesst: Hintergrund und Vordergrund verändern sich dauernd. Wenn noch Ton dazukommt, gibts Versorgungsengpässe.

liegen pixelgenau übereinander und die Pixel werden verschiedenartig aufgedeckt. Die Pixelinformation geht vom RAM ins Video-RAM. Eine echt bewegte Überblendung (weich ineinander soften oder auch zoomen) heisst den Rechner über 640×480 Bildpixel 25 Mal pro Sekunde zu transportieren – immerhin 7,68 Mio. Operationen pro Sekunde! Das schafft auch der stärkste PC ohne zusätzlichen Beschleuniger nicht. Aus diesem Grund wird nur scheinbar überblendet und es müssen gerade die Pixel auf der sich bewegenden Kante neu ins VRAM geladen werden. Ein paar dieser Überblendeffekte sind in Multimediasoftware wie Director oder Media-Tool enthalten. Übergangseffekte sollten als Gestaltungselement auch funktionell eingesetzt werden (z.B. kann eine Bewegung nach rechts oder links als Blättern interpretiert werden).

Die total bewegten Übergangseffekte sind im Fernsehen täglich zu bewundern, sei es als Jingle oder als Gestaltungselemente in der Werbung. Fernsehen ist gleichzusetzen mit Film, mit Bewegung überhaupt. Diesem gewohnten Standard mit einer Multimedia-CD-Produktion nachzueifern, ist so sinnvoll wie der Versuch, mit einem Elektromobil einen Ferrari zu überholen. Überhaupt ist weniger mehr. Die Blenderei langweilt nach mehrmaligem Ansehen rasch und soll nicht übertrieben werden.

Texte auf dem Bildschirm

Das Medium Bildschirm bringt aus technischen Gründen nicht dieselbe Schriftqualität, wie das auf dem Papier möglich ist. Deshalb ist Lesen am Bildschirm mit heutigen Monitoren (72–100 ppi) grundsätzlich unvorteilhaft. Die Bildqualität leidet unter dieser schwachen Auflösung nicht, während Texte in kleinen Graden geradezu unleserlich dargestellt werden.

Die Auflösung auf dem Papier beträgt normalerweise 1270 Linien pro inch (500 Linien/cm). Die doppelte Auflösungsqualität von 1000 Linien/cm ist ebenfalls möglich und wird vor allem bei Belichtungen von Präsentationen auf Dias bevorzugt. Es braucht keine grossen Rechenkünste, um den gewaltigen Unterschied herauszuschälen: Monitore haben ein um Faktor 18 schlechteres Auflösungsvermögen.

Zeigen wir ein Beispiel: Die meisten Leseschriften, sind etwa 10 Punkt gross, in Zeitungen und Magazinen oft etwas kleiner. Ein kleines m aus einer 9-Punkt-Schrift ist etwa 1,7 mm hoch. Bei der Belichtung mit 1270 dpi wird das m mit 50 Linien/mm aufgezeichnet. Es stehen fast 30 Linien zur Verfügung, die als feine Treppenstufen nicht mehr wahrnehmbar sind. Beim Bildschirm sind es nur noch 2,8 Linien oder besser Pixel/mm. Damit lassen sich auch mit bester Technologie keine Schriften leserlich darstellen.

Der alte Macintosh-Werbespruch WYSIWYG «What you see is what you get» ist aus typografischer Sicht eine Frechheit. Verbesserungen sind erst mit neuen Bildschirmtechnologien in Sicht.

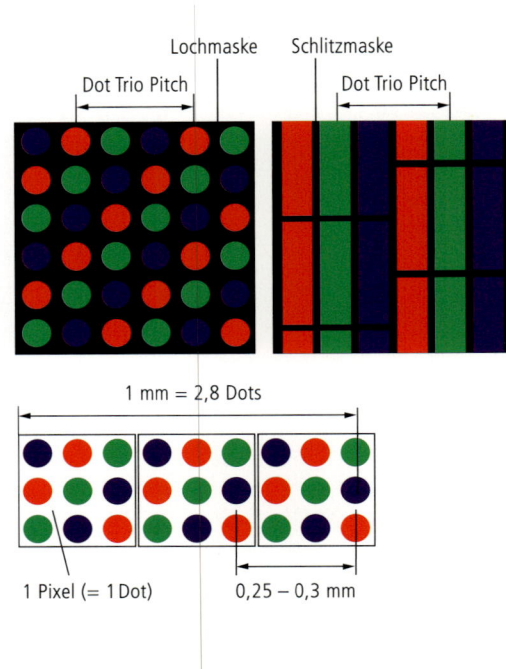

Farben auf dem Monitor werden mit den drei Grundfarben Rot, Blau und Grün (Phosphorbeschichtung) erzeugt, die zu einem Pitch zusammengefasst sind. Es sind die «gleichen» Grundfarben, welche wir mit den Zäpfchen auf der Netzhaut als Reize empfinden.

Ein Pixel besteht bei der Lochmaske aus 3×3 Löchern. Bei einer Bildschirmauflösung von 72 ppi erhalten wir 2,8 Pixel/mm.

Bildschirmtechnik

Es gibt verschiedene Monitortechniken: die Elektronenstrahlröhre, die Flüssigkristallanzeige (LCD in Laptops), oder die neuste Generation Plasmabildschirme arbeitet mit Gas, welches zum Leuchten gebracht wird. Bei Designern gilt heute der 20-Zoll-Monitor mit einer Elektronenstrahlröhre als Standard. Das Bild entsteht, indem Elektronen nach vorn auf eine Phosphorschicht geschossen werden, welche dadurch aufleuchtet. Die Elektronen werden unter anderem durch eine Maske gebündelt. Die älteste Art der Bündelung besteht aus einer Lochmaske, einer sehr dünnen Metallplatte, die mit kreisrunden Löchern regelmässig durchsetzt ist (Prinzip Salatsieb). Die Elektronen müssen zuerst diese Maske passieren, bevor sie dann auf den Phosphor treffen. Eine andere Bündelungsmethode ist die Streifen- oder Schlitzmaske. Sie wurde als Trinitronröhre von Sony im Farbfernsehen bekannt. Die Masken weisen alle eine bestimmte Auflösung auf, als «Pitch» bezeichnet. Darunter versteht man den Abstand von zwei gleichartigen Farben. Im heutigen Stand der Technik werden Pitchabstände von 0,25 bis 0,3 mm angeboten. Beide Techniken haben zur Folge, dass die Auflösung für das Lesen von Text zu gering ausfällt. Diese Überlegungen sind natürlich nur theoretischer Natur – sie sollen verdeutlichen, dass kleine Schriften nicht leserlich auf den Schim gebracht werden können.

Ein anderes Thema sei hier angesprochen: Man liest und hört, dass der Monitor mit 24 bit Farbtiefe 16,7 Millionen Farben darstellen könne. Das ist Theorie und entspricht nicht unserer Wahrnehmung. Die Loch- oder Schlitzmaske «schluckt» einen wesentlichen Teil des Lichtes der Phosporschicht. Der Monitor kann aus diesem Grund reines Weiss, welches sich aus der Mischung von Rot, Grün und Blau ergibt, nicht darstellen. Mit einem tiefen Schwarz (= kein Licht) haben die Monitore ebenfalls Mühe, weil das Umgebungslicht von der Glasplatte des Bildschirms reflektiert wird.

Farben auf dem Bildschirm werden auf Seite 318 besprochen.

Monitorgrössen

640 x 480 Pixel	14 Zoll Bilddiagonale
800 x 600 Pixel	15 Zoll Bilddiagonale
832 x 624 Pixel	17 Zoll Bilddiagonale
1024 x 768 Pixel	19 Zoll Bilddiagonale
1152 x 870 Pixel	20 Zoll Bilddiagonale

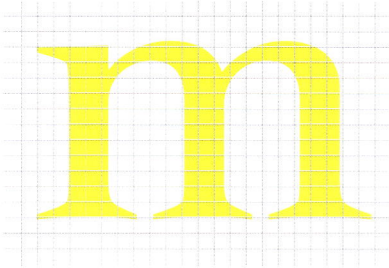

Die feine Auflösung jeder Schrift muss durch die grobe Auflösung des Bildschirms dargestellt werden. Gelb dargestellt das gewünschte m aus der Meridien.

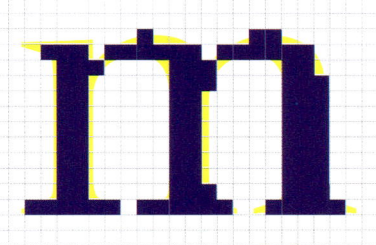

Je grösser die Schrift, desto mehr Pixel stehen zur Verfügung. Je nach Stellung im Dokument gibt es Unregelmässigkeiten wie beim Stamm oder bei den Serifen.

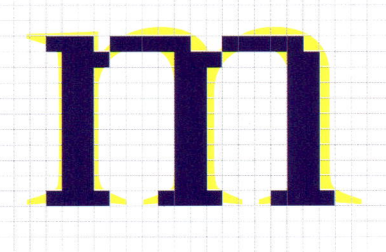

Mit dem intelligenten Umrechnungsprozess der Hints werden diese Unregelmässigkeiten ausgemerzt, sodass jeder Buchstabe seinem Charakter am ehesten entspricht und am Bildschirm optimal lesbar ist.

Die Technologie der Hints

Um einen Buchstaben in der Maske darzustellen, bedarf es verschiedener Tricks. Es besteht nämlich die Gefahr, dass einzelne Abstriche ungleich dick ausfallen oder Buchstabenteile nicht mehr zusammenhängen. Der Computer sorgt dafür, dass dies nicht geschieht, gleich wo die Buchstaben auf dem Bildschirm positioniert werden oder wie gross sie dargestellt sind. Man spricht auch von Hinting-Verfahren oder einfach von Hints.

Die Bildschirmgrösse

Textgrössen sind immer im Zusammenhang mit der Bildschirmgrösse zu sehen. Und die ist, anders als beim Papierformat, gegeben. Der VGA-Standard entspricht einem 14-Zoll-Monitor, er ist 640 × 480 Pixel gross – das Standardformat für alle Multimedia-Anwendungen.

Textmenge

Für die limitierte Bildschirmgrösse und die zusätzlich grobe Auflösung gibt es nur eine Devise: Weniger ist mehr – kürzen, was das Zeug hält. Seitenweise Textplantagen sind nicht lesefreundlich, weder im Internet noch auf einer CD. Es gibt allerdings eine Ausnahme. Texte, die der Recherche dienen, z. B. nach einem Suchvorgang vergrössert dargestellt oder ausgedruckt werden können: Duden, Lexika, Telefonverzeichnisse oder digitale Archive von Zeitungen oder Magazinen. Sonst gilt überall, wo präsentiert oder verkauft wird, die Abkürzung «KISS»: Keep It Small and Simple.

Schriftgrösse

Leseschriften sind auf dem Bildschirm unter 12 Punkt in der 100%-Darstellung problematisch zu lesen. Für einzelne Wörter oder Kleinsttexte mag eine 10-Punkt-Schrift noch gehen.

Im Internet stellt der Anwender die Grundschrift nach seinem Befinden im Browser ein. Sie ist vom Gestalter heute (1998) noch nicht beeinflussbar. Es gibt jedoch Anwendungen oder Software, die einen bestimmten Browser verlangen, in denen man auch auf dem Internet die gleichen Gestaltungsmöglichkeiten hat wie bei einer Multimedia-CD, z. B. Adobe Acrobat oder Quark Immedia.

Deutlich zu sehen, wie Buchstaben unter 12 Punkt zusammenwachsen. Es entsteht ein neues ungewohntes Schriftbild.

Helvetica 8 Punkt
Helvetica 9 Punkt
Helvetica 10 Punkt
Helvetica 11 Punkt
Helvetica 12 Punkt
Helvetica 14 Punkt
Helvetica 16 Punkt
Helvetica 20 Punkt

Courier 9 Punkt
Courier 10 Punkt
Courier 11 Punkt
Courier 12 Punkt
Courier 14 Punkt
Courier 16 Punkt

Letter Gothic 9 Punkt
Letter Gothic 10 Punkt
Letter Gothic 11 Punkt
Letter Gothic 12 Punkt
Letter Gothic 14 Punkt
Letter Gothic 16 Punkt

Die für die Schreibmaschine gebräuchlichen Schriften eignen sich bestens für Screendesign, weil alle Buchstaben gleich breit sind und sie deswegen weit auseinander stehen. Courier und Letter Gothic 9 Punkt weisen noch keine Zusammenschlüsse auf.

Geneva 9 Punkt
Geneva 10 Punkt
Geneva 11 Punkt
Geneva 12 Punkt
Geneva 14 Punkt
Geneva 16 Punkt

Chicago 9 Punkt
Chicago 10 Punkt
Chicago 11 Punkt
Chicago 12 Punkt
Chicago 14 Punkt
Chicago 16 Punkt

Schriften, die einen Städtenamen tragen, sind speziell für den Bildschirm gezeichnet und mit 72 ppi aufgelöst. Für einen Post-Script-Drucker hingegen sind diese Schriften nicht geeignet.

Schriftwahl

Ebenso limitiert wie bei der Grösse sind wir in der Wahl des Schriftcharakters. Kriterium ist wieder das Auflösungsvermögen des Monitors. Feine Schriften mit zierlichen Serifen eignen sich nicht. Darunter fallen nun einmal alle Serifenschriften. Die Serifenlosen mit kräftiger Zeichnung eignen sich grundsätzlich besser.

Die jahrelang verbannten Systemschriften können nun wieder hervorgeholt werden. Sie sind nämlich extra für die grobe Auflösung des Bildschirms gezeichnet und benötigen keinen Adobe Type Manager für die Darstellung. Sie fristen in der endgültigen Auflösung von 72 ppi ihr Dasein. Aus diesem Grund sind alle Schriften, die einen Städtenamen aufweisen, prädestiniert für Screendesign: New York, Chicago, Geneva, Monaco usw. Sie sind auch noch in 10 Punkt auf dem Monitor gut lesbar.

Corporate Screendesign

Corporate Design ist die permanente Ausrichtung des visuellen Erscheinungsbildes sowie seiner Gegenstände in allen Wahrnehmungsdimensionen (hörbar, riechbar, anfassbar) an einem umfassenden Gestaltungsrahmen, der integrierter Teil eines Corporate-Identity-Konzeptes ist. Dazu gehören auch die einzusetzenden Schriften. Screendesign erzwingt nun Überlegungen, wie Schriften am Bildschirm darzustellen sind. Ist es besser, die Font-Einheit durchzuziehen und die Lesbarkeit weniger zu gewichten? Oder ist es besser, einen neuen Font einzusetzen, der nicht den Corporate-Design-Richtlinien entspricht?

Schriftschnitt

Dasselbe Spiel nun mit den Schnitten. Ich bevorzuge die Strichstärken Normal (Regular, Book, Roman) oder Halbfett (Bold, Medium, Semibold, Demi, Heavy). Magere Schnitte (Thin, Light) versuche ich ebenso zu vermeiden wie kursive (Oblique, Italic). Zur Breite: Schmale Schriften sind weniger gut lesbar als breite.

Adobe Garamond Regular
Adobe Garamond Italic
Adobe Garamond Semibold
Adobe Garamond Semibold Italic
Adobe Garamond Bold
Adobe Garamond Bold Italic

Adobe Garamond Semibold
Adobe Garamond Bold

Kursive Schnitte sind auf dem Monitor schlechter zu erkennen als normale. Zudem ist der Unterschied in den Stärken nicht eindeutig auszumachen, das heisst, dass zwischen Semibold und Bold fast kein Unterschied besteht. Erst die Vergrösserung macht ihn deutlich.

Schriften, wie sie ohne weitere Bearbeitung in einem normalen Programm in 12 Punkt Grösse auf dem Bildschirm erscheinen. Schriften mit hohen und offenen Mittellängen sind am besten lesbar, die Feinheiten der Serifen gehen verloren und Scripten sind in 12 Punkt Grösse gänzlich ungeeignet.

Stempel Garamond Roman 12 Punkt
ITC Garamond Condensed Light 12 Punkt
Times Roman 12 Punkt
Bodoni Regular 12 Punkt
Meridien Roman 12 Punkt
Palatino 12 Punkt
Caecilia Roman 12 Punkt
Nuptial Script 12 Punkt
Caflisch Script Regular 12 Punkt
San Vito Roman 12 Punkt
Futura Book 12 Punkt
Vectora Roman 12 Punkt
Frutiger Roman 12 Punkt
Officina Sans Book 12 Punkt
Syntax Roman 12 Punkt
DigiGrotesk 12 Punkt
DIN Mittelschrift 12 Punkt
VAG Rounded Light 12 Punkt

Typografie macht Inhalte sichtbar – egal, ob auf dem Bildschirm oder

Typografie macht Inhalte sichtbar – egal, ob auf dem Bildschim oder auf

Typografie macht Inhalte sichtbar – egal, ob auf dem Bildschirm oder

Typografie macht Inhalte sichtbar – egal, ob auf dem Bildschirm oder

Typografie macht Inhalte sichtbar – egal, ob auf dem Bildschirm

Typografie macht Inhalte sichtbar – egal, ob auf dem Bildschirm

Typografie macht Inhalte sicht- bar – egal, ob auf dem Bild

Typografie macht Inhalte sicht- bar – egal, ob auf dem Bild

12 Punkt Officina Sans Book, Italic, Bold und Bold Italic. Links die Variante normal, rechts wurde die Schrift leicht gesperrt. Wenn sich die Buchstaben nicht mehr berühren ist eine verbesserte Lesbarkeit gewährleistet.

Typografie macht Inhalte sichtbar – egal, ob auf dem Bildschirm oder auf dem Papier.

Typografie macht Inhalte sichtbar – egal, ob auf dem Bildschirm oder auf dem Papier.

Typografie macht Inhalte sichtbar – egal, ob auf dem Bildschirm oder auf dem

Typografie macht Inhalte sichtbar – egal, ob auf dem Bildschirm oder auf dem Papier

Typografie macht Inhalte sichtbar – egal, ob auf dem Bildschirm oder auf dem Papi

Typografie macht Inhalte sichtbar – egal, ob auf dem Bildschirm oder auf dem Papi

Typografie macht Inhalte sichtbar – egal, ob auf dem Bildschirm oder auf

Typografie macht Inhalte sichtbar – egal, ob auf dem Bildschirm oder auf

10 Punkt Officina Sans Book, Italic, Bold und Bold Italic. Diese Grösse ist eindeutig schlechter lesbar als 12 Punkt. Die gesperrte Variante ist besser.

Typografie macht Inhalte sichtbar – egal, ob auf dem Bildschirm oder auf dem Papier.

Typografie macht Inhalte sichtbar – egal, ob auf dem Bildschirm oder auf dem Papier.

Typografie macht Inhalte sichtbar – egal, ob auf dem Bildschirm oder auf dem Pap

Typografie macht Inhalte sichtbar – egal, ob auf dem Bildschirm oder auf dem Papi

Typografie macht Inhalte sichtbar – egal, ob auf dem Bildschirm oder auf

Typografie macht Inhalte sichtbar – egal, ob auf dem Bildschirm oder auf dem Pap

Typografie macht Inhalte sichtbar – egal, ob auf dem Bildschirm oder auf

Typografie macht Inhalte sichtbar – egal, ob auf dem Bildschirm oder auf

10 Punkt Officina Serif Book, Italic, Bold und Bold Italic. Die Serifenschrift ist schlechter lesbar als die serifenlose Schwester. Aber auch hier zeichnet die gesperrte Variante rechts besser.

Buchstabenabstand

Die wohl für die Lesbarkeit wichtigste Funktion wird mit der Laufweite (Tracking) eingestellt. Auf dem Papier normal aussehende Schriften laufen in der unscharfen Bildschirmdarstellung eher zu. Deshalb wird jede Schrift besser lesbar, wenn sie leicht gesperrt wird. Dies natürlich nur bei Leseschriften um 12 Punkt Grösse. Schriften ab etwa 18 Punkt kann man wieder normal setzen. Das Kerning (Unterschneiden einzelner Buchstabenpaare) findet auf dem Bildschirm nur unzureichend statt, weil viele Programme diese Funktion nicht beherrschen. Hat man das Problem Screendesign in den Softwareschmieden noch nicht als Markt wahrgenommen? Oder besteht Screendesign da ausschliesslich aus Bildern, Animationen und Movies? Spielt nicht der Text und vor allem die Lesbarkeit des Textes eine ebenso wichtige Rolle? Screen Publishing wie zu Anfangszeiten um 1985 – und Hoffen auf Besserung!

Das Prinzip der Unterschneidungen finden Sie auf den Seiten 168 und 169 erklärt.

Schrifthersteller

Ohne auf einzelne Schriftanbieter zu sprechen zu kommen, sei erwähnt, dass nicht alle Schriften gleichen Namens, aber unterschiedlicher Anbieter, auch gleich gut lesbar sind. Das abgebildete Beispiel aus der Stone Serif soll dies verdeutlichen. Schrift ist eben nicht nur Schrift.

Stone Serif Regular (Linotype) 12 Punkt
Stone Serif Regular (Berthold) 12 Punkt

Antialiasing

Mit Glätten bezeichnen einige Programme folgende Funktion: Um die Treppenstufen der Buchstaben auszugleichen, werden diese an den Kanten mit Graustufen umgeben. Die Graustufen machen das Buchstabenbild insgesamt weicher, aber nochmals unschärfer, als sie der Monitor ohnehin zeigt. Ich empfehle, Schriften erst ab etwa 16–20 Punkt mit der Antialiasing-Funktion zu versehen. Kleine Schriften wirken ohne schärfer und sind besser zu lesen.

Die Glättungsfunktion in Photoshop erzeugt um kleine Schriften (hier 16 Punkt Syntax) grosse Grauzonen, um die verpixelte Treppenwirkung aufzuweichen. Die einzelnen Buchstaben sehen je nach Lage anders aus (in der Vergrösserung am t sichtbar), was die Grauwirkung unruhig macht.

In der Schriftgrösse 48 Punkt ist die Glättungsfunktion keine Frage. Die Unterschiede zwischen den einzelnen t sind verschwunden.

Syntax Bold 12 Punkt geglättet
Syntax Bold 12 Punkt nicht geglättet

Syntax Bold 14 Punkt geglättet
Syntax Bold 14 Punkt nicht geglättet

Syntax Bold 18 Punkt geglättet
Syntax Bold 18 Punkt nicht geglättet

In kleinen Schriftgraden bis etwa 18 Punkt wirken die Schriften, die nicht geglättet sind, schärfer und klarer.

16,7 Millionen Farben heisst nicht automatisch bunt

Anders als beim Printmedium steht die Farbe am Bildschirm automatisch zur Verfügung. Man ist keinen Kostenüberlegungen unterworfen und eine Farbseite schwarzweiss kostet gleich viel wie eine farbige. Meine Ausführungen sollen keine Farbenlehre oder -theorie vermitteln, sie weisen auf wichtige Aspekte für Farbe auf dem Monitor hin.

Das menschliche Auge vermag etwa 100 000 bis 1 Million Farbtöne zu unterscheiden. Die scheinbaren 16,7 Millionen Farben auf dem Bildschirm sind nur Theorie.

Bei diesem multimedialen Städteführer sind die Farben eher «flach» ausgefallen.

Im Allgemeinen sollte bekannt sein, dass im Druck Pigmentfarben eingesetzt werden. Wir kennen vor allem die Farbmodelle CMYK (Cyan, Magenta, Yellow, Key) für Farbbilder und Pantone für Schmuckfarben. Im Screendesign gelangen die Lichtfarben der Kathodenstrahlröhre zur Anwendung. Alle drei Grundfarben Rot, Grün, Blau zusammengemischt ergeben Weiss – das Farbmodell heisst RGB. Wo liegt nun der Unterschied? Wer bis anhin Printmedien herstellte, musste sich mit Farbräumen auseinander setzen, das heisst, er musste dafür Sorge tragen, dass eine Farbvorlage so originalgetreu wie möglich reproduziert wurde. Weil eben am Bildschirm und in der Druckmaschine andere Farben zur Anwendung gelangen, ist dies ein komplexes Unterfangen. Am Bildschirm geht es einfacher. What you see is what you get, propagierte einst Apple, und bezüglich Farbe ist es dabei geblieben.

Monitorkalibrierung

Man betrachte zur Veranschaulichung in einem Fachgeschäft eine Reihe eingeschalteter Fernseher – einer ist etwas rötlicher, einer eher bläulich, man kennt es. Genauso verhält es sich mit allen Bildschirmen. Jeder Monitor hat einen abbildbaren Farbumfang, Gamut genannt, mit ganz spezifischen Eigenheiten. Der Bildschirm kann andere Farben zeigen als ein fotografischer Film und umgekehrt, der Mensch sieht mehr Farben als auf einer Emulsion aufgebracht werden können.

Die Monitorkalibrierung versucht nun, Bildschirme nach einer Norm soweit zu eichen, dass das gleiche Bild auf unterschiedlichen Bildschirmen gleichartig aussieht. Das ist jedoch bei weitem nicht der Fall. Bildschirmkalibration ist ein Spezialfall für Designer und Fachleute. Screendesigner haben keinen Einfluss darauf, wie der Anwender in Hongkong eine Internet-Hompage dargestellt erhält. Jeder ist sein eigener Herr im Haus.

Wir müssen gegenüber der Farbe wesentlich toleranter denken, als wir dies im Druck gewohnt sind. Wir können sie so einsetzen, wie wir sie auf dem eigenen Bildschirm empfinden, sofern der nicht schon 20 000 Betriebsstunden auf dem Buckel hat.

«Monitorweiss»

Der Grundton auf dem Monitor sollte ein «neutrales» Weiss ergeben. Neutral ist nicht möglich und jeder Monitor besitzt eine etwas bläuliche Eigenfärbung. Als Vergleich halte ich ein weisses Blatt neben den Bildschirm und kann leicht feststellen, wie weiss der Monitor wirklich ist.

Welche Farben kann man mit RGB darstellen und welche nicht?

Die ganze Farbenpracht von 16,7 Millionen - errechenbaren Farbtönen erhält eine tüchtige Einschränkung, wie die Erfahrung zeigt. Auf dem Bildschirm wirken Orangetöne leicht verschmutzt, Zitronengelb wirkt nicht so spritzig, Rot nicht so leuchtend und Schwarz bleibt stumpf. Im Blaubereich hat der Bildschirm klar seine Stärken: Blau- oder Violetttöne kommen kräftig und leuchtend frisch. Metallische Farben kann man nicht richtig darstellen: Gold, Kupfer, Messing, Silber müssen durch normale Farben simuliert werden. Dann ist die Oberflächenstruktur nicht veränderbar, glänzende oder matte Farben sind nicht drin.

Alle ermischten Sekundär- oder Tertiärtöne sind auf dem Bildschirm gut darzustellen und bieten weniger Probleme.

Farben einsetzen

Weil der Monitor in der Grösse beschränkt ist, soll man die Farben eher kräftig wählen und klare Kontraste anstreben. Mit Vorteil setzen wir Farben ein, die dem Bildschirm gerecht werden. Erinnern wir uns daran, dass nicht alle Anwender einen 24-bit-Schirm besitzen, und dass aus Kapazitätsgründen längst nicht alle CDs mit 16,7 Millionen Farben arbeiten. Oft genügen 32 758 Farbtöne, QuickTime-Filme arbeiten oft mit nur 256 Farben. Mediengerechte Farben sind nun nicht jene, die auf dem Bildschirm schlecht dargestellt werden können, sondern solche, die sich in der Sättigung vom Druck unterscheiden. Das kleine Format kann man mit kräftigen Farben bestens kompensieren, was nun nicht heissen will, dass gleich alles leuchtend und schrill daherkommen soll. Man hat schliesslich ein Thema und ein Zielpublikum zu berücksichtigen.

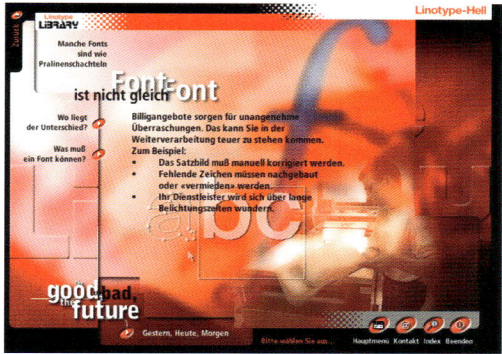

Eine CD von Linotype-Hell namens Discover führt den Anwendern Schriften näher. Neville Brody darf auf der CD natürlich nicht fehlen. Klare Raumzuordnung, satte Farben, klare Navigation, die wohltuend klein gehalten ist.

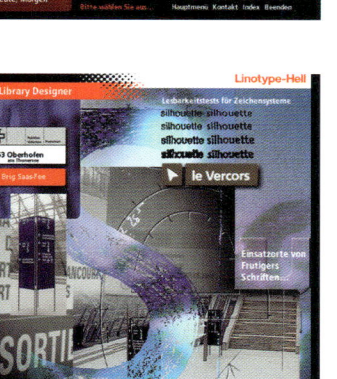

Im Internet sind Farben besonders im Zusammenhang mit der Lesbarkeit des Textes zu gestalten. Die Frame-Technologie gestattet eine Unterteilung in verschiedene Rahmen mit unterschiedlichen Hintergrundfarben. Blau ist nicht geeignet, weil sich die «Linkfarbe» Blau bereits durchgesetzt hat. Das gibt Lesbarkeitskonflikte.

Die Farbkombination Gelb-Blau-Weiss wirkt frisch und unverbraucht. Bei farbigen Hintergründen und Mustern ist es ein bisschen wie mit farbigem Papier: Man gewöhnt sich schnell daran. Internet-Hompages müssen an sich nicht wie Drucksachen farblich auffallen – sie liegen ja nicht in einer Auslage auf.

Farben einsetzen heisst nicht unbedingt bunt sein. Farben dienen auch als Akzentsetzer. Vor allem im textorientierten Internet ist eine solche Gestaltung herausragend.

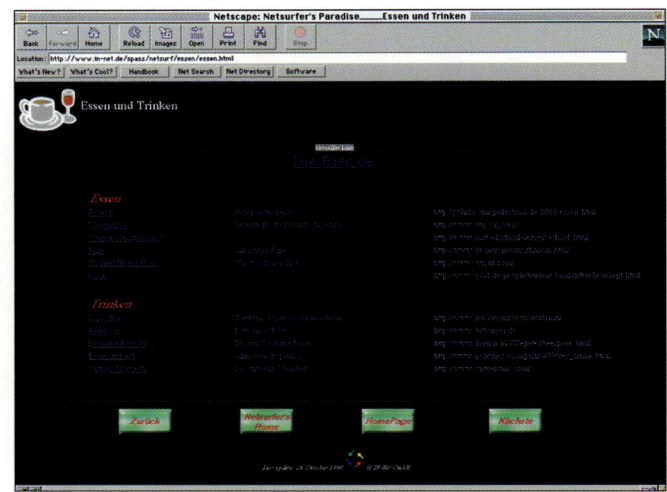

Schwarz ist zwar eine Trendfarbe, als Hintergrund auf dem Bildschirm jedoch absolut ungeeignet. Der an sich schon auf dem Bildschirm unlesbare Text wird so noch mehr zerstümmelt. Das ist kein Fest der Sinne!

Das Lebenswerk des Architekten Mario Botta auf CD-ROM benützt die Farben, die in der Architektur vorherrschen, spielt teilweise sogar mit Schwarzweiss. Eine schrille Farbgebung wäre unglaubwürdig und würde dem Schaffen des Künstlers nicht entsprechen.

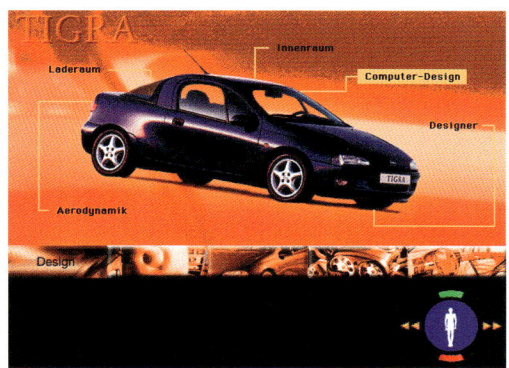

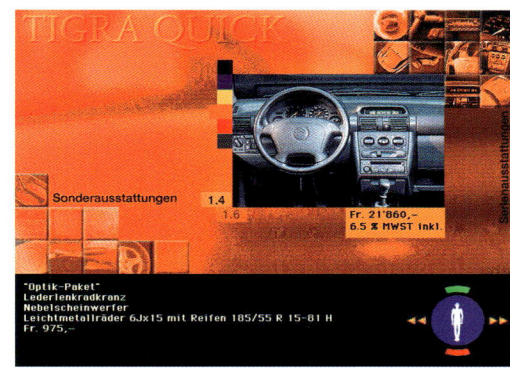

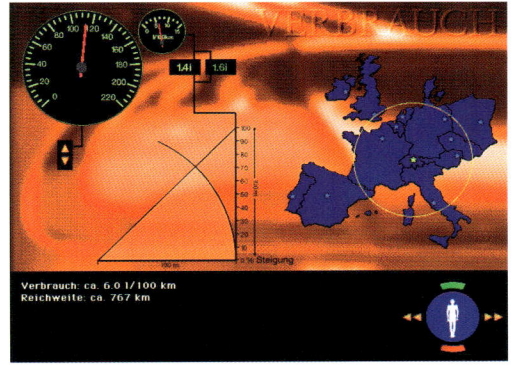

Der Opel Tigra in multimedialer Form präsentiert. Das Auto spricht die junge Generation an – die Farbenpracht verspricht Lebensfreude und Spritzigkeit. Farbe will also gut überlegt eingesetzt werden, obschon sie quasi gratis zur Verfügung steht.

Farben

Weniger Farben, mehr Tempo

16,7 Millionen Farben   256 Farben   16 Farben   8 Farben

Zusammenhang von Bit und Farben

24 bit	16,7 Mio.	Farben	Druck
16 bit	32768	Farben	
8 bit	256	Farben	Multimedia
7 bit	128	Farben	
6 bit	64	Farben	
5 bit	32	Farben	Internet
4 bit	16	Farben	
2 bit	4	Farben	

Auf Seite 310 wurde bereits auf die Probleme des langsamen Bildschirmaufbaus hingewiesen. Bei einer vollen Farbtiefe von 24 bit entstehen automatisch mehr Rechenoperationen, als wenn der Rechner nur 256 Farben verwalten muss. Screendesign bedeutet in jedem Fall die Auseinandersetzung mit der Reduktion der Farben auf ein zumutbares Mass – die Balance zwischen der optimalen Geschwindigkeit und der optimalen Farbgebung.

Bei einem monochromen Sujet merkt man die Reduktion der Farben nicht so offensichtlich wie bei einem «bunten» Bild.

24 bit Farbe, Dateigrösse 1,35 MB.   6 bit Farbe, Dateigrösse 410 kB.

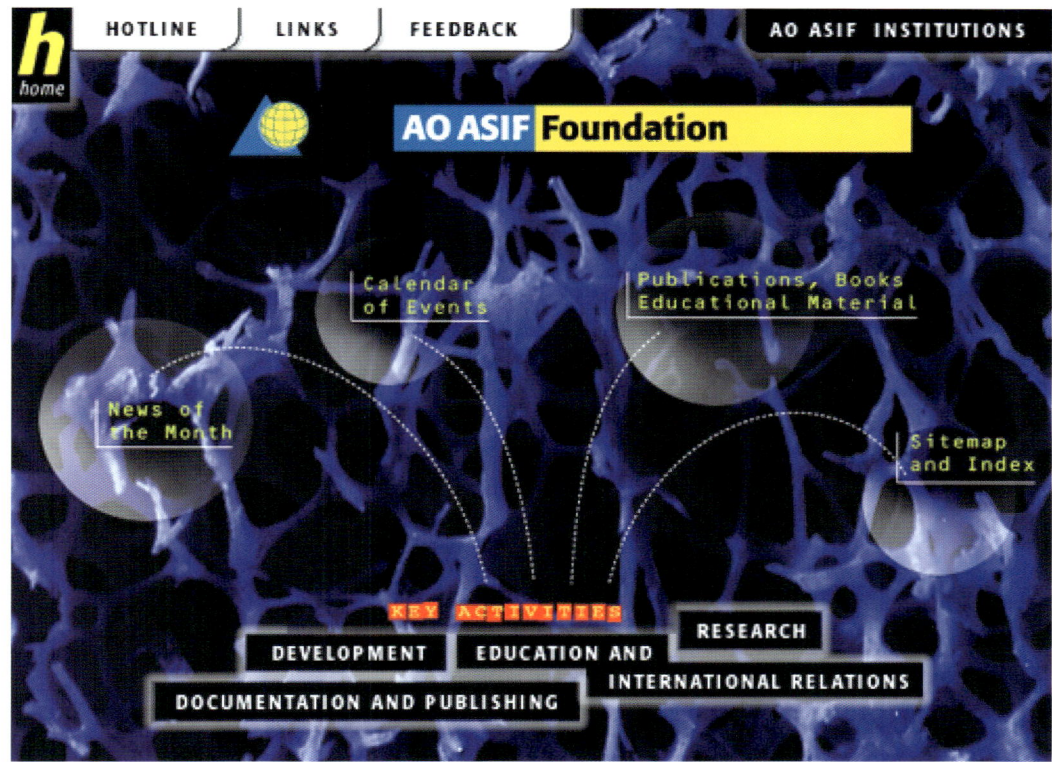

Diese Web-Seite von 550 x 375 Pixel Grösse ist zwar nett anzuschauen, jedoch viel zu langsam, weil zu gross. Im WWW sind Dateigrössen von 30 bis 50 kB wünschbar.

Dateigrössen des Beispiels:
RGB 550 kB
256 Farben 184 kB
GIF 126 kB
JPEG 95 kB

Mit einer ähnlichen Idee, aber in einem Grafikprogramm umgesetzt, nimmt die Datei 600 kB in Anspruch.

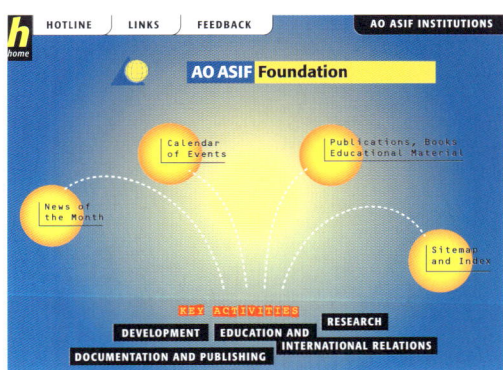
600 kB (Illustrator, EPS)

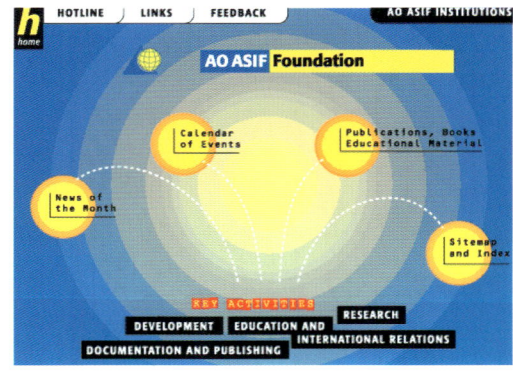
174 kB (Photoshop, 256 indizierte Farben)

Die Aufgabe des Screendesigners ist auch eine technische. Wie kann eine Datei so klein gemacht werden, dass sie trotzdem noch optisch attraktiv wirkt? Der Trick dabei: Die Farben werden so gewählt, dass eine Reduktion auf das Notwendigste möglich bleibt. Zudem wurde die Gesamthöhe nochmals reduziert.

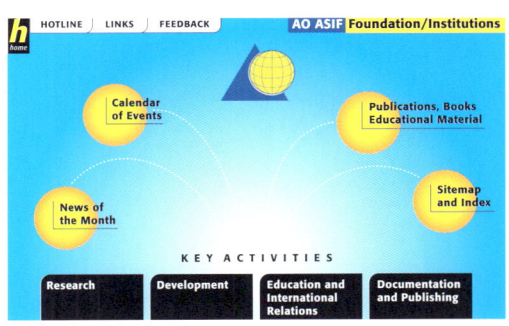
250 kB (Illustrator, EPS)

32 kB (Photoshop, 64 indizierte Farben, Diffusion)

Rastersystem

Satzspiegel für Bildschirmmedien

Bei Multimedia-CDs steht das Lesen nicht im Vordergrund. Da gibts erst mal viel zu betrachten, das Lesen ist sekundär. Allenfalls kommt noch das Suchen und Recherchieren in Frage. Trotzdem ist die Frage berechtigt, was man mit einem Format von 640×480 Pixel anstellen kann. Gibt es gar so etwas wie einen Satzspiegel?

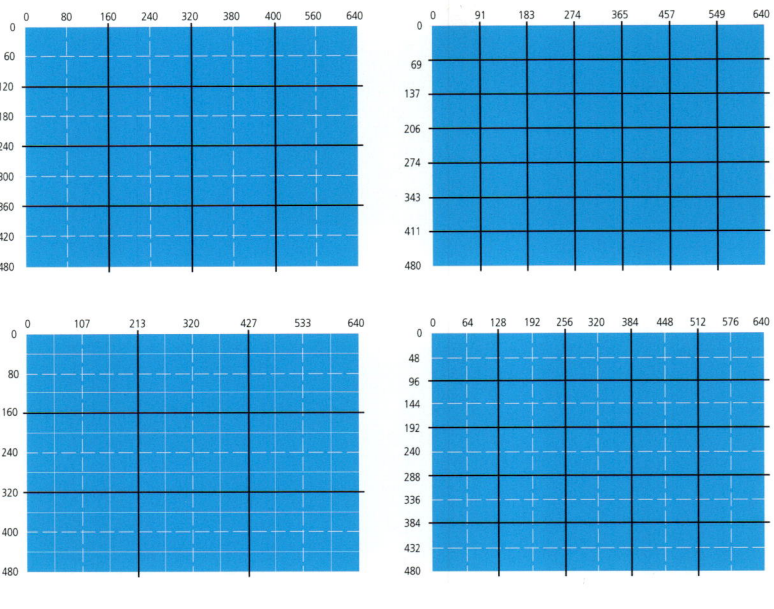

Mit einem Rastersystem lässt sich eine multimediale Gestaltung in idealer Weise konzipieren. Rastersystem heisst nicht monotone Einheitlichkeit. Es kann durchaus ein sehr lebendiges Formenspiel entstehen.

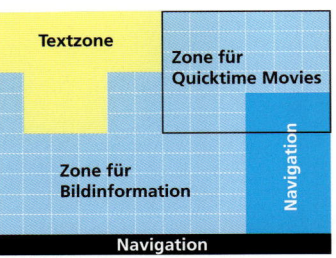
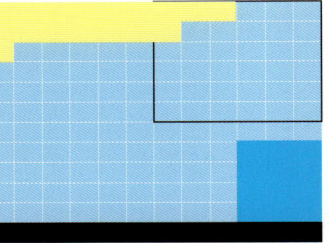
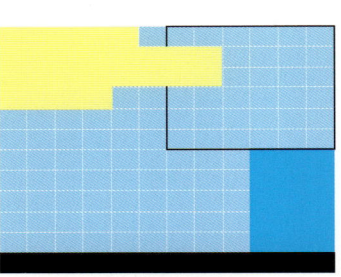

Ein Rastersystem ist einfach herzustellen und grafisch effektvoll.

Es diszipliniert aber auch die Gelüste mancher Screendesignpiraten,

welche naturgemäss zeigen möchten, was sie drauf haben.

Im Multimediabereich halte ich ein Gestaltungssystem für ebenso

hilfreich wie bei Printmedien. Die Benützer finden sich unter einer

einheitlichen Oberfläche schneller und besser zurecht.

Proportionen spielen in der Typografie eine grosse Rolle. Sie kommen als Seitenverhältnisse in den verschiedensten Gestaltungselementen zum Tragen. So etwa die DIN-A-Reihe mit der Proportion 1 : √2, der Goldene Schnitt mit dem Verhältnis 1 : 1,618 (Zahlenreihe 5 : 8 : 13 : 21 : 34). Bilder leben Proportionen deutlich aus: Das langweilige Bildformat 3 : 2 (Kleinbilddia 24×36 mm) oder etwa das Quadrat mit 1 : 1. In der Mikrotypografie kommen Proportionen in der Schrift selber vor als Verhältnis von Mittellänge zu Versalhöhe und in der Buchtypografie kennen wir die Randverhältnisse des Satzspiegels. Eine Multimedia-CD ist heute auf den VGA-Standard 640×480 Pixel eingeschossen. Die Proportion daraus beträgt 4 : 3. Dieses Seitenverhältnis eignet sich wie kein anderes, in Rastereinheiten unterteilt zu werden. Die Abbildung zeigt alle möglichen, regelmässigen Unterteilungen.

Eine solche Unterteilung ermöglicht als Satzspiegelersatz Gestaltungen einer gewissen Ordnung zu unterziehen. Dabei darf selbstverständlich auch gemischt werden: z.B. horizontal eine Fünfer- und vertikal eine Dreier-Einteilung.

Textdarstellung

Das Format 640×480 wirkt eher statisch, ist aber dennoch als Formatstandard akzeptabel. Gegenüber dem Hochformat bringt das Querformat einiges mehr an Flexibilität, weil man den Text vielseitiger gestalten kann. Je breiter das Format, desto mehrspaltiger kann der Text angeordnet werden. Der VGA-Standard und die Bildschirmauflösung von 72 dpi bilden die Grundlage für jedes gestalterische Schaffen. Daraus ist z.B. die Textgrösse abzuleiten: Als Grundschrift gilt 11 oder 12 Punkt noch als lesbar, bei wenigen Bildschirmfonts sogar 10 Punkt. Darunter geht nichts mehr. Im Zusammenhang mit der Schriftgrösse kommt man automatisch zu der Zeilenbreite, die etwa um 38 Buchstaben liegen sollte. Diese Grösse gilt in der Zeitung als Mass aller Dinge. Bei einer 12 Punkt Geneva heisst dies, dass eine Textspalte über maximal einen Viertel der Gesamtbreite laufen darf. Vorausgesetzt natürlich, man habe soviel Text zu vermitteln. Texthäppchen wie Kurzbeschriebe oder Legenden dürfen natürlich auch länger oder kürzer gehalten werden.

Gestaltungskonzept nach einer Rastereinteilung

Richtigerweise platziert man die Navigationselemente am Rand des Geschehens. Beim Mac und bei Windows sind alle Anwender daran gewöhnt, dass in der Menüleiste navigiert wird. Vielleicht ist auch noch ein Quick-Time-Movie zu sehen, aus Kapazitätsgründen einen Viertelbildschirm gross. Auch das Movie lässt sich ins Rastersystem einspannen.

Es bleibt eine Gestaltungsfläche übrig, welche die Hauptbühne darstellt. Auf dieser ist ein Platz vorzusehen, welcher die Titel aufnehmen wird. Die wirklich zu gestaltende Nettofläche ist nun erreicht.

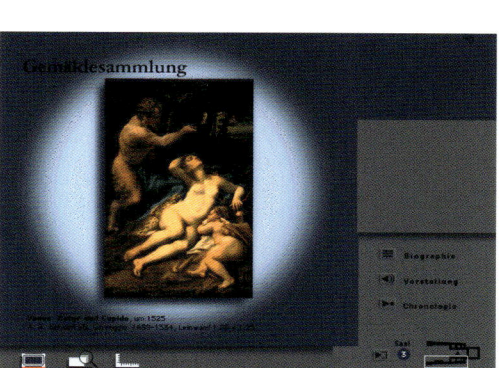

Nach einem 7er-Rastersystem ist diese Multimediaproduktion über den Louvre in Paris aufgebaut, eine Ko-Produktion der Montparnasse Multimedia und der Réunion des Musées Nationaux. Sie ist in Deutsch, Französisch und Englisch erhältlich. Diese vorbildliche Produktion sollte sich jeder Multimediadesigner ansehen.

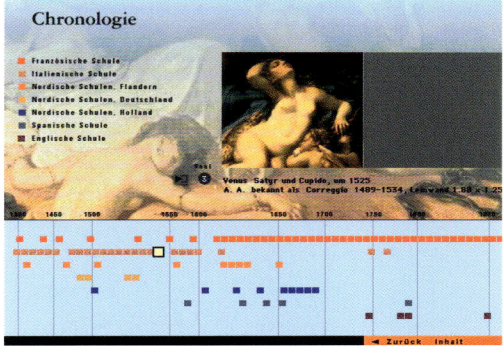

Navigation

Wegweiser im Datensalat

Anders als Printmedien stellen sich elektronische Werke komplexer dar. Das Modell «Panoramatafel» (von rechts nach links und von oben nach unten) haben wir alle von klein auf gelernt. Neu müssen wir uns räumlich orientieren.

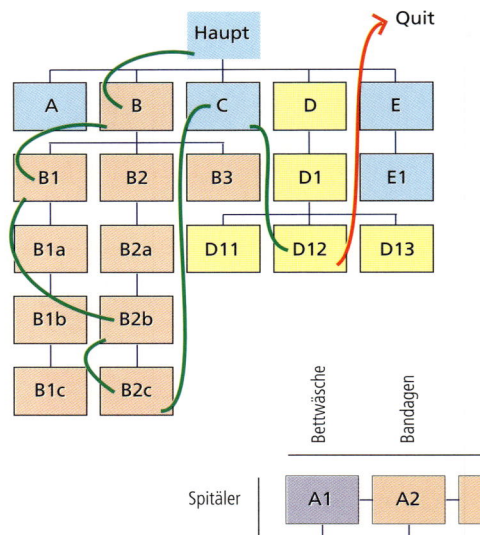

Der hierarchische Suchbaum ist die bekannteste Datenstruktur. Die Navigation erfolgt über den «Dienstweg» treppauf, treppab, hin und zurück. Unten: Die verbesserte Variante des Suchbaumes ermöglicht ein direktes vertikales und horizontales Navigieren zwischen den einzelnen Informationen.

Bedeutung

Der Inhalt kann nur gerade so gut konsumiert werden, wie sich der Anwender im Datendschungel zurechtfindet. In einer räumlich vernetzten Datenstruktur möchte sich niemand verirren, obwohl der Begriff «verirren» des öftern schon mit «surfen» positiv besetzt wurde. Man kann sich nicht mehr darauf verlassen, dass sich alle Anwender von vorn bis hinten durch die Informationen durchtanken. Im Internet ist es mit den Links möglich, dass sich plötzlich «Quereinsteiger» auf der Web Page befinden. Bei einer Multimedia-CD liegen die Daten vollständig und komplett da. Die Benutzerführung gleicht einem grossen Museum mit diversen Gebäuden, Sälen und Stockwerken.

Die Datenstruktur

Clement Mok sagt in seinem Buch «Designing Business»: «Start small, end up big!» Will auch heissen: Vergälle einem Anwender die Freude nicht gleich zu Beginn mit einer komplizierten Struktur. Gib ihm erst die Chance zu lernen, wie man navigiert. Vermittle ihm ein Erfolgserlebnis.

Die Datenstruktur muss logisch aufgebaut sein. Es gibt verschiedenen Modelle: das typischste ist die Hierarchie oder der Suchbaum. Von einem Informationselement verästelt man sich immer feiner. Daneben gibt es jedoch auch «chaotische» Modelle, wie z. B. eine relationale Datenbank, die Beziehungen unter den Daten herstellen kann. Ein anderes Modell ist die «Diashow», die ein Bild nach dem andern abspielt.

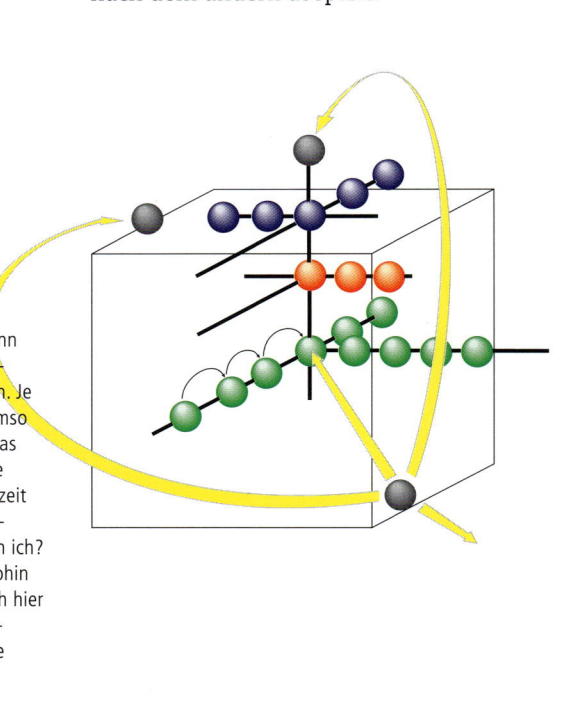

Die Matrix-Struktur kann zwei- oder mehrdimensional angelegt werden. Je mehr Designachsen, umso anspruchsvoller wird das Oberflächendesign. Die Anwender sollen jederzeit folgende Fragen beantworten können: Wo bin ich? Woher komme ich? Wohin kann ich? Was kann ich hier tun? Wie kann ich aussteigen? Wie bekomme ich Hilfe?

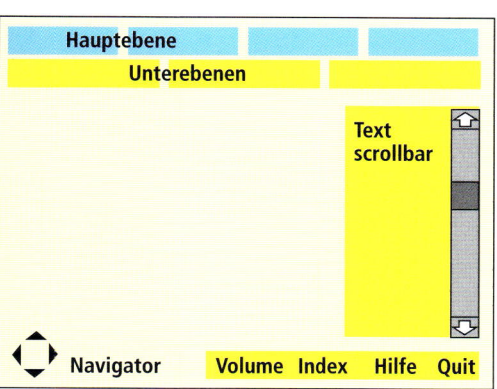
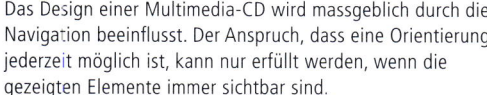

Das Design einer Multimedia-CD wird massgeblich durch die Navigation beeinflusst. Der Anspruch, dass eine Orientierung jederzeit möglich ist, kann nur erfüllt werden, wenn die gezeigten Elemente immer sichtbar sind.

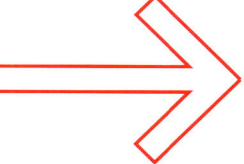

Symbole als Navigationsinstrumente sind zwar sprachunabhängig, sie haben jedoch den Nachteil, dass sie nicht eindeutig sind. Der Pfeil zeigt in eine Richtung, sagt aber nie, wohin es denn genau geht. Ein Wort (als Button gestaltet) bringt hingegen Klarheit.

Anwender sehen es der Homepage oder der CD nicht an, mit welcher Architektur gearbeitet wurde. Eine Grundforderung an elektronische Publikationen ist die: Man muss sich jederzeit orientieren können. Das heisst, dass man jederzeit an einen bestimmten Ausgangspunkt zurückkehren kann. QuickTime-Movies, oder Sprachsequenzen, die nicht abbrechbar oder überspringbar sind, werden nach dem vierten Anhören lästig.

Die magische 7

Je komplexer die Datenstruktur, desto anspruchsvoller wird die Anforderung an die Navigation. Eine Grundregel besagt, dass man nicht mehr als sieben Elemente auf der Seite platzieren soll. Mehr als sieben kann der Mensch nicht mehr gleichzeitig ordnen. 20 Buttons auf einer Seite machen keinen Sinn, sie müssen auf zwei oder drei Hierarchieebenen aufgeteilt werden.

Navigationsmöglichkeiten

Es gibt drei Möglichkeiten der Navigation:
1. Verändern des Inhaltes. Wenn mit dem Cursor eine Stelle auf dem Bildschirm überfahren wird, verändert sich diese (*vor* dem Klicken). Eine häufige Variante ist das Aufleuchten eines Objektes mit einer Aura. Dabei ist es nicht unbedingt nötig, dass der Cursor beteiligt ist. Ein selbstständiges Aufleuchten oder Verändern eines Objektes zieht den Anwender automatisch in seinen Bann, z. B. das blinkende «last news» im Internet.
2. Wenn mit dem Cursor über eine anklickbare Stelle gefahren wird, verändert sich die Cursorform. Excel macht z. B. als Auswahlcursor ein Kreuz, der Macintosh-Finder zeigt die Uhr als Wartezeichen und im Internet mutiert der Cursor zum Zeigehändchen, sobald er auf einen Link geführt wird.
3. Mit der Sprache kann der Anwender ebenfalls geführt werden: der Ton «Klicken Sie ins Bild» befiehlt die notwendige Aktion.

Zeichenstandards

Wer sich auf dem WWW tummelt oder in CDs navigiert, stellt fest, dass er auf eine internationale Zeichensprache reagiert. Einzelne Icons oder Piktogramme sind mehrdeutig und deshalb nicht unbedingt für die Navigation geeignet. Bedeutet ein Pfeil nach oben «Ausstieg» oder «Weiter»? Ein Kreuz «Ausstieg» oder «Halt»? Bedeutet das Wort «EXIT» Ausstieg aus der CD oder nur aus dem Kapitel? Klare Piktogramme sind wichtig und müssen konzeptionell geplant und gestaltet werden. Nur wenn sie sich einheitlich klar präsentieren, fühlt sich der Anwender schnell wohl in ihrem Gebrauch. Irreleitende Verkehrssignale mögen wir doch auch nicht, oder?

Der Einsatz von Grün, Blau und Rot gestattet die Assoziation mit den Verkehrszeichen, ein roter Punkt signalisiert «Halt», Rot ist die Farbe des Verbotes. Ein grüner Punkt zeigt «Freie Fahrt», Blau markiert Hinweise und Richtungen.

Navigationssymbole

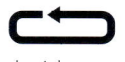

Eintrittstore

Beim gedruckten Medium ist klar erkennbar, was vorn und hinten ist. Die Datenstruktur liegt zweidimensional vor. Als Eintrittstore bezeichne ich das Lesen/Betrachten aus einer bestimmten Interessenslage heraus. Eine Fachzeitschrift zeigt zu diesem Zweck ihr Inhaltsverzeichnis – je nach Gelüsten kann der Anwender direkt zur Information gelangen. Um weitere Informationen zu erhalten, muss er dann allerdings wieder zurück zum Inhaltsverzeichnis, wenn er gezielt vorgehen will. Eine direkte Beziehung oder ein Verweis zwischen den einzelnen Themen ist nicht vorhanden. (In diesem Buch habe ich mit den Querverweisen versucht, die Verbindungen zwischen einzelnen Themen herzustellen.)

Das Suchen entspricht daher dem Modell Suchbaum, führt immer zum Inhalt zurück. In den elektronischen Medien ist es besser möglich, nach allen möglichen Selektionskriterien in ein Thema einzusteigen.

Navigation in der CD «Vögel im Siedlungsraum»

Ich möchte nun am Praxisbeispiel erläutern, was ich unter mehrdimensionaler Datenstruktur verstehe.

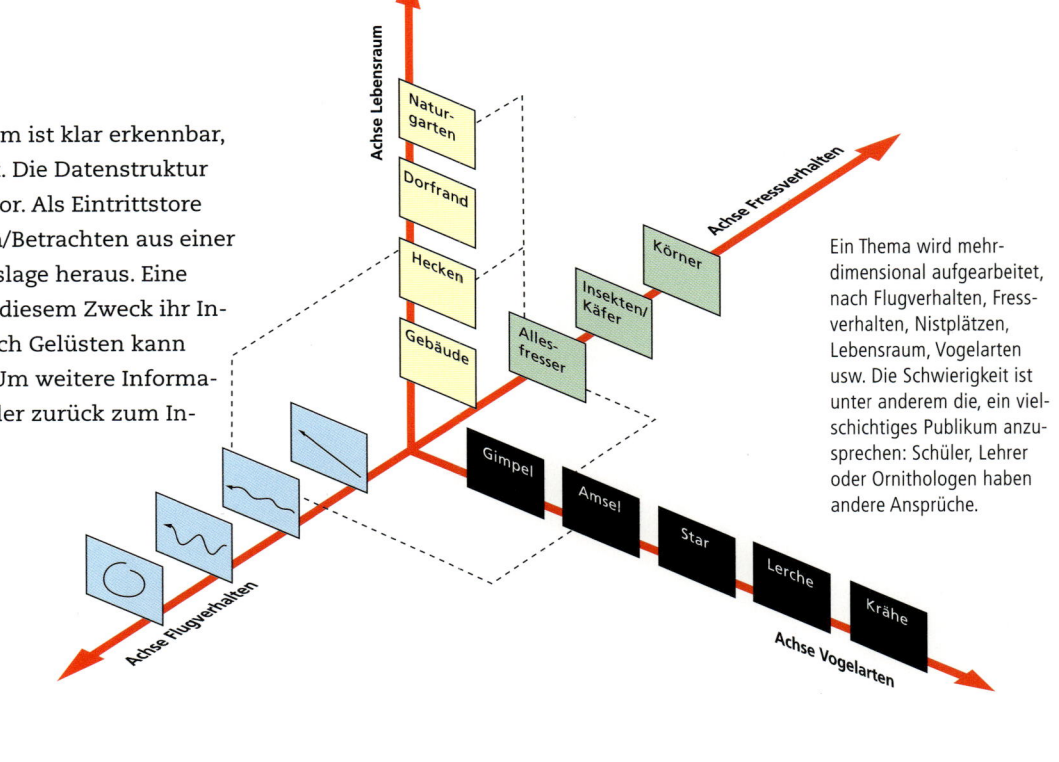

Ein Thema wird mehrdimensional aufgearbeitet, nach Flugverhalten, Fressverhalten, Nistplätzen, Lebensraum, Vogelarten usw. Die Schwierigkeit ist unter anderem die, ein vielschichtiges Publikum anzusprechen: Schüler, Lehrer oder Ornithologen haben andere Ansprüche.

In der Navigation dient der scrollbare graue Balken zur Navigation innerhalb einer Hierarchie. Im schwarzen Balken gelangt man in andere Ebenen.

Die CD «Vögel im Siedlungsraum» kam 1997 als Lehrmittel in einer Gemeinschaftsarbeit des Schweizer Vogelschutzes SVS mit Multimediaspezialisten zu Stande. Sie hat zum Ziel, Schülern und Ornithologie-Interessierten die Vogelwelt um uns herum näher zu bringen. Das Thema wurde von verschiedenen Seiten her aufgearbeitet. Zentral im Mittelpunkt steht der Lebensraum von etwa 40 Vogelarten – es handelt sich also nicht um eine vollständige Enzyklopädie.

Es gibt nun verschiedene Interessenslagen, auf die man eintreten kann: Den Lebensraum, die Silhouette beim Flug, das Fress- oder das Brutverhalten. Je nachdem, welche Information der Anwender sucht, kann er über verschiedene Eintrittstore zu der gleichen Information, z. B. zum Gimpel, gelangen.

Die Navigationsleiste oben ist scrollbar und erlaubt, dass sowohl vor- und zurücknavigiert als auch über ganze Kapitel gesprungen werden kann. Sie bleibt immer sichtbar, somit läuft der Anwender nicht Gefahr, die Übersicht zu verlieren.

Gut gelöst ist auch die mediengerechte Information: Vögel können anhand ihrer Stimme bestimmt werden oder dann ist ein spielerisches Entdecken angesagt. Jeder abgefragte Vogel kann aus einer Schar mit einer Kamera fotografiert werden, der Film wird im Labor entwickelt – als Resultat erhält man die Anzahl der «Treffer» (Abb. rechts).

Auch dies gehört zur mediengerechten Navigation: Nicht nur Belehrung, sondern spielerischer Umgang mit der Materie.

Informationen, Erklärungen, Vogelstimmen, Tests mit Erfolgserlebnissen in einer vernetzten Datenstruktur.

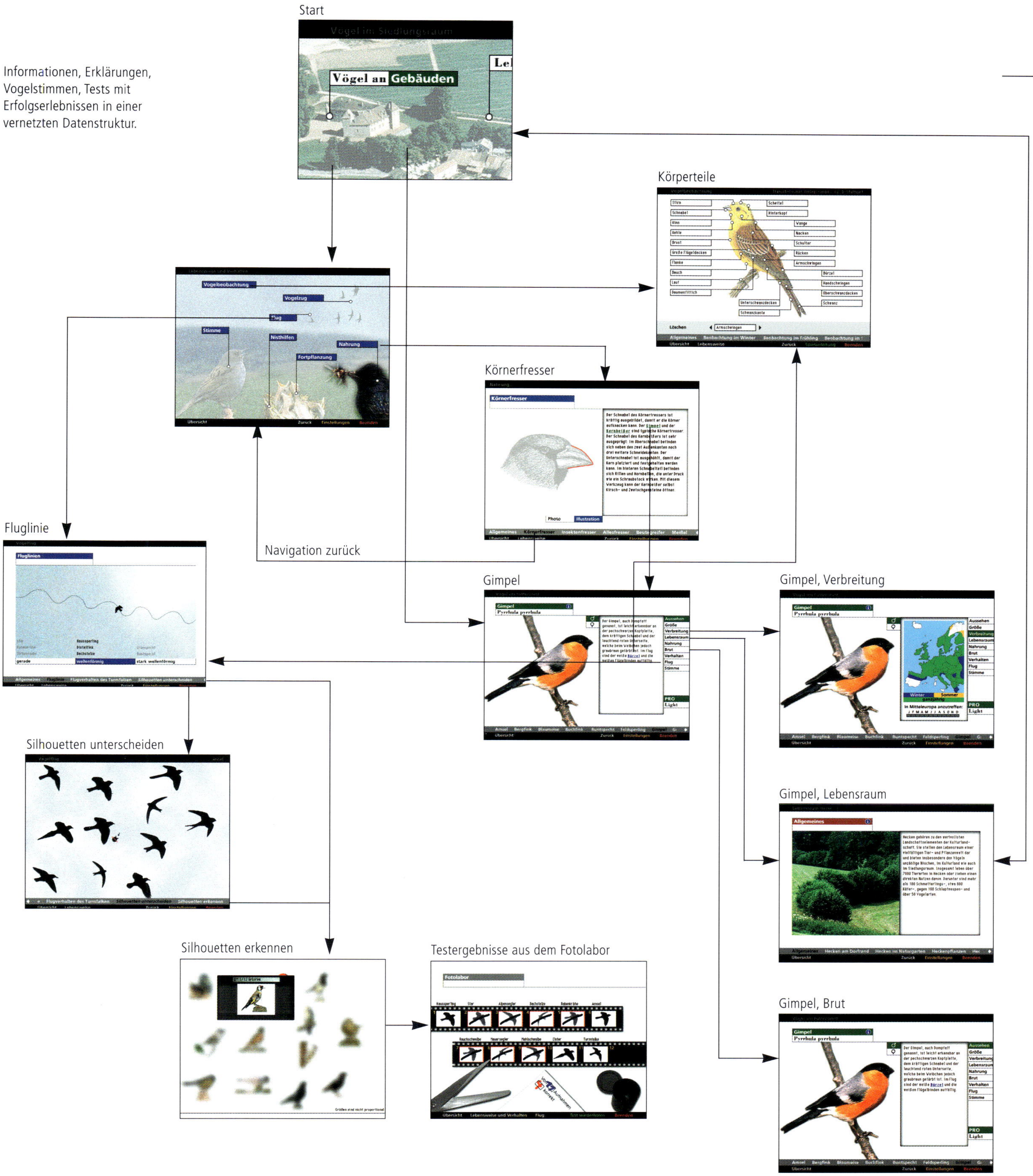

Start

Körperteile

Körnerfresser

Fluglinie

Navigation zurück

Gimpel

Gimpel, Verbreitung

Silhouetten unterscheiden

Gimpel, Lebensraum

Silhouetten erkennen

Testergebnisse aus dem Fotolabor

Gimpel, Brut

Projekt

Eine CD selber herstellen

Hochwertige mediengerechte Multimediaproduktionen stellen wesentlich höhere Anforderungen an Produzenten als Printprodukte. Sie sind von der Benutzerseite her gesehen und vom Aufbau der Datenstruktur anspruchsvoller. Und schliesslich können auch gestandene Designer nicht automatisch mit der Bewegung (Film/Animation) und mit dem Ton umgehen. Die logische Konsequenz daraus: Gute Produktionen entstehen, wenn sich Spezialisten zu Teams zusammentun.

Gestatten Sie mir, dass ich zum Schluss ein paar Ideen präsentiere, wie man als Printmediendesigner zu neuen Märkten gelangt. In unserer Agentur R. Turtschi AG, Visuelle Kommunikation, Zürich, entstehen seit über 10 Jahren Druckerzeugnisse, gestaltet mit Apple Macintosh. Für die Kundenwerbung haben wir vor Jahren eine Broschüre herausgegeben, welche unsere Dienstleistungen in Wort und Bild vorstellt. Heute ist die Präsenz und Dienstleistung in den Märkten «CD» und «Internet» gefragter denn je. Wie will man, ohne praktische Erfahrung und Ausbildung, als Gestalter Multimediaprojekte angehen? Was liegt näher, als das Lehrgeld am eigenen multimedialen Firmenprofil zu bezahlen? Die dabei gemachten Erfahrungen können an die Kunden weitergegeben werden.

Konzeptarbeit

Wie beim Printmedium gilt es auch bei der elektronischen Information, sich mit der zu vermittelnden Botschaft und dem Zielpublikum auseinander zu setzen. Ohne konzeptionelle Gedanken ist keine CD zu machen. Als Zweites steht die Frage an, auf welche Art

Etwas über Konzeptarbeit in Printmedien erfahren Sie auf Seite 93, Kommunikationsziele sind auf Seite 46 erklärt.

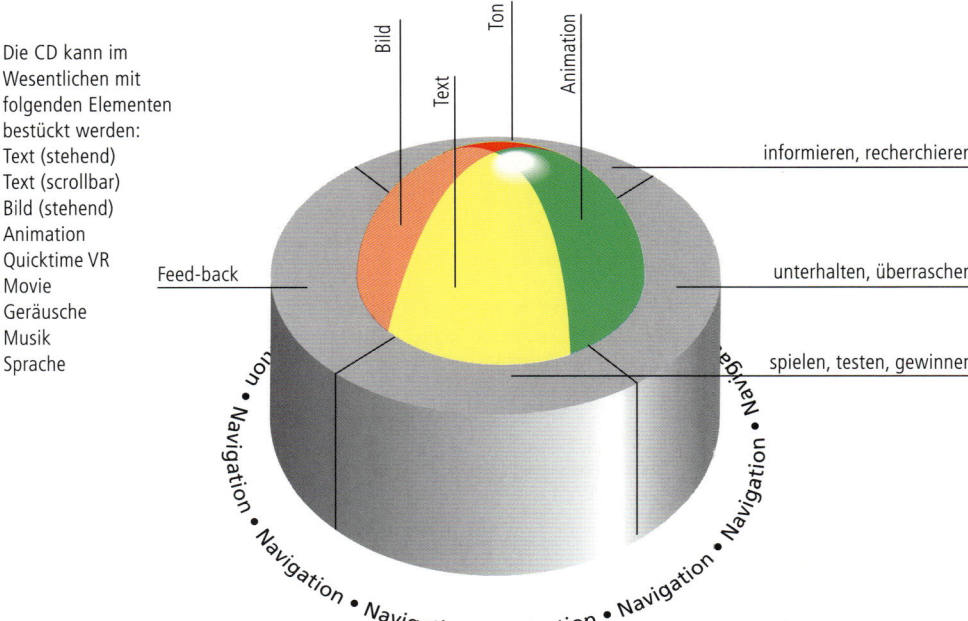

Die CD kann im Wesentlichen mit folgenden Elementen bestückt werden:
Text (stehend)
Text (scrollbar)
Bild (stehend)
Animation
Quicktime VR
Movie
Geräusche
Musik
Sprache

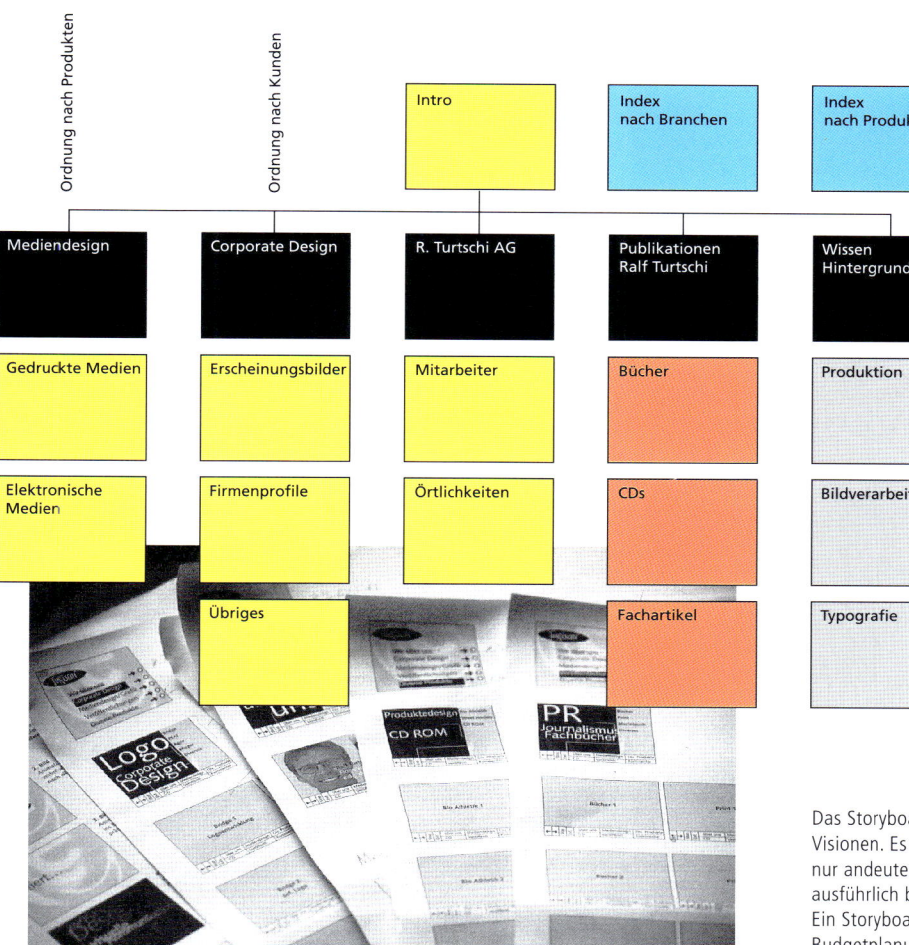

Das Storyboard «skizziert» Visionen. Es kann die Ideen nur andeuten oder sehr ausführlich besprechen. Ein Storyboard kann zur Budgetplanung Aussenstehenden helfen, den Aufwand richtig abzuschätzen.

Die Begründung dazu ist auf Seite 310 zu lesen.

und Weise man die Anwender «abholen» möchte: Sind es Jugendliche, ist eine eher spielerische Ansprache angezeigt, sind es eher nüchtern denkende Geschäftsleute, gilt es, klar und strukturiert zu arbeiten. Auch bei einer CD kann ein Feed-back nützlich und sinnvoll sein. All diese Ansprechmöglichkeiten liegen gleich einem Ring um die eigentlichen Informationen Bild, Text, Animation und Ton. Die kreativen Lösungen sind durch die Kapazität der Macher, den Aufwand, das Budget und verschiedene andere Rahmenbedingungen eingeschränkt.

Nicht die alles umfassende CD ist die Erfolgreiche – vielfach ist weniger mehr.

Kommunikationsziele

Mit unserem multimedialen Unternehmensprofil wollen wir natürlich unser gestalterisches Schaffen vorstellen. Daneben soll auch allerhand Wissenswertes vermittelt werden. Damit möchten wir jene erreichen, die an unseren Diesntleistungen interessiert sind, und zweitens jene, die an gestalterischen Themen Gefallen finden.

Ressourcen

Gestalter können ohne weiteres viel von der anstehenden Arbeit selber übernehmen: Konzept, Storyboard, Screendesign. Man kommt jedoch nicht umhin, die Zusammenarbeit mit externen Kräften zu suchen: In unserem Fall ist dies ein Programmierer und ein Meister des Faches Ton. Ob man später auch noch Videos oder QuickTime VR einsetzen will, ist zu Beginn meistens noch unklar. Die Qualität lässt heute noch zu wünschen übrig. Ich bin der Meinung, dass man zwar alles selber machen kann, ob dies jedoch zu professionellen Resultaten führt und auch noch einigermassen wirtschaftlich ist, bleibe dahingestellt.

Storyboard

Aufgrund eines schriftlichen Rahmenkonzeptes mit Kommunikationszielen, Zielpublikum, Budget und Visionen wird ein Storyboard ausgearbeitet, welches als roter Faden dient. Das Storyboard macht Visionen sichtbar, skizziert die Ideen als gedachte Abfolgen. Dabei kann man natürlich bereits «mehrkanalig» denken, Ton und bewegtes Bild bereits integrieren.

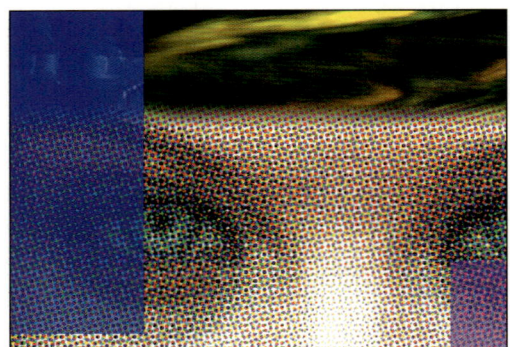

Ein Intro als animierte Sequenz zu Beginn der CD sollte nur wenige Sekunden kurz ausfallen. Man bedenke, dass die Anwender bei wiederholtem Einlegen der CD immer wieder das gleiche Filmchen vorgesetzt bekommen. Dies sollte nicht nerven.

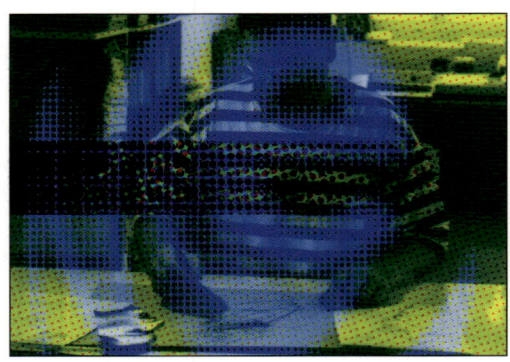

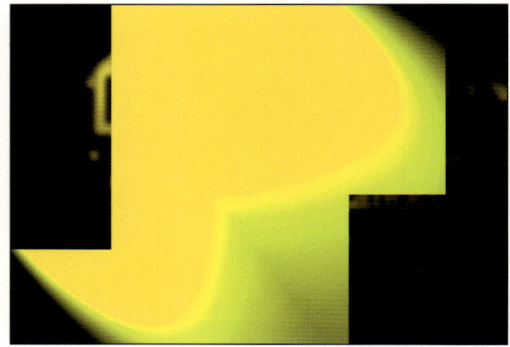

Mit sanftem Zwang kann dem Anfänger vermittelt werden, wie er später zu navigieren hat.

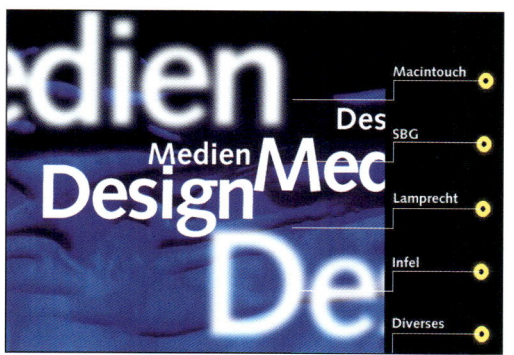

Durch Anklicken der einzelnen Produkte wird auf Grossaufnahme gezoomt.

Die stehende Navigationszeile ermöglicht die einfache Orientierung durch die fünf «Kapitel». Ein Ausstieg ist jederzeit möglich. Wer den Info-Button anwählt, erhält Textinformationen zu den gezeigten Produkten eingeblendet.

Bio Athletik vertreibt natürliche Bienenprodukte als Ergänzungsnahrung für Spitzensportler. Corporate Design, Briefschaften, Mailings, Verpackungslinie.

Jazz Point, eine Dixieland-Jazzband. Entwurf von Logo und Flyer.

Ein Klick auf die Signete und Logos löst eine kleine animierte Sequenz aus. Die Sequenz kann selbstablaufend gestaltet oder dann muss sie Bild für Bild abgerufen werden.

Verlag Macintouch. Schweizer Fachzeitschrift für Apple Macintosh Anwender. Erscheint sechsmal jährlich. Gestaltung und Produktion, Mediadaten, Geschäftsdrucksachen, Abowerbung.

Street Hockey, die Sportart für Inline-Skater. Entwurf von Logo, Geschäftsdrucksachen und Flyer für Eventveranstaltung.

UBS Union Bank of Switzerland. Konzept für eine Broschürenreihe.

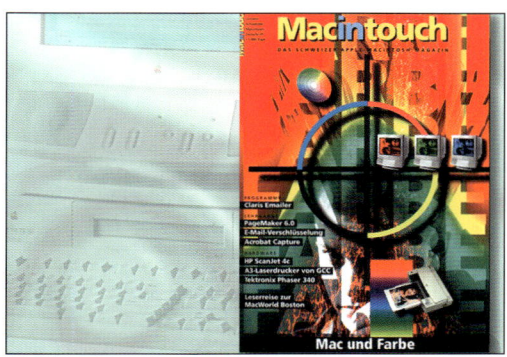

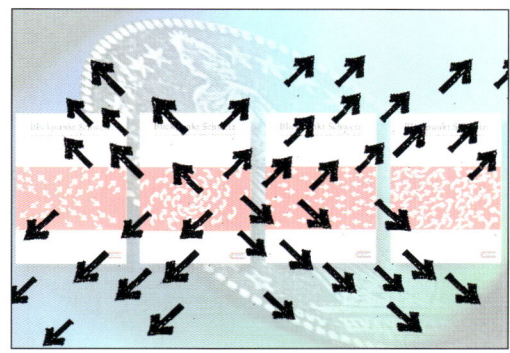

AO International, Arbeitsgemeinschaft für Osteosynthesefragen, Davos. Corporate Design.

Lamprecht AG, Zürich Handelsunternehmen für Spitäler, Apotheken, Drogerien und Sanitätsfachgeschäfte. Kataloge, Mailings, Kundenmagazin.

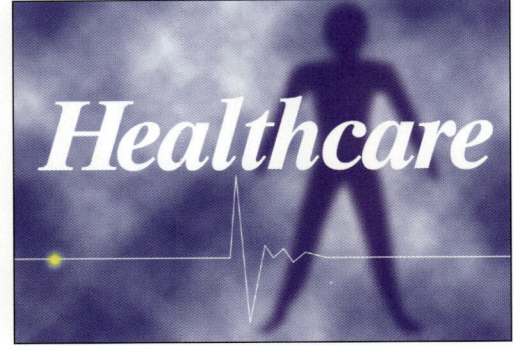

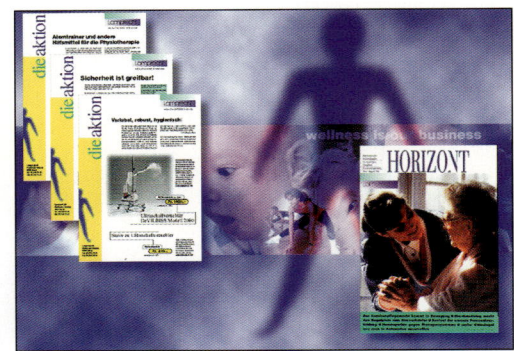
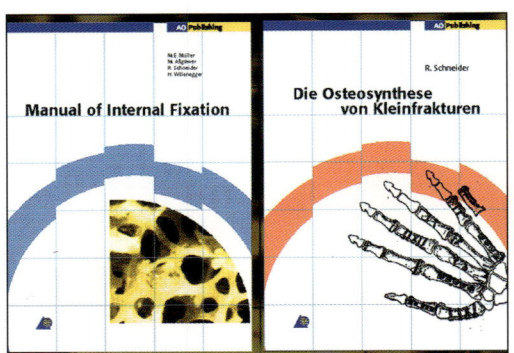

Screendesign-Empfehlungen

Allgemeines
- Bildschirm und Auflösung = kleinster, gemeinsamer Nenner.
- Ergonomie beachten: Die meisten Konsumenten sind gezwungen, die Information an einem fixen Ort abzurufen, sitzend und in einer entsprechenden Umgebung (Licht). Das heisst, dass man sie nicht zusätzlich mit ungünstiger Gestaltung «knebeln» darf.
- Plattformunabhängigkeit: Die Anwendung sollte auf möglichst vielen Plattformen laufen, also z. B. hybrid sein oder im Fall des Internets auf verschiedenen Browsern laufen.
- KISS = Keep It Small and Simple.
- Informationsgehalt: Die vollste Applikation ist nicht zugleich auch die beste. Keine Anreicherung mit irgendwelchem Ramsch.
- Sound: Intelligent und passend eingesetzt, zurückhaltend und in der Lautstärke verstellbar.
- Funktionierend: Die Applikation muss absturzfrei funktionieren.
- Nutzungswert: Die CD soll eine echte Bereicherung darstellen und nicht nach einmaligem Gebrauch langweilen.

Multimedia
- Die Applikation wird für Computerbenutzer geschrieben, die eine gewisse Ahnung haben.
- Klarheit: Die CD sollte auch für Anfänger geeignet sein.
- Navigation: Die Anwender sollen jederzeit selbst entscheiden können, wie sie navigieren möchten. Beschleunigung, Überspringen, Verlangsamung oder der Ausstieg soll jederzeit möglich sein.
- Die CD muss Interaktionen auslösen: Der Such- und Spieltrieb soll über blosses Klicken mittels Navigation aktiviert werden.
- Unterhaltungswert: Viel mehr als bei Printmedien darf die CD humorvoll sein und Unterhaltung oder Überraschung bieten.
- Anziehungskraft: Die multimedialen Vorteile sollen voll ausgeschöpft werden. Ton, Farben und bewegtes Bild lassen mehr zu als ein Vor-und-Zurück-Blättern.

- Buttons: Klare Navigation und erkennbare Schaltflächen verhindern ein Umherirren. Symbole sind nicht eindeutig, mit Texten versehene Buttons weisen klar den Weg.
- Logisch strukturierter Aufbau, keine zu komplizierten Verästelungen.
- Die magische 7 berücksichtigen: Der Mensch kann gleichzeitig nur 7 Dinge erfassen und strukturiert ordnen. Der Bildschirm darf also nicht mit Informationshäppchen überquellen.

Grafik
- Schönheit versus Schnelligkeit: Die Anwendung sollt so ausgelegt sein, dass sie auch auf nicht sehr komfortabel ausgerüsteten PCs läuft.
- Hintergründe sind zwar schön, dürfen aber die Vordergrundinformation nicht zu stark stören.
- Soviel Design wie nötig – nicht wie möglich
- Übereinstimmung zum Corporate Design überprüfen, evtl. dieses anpassen.
- Angenehme Farbkontraste, keine Farben, die sich «beissen».

Text
- Schriftgrösse nicht unter 10 bis 12 Punkt.
- Serifenlose Schriften verwenden.
- Magere, normale oder halbfette Schriften verwenden.
- Kursive Schriften vermeiden.
- Keine Versalien.
- Keine Negativschriften für den Lauftext.
- Keine Leucht- oder Flimmereffekte durch ungeeignete Farben des Textes und des Hintergrundes.
- Deutliche Abstufungen in der Grösse oder im Charakter.
- Häppchenweise Aufteilung der Informationen: Gute Gliederung, keine Bandwürmer von Text.

Biografie des Autors

Ralf Turtschi, geboren am 22. Mai 1955, hat sein Metier von der Pike auf gelernt. Mitte der Siebziger, als viele Druckereien vom Blei- auf den Fotosatz umstellten, vervollständigte er seine Schriftsetzerausbildung als Fotosetzer, Reinzeichner, Layouter und Produktioner. Während eines dreijährigen Studiums zum dipl. Techniker TS fand er ein berufliches Betätigungsfeld im Aussendienst einer Druckerei. Später trat Ralf Turtschi eine Stelle beim damaligen SVGU an, dem Schweizerischen Verband Graphischer Unternehmen (heute VISCOM), um sich dort dem beruflichen Nachwuchs zu widmen. In dieser Zeit entstand eine ganze Reihe von Berufsbroschüren, Prospekten, Tonbildschauen, Imagebroschüren, Lehrmitteln und Fachartikeln über die Berufe der grafischen Branche. Von dieser schöpferischen und journalistischen Arbeit angetan, entschloss sich der Autor zu einem weiterführenden Studium mit dem Abschluss zum diplomierten Public Relations Berater.

1986 folgte der Sprung in die Selbständigkeit. Die ersten Aufträge kamen von seinem ehemaligen Arbeitgeber, der in Sachen Corporate Identity Beratung suchte. Kurz darauf stand ein Macintosh SE auf seinem Schreibtisch. Ausgerüstet mit für damalige Zeiten komfortablen 1 MB RAM, einer 20 MB Festplatte und dem LaserWriter Plus erfuhr er die Desktop-Publishing-Entwicklungen der ersten Stunde.

1987 konzipierte der Autor das schweizerische Macintosh-Magazin «Macintouch», welches fortan alle zwei Monate auf der Apple-Plattform gestaltet, gesetzt und belichtet wurde.

1988 folgte die Gründung der R. Turtschi AG, Visuelle Kommunikation, Zürich. Heute bietet das kleine Designteam ein umfassendes Kreativpaket vom Konzept über den Text bis hin zur Gestaltung und Produktion von Printprodukten und elektronischen Medien an: Für die unterschiedlichsten Kunden aus Dienstleistung, Gewerbe und Industrie werden Corporate-Design-Aufgaben realisiert, Werbemittel entworfen, Verpackungen, Kataloge, Kunden- und Mitarbeitermagazine kreiert.

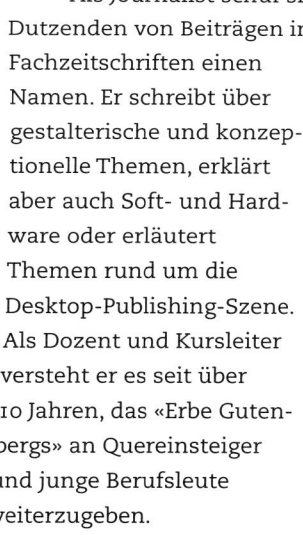
Ralf Turtschi

Ralf Turtschi ist ein Verfechter solider Denkarbeit, die mit einem Schuss Intuition und Kreativität angereichert wird. Dabei verschliesst er sich Designtrends keineswegs, sieht jedoch Intuition und Selbstverwirklichung erst *nach* der Denkarbeit. Er versteht sich weder als Regelfanatiker noch als Rasterpunktzähler, versucht viel eher zu differenzieren und zielpublikumsgerecht zu gestalten. Dank seiner vielseitigen Ausbildung kann der Autor auf ein Generalistenwissen bauen, von welchem die Auftraggeber gerne profitieren.

Als Journalist schuf sich Ralf Turtschi mit Dutzenden von Beiträgen in unterschiedlichen Fachzeitschriften einen Namen. Er schreibt über gestalterische und konzeptionelle Themen, erklärt aber auch Soft- und Hardware oder erläutert Themen rund um die Desktop-Publishing-Szene. Als Dozent und Kursleiter versteht er es seit über 10 Jahren, das «Erbe Gutenbergs» an Quereinsteiger und junge Berufsleute weiterzugeben.

1994 schuf Ralf Turtschi mit seinem Erstling «Praktische Typografie, Gestalten mit dem Personal Computer», ein Standardwerk, welches im In- und Ausland grosse Beachtung fand.

Sachregister

A
Abbildungsqualität 204
Abstand, Legende 237
Abstände, Kasten 191
Abonnierte Zeitungen 114
Actionbild 222
Adhäsion, Farbe 241
Aktualität 21
Amtliche Anzeiger 25
Analyse 44, 93
analoge Kommunikation 49
Anbietermarkt 67, 306
Anilox 238
Animation 311
Annonce 40
Anrissbilder 218
Anreisser 129, 218
Antialiasing 317
Anzeigen 40, 70
Anzeigenkonzept 95
Anzeigenplatzierung 142
Arbeitsablauf 98
Arbeitsspeicher 310
Architektur, Zeitschrift 54, 250
ASCII 343
Aufdecktechnik 311
Auflagen und Entwicklungen von Zeitungen und Zeitschriften 26, 28
automatischer Zeilenabstand 174
Auflösungen berechnen 298
Auftragsbeschrieb 93
Aufwand 39, 100
Augen 47, 60
Augensprünge 61, 147, 150, 152
Ausgangszeile 148, 280
Ausklappseite 105
Ausschiessen 104
Autorenbriefing 280
AZ-Tarif 114

B
Baud 308
Bauhaus-Ära 55
Beilagen 95
Belichtung 297
Bericht 35
Berliner Format 129
Beschnitt 39
Beschnitt, Anzeigen 41
Betrachtungseinheit 50, 264
Beurteilungskriterien 247
Bezugsquellenregister 95
Bilanz eines Printmediums 39
Bild, Medienwelt 199
Bild, Digitalisierung 294
Bild, Vergrösserungsmassstab 298
Bild-Text-Mischung 251, 288
Bildagenturen 101, 120, 200
Bildanteil 266
Bildarten 200, 222
Bilddatenbank 101, 284
Bildeffekte 285
Bilder, Anriss 218
Bilder freistellen 230
Bilder inszenieren 212
Bilder, randabfallend 280
Bilder skalieren 298
Bildergeschichte 218
Bilderklau 19
Bildform 290
Bildformate 224
Bildgrössen 214
Bildgruppe, Cluster 216
Bildlegende 234
Bildmanipulation 232
Bildpixel 294
Bildproportionen 225
Bildqualität 298
Bildqualität, kommunikativ 202
Bildqualität, kreativ 202
Bildqualität, technisch 206
Bildquellen 200
Bildrahmen 231, 290
Bildretusche 222
Bildschirm, Darstellung Text 312
Bildschirm, Technik 312
Bildschirmaufbau 322
Bildschirmgrösse 313
Bildschirmschriften 315
Bildschirmtext 305
Bildschnitt 211, 222, 224
Bildstrecke 217
Bildtotale 205, 226
Bildunterschrift 234
Bildverfremdung 232
bit 322
Blattstruktur 54
Bleiwüste 150
Blickbewegung 50
Blindmuster 98
Blockumbruch 132
Boulevard-Zeitung 51, 141
Brennweite 202
Briefing 93, 280
Bringprinzip 306
Browser 314
Budget 91, 100, 260
Budget, low 268
Budgetplanung 100
Bund 39, 265
Buntfarbe 272
Businessgrafik 37, 40
Button 327, 338

C
Carson, David 74, 278
Cartoon 37, 220
CD-Bilder 284
Chart 37
Chiffre-Anzeige 40
Chromapress 85
Cicero 130
Cluster, Bildgruppe 216
CMYK 301, 318
Collage, Montage 217
Comic 220
Computer-to-plate 85, 238
Copyright 19
Copyrightgebühren 101, 120
Corporate Identity 54
Corporate Screendesign 315
Cover 292
Cursor 327

D
Dadaismus 55
Dateigrösse 323
Datendschungel 326
Datendurchsatz 310
Datenformate 301
Datenstruktur 326
Datentiefe 294
Datenübertragung 308
Demographie 125
Design und Leserschaft 246
Designkonzept 110
Designtrends 68
Dewanagari 146
Diamaterial 200, 201, 202, 206
Diashow 326, 327
Dichte 241
Dickte 170
Digital Imaging 301
Digitaldruck 84
digitale Kommunikation 49
Dirty Fonts 58
Diskrepanzerlebnis 47
Doppelseite 253, 264
dpi, dots per inch 294
Drahtheftung 105
Druckabwicklung 106
Druckbogen 106
Druckform 106
Druckofferte 102
Druckprozess 239
Drucksachentarif, Versand 114
Drucktechnik, Zeitung 238
Druckvorstufe 97
Druckzeilen, Anzahl 280
Druckzunahme 243
Duktus 166
Dynamik 58, 142

E
Editorial 37, 255
Effektbild 222
einbringen 280
Einheit und Differenzierung 251
Einheitlicher Auftritt 54
Einklinker, Bilder 216
Einklinker, Lead 189
Einklinker, Titel 151
Eintrittstore, Multimedia 328
Elektronenstrahlröhre 312
Emotionen 37, 49
Empfänger 45
Ente 33
Enthüllungsjournalismus 33
Entrefilets 194
Entwurf 110, 267
E-Print 85
Erfindungen 12
Ergonomie 305
Erkennbarkeit von Schriften 60
Erscheinungsbild 54
erste Schriften 10
erstes Periodikum 15
Ertrag 39, 95
Eventmagazin 269, 335
Exit 327

F
Fachzeitschrift 24
falzen 104
Farbe 70
Farbe, Kohäsion 241
Farbe und Bilder 209
Farbe und Passer 210
Farben am Bildschirm 318
Farbmessstreifen 238
Farbmodelle 301
Farbpsychologie 284
Farbräume 318
Farbreduktion 322
Farbschwankungen 238
Farbstich 209
Farbtiefe 322, 243
Feature 35
Feinheiten, Zeitungsdruck 240
Festwert 187
Filet 231
Flachbildschirme 67, 312
Flächendeckung 207, 241
Flächenkonzept 272
flexibler Satzspiegel 73, 266
Fokussierzone 60
Fonts 58, 78, 160, 312
Formate 69, 102, 129
Fotocomposing 232
Fotograf 202
Fotografie 37
fotografisches Handwerk 202
Fraktur 54, 159
Frauenmagazin 274
Freisteller 230, 290
frequenzmodulierter Raster 297
Frontseite 35, 154, 256, 292

G
Gammakurve 206
Ganzseitenumbruch 238

Gegendarstellung 19
Geschichte der Schrift 10
Geschwindigkeit, Internet 308
Geschwindigkeit, Multimedia 310
Geviert 170
Gewinn/Verlust 39
Glättungsfunktion 317
Gliederung und Anzeigen 142
Gliederungselemente, typografische 259
Glosse 36, 74
goldener Schnitt 325
Gradationskurve 206, 222
Grafik 37, 220
Gratisanzeiger 25
Graustufen 222, 294
Graustufenbild 200
Grauwirkung, Schrift 173, 174
grober Raster 209
Grundlinienraster (-gitter) 178
Grundschriften 78
Gruppenbild 222, 228
Gummituch 243

H
Haarstriche 166
Halbspalte 73, 266
Halbtonbild 200
Hamburger Format 129
Häppchenprinzip 47, 139, 141
Hardware-Abhängigkeit 306
Hauptartikel 252
Heidelberger 85
Henne-Kücken-Prinzip 215, 266, 276
Herausgeber 96
Hierarchien 326
Hintergründe 284
Hints 313
Hirnfunktionen 48
Hirnhemisphäre 49
HKS 241
Hochdruck 55
Holprinzip 306
Homepage 29, 52, 307, 320
Honorare 100
Hurenkind 148

I
Illustration 37, 221
Index 331
Infografik 37, 220
Informationsbedürfnisse 17
Informationseinheiten 132
Informationstiefe 22
Inhaltskonzept, redaktionell 94
Inhaltsverzeichnis 256
Initiale 197
Interaktivität 52, 326
Internet und Printmedien 30
Internet-Beispiele 30, 320
Interview 36, 194

Intro, Multimedia 330
ISDN 67, 307, 308

J
Journalistische Artikelbezeichnungen 34

K
Kamera 202
Kapitälchen 157
Karikatur 37, 220
Kästchen 37, 190
Kaufzeitungen 25
Kernaussagen 194
Kerning 316
Klebebindung 105
Kodak Photo CD 300
Kohäsion, Farbe 241
Kolumne 35
Kolumnentitel 129
Kommentar 35
Kommunikation 44, 49
Kommunikationsziele 46
kompresser Satz 174
Kompression 309
Konkurrenz der Medien 32
Kontinuität 50, 54
Kontrapunkt 204
Kontrast 201, 206, 207, 222
Konzept, Anzeigen 95
Konzept, CD 330
Konzept, Design 110, 282
Konzept, redaktionell 94
Korrespondentennetz 34
Kostenfaktoren 116
Kreuzbruch 104
Kritik, Rezension 36
Kundenzeitschrift 24, 276
Kurzfutter 250, 254
kürzen 280

L
Laptop 312
Laufweite 168, 316
Layout 132
Layoutmöglichkeiten 72
Layouttypen 248
LCD 312
Lead, Vorspann 188
Legende 234
Leiste 217
Leitartikel 35
Leiterumbruch 133, 135
Leporello 104
Lesbarkeit 61
Leseabstand 60
Lesefluss 147
Lesefunktion 60
Leseführung 50
Lesen von Texten 61
Leserbindung 251
Leserbriefe 36, 250

Leserlichkeit 60, 170, 168, 173
Leserschaft 125
Leuchtfarben 241
Lichter 207
Lifestile, Magazin 278
Line-Art 200
Linien und Kasten 191
Lochmaske 312
Lowcost 268
lpi, lines per inch 294
Luft, Weissraum 141, 264

M
Magazintitel 155
Majuskel 161
Manipulation 222
Markencharakter 54, 154
Markt, neue Medien 304
Massendrucksachen 114
Matrix, Rasterzelle 297
Matrix, Multimedia 326
Mediadaten 40
Medien, Entwicklung 26
Mediengattung 24
Medienrecht 18
Medienvergleich 21, 23
Megatrends 67
Mehrsprachigkeit 258
Meldung 34
Metallic-Farben 241
Metapher 284
Mettage 132
MIDI 305
Minuskel 161
Mitarbeitermagazin 249, 272
Mittellänge 161
Modem 308
Modulumbruch 132
Monitor 312
Monitorkalibrierung 318
Monitorweiss 318
Montage, Collage 217
Multieck-Anzeigen 40
Multimedia 21, 69, 305
Multimedia-Konzept 53, 330
Multiple-Master-Fonts 166
Musikmagazin 276
Musterseite 260

N
Nachfragemarkt 67, 306
Nachrichtenagenturen 34
Namensgebung 155
Navigation 53, 326
negativer Zeilenabstand 174
Newsletter planen 92
Nordisches Format 129
Nullnummer 110

O
Oberflächlichkeit 22
Oberlänge 161

Offertanfrage 103
Offsetdruck 55, 238
optischer Durchschuss 62
optisches Gewicht, Zeitung 136
optischer Zeilenabstand 174
optimaler Zeilenabstand 174
Ordnung 54

P
Packshot 222
Pagina 196
Panoramaseite 39
Panorama-Anzeige 40, 143
Pantone 241, 318
Papier 30, 102, 240
Papierbogen 104
Papierherstellung 30
Papiermuster 98
Papiersorten 30
Papierverbrauch 31
Papparazzo 202
Parodie 36
Passer, Zeitung 239, 240
Passerprobleme vermeiden 241
Persiflage 36
Personaleinsatz 96
Personen abbilden 219, 228
Persönlichkeitsschutz 19
Photo-CD 300
Piktogramme 326
Pitch 312
Pixel 294, 312
Planung 90, 92
Plattenbelichtung 239
Platzierung der Artikel 132
Platzierung von Werbung 38
Portionierung 47, 51, 139
Portogrenze 114
Porträt 219, 228
Postvorschriften (CH) 68, 115
ppi, Pixel per inch 294
Präsentation 111
Preise 100
Pressefreiheit 18
printing on demand 84
Prinzip Wohlbefinden 47
Programmheft 269
Proportionen 69, 325
Public-Relations-Beiträge 95
Publikumszeitschrift 24
Punktverbreiterung 243
Punktzunahme 243
Punzenweite 170

Q
Quellen der Medien 33
Querverweise 328
Quicktime 67, 310, 319, 325, 327
Quit 327
Quotes 194

R

Rahmenkonzept 260
RAM 311
randabfallende Anzeigen 41
randabfallende Bilder 280
Ränder 39, 265
Raster, grober 209
Rasterpunkt 294, 297
Rastersystem 131
Rastersystem, Bildschirm 324
Rasterton 294
Rasterweite 294
Rasterzelle, Belichtung 297
Rasterzellensystem, Gestaltung 131, 132
Realisation 90
Recherchen 33
Rechtliche Aspekte 18
Recyclingfasern 242
Redaktionsstatut 125
Redaktionssystem 132
Redesign 268
Regeltechnik 238
Registerhaltigkeit 179
Reize 48, 46
Reizüberflutung 7
Reklame 41, 95
Replik 36, 251
Reportage 34
Reproqualität 298
Reprovorgänge 222
Ressort 129
Ressourcen, CD 330
Retusche 222
Rezension 36
Rillen 104
RGB 301
Rheinisches Format 129
Rohbogen 69
Rohlayout 267
Rollendruck 39, 238
Rubrik 129, 250
Rubriktitel 129

S

Sakkaden 61
Satellitenflut 67
Satire 36
Satzbild, Blocksatz 173
Satzspiegel 72, 260
Satzspiegel herstellen 262
Satzspiegel und Anzeigen 41
Satzspiegel, Bildschirmmedien 324
Satzspiegel, Einflussfaktoren 260
Satzspiegel, flexibler 73, 266
Satzspiegel, Magazine 72, 265
Satzspiegel, Zeitung 130
Scanreader 50
Schärfe, Bild 208
Schatten 207
Schiebespalte 73, 266
Schlitzmaske 312
Schlüsselloch 61
Schnappschuss 222, 226
Schön- und Widerdruck 105
Schrägspalten 267, 272
Schrift auf dem Bildschirm 314
Schrift, Drucktechnik 243
Schrift, Laufweite 168
Schrift, Wirkung 58
Schriftcharakter 62, 182
Schriften glätten 317
Schriften, langweilige 80
Schriften mischen 183
Schriften, trendige 81
Schriften verzerren 166
Schriften weichzeichnen 283
Schriftentwicklung 10
Schriftensalat 282
Schriftgrösse 165, 170
Schriftlinie 161
Schriftwahl, Grundtext 160
Schriftwirkung 58
Schulterhöhe 265
Schusterjunge 148
Schwerpunkt 252
Screendesign-Empfehlungen 337
Scribble 110
Scribten 315
Seitenkopf 129
Seitenlayout 132
Seitenplanung 106
Seitenvorlage 260
Seitenzahl 196
selektives Wahrnehmen 50
Semantik 33
Sender und Empfänger 45
Sequenz 37, 216, 332, 334
Serifen 161
Serifenlose 161
Sinnesorgane 49
Skizze 144
Software-Abhängigkeit 306
Sony-Trinitron 313
Sound 310
Spalten 73, 266
Spaltenbreite 41, 171, 260
Spaltenzahl 142, 266
Spaltenzwischenraum 130
Sparen, Kosten 117
Spartips, Textmenge 281
Spationierung 187
Spitzmarke 186, 189
Sponsoring 95
Sprachausgaben 258
Sprachwechsel 102, 258
Sprachzentrum 49
Stamm 161
Stammseite 260
statistische Angaben 26
Stimmungsbild 222
stochastischer Raster 297
Stoffklasse, Papier 102
Storyboard 330
Streifenmaske 312
Strichbild 200
Studioaufnahme 222
Studiofotograf 202
Suchbaum 326
Supplement 127, 278
Synopsis 258
Symbolbild 204, 222
Symbole, Navigation 327
Syntax 45, 49
Szene 202

T

Tabloid 68, 196
Telekommunikation 67
Teletext 305
Template 260
Terminplanung 99
Tertiärtöne 319
Text im Bild 288
Text, farbig 286
Text-Anzeigen-Verhältnis 32
Textausstieg 153
Textfluss 150
Text kürzen 280
textlastig 264
Textmenge 280
Textwüste 199
Tiefdruck 55, 238
Tiefe 207
Titelgestaltung 292
Titelschrift 78, 180
Titelstellung 186, 293
Toleranzen 39
Tonwertzunahme 243
Tracking 316
Trends 68
Treppenumbruch 132
Trinitron 313
Trocknungsprozess 239, 241
Tuschezeichnung 200
typografische Gliederungselemente 259
Typo-Kultur 58

U

Überblendung 311
Übergangseffekte 311
Umbruch 132
Umbruchregeln 146
Umschlagen 105
Unschärfe 208
Unterlänge 187
Unterscheidung von Medien 24
unterschneiden 316
Untertitel 186

V

Verband, Magazin 270
Verein, Magazin 268
Verfügbarkeit, Daten 21
Verkaufsargumente 112
Vergleich von Medien 20
Versalien 187
Versand 114
Versorgungslücken, CD 310
VGA 312, 325
Video-RAM 311
Videotext 305
Vierfarbendruck 55, 241
Virtual Reality 67
Vorschlag 265
Vorspann, Lead 188

W

Wahrheit 222
Wahrnehmung 47, 50
Waisenkind 148
Web-Site 29, 52, 307, 320
Wegschlagen 241
Weissraum 73, 141, 264, 270
Werbung 38, 95, 253
Wickelfalz 104
Wohlbefinden 47
Workflow 238
Wortbild 60
Wortzwischenraum 170, 172

X

Xeikon 85
Xerox 85
x-Höhe 62

Z

Zeichen pro Zeile 164
Zeichenstandards 326
Zeichnung 220
Zeilenabstand 174
Zeitungsdruck 238
Zeitungsente 33
Zeitungsformate 69, 129
Zeitungskopf 154
Zeitungspapier 129
Zeitungsschriften 55, 79
Zeitungstitel 155
Zickzackfalz 104
Zielpublikum 20, 46
Zitate 194
Zugriffszeit 310
Zusammenarbeit 96
Zwischenschlag 130, 260
Zwischentitel 179

Fachwörterverzeichnis

Akzidenz Gelegenheitsdrucksache, im Gegensatz zu periodisch erscheinenden Drucksachen.
Alinea Abschnitt oder Absatz.
Anilox Hochdruckverfahren mit einem indirekten Einfärbesystem, welches dem Tiefdruckverfahren gleicht. Dabei wird eine mit vertieften Näpfchen versehene Aniloxwalze eingefärbt und die überflüssige Farbe mit einem Rakel abgestreift. Die Farbe gelangt über eine Auftragswalze auf den Plattenzylinder mit den erhöhten Druckstellen.
Anlauf → Lead.
Anzeigenspiegel Übersichtliche Darstellung der Anzeigen einer Ausgabe, engl. Ad Dummy. → Redaktionsplan.
ASCII Abkürzung von «American Standard Code for Information Interchange». Gesprochen: aski. Ein Standard der Zeichenbelegung in einer 8-bit-Codierung. In der ASCII-Tabelle haben alle Buchstaben wie in einem Setzkasten ihren bestimmten Platz, aber auch Ziffern und Sonderzeichen. Bei einem Datenaustausch zwischen zwei Plattformen können durch die gleiche Codierung wenigstens 128 Zeichen unverändert übernommen werden. Weitere

				Bit 7	Frei für die Belegung 128 länder- und plattformspezifischer Zeichen						
	Bitdarstellung			Bit 6	0	0	0	0	1	1	1	1
				Bit 5	0	0	1	1	0	0	1	1
				Bit 4	0	1	0	1	0	1	0	1
Bit 3	Bit 2	Bit 1	Bit 0	Hex	0	1	2	3	4	5	6	7
0	0	0	0	0	nul	die	sp	0	@	P	`	p
0	0	0	1	1	sch	dc1	!	1	A	Q	a	q
0	0	1	0	2	stx	dc2	"	2	B	R	b	r
0	0	1	1	3	etx	dc3	#	3	C	S	c	s
0	1	0	0	4	eot	dc4	$	4	T	d	t
0	1	0	1	5	enq	nak	%	5	E	U	e	u
0	1	1	0	6	ack	syn	&	6	F	V	f	v
0	1	1	1	7	bel	etb	'	7	G	W	g	w
1	0	0	0	8	bs	can	(	8	H	X	h	x
1	0	0	1	9	ht	em	)	9	I	Y	i	y
1	0	1	0	A	lf	sub	*	:	J	Z	j	z
1	0	1	1	B	vt	esc	+	;	K	[	k	{
1	1	0	0	C	ff	fs	,	<	L	\	l	|
1	1	0	1	D	cr	gs	-	=	M	]	m	}
1	1	1	0	E	so	rs	.	>	N	^	n	~
1	1	1	1	F	si	us	/	?	O	_	o	del

ASCII-Tabelle: der Buchstabe «Z» wird beispielsweise mit 1011010 = 5A codiert.

128 Zeichen werden von den verschiedenen Computerwelten anders codiert; aus diesem Grund funktioniert die Datenkonvertierung nur mit zusätzlicher Übersetzungssoftware. Perfekt läuft es nie, weil es Zeichen gibt, die «die andere» Welt einfach nicht kennt, wie etwa den Apfel als Mac-Symbol.
Ausgangszeile Letzte Zeile eines Abschnittes.
ausgleichen 1. Die Weissräume von Versalbuchstaben harmonisch-optisch einander angleichen. In gepflegten Drucksachen zu entdecken. 2. Optischer Ausgleich von Zeilenabständer in Titeln. 3. Optischer Randausgleich bedeutet, dass Divis oder Serifen über die Satzspalte hinausreichen.
ausschiessen Verteilung der einzelnen Druckseiten auf ganze Druckformen; Vorbereitung der Bogenmontage.
ausschliessen Im Blocksatz eine Zeile auf die volle Breite bringen, abschliessen. Das Trennprogramm schliesst die Zeilen aus.
austreiben Im Blocksatz die Wortzwischenräume vergrössern, bis die Zeile voll ist.

Autotypie Gerastertes Bild.
Banner Schlagzeile, engl. Flag. Heute im Gebrauch als Bannerwerbung im Internet, etwa 360 x 60 Pixel gross.
Bastardschrift Schriftcharakter, der verschiedene Stilrichtungen enthält. Häufig auch aus einer klassischen Schrift abgeleitet und etwas abgeändert.
Beschnitt Elemente, die über das Seitenformat hinausragen, nennt man auch randabfallend. Nach dem Druck, dem Falzen und Zusammentragen der bedruckten Papierbogen werden diese endgültig aufs Format geschnitten. Der Beschnitt bezeichnet jene Teile, die übers Format hinaus gestaltet werden müssen. Der normale Beschnitt bei Offsetdrucksachen beträgt 3 mm.
Besucher Im Internet ein einzelner Anwender. Nicht zu verwechseln mit → Hit.
Baud Ein Mass für die Geschwindigkeit, mit der Signale durch ein Modem versendet werden. Genauer die Anzahl der Signalwechsel/Sekunde. 28 000 Baud besagt, dass 28 000 Signalwechsel pro Sekunde auftreten. Benannt nach dem französischen Ingenieur Baudot.
binär Bezeichnung eines Zustandes, der nur mit zwei Möglichkeiten dargestellt werden kann: ja/nein, 0/1, ein/aus, magnetisiert/nicht magnetisiert.
Bit Akronym aus «binary digit». Bezeichnung für die Zähleinheit von binären Entscheidungsmöglichkeiten. Die kleinste Dateneinheit für den Computer kann 0 oder 1 umfassen. Damit wird der elektrische Zustand «Strom» oder «Strom aus» erreicht. Als Hauptwort gross-, als Masseinheit kleingeschrieben. Die Kapazität wird in bit angegeben. Eine Grafikkarte besitzt z. B. eine Kapazität von 24 bit Farbtiefe. Die Kapazität eines Übertragungskanals wird in bit/s oder engl. bps, bits per second, angegeben.
blankschlagen Das Aussparen von Räumen auf der Seite zur späteren Montage noch nicht verfügbarer Druckelemente (von Bildern, Grafiken, Tabellen u. Ä.).
Blindmuster Um die Ausführung zu visualisieren, werden mit unbedrucktem Papier Muster erstellt, um z. B. die Dicke oder das Gewicht einer Drucksache zu ermitteln.
Blindtext Beliebiger Text in der richtigen grafischen Aufbereitung, der dazu dient, eine Seite präsentationsfertig zu gestalten, ohne dass der richtige Text schon vorhanden ist.
Blindzeile Eine Leerzeile, erzeugt durch die Zeilenschalttaste (Return, Carriage Return).
Blitzer Auffällig kleine, weisse Randzonen, die entstehen, wenn im Druck zwei Farben nicht passgenau aneinander gedruckt werden.
Body Copy Fliesstext oder Grundtext.
Brotschrift Grundschrift (Lesetext), die früher den hauptsächlichen Verdienst des Setzers sicherstellte, als dieser noch im Akkordlohn pro 1000 Buchstaben entlöhnt wurde. Heute wird mit Brotschrift eine vielgebrauchte Schrift bezeichnet.
Browser Software, die es ermöglicht, im Internet Daten zu betrachten oder interaktiv zu handeln, was allgemein mit «Surfen» bezeichnet wird.
Bruch 1. Der «Falz» durch die Mitte der Zeitung. 2. Jeder Falz bei beliebigen Druckprodukten.
Bullit Typosignal. Häufig anzutreffen bei Aufzählungen oder bei der hervorgehobenen Absatzgliederung. Populär mit Bollermann (●) bezeichnet.
Bund Auch Bündel, Teile. Die Zeitung besteht aus verschiedenen mehrseitigen Teilen.

Byte Acht zusammenhängende Bits stellen ein Byte dar. Bei einem Lochstreifen bedeutet eine Reihe ein Byte. Mit 8 Bits können $2^8 = 256$ Zustände codiert werden (Buchstaben, Sonderzeichen oder Ziffern). Die Abkürzung ist B. Die Speicherkapazität von Datenträgern wird in Bytes gemessen. 1 Kilobyte (kB) ist 2^{10} Bytes, was nicht exakt 1000, sondern 1024 Bytes entspricht. 1000 kB = 1 Megabyte (MB), 1000 MB = 1 Gigabyte (GB).
Cap Grossbuchstabe, Versalie, Majuskel.
Cartridge Datenträger in Form einer Harddisk, die auswechselbar ist. Auch Wechselplatte. Die ersten Wechselplatten waren 5¼ Zoll gross und fassten 44 MB. Handelsübliche Speichergrössen sind 88, 128, 230, 270, 540, 640, 650 MB, 1 GB, 1,2 GB, 1,3 GB, 2,3 GB, 2,6 GB. Es gibt heute unterschiedliche Formate.
CCD Abkürzung von «Charge Coupled Device», was «ladungsgekoppeltes Bauelement» bedeutet. CCD-Sensoren werden heute als Fotozellen bei Scannern eingesetzt. Sie vermögen das eintreffende Licht in elektrische Signale unterschiedlicher Stärke umzuwandeln.
Chip Halbleiterbaustein, worauf mikroskopisch klein die integrierten Schaltungen aufgebracht sind. Der Chip selbst wird auf einen Kunststoffsockel montiert, der wie ein Käfer mit winzigen Beinen aussieht. Der «Käfer» wird in die Platine (Board, Karte) des Computers eingesteckt. → SIMM.
Cicero Typografische Einheit. 12 Punkt = 1 Cicero. Das Pendant in den USA ist der pica, bestehend aus 12 point. Der europäische → Punkt ist nicht gleich gross wie der amerikanische.
Cliché In der früheren Bleisatztechnik Begriff für das in Zink geätzte oder in Kunststoff gravierte Bild.
Client Ein Computer, der vom → Server Daten empfängt.
CMYK Subtraktives Farbmodell, bestehend aus den vier Grundfarben Cyan, Magenta, Yellow und Black. Das K im Namen steht für «key», Schlüssel, weil es sich dabei um eine errechnete Tiefenzeichnung handelt. Subtraktiv, weil in der Mischung die drei Farben CMY alles Licht absorbieren und Schwarz ergeben.
Color Management Bezeichnung für die Bemühung, die Farbe prozessorientiert zu steuern und gleich zu halten, mit dem Ziel, dass Bilder auf dem Bildschirm, auf dem Proof und im Druck gleichartig wirken.
CPU «Central Processing Unit», das Herz des Computers, auch Zentraleinheit. Gemeint ist damit in der Umgangssprache oft der eigentliche Rechner in seinem Gehäuse, genau genommen ist es jedoch nur der Mikroprozessor in Form eines wenige Quadratzentimeter grossen Siliziumchips mit Millionen von Transistoren, die jede Sekunde Millionen von Rechenoperationen durchführen können. Intel-Prozessoren herrschen in der Windows-Welt vor, Motorola-Prozessoren bei Apple.
Credits Hinweis auf die Urheber/Hersteller bei Multimediaprodukten und Internet-Homepages.
CRT Abkürzung für «Cathode Ray Tube», Kathodenstrahlröhre. Damit ist die Bildröhre herkömmlicher Computerbildschirme und Fernseher gemeint, in den 70er Jahren waren auch die Fotosatzbelichter nach dem gleichen Prinzip konstruiert. Das Bild wird durch einen zeilenweise wandernden Elektronenstrahl aufgebaut, der den phosphorbeschichteten Bildschirm zum Leuchten bringt.
Cursor Anzeigemarke auf dem Bildschirm.

Dachzeile Die Zeile über der Überschrift, auch Dachüberschrift, Titeloberzeile oder → Spitzmarke.

Datenkompression Um die Datenmengen für die Ablage oder Übertragung gering zu halten, hat man Komprimiersoftware entwickelt, welche überflüssige Informationen aussortieren und die Datenmenge ganz erheblich reduzieren kann. → JPEG hat sich für Bilddaten etabliert, für die Kompression von Movies verwendet man das Pendant → MPEG.

Dichte 1. Farbauftrag im Druck, die Farbschichtdicke. 2. Schwärzung bei einer Fotografie oder einem Film als logarithmischer Wert log $1/T$, wobei T = Transparenz. Ein Dia erreicht eine Dichte von 3.0–3.5, ein Offsetdruck auf gestrichenes Papier etwa 2.0, in der Zeitung wird nur noch etwa Dichte 1.5 erreicht.

Dickte Gesamtbreite eines Buchstabens, inkl. eine kleine Vor- und Nachbreite, damit sich die Buchstaben nicht berühren.

Digitalproof Ein Probedruck farbiger Seiten, welcher direkt ab Computer ausgegeben wird. Der Probedruck dient einerseits als Gut zum Druck für den Kunden, anderseits für den Druck zur Farbabstimmung. Im weiteren Sinn können sogar Farblaser- oder Tintenstrahldrucke als Proof gelten. Die Druckindustrie setzt jedoch den Qualitätsmassstab höher – Digitalproofs im engeren Sinn stammen von bedeutend teureren Maschinen. Markennamen: Rainbow von 3M, Iris Realist von Scitex. Ein druckgerechter Proof muss folgende Bedingungen erfüllen: Originalrasterung, Originalpapier, Originalfarben, Kontrollkeil, Simulation der Druckzunahme.

dpi Abkürzung von «dots per inch». Wird in der Praxis oft für die Eingabeseite statt → ppi verwendet. Nach dieser Terminologie hat ein Scanner eine Auflösung von 2400 dpi oder ein Monitor 72 dpi. Richtig bedeutet dpi die Auflösung der Ausgabeeinheit. Heutige Laserdrucker erreichen eine Auflösung bis 1200 dpi. Wenn man einen Film mit 1270 dpi belichtet, werden Punkte und Buchstaben mit 1270 Laserschüssen in einer Ausrichtung zusammengesetzt.

Druckbogen Ganzer Papierbogen, auf den 4, 8, 16 oder 32 Seiten miteinander auf die Vorderseite und die Rückseite gedruckt werden.

Duktus Lat. ductus = ziehen, Zug, Führung. Linienführung und Eigenart des Striches, die zusammen den Charakter einer Schrift bestimmen. Früher war damit der Schreibstil oder damit verbunden der Anpressdruck der Schreibfeder gemeint. Heute meint man damit die Anmutung oder den Charakterzug einer Schrift.

Dummy 1. Blind- oder Probelayout für eine Präsentation. 2. Heftplan, Seitenplan, Seitenspiegel.

Duplex 1. Bild, welches aus zwei Farben aufgebaut ist, so dass in beiden Farben eine Tonmodulation sichtbar ist. Ein Triplex oder ein Quadruplex ist mit drei oder vier Buntfarben aufgebaut. 2. Beidseitiger Druck bei Laserdruckern oder Kopierern.

Durchschuss Im Bleisatz Bezeichnung für das Blindmaterial, welches zwischen die einzelnen Zeilen von Hand «eingeschossen» wurde. Eine 10-Punkt-Schrift aus dem Setzkasten wurde z. B. mit 2 Punkt durchschossen; somit betrug der Zeilenabstand 12 Punkt. Der Durchschuss konnte anhand der Drucksache nicht gemessen werden. Heute spricht man nur noch vom → Zeilenabstand.

Einbringen 1. Durch Verändern der Wortzwischenräume eine abgetrennte Silbe noch auf dieselbe Zeile bringen. 2. Text so kürzen, dass der → Übersatz Platz findet.

Einzug Einrücken der ersten Zeile eines Absatzes. Einzüge markieren einen neuen Gedanken und sind nach Titeln oder Untertiteln nicht nötig.

enger machen Auch verengern. Wortzwischenräume kleiner machen.

englische Linie Eine Zierlinie, die in der Mitte anschwillt.

en-space Halbgeviert, ein grösserer (Wort-)Zwischenraum in der Hälfte der Schriftgrösse.

Ente Falschmeldung. Auch Zeitungsente.

Entrefilet Synonym für Zitat, engl. Quote. Hervorheben einer wichtigen Textpassage in Zeitungen und Magazinen. Meist wird dafür eine grössere oder andere Schrift verwendet als im Grundtext. Das Zitat wird oft an- und abgeführt. Der Name rührt von den beiden Linien oben und unten zur Abtrennung vom Grundtext.

em-space Das amerikanische Pendant zum → Geviert, ein Zwischenraum, definiert als Schriftgrösse im Quadrat. In einer 10-Punkt-Schrift misst ein Geviert 10 × 10 Punkt. In Layoutprogrammen dient diese Grösse dazu, die Schrift in Einheiten zu unterteilen. In Quark XPress besteht die kleinste Einheit einer Schrift aus 1/200 Geviert.

EPSF «Encapsulated PostScript Format». Eine in diesem Format gespeicherte Datei enthält neben der Information für den PostScript-Drucker oft zusätzlich PICT- oder WMF-(Windows)-Elemente für die Bildschirmdarstellung. Das EPS-Format ist sehr speicherintensiv.

Europaskala Genormtes Farbmodell in der Druckindustrie, auch → CMYK. Mit den vier Grundfarben Cyan, Magenta, Gelb und Schwarz können farbige Bilder gedruckt werden.

Fahnenabzug Korrekturabzug von Satzspalten im Mengensatz vor dem Umbruch. Heute veraltet, weil ganze Seiten oder Teile davon ausgedruckt werden.

Farbauszug Für den Druck werden farbige Bilder im Scanner in die vier Farbanteile CMYK zerlegt. Durch den Druck der einzelnen Faben Cyan, Magenta, Gelb und Schwarz wird das Bild aufgebaut. Ein Synonym dafür heisst Separation oder Farbseparation.

Farbprofil Im Zusammenhang mit → Color Management benützt man individuelle Geräte-Charakteristiken, die man softwaremässig miteinander verknüpft. Beim Scannen wird ein Druckprofil und das Monitorprofil in das Bild «eingerechnet», damit das Bild auf dem Monitor und im Druck gleich wirkt.

Feature Der besondere und kurze Bericht, skurril, frappierend, überraschend erzählt. Wird auch verwendet für die Bildergeschichte mit einer knappen Legende.

File Ausdruck für Datei, die aus einem beliebigen Programm stammen kann.

Flattersatz Im Gegensatz zum Blocksatz sind die Zeilen frei auslaufend und der Wortzwischenraum ist konstant gleich gross. Es gibt vier Arten: rechts- und linksbündig, der Mittelachsensatz (zentriert) und der freie Flattersatz (Zeilen flattern links und rechts frei). Flattersatz linksbündig ist etwa gleich gut lesbar wie Blocksatz, braucht etwa gleich viel Raum und wirkt freier, nicht so kästchenartig eingeschlossen.

Fleisch Nichtdruckender Teil eines Buchstabens. Seitlicher Raumbedarf, damit sich die einzelnen Buchstaben nicht berühren.

Fliesstext 1. Grundtext, Lesetext in der Grundschrift, ohne Ttiel, Zwischentitel oder andere Elemente. 2. Endlos erfasster Text.

Font Engl. für Schrift: Schriftcharakter, Schriftschnitt.

Formsatz Auch Kontursatz genannt. Satz, welcher der Form einer Grafik oder eines Bildes folgt.

Fotosatz Auch Lichtsatz genannt. Der unmittelbare Nachfolger des Bleisatzes setzte sich ab etwa 1975 breit durch. Erst wurde die Schrift durch eine Belichtung mit Negativschriftscheiben auf Film oder Fotopapier ermöglicht, später wurde die Technik abgelöst durch die Digitalisierung der Schrift in einzelne Pixel, die Belichtung erfolgte durch Kathodenstrahlröhren. Heute hat sich die Lasertechnologie durchgesetzt.

Fraktur Heute ungenau verwendet als Gattungsname für gebrochene Schriften. Genau genommen entspricht eine Fraktur nur einem bestimmten Typus (Elefantenrüssel). So gehören auch Schwabacher, Textur, Rotunda oder Gotisch zum Oberbegriff der gebrochenen Schriften, sind deswegen aber keine Frakturschriften.

frequenzmodulierter Raster Neues Verfahren, ein Bild aufzurastern. Es sind keine einzelnen Rasterpunkte mehr sichtbar, dadurch wird die Sättigung erhöht. Der kleinste übertragbare Punkt misst gerade mal 14–30 µm. Vor allem im Zusammenhang mit Computer-to-plate auch für die Zeitung interessant.

Gänsefüsschen Falscher Ausdruck für An- und Abführungszeichen in Form von 99 am Fuss und 66 an der Oberlänge („"). → Guillemets. Gänsefüsschen sind Auslassungszeichen wie z. B. für dito (do.) und werden wie das Zollzeichen oder das Zeichen für Sekunden (") mit zwei hochstehenden geraden Strichen gesetzt.

Ganzseitenumbruch Ganze Zeitungsseiten werden am Bildschim zusammengefügt und nicht in Form von Papierschnipseln geklebt. Das Layout erfolgt komplett am Bildschirm. Ganzseitenumbruch setzt oft ein → Redaktionssystem voraus.

Geviert Früher quadratisches Ausschlussmaterial in der Kegelgrösse. Heute ein immaterielles Quadrat mit der Seitenlänge der Schriftgrösse (gesamter Platzbedarf inkl. Ober- und Unterlängen). → em-space.

glatter Satz Aus der gleichen Grundschrift gesetzter Text.

goldener Schnitt Harmonische Proportion, Zahlenverhältnis 1:1,618 oder Zahlenreihe 3:5:8:13:21:34 (jeweils die erste Zahl zur zweiten dazugezählt ergibt die nächstfolgende).

Grad Schriftgrad. Im Bleisatz gab es unveränderbare Schriftgrössen: 4, 5, 6, 7, 8, 9, 10, 11, 12, 14, 16, 20, 24, 36, 48, 60, 72 Punkt. Eine bestimmt Punktgrösse entsprach einem Schriftgrad. Heute kann der Schriftgrad stufenlos verändert werden.

Grotesk Fachsprachliche Gattungsbezeichnung für serifenlose Linearantiqua. Groteskschriften sind Schriften ohne Füsschen.

Guillemets Anführungszeichen. Auch französische Anführungszeichen. In der Schweiz, Frankreich, Italien: «…», in der BRD, Österreich: »…«. In den USA und in England werden meist Anführungszeichen eingesetzt, welche die Form von hochgestellten 66 und 99 haben. In Europa wird das Anführungszeichen in Form einer 99 am Fuss der Schrift, das Abführungszeichen in Form einer hochgestellten 66 gesetzt.

Hairline Engl. Bezeichnung für eine feine Linie.

Halbton Bildvorlage mit kontinuierlichen Tonwertabstufungen, z. B. ein Dia, ein Papierfoto. Im Gegensatz dazu zeigt ein Strichbild nur Schwarz und Weiss ohne Zwischenstufen, z. B. eine Tuschzeichnung.

Handout Waschzettel, verkleinerter Druck ganzer Seiten. Auch «Thumbnails» genannt.

hängend Hängender Einzug: Die erste Zeile ist länger als die folgenden im Absatz. Hängende Initiale: Initiale aliniert oben mit dem Grundtext, ist optisch im Grundtext eingebunden, steht nicht darüber hinaus.

Hausfarbe Buntfarbe, die ein Kunde generell und unverändert für alle seine Drucksachen benützt. Oft als Pantone-Farbe oder als HKS-Farbe definiert.

Hit Im Internet die Anfrage eines Browsers nach einer Datei, hervorgerufen durch das Anklicken eines → Links durch den Anwender und die darauf folgenden Datentransfers für den Aufbau der Web-Site. Eine Homepage enthält gewöhnlich mehrere Bilddateien, die alle neben der eigentlichen → HTML-Datei geladen werden. Jede dieser Anfragen wird als Hit bezeichnet. Bei einer Website von 20 Bild- und Textdateien ruft ein einziger → Besucher 20 Hits hervor.

HKS Farbmodell, bestehend aus 86 Farbtönen, die in Bezug auf verschiedene Papiersorten gemischt werden, um einheitliche Farbgebung in verschiedenen Medien zu erreichen. HKS-Farben gibt es für Lacke, Bauten, Textilien, Kunststoff und für den Druck. HKS deutet auf die Hersteller: H = Hostmann-Steinberg GmbH, K = K + E Druckfarben, S = H. Schmincke & Co.

Holzschliff Rohstoff für die Papierherstellung, der aus mechanisch verkleinerten Holzfasern besteht. Im Gegensatz dazu werden beim Rohstoff Zellulose die Holzfasern chemisch herausgelöst.

Hurenkind Die letzte Zeile eines Absatzes am Beginn einer neuen Spalte. Für die logische Lesbarkeit keine angenehme Sache. In flüchtig gemachten Zeitungen (Boulevardpresse) und Magazinen dennoch anzutreffen. Der Name stammt von früher, als man dies mit einem Misstritt deutete. → Waisenkind (Schusterjunge).

hexadezimal Unser Zahlensystem bezieht sich auf die Zahl 10. Das hexadezimale System hat 16 als Basis und ist nur in der Programmierung von Bedeutung. Im Hex-System gibt es wie im Dezimalsystem Zahlen von 0 bis 9 und zusätzlich noch Buchstaben von A bis F (10 bis 15). Bei der Datenübermittlung im Internet wird diese Codierung verwendet. → ASCII.

HTML Abkürzung für «Hyper Text Markup Language». Ein Programmier-Standard im Internet.

Impressum Presserechtlich erforderliche Benennung der für die Herstellung eines Periodikums verantwortlichen Personen: Herausgeber, Redaktion, Gestalter, Druck, Anzeigenverwaltung, Vertrieb usw.

ISDN Abkürzung für «Integrated Services Digital Network». ISDN ist identisch mit dem schweizerischen SwissNet und ermöglicht digitale Datenübermittlung über ein Modem und die Telefonleitung. Die Datenübertragung ist etwa 10-fach höher als beim normalen Telefonnetz über das Internet.

italic → kursiv.

JPEG Abkürzung von «Joint Picture Expert Group». Dateiformat für komprimierte Bilder. Je höher die Komprimierung, desto kleiner die Dateigrösse. Komprimieren ist für die Archivierung oder die Datenübermittlung notwendig. Bei hohen Komprimierungsraten kann in Bildern ein Qualitätsverlust sichtbar werden. Der Name stammt von der Joint Photogrraphics Expert Group, einem Zusammenschluss von Unternehmen, welche diesen Standard entwickelten. JPG ist das Präfix in Windows-Dateien, welches ein JPEG-komprimiertes File anzeigt.

Kalibrierung Zur korrekten Reproduktion von Bildern sollten alle Geräte wie Monitor, Farbdrucker, Proof- und Belichtungsgerät aufeinander abgestimmt werden, so dass die nummerisch festgelegten Werte für CMYK übereinstimmend dargestellt werden. → Color Management.

Kalligraphie Griech. kalligraphia, aus kalós = schön und graphia = Schreibung, Schreibweise. Ein Begriff für mittels Breitfeder, Pinsel oder andern Schreibutensilien von Hand gezeichnete Schriften.

Kapitälchen Grossbuchstaben in der Grösse eines Gemeinen, engl. Small Caps.

Kasten Auch Box, Border. Bezeichnung für einen Text, der hervorgehoben ist. Meist wird dafür ein Linienrahmen eingesetzt oder eine Fläche hinterlegt.

Kegel Früher die Bleibuchstabengrösse in Punkt. Die Schriftgrösse ist nicht identisch mit der Grösse der gedruckten Buchstaben, weil sie den gesamten Platzbedarf in der Höhe umfasst, inkl. Oberlänge und Unterlänge.

kerning Unterschneiden eines einzelnen Buchstabenpaares. Im Gegensatz dazu wird das generelle Verändern des Buchstabenabstandes einer Schrift mit «Tracking» bezeichnet, deutsch heisst dies Laufweite.

Kolumne 1. Satzspalte. 2. In Redaktionen auch fertig umbrochene Seite. 3. Rubrik, wiederkehrende Artikelserie eines Autors.

kompress Kompresser Satz bedeutet, dass der Zeilenabstand der Schriftgrösse entspricht.

kontern Spiegelbildliche Wiedergabe eines Bildes. Eine etwas gefährliche Spielerei, die nur machbar ist, wenn keine Schrift darauf zu lesen ist oder bei symmetrischen Bildern. Wird praktiziert, um z. B. die Richtung zu betonen. Bei Gesichtern nicht zu empfehlen, ebenso wenig bei Autos (linksgesteuert oder rechtsgesteuert).

Kontrollkeil Elemente zur Kontrolle des Druckbogens auf Farbdichte, Passer usw. Auch Kontrollstreifen.

Kopf Bei Zeitungen der Titel; ein Kopfblatt ist eine Zeitung, bei der für verschiedene Regionen nur der Titel und die Regionalnachrichten ändern, der übrige Inhalt identisch übernommen wird. Als Seitenkopf werden bei Zeitungen auch Rubriktitel oder Ressorts zuoberst auf der Seite bezeichnet. Häufig ist der Seitenkopf mit einer Linie vom übrigen Text getrennt.

Kopfsteg Auch Vorschlag. Der unbedruckte obere Rand zwischen Papierrand und Satzspiegel führt zur → Schulterhöhe.

Korrekturzeichen Eindeutiges und einfaches System zur gegenseitigen Verständigung, um Texte zu korrigieren. Im Duden, unter «Korrekturzeichen» nachzuschauen.

kursiv Bezeichnung für schräggestellte Schrift. Andere Bezeichnungen sind «oblique, italic».

Layout Disposition (Feinentwurf) einer Drucksache. Früher eher von gestalterischem Charakter, heute der fertige Seitenaufbau auf dem Bildschirm.

LCD Abkürzung von «Liquid Cristal Display», Flüssigkristallanzeige. LCD-Monitore basieren auf einem Gitter (Matrix) von Flüssigkristallen, die durch Stromimpulse ihre Lichtreflexion ändern. Die leichten und flachen Farb-LCD werden vor allem in portablen Notebook Computern verwendet. Seit 1997 wird diese Technologie auch in grossen Monitoren eingesetzt.

Lead 1. In Zeitungen Leitartikel oder Aufmacher (USA und GB). 2. Vorspann, Anlauf oder Einleitungstext.

Leiche Vergessen gegangenes Wort oder Textteil (Gegenstück zu «Hochzeit», ein doppelt gesetztes Wort).

Ligatur Bezeichnung für zwei Buchstaben, die zu einem zusammengewachsen sind. Früher mehrere oder zwei Buchstaben, die auf einen Kegel gegossen wurden: ff, fi, fl, ffl, ck, ch.

Linearantiqua Bezeichnung aus der Schriftklassifikation nach DIN. «Serifenlose Linearantiqua» ist ein Fachausdruck für serifenlose Schriften oder Groteskschriften, z. B. die Frutiger, die hier im Fachwörterverzeichnis verwendet wurde. Serifenbetonte Linearantiqua meint Schriften mit dicken Serifen, z. B. die PMN Caecilia, die Grundschrift in diesem Buch.

Linotype Aus der Bleisatzzeit führender Hersteller von Zeilengussmaschinen. Die Maschinensetzer setzten die Zeitung auf solchen Maschinen. Heute bekannt als Anbieter der Linotype Library, einer der grössten Schriftenbibliotheken. Gehört zum Mutterhaus Heidelberger Druckmaschinen AG.

Litho Frühere Bezeichnung für einen kopierfertig gerasterten Film. Die Reproduktion stellte von einer Vorlage einen Film her, der für Offset-, Sieb-, Tief- oder für Hochdruck (Photopolymer) verwendet werden konnte. Im Farbbereich spricht man von einem Vierfarbensatz oder Farbsatz. Die ursprüngliche Bedeutung hängt mit dem Steindruck zusammen, dem Vorläufer des heutigen Offsetdruckes. Lithographie stammt aus dem Griechischen: Lithos = Stein, graphein = schreiben.

lpi «lines per inch» muss beim Drucken oder Belichten eingestellt werden, um eine bestimmte Rasterweite zu erhalten. Der Umrechnungsfaktor von inch auf cm beträgt 2,54 – wer also einen 54er Raster belichten möchte, muss die lpi-Zahl von 54 × 2,54 = 137 lpi einstellen.

Majuskel Grossbuchstabe, Versalbuchstabe.

Makros Über die Tastatur oder Maus abrufbare, bereits vorher definierte Befehlssequenzen, die mehrere Kommandi automatisch ausführen. In der Typografie sind z. B. Stilvorlagen oder Druckformate Makros.

Marginalie Randbemerkung. Als Zusammenfassung oder Stichwort neben der Satzspalte, meist ausgezeichnet. Auch in diesem Werk verwendet als Querverweise.

Matrix Beim Belichten einer Datei die quadratische Einteilung in kleinste Informationseinheiten. In einer Matrix von 8 × 8 Einheiten kann man beispielsweise 64 Graustufen erreichen.

Mengensatz Satz, welcher in grossen Mengen nach immer gleichen Parametern (Grundeinstellungen) hergestellt werden kann. → Werksatz.

Metteur Berufsbezeichnung im Bleisatz für den Mann, der zusammen mit dem Redakteur den → Umbruch besorgte. Heute eher mit Layouter bezeichnet.

Minuskel Kleinbuchstabe, gemeiner Buchstabe.

MO Abkürzung von «Magneto Optical Disc». Ein Datenträger wie eine Diskette, der einfach mehr Daten fasst. Gebräuchliche 3,5" MOs umfassen 128, 230 oder 640 MB.

Moiré Interferenzmuster in gerasterten Bildern, welches entsteht, wenn ein bereits gerastertes Bild nochmals eingescannt wird. Ein Objektmoiré entsteht, wenn die Vorlage eine feine Struktur aufweist, wie Stoff oder Lautsprecherboxen.

Monotype US-Unternehmen, welches u. a. Schriften anbietet. Monotype war in der Bleisatzzeit ein Synonym für «Einzelbuchstabenguss». Im Gegensatz dazu war der Zeilenguss gleichbedeutend mit dem Setzmaschinenhersteller → Linotype.

Montage Konventionell hergestellte Periodika. In der Montage werden die Einzelteile aus Papier zu ganzen Seiten montiert. Meist besteht sie aus den einzelnen Artikeln, Boxen, Seitenköpfen, Spaltenlinien usw. Als Vorlage für die Montage dient ein Montagebogen, auf dem der Satzspiegel mit dem Grundlinienraster blau aufgedruckt ist. Die konventionelle Montage wird immer mehr abgelöst durch den Umbruch am Bildschirm. Bei Magazinen ist die Filmmontage bereits Vergangenheit und der Ganzseitenumbruch Alltag.

MPEG Abkürzung von «Motion Picture Expert Group». Datenformat zur Komprimierung von Filmen.

Multitasking-Betriebssystem Unter Multitasking kann man verschiedene Aufgaben gleichzeitig erledigen, z. B. einen Brief schreiben, während im Hintergrund die Adressen einer Datenbank sortiert werden.

Netzwerk Wenn mehrere Computer miteinander verbunden sind, spricht man von einem Netz. Meistens werden dann die Daten zentral von einem → Server verwaltet. Verschiedene Hersteller sorgen für die Verkabelung und die softwaremässige Kommunikation. LocalTalk, PhoneNet, EtherNet, Novell oder LAN «Local Area Network» sind Produktenamen, die mit Netzwerken in Verbindung stehen.

Oberlänge Begriff, der bei den Zeilen die visuelle Kante bezeichnet, die durch die hohen Buchstaben gebildet wird: b, k l, h. Im Gegensatz dazu spricht man von Unterlänge und meint die Kante, die von g, q, p, j, y gebildet wird. Die Mittellänge meint die x-Höhe: x, m, n, s, a, e usw.

OCR «Optical Character Recognition» oder optische Erkennung von Buchstaben. Einlesen eines Manuskriptes oder gedruckten Textes und Umwandlung in eine ASCII- oder Word-Datei.

OPI «Open Prepress Interface», wandelt eine hochaufgelöste Bilddatei in eine rund 200 Mal kleinere Bildkopie um, die einfacher im Layout platziert und ausgedruckt werden kann. Die Informationen von Position, Grösse und Beschnitt werden durch OPI übermittelt – die niedrig aufgelösten Daten werden beim Belichtungsvorgang durch die hochaufgelösten ersetzt. Man spricht auch von Layout-Files oder von Low-res-Files.

outline Die Kontur einer Schrift, früher auch umstochen genannt.

Pagina Seitenzahl.

Pantone Farbstandard zur Normierung von Buntfarben. Der Pantone-Farbfächer erleichtert allen Machern die gemeinsame Sprache. Es gibt 729 Pantone-Farbtöne, 7 Metallic- und 7 Leuchtfarben. Für die Zeitung existiert noch kein Pantone-Standard. Ein anderer Standard heisst → HKS.

Papier Papiere werden nach folgenden Kriterien unterschieden: Papiergewicht, Oberfläche, Farbe, Zusammensetzung, Einsatzgebiet, Laufrichtung.

Papiergewicht Papiere werden in Gramm pro Quadratmeter gemessen. Zeitungspapiere sind 40–55 g/m², Magazinpapiere im Offset um 100 g/m², im Tiefdruck etwa 50–80 g/m². Zur Berechnung gibt es einen Anhaltspunkt: Das Format A0 hat eine Fläche von 1 m². Ein Blatt A4 ist 1/16 der Fläche von A0. Wer ein Blatt A4 auf die Briefwaage legt, das Gewicht mal 16 rechnet, erhält das Papiergewicht.

PC-Card Kreditkartengrosse Computer-Erweiterungskarte, früher unter dem Namen PCMCIA bekannt. PC-Cards gibt es für die verschiedensten Funktionen (Kommunikation, LAN-Adapter, Festplatte) und lassen sich in Notebooks einsetzen, die mit einem entsprechenden Einschub versehen sind.

Pfad Konstruierter Kurvenzug mittels Bézier-Kurven zu offenen oder geschlossenen Pfaden. Eine Vektor-Grafik aus einem Illustrationsprogramm besteht aus Pfaden. Pfade können ohne Qualitätseinbusse vergrössert werden. → Pixel.

PICT «Picture». Mac-Speicherformat, welches ganze Objekte ablegen kann, PICT-I für schwarzweisse Zeichnungen, PICT-II für farbige.

Pixel Kunstwort aus «Picture» und «Element». Kleinste darstellbare quadratische Einheit am Bildschirm. Eine Pixelgrafik besteht aus lauter solchen Einheiten, die in der Vergrösserung erst sichtbar werden. Mit einem → Scanner werden die Bilder in einzelne Pixel zerlegt, mit je der entsprechenden Farbtiefe und dem Farbanteil in → RGB.

Plug-In Kleines Programmteil zur nachträglichen Funktionserweiterung von Anwendungsprogrammen, beispielsweise zum Scannen in Photoshop.

Point → Punkt.

PostScript Eine Programmiersprache, die eine Druckseite in schwarze und weisse Informationen beschreiben kann. In der Apple-Welt und in der Druckindustrie ist PostScript ein Standard, der von allen Laserdruckern und -belichtern verstanden wird.

ppi Abkürzung für «pixel per inch». Wird, obwohl korrekt, wenig verwendet für die Dateneingabe bei Scannern und für die Darstellung am Monitor. Ein Monitor mit 72 ppi hat eine Auflösung von 72 pixeln per inch.

Process Colors Engl. für Skalafarben, die vier Grundfarben, mit denen man farbige Bilder druckt: CMYK (Cyan, Magenta, Yellow, Key für Schwarz).

Proof Probedruck, welcher für Bilder und Farben zur Anwendung kommt. Digitale Proofs arbeiten ab Datenbestand, analoge Proofs ab einem fertig belichteten Film.

Punkt Typografisches Masssystem. In Europa: 1 Didot-Punkt = 0,376065 mm, 1 m = 2660 Punkt. Abkürzung p, pt. 12 Punkt = 1 Cicero. In den USA: 1 Pica = 12 points, 1 point = 0,3514598 mm. Der PostScript-Point ist nochmals eine andere Grösse. Er teilt den Inch in 72 PostScript-Points ein. 1 PostScript-Point = 0,35778 mm.

Punkturen Gerissene Löcher im unteren Rand der Zeitung die beim Zeitungstransport in der Maschine entstehen.

Punktzuwachs Durch mechanischen Anpressdruck bedingt, erfährt jeder Punkt in einem Rasterbild eine Verbreiterung, auch Tonwertzunahme oder Punktzunahme. Je nach Papier, Druckmaschine, Format, Farbe ist diese Zunahme etwas anders. Eine mittlere Punktzunahme im Offsetdruck beträgt etwa 14%, das heisst für die Reproduktion, dass ein 50%iger Rasterton auf dem Film im Druck 64% Flächendeckung umfassen wird. In der Zeitung rechnet man mit einem Zuwachs von 18–28%.

Punzen Der nichtdruckende Innenraum eines Buchstabens. Die Punzenbreite des kleinen n dient als Anhaltspunkt für den Wortzwischenraum. Der druckende Teil heisst Schriftbild. Die Vor- und Nachbreite ausserhalb des Schriftbildes wird nicht zum Punzen gezählt.

Qualitätszeitung Sogenannt seriöse Zeitung, die mit ethisch hoher Berufsauffassung hergestellt wurde, mit eigener redaktioneller Leistung und gut recherchierten Artikeln. Gratisanzeiger, Amtsblätter oder Boulevardzeitungen werden eher nicht dazu gerechnet – wobei die Grenzen fliessend sind.

Quicktime Digitalisierter Video im Apple-Format, der ohne zusätzliche Hard- und Software auf dem Computer abgespielt werden kann. In der Windows-Welt heisst das Gegenstück AVI. Quicktime arbeitet nach dem Differenzbildverfahren, nach dem die Bildinhalte voneinander abgezogen werden und nur die Different digital gespeichert wird. Aus Kapazitätsgründen beschränken sich Quicktime-Movies auf etwa einen Viertel des Bildschirmes: 160 x 120 Pixel. Quicktime VR ist eine erweiterte Form. Damit lassen sich 360°-Panoramafotos so zusammenfügen, dass man mit dem Cursor rundum navigieren kann.

Quote Ein im Grundtext eingeschobenes Zitat, auch → Entrefilet.

RAM Abkürzung von «Random Access Memory», ein Schreib-Lese-Speicher, bei dem Informationen überschrieben und verändert werden können. RAM ist ein Synonym für «Arbeitsspeicher». Je mehr RAM ein Computer besitzt, desto mehr Programme können gleichzeitig geöffnet sein und desto grössere Files können verarbeitet werden. Für DTP-Aufgaben sind 32 MB RAM das Minimum und 128 MB RAM komfortabel.

Raster 1. Seitenraster für den Aufbau einer Zeitungsseite wie modularer Zeitungsumbruch. 2. Zeilenraster oder Grundlinienraster. 3. Auflösung eines Bildes in kleine Punkte. Es gibt verschiedene Rasterweiten oder -formen.

Redaktionsplan Übersicht über die Artikel in einer Ausgabe bei Magazinen. Auch Seitenplan.

Redaktionssystem Computergesteuertes und prozessorientiertes Computersystem, womit die Anzeigenverwaltung, die Redaktion, das Layout und die Technik unterschiedliche Zugriffsmöglichkeiten erhalten.

Redigieren Überarbeitung von angeliefertem Text, wie korrigieren, umschreiben, kürzen oder Zwischentitel einfügen, Legenden schreiben usw.

RGB Additives Farbmodell aus den Grundfarben Rot, Grün, Blau. Mit diesen Farben arbeiten alle Bildschirme. Additiv deshalb, weil es sich um Lichtfarben handelt. In der Mischung ergeben alle drei Farben Weiss. → Subtraktives Farbmodell CMYK.

Roh- oder Rauhsatz 1. Unbearbeiteter Satz. So wie der Text in eine Spalte einfliesst. 2. Flattersatz, meist linksbündig. Ein Rohlayout beinhaltet nicht den endgültigen Finish, z. B. sind noch keine Bilder eingesetzt. Ein Rohlayout hat den Zweck, einen Gesamtumfang zu ermitteln.

RIP Der «Raster Image Processor» rechnet die eintreffenden Daten für die Belichtungseinheit um. Es gibt Software- und Hardware-RIPs.

RISC Abkürzung von «Reduced Instruction Set Computer». Der Mikroprozessor eines solchen Computers versteht sehr viel weniger Befehle als ein komplizierter aufgebauter älteren Datums. Die neuste Generation Mikroprozessoren in PCs sind alle mit der RISC-Technologie ausgerüstet. In der Apple-Welt heissen diese Prozessoren PowerPC, in der Windows-Welt sind es die Intel-Prozessoren.

ROM Abkürzung für «Read Only Memory». Grundsätzlich sind das Speicherbausteine, deren Inhalt nur gelesen werden kann. Sie heissen deshalb auch Festwertspeicher und sind vor allem für immer gleichbleibende Abläufe vorgesehen. Der Inhalt bleibt resident gespeichert, auch wenn der Computer abgeschaltet wird. Die bekannteste Art ist wohl die CD-ROM.

Rotation   Druckmaschine, die Papierbahnen bedruckt. Zeitungsrotation für die Zeitung, Tiefdruckrotation für Massenauflagen im Katalog-, Mailing- oder Verpackungsbereich, Offsetrotation im Zeitungs- und Magazinbereich. Hochdruckrotation im Zusammenhang mit dem Anilox-Druckverfahren, welches das Einfärbesystem des Tiefdrucks mit dem Hochdruck verbindet.

rough   Seitenaufriss, skizzenartige Aufzeichnung, wie die Seite gelayoutet werden soll. Bilder werden durch Vierecke, Textspalten durch eine z-förmige Linie dargestellt.

rupfen   Durch zähe Druckfarbe bedingt, reisst das Papier aus, und es entstehen weisse Flecken auf dem Druck. Der Fachausdruck für das Farbannahmeverhalten heisst «Trapping».

satiniert   Durch hohen mechanischen Druck geglättete Papieroberfläche. Dies geschieht mit dem Satinierkalander, einer Maschine, bei der die «rohe» Papierbahn aus der Papiermaschine in einem Walzwerk aus Stahlzylindern geglättet wird.

Schnellschuss   Besonders eiliger Auftrag, für den alles andere liegen gelassen werden muss.

Schriftfamilie   Eine Schrift, die aus mehreren Schnitten besteht, z.B. light, roman, bold, black und alle noch italic. Eine gut ausgebaute Schrift enthält vier Strichstärkenunterschiede, geradestehend und kursiv. Noch besser, wenn gar eine schmale (condensed) und eine breite (extended) Variante vorliegt – ebenfalls gerade und kursiv.

Schriftklassifikation   Eine Ordnung und Einteilung der Schriften in elf Gruppen nach DIN 16518. Vor allem geschichtlich-formal orientiert. Gruppe 1: Venezianische Renaissance-Antiqua, 2. Französische Renaissance-Antiqua, 3. Barock-Antiqua, 4. Klassizistische Antiqua, 5. Serifenbetonte Linearantiqua, 6. Serifenlose Linearantiqua, 7. Antiquavarianten, 8. Schreibschriften, 9. Handschriftliche Antiqua, 10. Gebrochene Schriften, 11. Fremde Schriften.

Schriftlinie   Imaginäre Linie auf dem Fuss einer Schrift.

Schriftschnitt   Die Fette, Lage und Breite eines Schriftcharakters. Es gibt dafür unterschiedliche Bezeichnungen, z.B. für die Fette normal, regular, book, roman; für die Lage italic, oblique, kursiv.

Schöndruck   Diejenige Seite des Druckbogens, welche der Drucker zuerst bedruckt. Die Rückseite heisst Widerdruck.

Schulterhöhe   Der vertikale Abstand des einheitlichen Textbeginns vom oberen Rand. Auch Vorschlag genannt.

Scribten   Schriften, die handschriftlich wirken.

SCSI   Abkürzung für «Small Computer System Interface». Damit wird eine genormte Datenübertragung vom Computer (Macintosh) zu den angeschlossenen Peripheriegeräten und umgekehrt beschrieben. Über diese Schnittstelle lassen sich bis zu sieben SCSI-Geräte hintereinander geschaltet anschliessen. Jedes dieser Geräte bekommt eine eigene Nummer. Der Mac besitzt immer die 7, die interne Harddisk die 0. In der Windows-Welt heissen bekannte Schnittstellen RS-232 oder Centronics.

Seitenaufriss   Grobe Gestaltung der Zeitungs- oder Magazinseite → rough.

Seitenspiegel   Montagebogen mit vorgedruckten Hilfslinien für das exakte Kleben der Zeitungsseiten.

Semantik   Zeichenbedeutung, Beziehung der Zeichen zu ihren Objekten. Beispielsweise kann man unter «Haus» allerlei verstehen: Hochhaus, Hütte, Schlag, Eigenheim usw.

Semiotik   Wissenschaft, die Zeichen untersucht. Eine Definition bestimmt die Zeichenarten, z. B. Icon, Symbol, Index. Die Dimension beschreibt Funktionsbereiche: Pragmatik (Zeichenwirkung), Semantik (Zeichenbedeutung), Syntax (Grammatik, Satzaufbau).

Serifen   Die An- und Endstriche bei einer Schrift, umgangssprachlich Füsschen genannt. Serifen sind ein Merkmal, um die Schriften zu klassifizieren. So sprechen wir von serifenbetonten oder serifenlosen Schriften. → Schriftklassifikation.

Server   Ein Computer, der dazu dient, einem → Client Daten zur Verfügung zu stellen. Der Server ist der «Chefcomputer» im Netzwerk, auf ihm werden die Daten zentral verwaltet.

SIMM   Abkürzung von «Single In-Line Memory Module». Kleine Leiterplatte, worauf 8 oder 9 RAM-Chips als Speicherbausteine montiert sind. SIMMs haben eine Kapazität von 1 MB (wenig) bis 128 MB RAM (viel) und werden in vorbereitete Steckplätze des Motherboards gesteckt. Die SIMMs machen oft die Schnelligkeit des Computers aus. Ein Computer, der 128 MB RAM aufweisen soll, kann z. B. 2 SIMMs zu 32 MB oder 4 SIMMs zu je 16 MB enthalten.

Skalieren   Vergrössern oder verkleinern. Gilt sowohl für Bilder und Grafiken als auch für Text.

Spatium   Im Bleisatz kleinstmögliches Blindmaterial in der Stärke von einem halben Punkt oder einem Viertelpunkt, mit welchem die Zeile auf die Breite ausgetrieben, Versalien ausgeglichen und Wörter spationiert werden konnten.

Sperren   Wesentliches Vergrössern der Buchstabenzwischenräume. Wenn die Zwischenräume nur wenig vergrössert werden, spricht man von Spationieren.

Spitzmarke   1. Kleine stichwortartige Überschrift über dem Haupttitel als Wort oder Satz. 2. Anlauf von Kurzmeldungen ohne eigene Überschrift, die unter einem Sammeltitel, z. B. «In Kürze» zusammengefasst sind. Als Spitzmarke wird dann die Auszeichnung wie halbfett oder Kapitälchen bezeichnet. 3. Die gesamte Kurzmeldung.

Spitzpunkt   Kleinster reproduzierbarer Rasterpunkt, gemessen in % Flächendeckung. Im konventionellen Offsetdruck hat der Spitzpunkt eine Flächendeckung von 5% im Licht und 95% in der Tiefe. Kleinere oder grössere Flächendeckungen gehen im Druck verloren. Vor allem in den hellen Bildpartien ist ein solcher Punktverlust störend sichtbar, wenn die Tonwerte ausbrechen. Der Spitzpunkt ist vom Druckverfahren, der Rasterpunktform und dem Papier abhängig.

stochastischer Raster   → frequenzmodulierter Raster.

Strichbild   Vorlage, bei der keine Zwischentöne vorkommen, die also nur Schwarz oder Weiss enthält. Typische Vertreter einer solchen Vorlage ist eine Tuschzeichnung oder eine Unterschrift mit Kugelschreiber.

stumpf   Eine stumpf beginnende Zeile hat keinen Einzug, z. B. nach Titeln.

Tabloid   Zeitungsformat in der halben Zeitungsgrösse. Es gibt dafür keine fixe Grösse, weil Zeitungen unterschiedliche Formate besitzen. Zeitungsbeilagen werden häufig im Tabloid-Format gedruckt.

Tiefdruck   Druckverfahren für grosse Auflagen (Kataloge, Publikumszeitschriften, Verpackungen). Die druckenden Teile werden durch digitale Übertragung mittels Gravur in eine Kupferhaut graviert. Sie liegen als Näpfchen vertieft. Beim Druck werden die Näpfchen mit Farbe gefüllt – ein Rakel streift die nicht benötigte Farbe ab. Die restliche Farbe gelangt so auf die Papierbahn.

TIFF   «Tagged Image File Format». Von Microsoft, Adobe und Aldus entwickeltes Speicherformat für Halbtonbilder. Existiert in verschiedenen Versionen, darunter TIFF uncompressed, TIFF Pack Bits, TIFF compressed.

Tracking   Laufweite einer Schrift generell weiter oder enger halten.

Trennfuge   Sichtbare oder unsichtbare Markierung einer Trennstelle.

Typografie   Dazu gibt es ganz unterschiedliche Definitionen, Stilrichtungen und Interpretationen. Eine davon: Ordnende und zweckdienliche Gestaltung von Text, damit der Inhalt leichter und besser vermittelt werden kann. Im Gegensatz zur Grafik ist Typografie eher textlastig, wobei die Grenzen zur Bildhaftigkeit fliessend sind.

überdrucken   Lasierendes Übereinanderdrucken von Farben, so dass sich die Farbschichten mischen. Aus Magenta und Gelb entsteht im Übereinanderdruck Rot. Kann auf dem Bildschirm nur teilweise dargestellt werden.

überfüllen   Verfahren, das beim Mehrfarbendruck dafür sorgt, dass zwei aneinander grenzende Flächen sich leicht überlappen, damit keine Blitzer entstehen. Die hellere Farbe sollte stets die dunklere überlappen. «Übergriff» ist ein anderer Ausdruck dafür.

Übersatz   Wenn der Text mehr Zeilen enthält, als im Layout Platz finden.

Umlauf   Fortsetzung eines Artikels auf einer folgenden Seite.

unterschneiden   Eine einzelne Buchstabenkombination enger halten.

vakat   Eine unbedruckte Seite. Bei Büchern vorn im Titelbogen, beim vorliegenden Buch gegenüber den Kapiteltiteln.

Versalhöhe   Die Höhe eines Grossbuchstabens, vielfach mit «VH» abgekürzt.

vertikaler Keil   Mehrere Zeilen oder Absätze werden auf eine bestimmte Höhe ausgetrieben.

x-Höhe   Mittellänge der Buchstaben. Optische Kante, welche durch die Buchstaben e, a, x, c, v, n, m usw. gebildet wird. An dem Zeilenband oder der Grauwirkung ist die x-Höhe massgeblich beteiligt.

Vorspann   → Lead.

Waisenkind   Die erste Zeile eines Absatzes am Schluss einer Spalte. Dies ist nicht schön, aber je nach Länge der Ausgangszeile und dem Einzug als Notlösung vertretbar. In Deutschland heisst dieses Vorkommnis «Schusterjunge».

Werksatz   Der Satz von Büchern und umfangreicheren Periodika.

Zwischenschlag   Der vertikale weisse Raum zwischen den einzelnen Spalten, auch Spaltenzwischenraum. Der Zwischenschlag richtet sich nach Schrift, Schriftgrösse, Zeilenabstand, Spaltenhöhe, Format und Farbe. Im Bleisatz betrug er meist einen Cicero (= 12 Punkt = 4,5 mm). Heute ist er frei wählbar. Beim Blocksatz sollte der Zwischenschlag grösser (4–6 mm) sein als beim Flattersatz (2–3 mm), wo die auslaufenden Zeilen für genügend optischen Weissraum sorgen.

Verzeichnis der verwendeten Schriften

Grundschrift PMN Caecilia
Auszeichnungsschrift: Frutiger

Akzidenz-Grotesk   179, 182
Avant Garde   63, 80
Avenir   63, 81, 161, 163, 165
Baskerville   165
Bell Cenntennial   81
Bell Gothic   181
Berthold Imago   81
Bodoni   61, 80, 181, 182, 315
Bodoni, Bauer   166
Bodoni, Poster   277
Born Free   157
Boton   183
Caflisch Script   315
Caecilia, PMN   181, 315
Caslon   157
Caslon 540   173
Candida   79
Centennial   59, 157, 165, 173, 182, 183, 184, 185
Century Old Style   165, 287
Chicago   314
Clearface   181
Clearface Gothic   81
Concorde   79, 165, 182
Concorde Nova   162, 171, 181, 287
Courier   314
Delta   149, 157
Demos   79, 183
DigiGrotesk   315
DIN Mittelschrift   113, 315
Egyptienne F   79, 183
Eurostile   58, 81, 121, 171
Excelsior   79
Fenice   272, 273
Franklin Gothic   59, 80
Frutiger   59, 170, 177, 183, 186, 315
Formata   81, 151, 161, 177, 182, 184, 185, 267, 282, 283
Folio   148, 182
Futura   63, 80, 164, 169, 183, 288, 289, 315
Galliard   164, 165
Garamond, Adobe   59, 276, 315
Garamond, ITC   80, 165, 172, 315
Garamond, Stempel   315
Gazette   79
Geneva   314
Gill   61
Helvetica, Neue   80, 157, 165, 175, 274, 275, 277, 315
Helvetica, Neue, Extended   170
Helvetica Inserat   182,
Impact   170, 182
Insignia   272, 273
Italia   81
Legacy Sans   61
Legacy   162
Letter Gothic   314
Life   79

LinoLetter   59, 79, 177, 182, 183
Lucida Sans   59
Lucida Typewriter   103
Magda   61
Mambo   61, 181
Meridien   58, 81, 162, 173, 183, 315
Meta   81, 161, 163, 182
Metro   189
Minion   81, 167
Myriad   81, 163, 166
News Gothic   163
Nuptial Script   315
Officina Sans   60, 62, 81, 169, 269, 274, 275, 315, 316
Officina Serif   62, 173, 316
Palatino   80, 315
Penumbra   166
Perpetua   165, 174
Rotis Serif   81, 162, 191, 269
Sabon   277
San Vito   315
Serifa   175
Serpentine   58, 81, 274
Shelley   58, 61
Stone Serif   59, 157, 173, 186, 270, 271, 317
Swift   79, 182, 274, 275
Syntax   59, 81, 161, 183, 237, 269, 270, 271, 315, 317
Times   58, 80, 173, 315
Times Ten   166
Trade Gothic   182
Trump   269
Univers   80, 183
Utopia   79, 176, 183
VAG Rounded   315
Vectora   81, 163, 165, 174, 183, 315
Veljovic   81, 162
Versailles   162, 179
Walbaum   81, 182
Weidemann   81
Wittenberger Fraktur   181
Zapf Chancery   80
Zapf Dingbats   74, 146

Literaturverzeichnis

Bertheau, Philipp: Buchdruckschriften im 20. Jahrhundert, Technische Hochschule Darmstadt, 1995

Bosshard, Hans Rudolf: Sechs Essays zu Typografie, Schrift, Lesbarkeit, Niggli, Sulgen, 1997

Braun, Gerhard: Grundlagen der visuellen Kommunikation, Bruckmann, München, 1993

Bredemeier, Karsten: Medienpower, Orell Füssli, Zürich, 1991

Brookfield, Karen: Schrift (aus der Reihe Sehen, Staunen, Wissen), Gerstenberg, Hildesheim, 1994

Carson, David: The End of Print, Bangert Verlag, München, 1995

Dayton, Linnea, und Davis, Jack: Photoshop, Midas und Addison Wesley, Zürich und Bonn, 1996

Desmond, Morris: Das Tier Mensch, Heyne, München, 1994

Doelker, Christian: Ein Bild ist mehr als ein Bild, Visuelle Kompetenz in der Multimedia-Gesellschaft, Klett-Cotta, Stuttgart, 1997

Doelker, Christian: Kulturtechnik Fernsehen, Analyse eines Mediums, Klett-Cotta, 1989

Fatton, Joseph: The Best of Brochure Design, Rockport Publishers, Rockport, Massachusetts, USA, 1992

Frutiger, Adrian: Denken und Schaffen einer Typografie, Ausstellungskatalog, Maison du Livre, de l'Image et du Son, 1994

Gerstner, Karl: Kompendium für Alphabeten, Niggli, Sulgen, 1990

Grossenbacher, René: Die Medienmacher, Vogt-Schild, Solothurn, 1986

Gürtler, André: Schrift und Kalligrafie im Experiment, Niggli, Sulgen, 1997

Hänni, Romano, und Basler Zeitung: Manual für die Gestaltung der Basler Zeitung, Wiese, Basel, 1997

Hasebrook, Joachim: Multimedia-Psychologie, Spektrum Akademischer Verlag, Heidelberg, Berlin, Oxford, 1995

Horton, William: Das Icon-Buch, Addison Wesley, Bonn, 1994

Hügli, Samuel: Insiderbuch Quark XPress, Midas, Zürich, 1995

Janzin, Marion, und Güntner, Joachim: Das Buch vom Buch, 5000 Jahre Buchgeschichte, Schlütersche, Hannover, 1997

Kapr, Albert: Fraktur, Form und Geschichte der gebrochenen Schriften, Hermann Schmidt, Mainz, 1993

Karow, Peter: Schrifttechnologie, Springer, Berlin, Heidelberg, 1992

Knapp, Martin: Photoshop in Farbe, Thomson Publishing, Attenkirchen, 1994

Kristof, Ray, und Satran, Amy: Interactivity by Design, Adobe Press, Mountain View, CA, 1995

Leutert, Armin: Allgemeine Berufskunde der Drucktechnik, Niggli, Sulgen

Lewis Blackwell: David Carson:2 Phase II, Bangert, München, 1997

Lienhard, Toni: Eine Zeitung muss aussehen wie eine Zeitung. Die Geschichte des Tages-Anzeiger-Redesigns mit Roger Black und Michael Jones, Werd, Zürich 1997

Lutz, Hans-Rudolf: Ausbildung in typografischer Gestaltung, Eigenverlag, Zürich, 1987

Lutz, Hans-Rudolf: Typoundso, Eigenverlag, Zürich, 1987

Magazine Editorial Graphics, The Latest in Editorial and Cover Design, P·I·E Books, Japan, 1997

Marshall Matlock, C., Society of Newspaper Design, The Best of Newspaper Design, Rockport Publishers, Massachusetts, USA, 1995

Meissner, Michael: Zeitungsgestaltung, List, München, 1995

Merz, Thomas: Die PostScript- & Acrobat-Bibel, Eigenverlag, München, 1996

Mok, Clement: Designing Business, Adobe Press, San Jose, California, 1996

Müller-Brockmann, Josef: Rastersysteme für die visuelle Gestaltung, Niggli, Sulgen, 1988

Nilitschka, Andreas: Vom Papier zum Internet, Niggli, Sulgen, 1997

Page One Publishing: Graphic Design, Könemann, Köln, 1995

Pfendtner, Bernhard, und Klimmer, Gerhard: Zeitung selber machen, Augustus, 1996

Platt, Richard: Erfindungen, Tessloff, Nürnberg, 1995

Postman, Neil: Wir amüsieren uns zu Tode, Fischer, Frankfurt, 1985

Poynor, Rick: Typography now, Booth-Clibborn Editions, 1991

Rögener, Stefan, Pool, Albert-Jan, und Packhäuser, Ursula: Typen machen Marken mächtig, AdFinder, Hamburg, 1995

Ruder, Emil: Typografie, Niggli, Sulgen

Schultze, Gernot: Meine Rechte als Urheber, Becks Rechtsberater im dtv, München, 1994

Setola, Geert, und Pohlen, Joep: Letterfontäne, Fontana, NL-Roermond, 1996

Stankowski, Anton, und Duschek, Karl: Visuelle Kommunikation, Dietrich Reimer, Berlin, 1989

The Best of Brochure Design, Rockport Publishers, Rockport, Massachusetts, USA, 1992

Tschichold, Jan: Leben und Werk des Typografen, K.G. Saur, München, 1988

Turtschi, Ralf: Praktische Typografie, Niggli, Sulgen, 1994

Weidemann, Kurt: Wo der Buchstabe das Wort führt, Cantz, Ostfildern, 1994

Wozencroft, Jon: Die Grafiksprache des Neville Brody, Bangert, München, 1994

Zwimpfer, Moritz: 2d Visuelle Wahrnehmung, Niggli, Sulgen, 1994

Ralf Turtschi

Praktische Typografie

Desktop-Publishing, Gestalten
mit dem Personal-Computer
296 Seiten mit 590 Abbildungen,
davon 120 farbig, 23 x 29,7 cm,
fester Einband, deutsch
CHF 98.–, DM 110.–
ISBN 3-7212-0292-9

Dieses Werk ist ein Fachbuch für Desktop-Publishing: Lehrreich, umfassend, verständlich, anschaulich. Ein unentbehrliches Arbeitsmittel für Quereinsteiger, Typografen, Grafiker, Lehrlinge oder alle, die mehr über Gestaltungsfragen und Desktop-Publishing erfahren möchten. Für Windows- und Macintosh-Anwender geeignet. Mit zahlreichen Schriftmustern für das Kennenlernen verschiedenster Fonts. Nicht nur die eigentlichen Gestaltungsfragen werden behandelt, das Buch gibt Auskunft über die wesentlichen Aspekte rund um das Gebiet Desktop-Publishing: Farbe, Reproduktionstechnik, Druck und Ausrüstung, Papier, rechtliche Grundlagen usw. Aufgrund des gewählten grossen Buchformates sind die vielen Abbildungen übersichtlich und leicht nachvollziehbar.

Aus dem Inhalt
Kommunikation als Grundlage für Gestalter; Informationskonsum; Visualisierung heisst der Schlüssel; das visuelle Orientierungsverhalten steuert das Leseverhalten; über die Wirkung der Typografie.
Zielpublikum ist der «Kunde», und der Kunde ist König; der Verwendungszweck beeinflusst die Gestaltung; Qualitätsaspekte; Druckproduktion; was Autor und Texter mit Gestaltung zu tun haben; Autoren von Bildern und Illustrationen; Desktop-Publishing; die Druckformenherstellung; Druckverfahren; Druckweiterverarbeitung; Versand; Rechtsgrundlagen für Gestalter; Papier, ein vielseitiger Bedruckstoff.
Grundlagen rund um die Typografie; Typografie beurteilen; Korrekturzeichen; Zeichen und Ziffern richtig setzten; Schriften bezeichnen; die Wirkung der Schriften; Schriften unterscheiden lernen; von lesefreundlich bis «unlesbar»; Gliederung mit Schrift; Gliederung mit Raum; Text anordnen; Kontraste; optische Achsen; Proportionen; Farbwirkung; Farbe in Druckprodukten; Farbe ja, aber wie einsetzen?; Farben darstellen, Farben reproduzieren; Farbmodelle; Satzspiegel gestalten; das Bild in der Typografie; praktische Vergleiche.

Andreas Nilitschka

Vom Papier zum Internet

Einführung in Techniken der grafischen Industrie und des digitalen Publizierens
152 Seiten, mit 150 Abbildungen, farbig
12 Seiten Farbmischtabellen, Papiermuster
17 x 24 cm, Broschur mit aufgesetzten Deckeln, deutsch
CHF 68.–, DM 77.–
ISBN 3-7212-0304-6

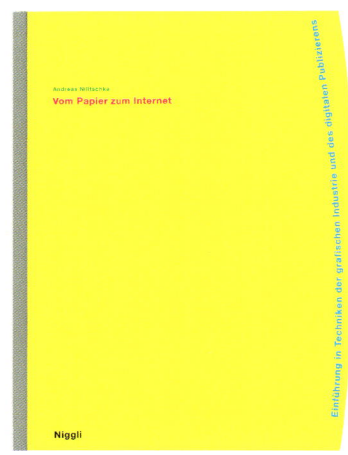

Auszeichnung «Die schönsten Schweizer Bücher» 1997

Diese Einführung in das Arbeitsgebiet der grafischen Industrie und der Drucktechnik entstand während vieler Jahre Dozententätigkeit des Autors. Zugleich ist das im Verlag Niggli erschienene Buch «Papier, Satz, Reproduktion, Druck, Ausrüsten» von Karl Nilitschka die überarbeitete Grundlage der vorliegenden neuen Publikation.

Das Buch richtet sich speziell an Personen, die wenig oder gar keine Kenntnisse in der grafischen Branche besitzen, die sich aber gleichwohl mit der Herstellung von Druckprodukten, Internet-Home-Pages oder CD-Rom-Produktion auseinandersetzen. Es will zugleich eine Anleitung sein, solche Kommunikationsmittel praktisch herzustellen.

Der Autor ist dabei bemüht, die teilweise recht komplexen Abläufe möglichst einfach und verständlich darzustellen. Es werden alle modernen Produktionsmittel beschrieben, wie: Internet-Produktion, CD-Rom-Herstellung, On-Line-Datenbank und Databased-Publishing.

Die Publikation bietet allen Fachleuten, die sich mit Satz-, Repro- und Druckarbeiten in Werbe- und Inserate-Agenturen, in Druckereien, Verlagen und Grossfirmen beschäftigen, eine kompetente und leicht verständliche Einführung.

Für Leser, die nur gelegentlich mit dieser Materie zu tun haben, vermittelt dieses Handbuch das notwendige Wissen über die Produktion in der grafischen Industrie. Es nützt all jenen, die sich ohne technische Ausbildung in dieses Gebiet einarbeiten wollen oder müssen, sowie Kunden, die mit Inseraten oder Prospekten zu tun haben, aber auch Buchhändlern und Lernenden der Werbebranche.

Peter Olpe

Zeichnen und Entwerfen

248 Seiten, mit 558 Abbildungen, davon 135 farbig,
26 x 24,5 cm, Leineneinband,
deutsch und englisch
CHF 98.–, DM 110.–
ISBN 3-7212-0319-4

Zeichnen als Katalysator von Entwurfsprozessen ist das Thema dieses Buches. Heute hat die elektronische Bildherstellung und -verarbeitung in allen gestalterischen Berufen zu grundlegenden Veränderungen der Entwurfsprozesse geführt, und viele an handwerklichen Kriterien orientierte Konzepte haben in der Ausbildung ihre stilbildenden Funktionen verloren. Dadurch gewinnt das Zeichen einen neuen Stellenwert. Zeichnerische Entwurfsarbeit mobilisiert in gleichem Masse Auge, Kopf und Hand, und sie stellt Sinnzusammenhänge her, die der Gestalter am Bildschirm nur noch eingeschränkt erfahren kann.

Der Autor Peter Olpe ist Grafiker und unterrichtet seit 25 Jahren an der Schule für Gestaltung Basel. Im Fachbereich der Visuellen Kommunikation beschäftigt er sich in seinen Kursen mit den Grundlagen zeichnerischer Entwurfsarbeit. Er ist Leiter der Weiterbildungsklasse für Grafik. Vorträge und Lehrtätigkeit führten ihn unter anderem an die Rhode Island School of Design, USA, und an die Universidad Anahuac, México D.F.

André Gürtler

Schrift und Kalligrafie im Experiment

252 Seiten, mit 330 Abbildungen, davon 36 farbig,
22,5 x 23 cm, Leinenband,
deutsch und englisch
CHF 89.–, DM 98.–
ISBN 3-7212-0320-8

Auszeichnung «Die schönsten Schweizer Bücher» 1997

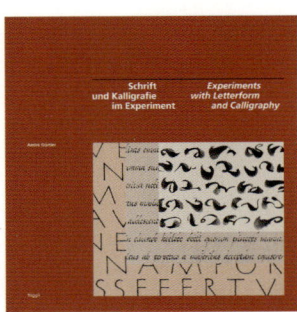

Dem kalligrafischen Experiment und der Kalligrafie, als einer der Grundlagen für das Schriftverständnis schlechthin, ist dieses Buch gewidmet.
Meistens beinhaltet Kalligrafie das getreue Nachempfinden von traditionellen handschriftlichen Stilformen. Legt die Ausbildung aber Wert auf die Vermittlung erfinderischer Wege in der visuellen Gestaltung, so öffnet die experimentelle Kalligrafie eine beispielhafte Dimension des kreativen Schaffens. Dem Computer völlig unverträglich, finden darin herkömmliche und selbstgebastelte Schreibwerkzeuge, Techniken und Materialien einen überaus reichen Spielraum an interessanten und überraschenden Form- und Ausrucksmöglichkeiten.

André Gürtler ist Schriftgestalter und Typografiker. Er arbeitete als Schriftenzeichner bei der Monotype Corporation in England und später in der Schriftgiesserei Deberny & Peignot in Paris. Dort folgte eine langjährige Zusammenarbeit mit Adrian Frutiger. Seit 1965 ist Gürtler Lehrer für Schriftgeschichte, Kalligrafie, Grundlagen des Schriftentwurfs und Druckschriftgestaltung an der Schule für Gestaltung in Basel. Neben seiner Lehrtätigkeit arbeitet er auf dem Gebiet der Schriftgestaltung für Laserdruck und Bildschirm.

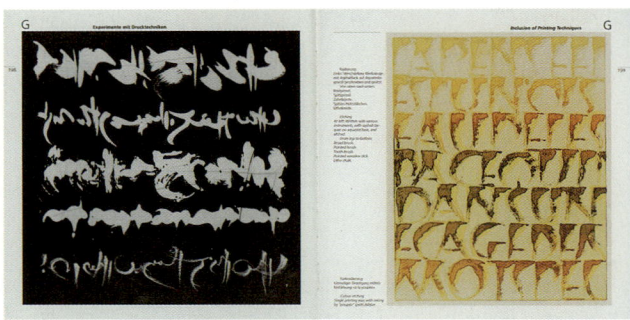